Thomas von Freyberg / Angelika Wolff (Hrsg.)

Störer und Gestörte

Band 1:
Konfliktgeschichten
nicht beschulbarer Jugendlicher

Es gibt Jugendliche, die ihre Erzieher, Lehrer und Sozialarbeiter in schier endlose und eskalierende Konflikte verstricken. Konflikte, aus denen es schließlich nur noch einen Ausweg zu geben scheint: den Abbruch der Arbeit und der Beziehung.

In einem interdisziplinäres Forschungsprojekt haben Soziologen und Psychoanalytiker in aufwendigen Einzelfallstudien Konfliktgeschichten nicht beschulbarer Jugendlicher untersucht. Ihre Frage: Was treibt diese erbitterten Kämpfe um Macht und Kontrolle an, die sich über Jahre hinwegziehen können, in deren Verlauf sich Täter und Opfer, Störer und Gestörte immer ähnlicher werden und an deren Ende nur besiegte Sieger und siegreiche Verlierer stehen?

Forschergruppe des Anna-Freud-Institus in Frankfurt am Main:
Rose Ahlheim, Frank Dammasch, Ulrike Jongbloed, Jochen Raue, Angelika Wolff

Redaktionsgruppe:
Rose Ahlheim, Thomas von Freyberg, Angelika Wolff

Die Autoren:

Rose Ahlheim, Diplom Pädagogin, analytische Kinder- und Jugendlichen-Psychotherapeutin, im Grundberuf Sonderschullehrerin. Seit 1981 in eigener Praxis in Marburg niedergelassen. Dozentin und Kontrollanalytikerin am Institut für analytische Kinder- und Jugendlichen-Psychotherapie in Frankfurt am Main.

Thomas von Freyberg, Studium der Theologie, Pädagogik und Soziologie, Dissertation (1977) und Habilitation (1982) in Frankfurt am Main. Seit 1968 wissenschaftlicher Mitarbeiter am Institut für Sozialforschung an der Universität Frankfurt am Main.

Angelika Wolff, Studium der Soziologie und Erziehungswissenschaften, Lehrerin. Seit 1987 niedergelassene analytische Kinder- und Jugendlichen-Psychotherapeutin. Leiterin des Instituts für analytische Kinder- und Jugendlichen-Psychotherapie in Frankfurt am Main (1991-2003) und dort Dozentin und Supervisorin.

Thomas von Freyberg
Angelika Wolff (Hrsg.)

Störer und Gestörte

Band 1:
Konfliktgeschichten nicht beschulbarer Jugendlicher

Vorwort von
Ludwig von Friedeburg

Brandes & Apsel

Sie finden unser Gesamtverzeichnis mit aktuellen Informationen
im Internet unter: www.brandes-apsel.de
Wenn Sie unser Gesamtverzeichnis in gedruckter Form wünschen,
senden Sie uns eine E-Mail an: info@brandes-apsel.de

3. Auflage 2017

2. Auflage 2009
1. Auflage 2005

Lektorat: Roland Apsel
DTP: Lukas Apsel, Brandes & Apsel Verlag
Umschlaggestaltung: Pamela Oberender, Brandes & Apsel Verlag, unter Verwendung einer Zeichnung von Friedrich Karl Waechter (2004)
Druck: STEGA TISAK d. o. o., Printed in Croatia
Gedruckt auf säurefreiem, alterungsbeständigem und chlorfrei gebleichtem Papier.

Bibliografische Information Der Deutschen Bibliothek:
Die Deutsche Bibliothek verzeichnet diese Publikation in der Deutschen Nationalbibliografie; detaillierte bibliografische Daten sind im Internet über http://dnb.ddb.de abrufbar

ISBN 978-3-86099-813-7

Inhalt

Ludwig von Friedeburg
Vorwort

Die Studie über »nicht beschulbare« Jugendliche ist ein Beispiel exzellenter qualitativer Sozialforschung. Sie zeigt, wie exemplarische Einzelfallanalysen, denen es gelingt, das Allgemeine im Besonderen verlässlich zu erkennen, erstaunliche Resultate über das Zusammenspiel von störenden Schülern mit der gestörten Schule und Jugendhilfe zu Tage fördern. Da es um die Konflikte besonders schwieriger Jugendlicher mit den um sie und ihre Familien bemühten Institutionen geht, mussten Psychoanalytiker und Soziologen eng zusammenarbeiten. Doch die interdisziplinäre Kooperation vermischte nicht, wie so oft, die jeweils fachspezifischen Ansätze und Perspektiven. Vielmehr bewährte sich ein Verfahren, das zunächst die Erhebung und Analyse der beiden Disziplinen in den Einzelfallstudien strikt trennte. Erst nachdem die jeweiligen Fallberichte vorlagen, begann in gemeinsamer Arbeit die interdisziplinäre Fallreflexion, in deren Zentrum die Untersuchungsfrage nach den Zusammenhängen der individuellen und institutionellen Konfliktverläufe stand.

Diese Jugendlichen leiden unter schweren seelischen Störungen, die zumeist aus ihrer frühen Kindheit stammen. Sie sind nicht in der Lage, die Angebote von Schule und Jugendhilfe produktiv anzunehmen. »Fördern und Fordern« werden als existentielle Bedrohung empfunden. Schule und Jugendhilfe fehlen andererseits die notwendigen Voraussetzungen, um ihnen und ihren Familien nachhaltig zu helfen. Die Systeme und Prozesse der Hilfeleistung sind nicht integriert, es mangelt an fachlicher und vor allem kontinuierlicher interdisziplinärer Kooperation. Deshalb sind die Professionellen in Schule und Jugendhilfe regelmäßig überfordert. Letztlich bewahrt der Verweis der als »nicht beschulbar« erklärten Jugendlichen aus dem gestörten Schulsystem dieses vor der Erfahrung des Scheiterns, wie der Ausschluss das destruktive Abwehrsystem der Störer bestätigt.

Im Zusammenhang der gesellschaftlichen Entwicklung, insbesondere durch verminderte Unterstützung der Schule seitens vieler Familien, wuchs der Bedarf an Schulsozialarbeit in den letzten Jahren erheblich. Die Erkenntnisse der Studie über die vielfältigen Probleme in der erforderlichen Zusammenarbeit zwischen Schule und Jugendhilfe betreffen daher ein weit größeres Feld, als die Konflikte der besonders schwierigen Jugendlichen vermuten lassen.

Wie aber notwendige Korrekturen in der Ausbildung und im Berufsbild beider Seiten im deutschen Schulsystem erfolgreich anzuwenden sind, ist eine andere Frage.

Denn unser gegliedertes Schulsystem ist grundsätzlich nicht an der individuellen Förderung jedes einzelnen Schülers orientiert, bemüht, keinen von ihnen zurückzulassen und sich im Aufbau und Unterricht dementsprechend weiterzuentwickeln. Vielmehr ist es daran orientiert, die ihm anvertrauten Heranwachsenden im Kindesalter auf verschiedene Schulformen zu verteilen, die historisch durch die Zuteilung unterschiedlicher Schulbildung an die Kinder unterschiedlicher sozialer Schichten bestimmt sind. Das führt im internationalen Vergleich zu nur mittelmäßigen Schulleistungen. Nach wie vor werden sie von der sozialen Herkunft der Schüler in einem Maße beeinflusst wie in keinem anderen Industrieland. So werden die Kinder der unteren Schichten zusätzlich benachteiligt. Für die besonders schwierigen Schüler aber findet sich kein Platz.

Vorbemerkungen der Herausgeber

Dieser Band I *Störer und Gestörte* präsentiert Ergebnisse eines interdisziplinären Forschungsprojektes, das am Institut für Sozialforschung an der Universität Frankfurt am Main in Zusammenarbeit mit dem Institut für analytische Kinder- und Jugendlichen-Psychotherapie in Frankfurt am Main durchgeführt wurde. Das Forschungsprojekt wurde von Thomas von Freyberg geleitet, der auch die soziologischen Untersuchungsarbeiten durchführte. Die Leitung der Forschergruppe der analytischen Kinder- und Jugendlichen-Psychotherapeuten – im Text der besseren Lesbarkeit wegen meist kurz »Psychoanalytiker« genannt – lag bei Angelika Wolff. Die psychoanalytischen Untersuchungsarbeiten – Interviews, deren Protokollierung und erste Auswertung, Fallkonferenzen und deren Protokollierung – wurden von Rose Ahlheim, Frank Dammasch, Ulrike Jongbloed, Jochen Raue und Angelika Wolff durchgeführt. Sven Sauter vom Institut für Sonderpädagogik der Universität Frankfurt am Main war in die Forschungsarbeiten einbezogen.
Im Zentrum dieses ersten Bandes stehen vier der insgesamt sieben Einzelfallstudien. Die Konfliktgeschichten wurden so weit wie nötig anonymisiert. Die Namen der Jugendlichen wurden geändert, biographische Daten wurden vorsichtig »gefälscht«, auf eine genauere Beschreibung ihres Wohnumfeldes wurde verzichtet; desgleichen auf eine Charakterisierung der von ihnen besuchten Schulen und der mit ihnen befassten Ämter, Behörden, Einrichtungen und Träger. Unsere »Fälle« lebten in verschiedenen größeren Städten des Rhein-Main-Ballungsraumes. Fast immer waren im Verlauf der Konfliktgeschichten ambulant arbeitende Einrichtungen der Erziehungshilfe und/oder der Hilfe zur Erziehung eingeschaltet; aus Gründen der zugesagten Anonymisierung gaben wir diesen – recht unterschiedlich arbeitenden – Institutionen eine einheitliche Bezeichnung: »Beratungs- und Förderzentrum« (BFZ). Waren teilstationäre Maßnahmen der Erziehungshilfe angeschlossen, so erhielten sie durchgängig die Bezeichnung »Lernwerkstatt«. Der dadurch erweckte Eindruck einer schon weitgehend vereinheitlichen »Brückeninstitution« zwischen Regelschule und Sonderschule täuscht.[1]

---

[1] Gründe der Anonymisierung und Diskretion haben uns bewogen, in den psychoanalytischen Fallberichten ebenso wie in den interdisziplinären Falldiskussionen die einzelnen Beiträge aus der Forschergruppe nicht ihren jeweiligen Autoren zuzuordnen.

Unser Dank gilt der Deutschen Forschungsgemeinschaft, die das Forschungsprojekt finanziell unterstützt hat. Dank auch den Projektantragstellern Ludwig von Friedeburg und Axel Honneth vom Frankfurter Institut für Sozialforschung sowie im Besonderen Marianne Leuzinger-Bohleber vom Sigmund-Freud-Institut in Frankfurt am Main, die sich immer wieder an den interdisziplinären Fallkonferenzen beteiligte. Wir danken den Jugendlichen und ihren Eltern, die sich zu den zweifellos schwierigen und belastenden Interviews bereit gefunden haben. Wir danken den Ämtern und Verwaltungen, die unser Projekt wohlwollend unterstützten, und wir danken vor allem den zahlreichen Professionellen aus Schule und Jugendhilfe für ihre Bereitschaft, an diesem Projekt mitzuarbeiten. Wir hoffen, dass wir in Gesprächskreisen, auf pädagogischen Tagen, bei Fachtagungen, durch Vorträge und Zeitschriftenartikel – und nicht zuletzt durch diese Veröffentlichung – die Asymmetrie von Geben und Nehmen zwischen uns und unserem Untersuchungsfeld ein wenig korrigieren konnten.
Rose Ahlheim hat als Mitglied der Redaktionsgruppe sämtliche Texte kritisch durchgearbeitet. Sebnem Erhan-Dammasch hat den Band I lektoriert.

Thomas von Freyberg/Angelika Wolff
Einleitung

Es gibt Jugendliche, die ihre Erzieher, Lehrer und Sozialarbeiter[2] in schier endlose und eskalierende Konflikte verstricken – Konflikte, aus denen es schließlich nur noch einen Ausweg zu geben scheint: die Arbeit mit ihnen aufzugeben. Wie aber schaffen es diese Jugendlichen, die von Erwachsenen als »besonders schwierige«, als »nicht schulfähige« oder »nicht beschulbare«, als »verhaltensgestörte« oder »seelisch belastete« bezeichnet werden, so große und durchaus mächtige Institutionen wie Schule und Jugendhilfe »zum Tanzen« zu bringen, zum Tanzen nach ihren oft schrillen Melodien? Wie gelingt es ihnen, dass kompetente und erfahrene und nicht selten engagierte professionelle Helfer sich hilflos in Konflikte mit ihnen verwickeln lassen, dabei häufig ihre Professionalität einbüßen und schließlich keine andere »Lösung« mehr sehen, als diese Jugendlichen weiterzureichen oder auszustoßen? Wie kommt es zu jenen sich wiederholenden Macht-Ohnmacht-Spiralen, zu den erbitterten Kämpfen um Macht und Kontrolle, die sich über Jahre hinziehen können, in deren Verlauf sich Täter und Opfer, Störer und Gestörte immer ähnlicher werden und an deren Ende nur besiegte Sieger und siegreiche Verlierer stehen? Wie ist es möglich, dass Jugendliche so mächtig, dass ihre professionellen Helfer so ohnmächtig werden; und wie, dass in diesen Konfliktgeschichten Störer und Gestörte fast traumwandlerisch einander »zuarbeiten«, sich wechselseitig vorantreibend, als seien sie in geheimen Komplizenschaften miteinander verbunden?

Ein interdisziplinäres Forschungsprojekt des Instituts für Sozialforschung an der Universität Frankfurt am Main hat zusammen mit dem Institut für analytische Kinder- und Jugendlichen-Psychotherapie in Frankfurt am Main Konfliktgeschichten nicht beschulbarer Jugendlicher untersucht und Antworten auf diese Fragen gesucht. Unsere zentrale Annahme war, dass die Beziehun-

[2] Wir haben uns für die männliche, weil übliche, Berufsbezeichnung entschieden. *Lehrer, Erzieher, Sozialarbeiter, Sozialpädagogen, Psychoanalytiker oder Psychotherapeuten* meint also, wenn es nicht geschlechtlich spezifiziert wird, die jeweilige Berufsgruppe oder Mitglieder der Berufsgruppe, auch wenn diese in unserem Fall meist weiblich dominiert ist.

gen dieser Jugendlichen mit den Institutionen von Schule und Jugendhilfe deshalb regelmäßig zu Macht-Ohnmacht-Konflikten eskalieren, weil diese Jugendlichen sehr effektiv ihre inneren Beziehungsmuster reinszenieren und die Institutionen darauf ihrerseits so reagieren, dass die unbewussten Erwartungen und Strategien der Jugendlichen bestätigt und verstärkt werden. Unser Forschungsinteresse galt also den individuellen und institutionellen Bedingungen solcher Verstrickungen.
Unserer Untersuchung lagen vier Vorentscheidungen zu Grunde: Wir entschieden uns erstens für die Analyse von Konfliktgeschichten; denn wir sind davon überzeugt, dass jene Macht-Ohnmacht-Spiralen als Sequenzen in einer mehrjährigen Konfliktgeschichte zu begreifen sind, in der beide Seiten agieren und reagieren, voneinander lernen, einander beeinflussen und miteinander in Auseinandersetzungen verwickelt sind.Wir entschieden uns zweitens für eine Reihe von Einzelfalluntersuchungen, wie sie in der Tradition der Psychoanalyse, aber auch der empirischen Sozialforschung begründet sind, denn die Jugendlichen, ihre konflikthaften Karrieren im Förder- und Hilfesystem und ihre konkreten Konflikte mit ihren professionellen Helfern sollten im Mittelpunkt unserer Untersuchung stehen. Wir entschieden uns drittens für die Untersuchung extremer Fälle, in denen Jugendliche an Schule und Jugendhilfe gescheitert sind und Schule und Jugendhilfe an Jugendlichen, denn im Scheitern manifestieren sich – so unsere Hypothese – auch allgemeine Defizite und Schwächen des Hilfe- und Fördersystems, die bei weniger schwierigen Jugendlichen irgendwie gemanagt, verdeckt oder übersehen werden können. Und wir entschieden uns viertens für einen interdisziplinären Forschungsansatz, der die Konfliktdynamik und Konfliktmuster der einzelnen Jugendlichen ebenso wie die der jeweils beteiligten Institutionen untersuchen und die Zusammenhänge von individueller und institutioneller Konfliktgeschichte entziffern kann. Kritische Sozialforschung und Psychoanalyse schienen uns dazu die geeigneten Methoden bereitzustellen.

Unser Fallverständnis der Konfliktgeschichten entsteht, indem wir schrittweise aufzeigen, welche Kräfte und Interessen auf beiden Seiten die Konflikte vorantreiben, wie beide Seiten ihre Beziehungen zueinander definieren und strukturieren und über welche Beziehungs- und Konfliktmuster sie dabei verfügen und wie schließlich individuelle und institutionelle Konfliktdynamik und Konfliktmuster sich aufeinander einspielen und einander »zuarbeiten«.

In unseren Einzelfalluntersuchungen gibt es immer drei Untersuchungsschritte, von denen die beiden ersten parallel und arbeitsteilig getrennt, der dritte dagegen interdisziplinär gemeinsam durchgeführt werden:
Zum einen erhebt die Forschergruppe der Kinder- und Jugendlichen-Psychotherapeuten mit ihren psychoanalytischen Instrumenten die Psychodynamik der Jugendlichen, erstellt ein Diagnoseprofil[3] und fasst ihre Untersuchungen und Falldiskussionen in einem eigenen Fallbericht zusammen. Psychoanalytisches Fallverstehen versucht, die für das Konfliktverhalten und für die Beziehungsgestaltung der Jugendlichen entscheidenden seelischen Strukturmerkmale zu entschlüsseln und den unbewussten Sinn ihres Konfliktverhaltens zu entschlüsseln. Hierfür steht der zentrale Begriff der individuellen Psychodynamik.
Zum anderen rekonstruiert die soziologische Falluntersuchung die Konfliktgeschichte des Jugendlichen, die zur Feststellung der »Nichtbeschulbarkeit« im Regelschulsystem führte. Dabei werden mit allen wichtigen Professionellen aus Schule und Jugendhilfe ausführliche Gespräche geführt und in einem eigenen Fallbericht ausgewertet. Soziologisches Fallverstehen versucht, die für das Konfliktverhalten und für die Konfliktdynamik der Institutionen entscheidenden institutionellen Strukturmerkmale aufzuzeigen – Strukturen, mit denen Organisationen ihre Ziele verfolgen, sich absichern und Bedrohungen abwehren, die sie aber auch für ihre notwendige Flexibilität nutzen. Hierfür steht der zentrale Begriff der institutionellen Soziodynamik oder Konfliktdynamik.
Liegen beide Fallberichte vor, werden sie im dritten Schritt in einer interdisziplinären Falldiskussion vom gesamten Forschungsteam unter der zentralen Fragestellung nach den Zusammenhängen von individuellem und institutionellem Konfliktverhalten reflektiert.
Unser Forschungsprojekt verfügt also über einen recht dezidierten Begriff von interdisziplinärem Fallverstehen. In dieses geht zum einen psychoanalytisches Fallverstehen ein, das auf der Analyse der jugendlichen Psychodynamik beruht, also der bewussten und unbewussten Konfliktstrategien der Jugendlichen, der Muster, mit denen sie Beziehungen eingehen, zulassen, abwehren und strukturieren. In dieses geht zum anderen soziologisches Fallver-

[3] Dabei wurde das Diagnose-Profil des Instituts für analytische Kinder und Jugendlichen-Psychotherapie eingesetzt; vgl. Jochen Raue/Angelika Wolff (1995-2002): Das Diagnose-Profil des Instituts für analytische Kinder- und Jugendlichen-Psychotherapie Frankfurt a. M. In: Vereinigung analytischer Kinder- und Jugendlichen-Psychotherapeuten (Hrsg.): Therapeutischer Prozess und Behandlungstechnik bei Kindern und Jugendlichen; Brandes & Apsel, Frankfurt am Main 2003, S. 312-332

stehen ein, das auf der Analyse der institutionellen Soziodynamik beruht, also der bewussten und latenten Konfliktstrategien der Institutionen, der Muster, mit denen sie auf den schwierigen Jugendlichen reagieren, einwirken, ihre Beziehung zu ihm strukturieren, seine Ansprüche aufgreifen, abwehren, übersehen oder verleugnen. Interdisziplinäres Fallverstehen beruht auf der Analyse der Beziehungsgeschichte und der Beziehungsdynamik der schwierigen Jugendlichen mit Schule und Jugendhilfe und zugleich auf der Analyse der konfliktreichen eskalierenden sozialen Beziehungen von Professionellen in ihren Institutionen mit diesen Jugendlichen.

Die Untersuchung von Konfliktgeschichten als Beziehungsgeschichten rückt einen Aspekt schulischer Realität ins Zentrum der Aufmerksamkeit, der zwar allgegenwärtig ist und Schule geradezu konstituiert, der sich aber dennoch dem Prozess professioneller Rationalisierung besonders erfolgreich hat entziehen können: die sozialen Beziehungen in der Schule. Dass diese von ganz zentraler Bedeutung sind – nicht zuletzt dafür, dass Schule ihre Ziele und Zwecke überhaupt realisieren kann – ist eine triviale Feststellung, und ebenso trivial ist die Einsicht, dass Schule unentwegt damit befasst ist, die schulischen sozialen Beziehungen zu nutzen, zu formen oder zu unterdrücken. Doch die Konfliktgeschichten schwieriger Jugendlicher mit Schule zeigen durchweg, dass diese »Strukturierung« des Sozialen unter gewichtigen Defiziten leidet. Schule setzt bestimmtes soziales Verhalten eher voraus, als dass sie es professionell bildet; Schule beeinflußt soziales Lernen gleichsam nebenbei und meist unmittelbar agierend, selten aber systematisch und reflektiert. Und Schule reagiert auf unangepasstes, störendes soziales Verhalten im Extremfall eher hilflos, aggressiv oder permissiv, eher sanktionierend oder übersehend, selten aber kompetent, verstehend und gezielt intervenierend. Der Professionalisierungsschub der zurückliegenden Jahrzehnte hat sich weitgehend auf das Feld der Vermittlung von Kenntnissen, Fertigkeiten und Wissen konzentriert; das Feld der sozialen Beziehungen jedoch – und das schließt den Erziehungsauftrag der Schule ein – ist durch eine große Professionalisierungslücke geprägt. Eklatant deutlich und in ihren Folgen fatal wird diese Lücke immer dann, wenn die von der Schule stillschweigend vorausgesetzten sozialen Kompetenzen nicht vorliegen, wenn Eltern und Familien nicht dafür Sorge tragen (können), dass ihre Kinder schulreif, schulfähig oder beschulbar sind; und wenn Kinder oder Jugendliche nicht bereit oder fähig sind, die Angebote der Schule für ihre Entwicklung zu nutzen, die Hilfen der Jugendhilfe anzunehmen, und wenn »Fördern und Fordern« daran scheitern, dass an vorhandende und vorausgesetzte soziale Ressourcen und Kompetenzen nicht angeknüpft werden kann. Das aber trifft auf alle unsere ausgewählten Fälle zu. Bei Abweichungen im sozialen Verhalten aufgrund von Unreife, Fehlentwicklungen oder psychosozialen Störungen verfügt die Regelschule nur über ein begrenztes Arsenal an Ressourcen und Kompetenzen, um verzögerte Entwicklungen nachzuholen und Fehlentwicklungen zu korrigieren. Bleibt Schule erfolglos, kommt die Familie ins Spiel: Wenn Schüler nicht über die erforderlichen sozialen Fähigkeiten verfügen und wenn die Regelschule mit ihren pädagogischen Maßnahmen an ihre Grenzen stößt, wird die Familie gefordert. Unsere Fallgeschichten zeigen, dass dieser Mechanismus in allen Fällen ebenso prompt wie sinnlos einsetzt. Diese schwierigen Kinder und Jugendlichen haben nun einmal sehr schwierige Eltern und Familien, die meist schon längst an die Grenzen ihrer Möglichkeiten gestoßen sind, wenn Schule und Jugendhilfe ihre Erziehungsanforderungen an sie stellen. Die Politik der Schule, Verhaltenskorrekturen durch die Eltern einzufordern oder einzuklagen, macht deutlich: Schule erwartet hier die Erziehungsleistung der Eltern, weil sie selbst sich nicht in der Lage dazu sieht; damit entlastet sich Schule und entlässt sich aus der Verantwortung für ihr Scheitern an den Problemen dieser »schwierigen« Kinder und Jugendlichen. Wo sich aber hinter den Schwierigkeiten dieser Schüler genau jene Probleme verbergen, die belastbare Arbeitsbündnisse zwischen Schule und Eltern verhindern und wo die Schule ihrerseits weder bereit noch in der Lage ist, solche Arbeitsbündnisse zu entwickeln und zu pflegen, setzt fast zwangsläufig die Mechanik von Sanktion und Selektion ein – meist eingebettet in wechselseitige Schuldzuweisungen.

Man könnte von zwei geheimen Basisregeln sprechen, die die schulischen Konflikte antreiben: Du darfst nicht versagen! Und: Schuld ist immer der Andere! Wechselseitige Schuldzuschreibungen dienen nicht der Arbeit mit den schwierigen Jugendlichen – sie dienen der Selbstentlastung bei stets drohendem Scheitern und Versagen. Dies ist ein »eingebautes« zentrales Thema unseres Projekts: Wir untersuchen Fälle, die an Schule und Jugendhilfe, und an denen Schule und Jugendhilfe gescheitert sind; nach diesem Kriterium wählten wir unsere Fälle ja aus: »Nicht beschulbar!«. Auch aus der Perspektive wissenschaftlicher Falluntersuchungen gibt es Scheitern und Versagen. Familie und Eltern versagen gegenüber diesen schwierigen Kindern und Jugendlichen – und Schule und Lehrer ebenfalls. Doch was ist gewonnen mit dieser anklagenden Feststellung? Denn beide Seiten – das zeigen unsere Fallgeschichten – sind hier nicht Herr im eigenen Haus, beiden Seiten fehlen die nötigen Ressourcen und Kompetenzen für verantwortliches Handeln – weshalb wechselseitige Schuldzuweisungen, Appelle oder Drohungen so wenig nützen wie engagierter Wille, gute Vorsätze und Neuanfänge. Hilflosigkeit ist schwer auszuhalten, besonders wenn Helfen und Fördern zur beruflichen Aufgabe gehören. Empörung und Wut sind leichter zu ertragen, sie entlasten, wenn sie ein Objekt finden können. Das gilt auch für unsere Forschergruppe: Wir alle waren Schüler, einige von uns auch Lehrer; alle haben als Eltern Schulerfahrungen, und die meisten kennen beruflich – als Supervisoren oder Therapeuten – die quälenden Konflikte in Schule und Jugendhilfe. Mit dem Begriff der *strukturellen Verantwortungslosigkeit* haben wir versucht, das allgegenwärtige Spiel um wechselseitige Schuldzuschreibungen zu verlassen. Es gibt verantwortungsloses und schuldhaftes Handeln in dem von uns untersuchten Feld, und es gibt Scheitern und Versagen bei allen Beteiligten – doch es kommt darauf an, die institutionellen und strukturellen Bedingungen, die verantwortliches Handeln behindern oder verbieten, zu identifizieren und zu verändern; die Kompetenzen und Ressourcen für verantwortliches Handeln anzufordern, bereitzustellen oder aufzubauen. Wichtigste Voraussetzung dafür wäre zunächst die Bereitschaft, aus Fehlern, aus Scheitern und Versagen, und das heißt auch: von den Störern zu lernen.

Die Jugendlichen unserer Untersuchung scheitern nicht einfach, weil sie den Anforderungen der Regelschule nicht gewachsen sind. Sie scheitern erfolgreich, aktiv, als bemühten sie sich geradezu ums Scheitern. Sie scheinen nicht unter ihrem Versagen zu leiden, keine Angst vor dem Scheitern zu haben. Sie sind vielleicht die Einzigen überhaupt in der Schule, die sich frei von dieser Angst wähnen. Jenes 1. schulische Gebot »Du darfst nicht scheitern!« hat für sie und über sie keine Macht. Schule und Lehrer aber sind genau darauf angewiesen: auf die Angst vor dem Versagen und vor dem Scheitern, auf die Bereitschaft, sich ein- und unterzuordnen, die Regeln halbwegs zu befolgen – um nicht zu scheitern; und auf Freude und Stolz bei Erfolg. Die pädagogischen und ordnungspolitischen Maßnahmen sollen die Schüler dazu bringen, das Spiel mitzuspielen; und sie sind wirkungsvoll nur dort, wo diese Bereitschaft grundsätzlich vorliegt. Wo dieses Spiel gemeinsam gespielt wird, funktioniert auch die obligatorische Verteilung von Lob und Tadel, Gratifikation und Sanktion, Auslese und Selektion – und nicht zuletzt von Schuldvorwürfen und Selbstentlastungen. Dieses Spiel wird in den Konfliktgeschichten nicht beschulbarer Jugendlicher bis zum Exzess von der einen Seite gespielt und von der anderen sabotiert – in stets sich wiederholenden Spiralen; und so von beiden Seiten ad absurdum geführt.

Wir haben keine Rezepte anzubieten und keine Lösungen. Unsere Konfliktgeschichten sind aber ein starkes Plädoyer für sorgfältige frühe pädagogische und therapeutische Interventionen, für die Integration von Hilfe- und Förderprozessen, für interdisziplinäre Fallarbeit und Fallberatung und für den kontinuierlichen Einsatz professioneller Instrumente des kollegialen und interdisziplinären Fallverstehens. Dabei gibt es keine Gewissheit, dass Scheitern vermieden werden kann. Zu lernen wäre also etwas über die eigenen Grenzen, über die dringende Notwendigkeit fachlicher, interdisziplinärer Beratung, über die Einsicht in die unverzichtbare fachliche, durch Dritte unterstützte, kontinuierliche Reflexion eigenen Handelns und etwas über die notwendige Bescheidenheit in den Ansprüchen an die eigenen professionellen Künste. Vor allem: eine neue, andere Perspektive auf diese schwierigen Jugendlichen ist geboten. Ihre Störungen sind häufig unverzichtbare Überlebensstrategien, unglückliche, destruktive, kranke und krankmachende Strategien, die Entwicklung und Lernen und wachsende Reife und erwachsene Autonomie sabotieren; aber es sind Überlebensstrategien mit Sinn. Diese Störungen werden nur aufgegeben, wenn verlässliche und bessere Alternativen annehmbar erscheinen. Und diese Störungen sind entwickelte, ausformulierte, pointierte Störungen geworden – auch in Reaktion auf Erfahrungen mit Schule und Jugendhilfe. Zu lernen also wäre etwas über den professionellen und institutionellen Anteil an diesen Störungen, an der Lerngeschichte dieser Jugendlichen, an deren deformierter Bildungsgeschichte.

Unser Forschungsprojekt konzentrierte sich auf wenige umfangreiche Einzelfalluntersuchungen – in diesem Band werden nicht mehr als vier unserer Fälle vor- und zur Diskussion gestellt. Unsere Fälle sind nicht typisch für besonders schwierige Schüler in dem Sinn, dass sie die wichtigsten Typen störender und gestörter Jugendlicher repräsentierten. Es kann nicht einmal gesagt werden, dass diese Fälle typisch sind für die kleine Gruppe der Schüler, für die das Staatliche Schulamt die ruhende Schulpflicht ausspricht. Jeder Versuch, eine irgendwie geartete quantitative Repräsentativität für unsere Fälle zu konstruieren, ist zum Scheitern verurteilt, denn unsere Untersuchung wurde für derartige Interessen und Fragen nicht ausgelegt. Unsere Fälle sind auch nicht typisch für die Regelschule und ihren Umgang mit schwierigen Schülerinnen und Schülern. *Die* Regelschule gibt es nicht, auch wenn schulische Selektionsprozesse sehr stark geregelt sind. Nimmt man als Bild für die Politik der Regelschulen gegenüber schwierigen Schülern das eines Korridors, dessen Seitenwände durch die rechtlichen und administrativen Vorgaben bestimmt werden, so kann generell gesagt werden: Jede Schule verfügt

über einen derartigen Korridor; dessen Breite jedoch variiert von Schule zu Schule, und auch die Starre oder Flexibilität der Seitenwände ist von Schule zu Schule unterschiedlich. Und innerhalb dieser Korridore können die Professionellen sich bewegen, haben sie ihre Spielräume im Umgang mit schwierigen Schülern.
Gleichwohl lässt sich sagen: Auch wenn es *die* Regelschule nicht gibt, und von *der* Grundschule, *der* Gesamtschule, *der* Hauptschule, *dem* Gymnasium nur mit großem Vorbehalt geredet werden kann, weisen die Konfliktgeschichten unserer Jugendlichen doch sehr ähnliche Strukturmerkmale auf. Es gibt typische Schwachstellen und typische Defizite der Regelschule, es gibt typische Reaktionsweisen der Schule und ihrer Professionellen auf drohendes Scheitern und Versagen, es gibt typische Mechanismen der Abwehr, der Verleugnung, der Konfliktvermeidung. Und es gibt systematische Parallelen in den Konfliktmustern und Konfliktdynamiken schwieriger Schüler und schwieriger Schulen. In unseren Fällen sind sie zum Teil derart aufdringlich, dass von latenten Komplizenschaften oder unbewussten Arbeitsbündnissen gesprochen werden kann. Der Kampf um Kontrolle und Autonomie wird auf beiden Seiten und gegeneinander geführt. Im Kampf gegen die Regeln der Schule wendet sich der Jugendliche gegen die Seitenwände jenes Korridors; in der Verteidigung der Regeln wendet sich die Schule gegen den Angriff des Jugendlichen und versucht, die Rahmenbedingungen zu schützen.
Wo immer wir im Verlauf des Projekts unsere Fallberichte Lehrern und Sozialarbeitern vortrugen, gab es vor allem das Wiedererkennen eigener Erfahrungen vor dem Hintergrund dieser extremen Beispielfälle. Alle konnten mitreden, alle waren mehr als einmal in ihrem Berufsleben konfrontiert mit diesen Problemen, alle konnten die Befunde der soziologischen und der psychoanalytischen Falluntersuchungen eintragen in ihre Erfahrungen. Was zu lernen war, lag auf der Hand: eine neue Perspektive auf die bekannten Probleme und dadurch neue Zugangsweisen des Verständnisses dieser Konfliktgeschichten, der eigenen professionellen und institutionellen Anteile, der fremden individuellen Anteile und der Verstrickungen und Verflechtungen von individueller und institutioneller Konfliktdynamik.

Die von uns untersuchten Konfliktgeschichten nicht beschulbarer Jugendlicher mit Schule und Jugendhilfe hatten alle ihren Ort im Regelschulsystem. Die Frage jedoch, ob für das Regelschulsystem aus diesem Scheitern etwas zu lernen wäre, ist zunächst eine schulpolitische Frage und hat etwas damit zu tun, ob die Regelschule sich für diese schwer gestörten Kinder und Jugendlichen zuständig weiß oder nicht. Immerhin ist es ein Tatbestand, dass diese Jugendlichen sich über eine lange Reihe von Jahren im Regelschulsystem aufhielten und dort viel Zeit, Energie und Nerven kosteten – eigene und die der Professionellen –, also zumindest nachhaltig fehlplatziert waren. Beim gegenwärtigen Stand unserer Forschungsarbeiten und Überlegungen sehen wir drei gute Gründe, die Befunde aus unserer Forschung in der beruflichen Praxis auch im Regelschulbereich ernst zu nehmen:

Es gibt offensichtlich eine sehr breite Grauzone von verhaltensauffälligen und »mehr oder weniger« nicht beschulbaren Kindern und Jugendlichen. Kindertagesstätten in sozial benachteiligten städtischen Quartieren sehen bei 30 bis 45 Prozent ihrer Kinder Entwicklungsrückstände von mindestens einem Jahr und bei der Hälfte von ihnen einen dringenden vorschulischen Erziehungshilfebedarf. Grundschullehrerinnen in Stadtteilen mit hoher Armuts- und Ausländerpopulation schätzen den Anteil nicht schulreifer und nicht beschulbarer Kinder auf 15 bis 25 Prozent, und in den von uns kontaktierten Hauptschulen wurde mit großer Regelmäßigkeit ein Anteil um 20 Prozent nicht schulfähiger Jugendlicher in den Klassen genannt.

Unsere Falluntersuchungen geben Hinweise darauf, dass nicht beschulbare Kinder und Jugendliche in ihren Schulkarrieren in gewisser Weise Lernprozesse durchmachen – allerdings sind dies negative Lernprozesse. Die Konflikterfahrungen dieser Jugendlichen in der Regelschule dienen nicht selten der Verstärkung und Stabilisierung ihrer psychischen Störungen und werden in die zwanghaften und gewaltsamen Abwehrstrukturen der Jugendlichen eingebaut. Sicher, es liegen bei diesen Kindern häufig schwere frühe Traumatisierungen vor; und niemand kann im Nachhinein sagen, ob diese Kinder und Jugendlichen unter günstigeren Schulbedingungen in der Regelschule sich besser hätten entwickeln können. Aber angesichts der zahlreichen und systematischen strukturellen Defizite im Hilfe- und Förderprozess und im Hilfe- und Fördersystem wäre auch angesichts der extrem schwierigen Psychodynamik und der wirklich schlechten Prognosen bei diesen Schülern die Forderung durchaus legitim: Das Regelschulsystem müsste sein Scheitern an diesen Kindern und Jugendlichen als zwingende Aufforderung verstehen, seine institutionellen Rahmenbedingungen zu überprüfen und zu korrigieren. Auch wenn es immer Kinder und Jugendliche geben wird, die nur in Sondereinrichtungen angemessen untergebracht sind: Vieles spricht dafür, dass jene institutionellen Defizite des Regelschulsystems, die von den besonders schwierigen Jugendlichen konflikthaft ans Licht gezerrt werden, auch für viele weniger auffällige Schüler gravierende und unproduktive Belastungen sind – ganz zu schweigen von den Lehrkräften. Eine Schule, die »lernt«, auch ihren nicht angepassten und nur schwer beschulbaren Kindern und Jugendlichen ein guter Ort zu sein, ist sicher auch ein besserer Ort für alle anderen Schüler und wahrscheinlich auch für die Lehrer.

In diesem Band I Störer und Gestörte werden vier Fallanalysen ausführlich wiedergegeben. So unterschiedlich diese Fälle wechselseitigen Scheiterns auch sind – es lassen sich doch drei komplexe Dimensionen identifizieren, die hier stets zusammenkommen:
Die Jugendlichen leiden unter schweren, meist aus früher Kindheit stammenden seelischen Störungen. Sie sind nicht fähig und nicht bereit, die schulischen Angebote für ihre Entwicklung zu nutzen und die Maßnahmen und Einrichtungen der Jugendhilfe anzunehmen. Sie inszenieren immer wieder frühe Beziehungs- und Konflikterfahrungen und sind unfähig, ihre starren Muster der Abwehr und des Selbstschutzes aufzugeben. Sie erleben »Fördern und Fordern« als existentielle Bedrohung, und nicht selten wenden sie ihre aggressiven und destruktiven Impulse gegen jene Professionellen, die sich einfühlsam und engagiert um sie kümmern.
Schule und Jugendhilfe verfügen nicht über die notwendigen Bedingungen für ein verantwortliches »Fördern und Fordern« dieser schwierigen Jugendlichen und ihrer Familien: Weder die Hilfeprozesse noch die Hilfesysteme sind integriert; fachliche und interdisziplinäre Kooperation fehlt oder hat keine zeitliche Kontinuität; professionelle Verfahren kollegialer und interdisziplinärer Falldiskussion sind unbekannt oder werden nicht genutzt. Die Professionellen in Schule und Jugendhilfe sind deshalb regelmäßig überfordert, wenn sie sich verantwortlich dieser Jugendlichen annehmen. Versuchen sie dennoch, die *strukturelle Verantwortungslosigkeit* durch persönliches Engagement zu korrigieren, stoßen sie rasch auf institutionelle und individuelle Grenzen. So bleibt am Ende meist nur der Rückgriff auf die Instrumente und Regeln, die die Institution bereitstellt, um sich und ihre Mitarbeiter vor der Erfahrung des Scheiterns zu schützen: Sanktion und Selektion.
Als zentrale Vermittlung oder Brückeninstanz zwischen individueller und institutioneller Konfliktdynamik hat sich in unseren Fällen das machtvolle Beziehungsgeschehen von Übertragung und Gegenübertragung erwiesen. In der Verstrickung von Jugendlichen und Professionellen erhalten die Macht-Ohnmacht-Spiralen ihre fallspezifische Gestalt. In den nicht durchschauten Konfliktbeziehungen provoziert und strukturiert das unbewusste Abwehrsystem der Jugendlichen die latente abwehrende Haltung der Professionellen.

Im Mittelpunkt dieses Bandes stehen vier Konfliktgeschichten. An unserem ersten Untersuchungsfall »Alberto« wird verdeutlicht, wie wir vorgegangen sind, welches Fallverständnis unseren Untersuchungen zugrunde liegt und welchen Themen in den Konfliktgeschichten nicht beschulbarer Jugendlicher besondere Bedeutung zukommt (Kapitel 1). Exemplarisch an diesem Fall und zum besseren Verständnis der weiteren Falluntersuchungen werden anschließend zwei Themen bearbeitet: die Notwendigkeit und die Grenze pädagogischen Fallverstehens (Kapitel 2) sowie Gegenstand und Methode psychoanalytischen Fallverstehens (Kapitel 3). Im Zentrum der folgenden Falluntersuchungen stehen bestimmte Leitthemen: *Dimensionen struktureller Verantwortungslosigkeit* im Untersuchungsfall Barat (Kapitel 4), *Verweigerung und latente Komplizenschaften* im Fall Cassimo (Kapitel 5) und *institutionelles Aufmerksamkeits-Defizit-Syndrom* im Fall Dalina (Kapitel 6). Wichtige fallübergreifende Themen wie beispielsweise die Bedeutung von Migrationserfahrungen in den Konfliktgeschichten nicht beschulbarer Jugendlicher kommen in den Falluntersuchungen vorläufig nur ansatzweise zur Sprache. Einigen von ihnen werden wir im zweiten Band nachgehen.

Der hier vorliegende Band I von »Störer und Gestörte« konzentriert sich also auf die Wiedergabe exemplarischer Einzelfallanalysen – und damit vorrangig auf die Frage nach den Ursachen und Bedingungen des Scheiterns von Schule und Jugendhilfe an diesen Jugendlichen mit ihrer spezifischen Lebensgeschichte und Psychodynamik – und der Jugendlichen ihrerseits an Schule und Jugendhilfe. Band II von »Störer und Gestörte« wird 2006 erscheinen, und hier werden – weiterhin nahe an unseren Falluntersuchungen – themenbezogene Betrachtungen folgen sowie die Darstellung von Bedingungen und Möglichkeiten, die Spiralen eskalierender Konfliktgeschichten zu unterbrechen, aus dem Scheitern und von den »Störern« zu lernen, Verstrikkungen produktiv einzusetzen und interdisziplinäre Kooperation zu nutzen.

Kapitel I
Viel zu viel – und nie genug! Der Fall Alberto

Thomas von Freyberg/Angelika Wolff

Alberto war der erste Jugendliche, dessen Konfliktgeschichte mit Schule und Jugendhilfe wir untersuchten. Als wir ihn kennenlernten, war Alberto gerade 17 Jahre alt geworden, und das vorzeitige Ende seiner Schullaufbahn lag etwas mehr als anderthalb Jahre zurück. Die für ihn zuständige Sozialarbeiterin aus der Lernwerkstatt des örtlichen Beratungs- und Förder-Zentrums (BFZ)[4] hatte noch losen Kontakt zu ihm und vermittelte ihn an unser Forschungsprojekt.

Im Frühjahr 2000 fand das psychoanalytische Interview mit Alberto statt, und er erteilte uns anschließend seine Erlaubnis, mit seinen Eltern und mit den für ihn wichtigen ehemaligen Lehrern und Sozialarbeitern Gespräche zu führen. Die Forschergruppe der Psychoanalytiker erstellte auf der Grundlage des Interviews mit Alberto, eines Gesprächs mit seiner Mutter und eines Gruppengesprächs, an dem sieben professionelle Helfer – Lehrer, Sozialarbeiter, Sozialpädagogen, ein Schulpsychologe und ein Jugendbeauftragter der Polizei – teilnahmen, ihren psychoanalytischen Fallbericht (Kapitel 1.2).

Die soziologische Erhebung war wesentlich umfangreicher. Es wurden zahlreiche Expertengespräche mit den in der Konfliktgeschichte Albertos wichtigen Professionellen durchgeführt: mit der Grundschullehrerin Albertos und

---

[4] In fast allen von uns untersuchten Fällen waren »Beratungs- und Förderzentren« (BFZ) in die Arbeit einbezogen. Damit bezeichnen wir Einrichtungen im Feld zwischen Regelschule und Sonderschule, die – meist mit interdisziplinären Teams aus Lehrern und Sozialarbeitern – ambulant und zeitlich begrenzt an Regelschulen arbeiten, Lehrer und Eltern beraten und Schüler fördern, um eine drohende Überweisung an eine Sonderschule zu verhindern. Nicht selten verfügen diese Zentren über eine »Lernwerkstatt«, unsere Bezeichnung für teilstationäre Einrichtungen in oder an den Beratungs- und Förder-Zentren für Jugendliche, die trotz aller Bemühungen im Regelschulsystem nicht gehalten werden können.

seiner Lernhelferin, mit seiner Klassenlehrerin in der Gesamtschule und seinem Hauptschullehrer, mit dem interdisziplinären Team des BFZ und dem pädagogischen Team der Lernwerkstatt im BFZ, mit der für Alberto und seine Familie zuständigen Mitarbeiterin des Allgemeinen Sozialen Dienstes (ASD) und mit dem Jugendbeauftragten der Polizei, der nach Albertos vorzeitigem Ende in der Lernwerkstatt eine Reihe von beruflichen Kontakten mit diesem Jungen und seiner Clique hatte. In den soziologischen Fallbericht wurden schließlich noch die Informationen aus dem Helferkreisgespräch sowie Informationen aus der Schulakte und aus der Jugendamtsakte eingearbeitet (Kapitel 1.1).
Nachdem die Fallberichte der beiden Disziplinen erstellt worden waren, wurden sie ausgetauscht, und es fand eine zweistündige gemeinsame interdisziplinäre Falldiskussion statt. Im Mittelpunkt stand dabei die gemeinsame Frage nach den Zusammenhängen von individueller und institutioneller Konfliktdynamik, von individuellen und institutionellen Konfliktmustern in der Konfliktgeschichte Albertos mit Schule und Jugendhilfe (Kapitel 1.3).

1.1 Der soziologische Fallbericht

Alberto wurde als zweiter Sohn italienischer Eltern in einer westdeutschen Großstadt geboren. Die Eltern stammen aus Süditalien und leben seit längerem in Deutschland; die Mutter ist hier aufgewachsen. Von Albertos Vater ist bekannt, dass er als Kind und Jugendlicher große Schwierigkeiten mit seinen Eltern hatte, nur unregelmäßig die Schule besuchte und mit 17 von zu Hause weg und auf See ging. Von der Mutter wird berichtet, dass sie höhere Bildungsabsichten hatte.
Noch als Säugling hatte Alberto einen Unfall, der in den Phantasien der Eltern und einiger professioneller Helfer später eine bedeutsame Rolle spielen sollte: eine Kopfverletzung, die die Mutter so verängstigte, dass sie nach einigem Zögern mit Alberto in die Klinik ging, wo der Junge 14 Tage bleiben musste.
Kurz nach diesem Unfall verlässt die Familie Deutschland und zieht nach Neapel. Alberto geht dort zunächst in einen Kindergarten und wird dann im Alter von sechs Jahren eingeschult. Die Familie soll sich in Neapel nicht wohl gefühlt haben, sei »wenig integriert« gewesen und als »deutsch« beschimpft und diskriminiert worden. In der Schule habe es nur ein Gesetz gegeben:

prügeln oder geprügelt werden. Das Verhältnis zwischen Alberto und seinen Eltern sei, so später seine Mutter, in Italien sehr eng gewesen, insbesondere das zu seinem Vater. Doch nach der Geburt des jüngeren Bruders – Alberto war sechseinhalb Jahre alt – habe sich die Beziehung zwischen Alberto und seinem Vater verschlechtert. Im folgenden Frühjahr – Alberto ist gerade sieben Jahre alt geworden und geht seit einem halben Jahr zur Schule – kehrt die Familie in Albertos Geburtsstadt nach Deutschland zurück und bezieht dort eine kleine Drei-Zimmer-Wohnung. Das Verhältnis zwischen Alberto und seinem Vater muss sich mittlerweile dramatisch verschlechtert haben: Der Junge wird, so seine spätere Grundschullehrerin, der Prügelknabe des Vaters und das schwarze Schaf der Familie. Alberto beginnt massiv zuzunehmen, und auch seine Probleme, die er hat und die er zu Hause und in der Schule macht, werden »immer massiver«.

Vier Jahre Grundschule – ein unglückliches und aggressives Kind

Albertos Start ins deutsche Schulsystem war unglücklich. Mitten im Schuljahr kommt der Junge in die laufende 1. Klasse der zuständigen Grundschule. Alberto versteht kein Wort Deutsch und findet auch keinen Anschluss an die Klasse. Da die beiden ersten Grundschulklassen als Einheit gelten und ein Zurückstufen zum Schuljahresende der 1. Klasse nicht möglich ist, wird Alberto im Sommer in die 2. Klasse versetzt. Ein halbes Jahr später teilt seine damalige Klassenlehrerin Albertos Eltern mit, dass seine Versetzung gefährdet sei – und empfiehlt eine *Hausaufgabenhilfe* für den Jungen, um so einen für Alberto nachteiligen Klassenwechsel zu vermeiden. Nie wieder hat Alberto eine derart positive schulische Beurteilung erfahren wie in dieser Empfehlung:

> »Alberto lebt seit einem Jahr in Deutschland. Er sprach anfangs kein Wort Deutsch und hat diesbezüglich große Fortschritte gemacht. Im schriftlichen Bereich benötigt er noch sehr viel Hilfe, um sich dem allgemeinen Leistungsstand der Klasse angleichen zu können. Durch seine großen anfänglichen Sprach- bzw. Verständnisschwierigkeiten sind große Lücken entstanden, die er aufarbeiten muss. Alberto besitzt eine rasche Auffassungsgabe und zeigt eine gute Lernbereitschaft. Die Voraussetzungen, dass er das Klassenziel erreichen könnte, sind mit der notwendigen Unterstützung durchaus gegeben. Alberto hat sich gut in die Klassengemeinschaft integriert. Um seine entstandenen sozialen Bindungen zu stabilisieren, wäre es für ihn wichtig, in der Klassengemeinschaft zu verbleiben.«

Dennoch wird der Junge – mit Zustimmung der Eltern – zurückgestuft. Alberto kommt – zum zweiten Mal und wieder mit gehöriger Verspätung – in eine laufende 1. Klasse, die obendrein auch noch unter ungünstigsten Bedingungen gestartet ist: Sie war nicht eingeplant gewesen, weshalb für sie auch kein eigener Klassenlehrer zur Verfügung stand. Die Klassenlehrerin muss zwei Klassen führen, was für Albertos Klasse bedeutet, dass zahlreiche Unterrichtsstunden durch Fachlehrer abgedeckt werden. Die Klasse gerät zunehmend in Schwierigkeiten und macht sie auch den Lehrern. Besorgte Eltern nehmen ihre Kinder aus der Klasse; die wird – auch dadurch – zum Sammelbecken für Nachrücker und Quereinsteiger. So wird die unübersichtliche Situation von zu vielen erwachsenen Bezugspersonen noch durch die hohe Fluktuation bei den Schülern verschärft. Schließlich wird die Klassenlehrerin am Ende des Schuljahres auch noch versetzt. Die neue Klassenlehrerin – es ist Albertos dritte in der Grundschule – findet nur mühsam Kontakt zu ihrer Klasse. Die Kinder sind misstrauisch und nicht ohne weiteres bereit, sich auf ihre neue Klassenlehrerin einzulassen. Alberto gehört zu einer Gruppe sehr schwieriger Kinder in der Klasse. Er hat große Lernprobleme, Sprachprobleme, Konzentrationsprobleme, Disziplinprobleme.
Die Schule ist für Alberto kein guter Ort geworden. Er wehrt inzwischen alle Lern- und Leistungsanforderungen ab, doch die harten Konflikte zwischen ihm und der Klassenlehrerin finden eher auf der Ebene von Beziehungs- und Verhaltensstörungen statt. Die Klassenlehrerin erkennt, dass Alberto und seine Eltern zusätzliche Hilfen brauchen. In Gesprächen mit der Mutter erfährt sie viel über die schwierigen familiären Bedingungen: Alberto sei der Sündenbock, das schwarze Schaf in der Familie und werde von seinem hilflosen und gewalttätigen Vater geprügelt und misshandelt.
Die ersten Hilfemaßnahmen werden organisiert: Eine Betreuerin, auf den Rat der Lehrerin hin über einen italienischen Träger vermittelt, versucht, Alberto die Integration in die Schule zu erleichtern – und scheitert; die Eltern brechen die Maßnahme ab. Eine psychologische Beratung bei dem gleichen Träger wird angebahnt, scheitert aber am Widerstand der Mutter. Ein weiterer Versuch der Klassenlehrerin, beratende und therapeutische Hilfe über eine internationale Familienberatung zu vermitteln, scheitert ebenfalls. Schließlich gelingt es, Alberto und seinen älteren Bruder in einem nahegelegenen Hort unterzubringen, der sich um Hausaufgabenhilfe und soziale Integration kümmert. Hier bleibt Alberto – bei abnehmend regelmäßigem Besuch – bis zum Übergang in die Gesamtschule.
Im letzten Grundschuljahr erhält Alberto, wiederum auf Initiative seiner Lehrerin, eine Lernhelferin; eine junge Studentin, die sich sehr engagiert. Der

Allgemeine Soziale Dienst (ASD) übernimmt die Kosten auf Grund eines Schulberichts der Klassenlehrerin – und lernt bei dieser Gelegenheit Alberto und seine Eltern kennen. Mit großem Engagement versucht die Lernhelferin, zweimal wöchentlich für jeweils zwei Stunden Alberto bei den Hausaufgaben zu unterstützten. Über den Hort sucht sie den Kontakt zu dem Jungen und stößt zunächst auf dessen entschlossene Abwehr. Es dauert ein viertel Jahr, bis Alberto seinen Widerstand langsam aufgibt, aber auch danach bleiben die Hausaufgaben ein steter Ort von Konflikten, mühsamen Kompromissen und viel vergeblicher Mühe. Immerhin gelingt es der Studentin innerhalb eines halben Jahres, zu Alberto und seiner Familie eine recht intensive Beziehung aufzubauen – die weit über den spezifischen Arbeitsauftrag hinausgeht. Vier Stunden Hausaufgabenhilfe pro Woche – daraus wird gegen Ende der Grundschulzeit rasch ein umfangreiches Angebot. Die junge Studentin holt Alberto von zu Hause ab, bringt ihn wieder nach Hause zurück und verbringt darüber hinaus »viel Zeit mit ihm und bei ihm« in den Ferien. Sie lernt die Familie kennen und erfährt, dass Alberto mit seiner Mutter und seinen zwei jüngeren Geschwistern »einen sehr liebevollen Umgang« hat. Das Verhältnis zu dem älteren Bruder dagegen sei »sehr konkurrent« – und »betritt der Vater den Raum, wirkt Alberto geduckt und ängstlich«. In Gegenwart seines Vaters verliere er seine laute Stimme, wirke schüchtern und in sich gekehrt. Er spreche in solchen Situationen »nur sehr leise italienisch und meide jeden Blickkontakt«.

Man hat den Eindruck, Albertos Probleme und Schwierigkeiten werden in diesen Grundschuljahren notdürftig gemanagt; sie eskalieren nicht dramatisch, wirklich gute Entwicklungen aber finden bei diesem Jungen nicht statt. Rückblickend ist seine damalige Grundschullehrerin davon überzeugt, dass hier sogar ein »negativer« Lernprozess stattgefunden habe: Gegen die Schulanforderungen reagiert er in der Regel passiv-verweigernd, dumpf-verschlossen, sprachlos-abblockend. Nur die intensive persönliche Beziehung sowohl zur Lehrerin als auch zur Lernhelferin kann Alberto motivieren, wenigstens ein Minimum an schulischen Leistungen zu bringen. Gegenüber seinen Mitschülern verschafft er sich Anerkennung, indem er die einen durch Drohungen und körperliche Attacken einschüchtert und sich den anderen als »Ersatzprügler« (Gorilla) empfiehlt und sie durch Geschenke und gewalttätige Dienstleistungen an sich bindet. Nur die stabile Beziehung der Klassenlehrerin zu Alberto – in Verbindung mit dem Hort und der Lernhilfe – verhindert offensichtlich, dass die aggressiven Seiten Albertos dominant werden. Thema der recht häufigen Konflikte zwischen der Klassenlehrerin und Alberto ist seine mangelnde Fähigkeit oder Bereitschaft, Grenzen zu akzeptieren.

Die Lehrerin empfiehlt am Ende der Grundschulzeit dringend, den fälligen Schulwechsel an den Problemen Albertos zu orientieren. Eine kleine, übersichtliche Hauptschule mit fester Klassenstruktur sei für einen Jungen wie Alberto mit seinen Lern- und Verhaltensproblemen das Angemessene. Doch sie kann Albertos Mutter, die einen höheren Schulabschluss für ihren Sohn anstrebt, nicht überzeugen. Alberto soll auf die Gesamtschule, eine große Ganztagsschule. Es gilt Elternrecht – und die Einflussmöglichkeiten der Lehrerin sind begrenzt. Die Lernhelferin soll Albertos Übergang in die Gesamtschule betreuen und begleiten, versucht dies auch und wird bald scheitern. Das von der Klassenlehrerin der Grundschule organisierte Netz von Hilfe und Beratung zerreißt. Auch den Hort muss Alberto hinter sich lassen. Was er jedoch aus der alten Schule mitnimmt, ist eine Gruppe von vier Mitschülern, die den Kern seiner Clique in der neuen Klasse bilden werden; und eine erlernte Konflikt- und Verweigerungsstrategie gegenüber Lehrern und Gleichaltrigen.

Kommentar: Engagierte Hilfe unter Bedingungen struktureller Verantwortungslosigkeit

Diese ersten Jahre der Konfliktgeschichte Albertos mit Schule und Jugendhilfe zeigen schon alle Elemente eines misslingenden Hilfe- und Förderprozesses.
Alberto ist ein verstörtes und gestörtes Kind. Auch wenn seine Grundschullehrerinnen nichts von der Vorgeschichte dieses Jungen wissen; sie sehen vor sich ein zu großes, zu dickes, sprachloses und unglückliches Kind; sie erfahren, dass dieser Junge zu Hause »der Sündenbock« der Familie ist, häufig von seinem ebenso hilflosen wie gewalttätigen Vater verprügelt wird; und sie erleben, dass dieser Schüler nicht in der Lage ist, die Angebote und Möglichkeiten von Schule und Hort zu nutzen. Albertos dritte Klassenlehrerin charakterisiert – rückblickend – den Jungen als »tickende Zeitbombe« – und dieses Bild kann ergänzt werden: eine tickende Zeitbombe, die vom gewalttätigen Vater durch häufiges Prügeln »bestückt und aufgeladen«, von der Mutter durch permanente Fütterung »eingepackt und abgepolstert« und die von den Professionellen nur durch zahlreiche Maßnahmen, Hilfeangebote und intensive Betreuung an der Explosion gehindert wird.
Die Geschichte schwieriger Kinder ist immer auch die Geschichte schwieriger, gestörter Institutionen. Albertos Grundschule hat so ziemlich alles »getan«, um diesem Jungen den Zugang zum deutschen Schulsystem zu erschweren. Er wird in eine laufende Klasse gesteckt – das heißt: »altersgemäß eingestuft« – in der vagen Hoffnung, dass dieses Kind, das kein Wort Deutsch

spricht, irgendwie schon zurecht kommen werde. Viel zu spät und wieder mitten im laufenden Schuljahr wird er dann zurückgestuft und gerät nun in eine ungeplante und ungewollte Klasse mit einer durch doppelte Klassenführung überforderten Klassenlehrerin, mit viel zu vielen Fachlehrern und einer hohen Schülerfluktuation. Als die Klassenlehrerin dann auch noch zum Schuljahresende die Schule verlässt und die Klasse abgibt, findet die neue Klassenlehrerin eine ernsthaft gestörte, misstrauische und ihre Schule ablehnende Klasse vor.

Dass Alberto besondere Hilfe und Förderung braucht, ist seiner neuen Klassenlehrerin von Anfang an klar – und vielfältig sind ihre Bemühungen in den folgenden drei Jahren um diesen Jungen und seine Familie. Doch der Hilfe- und Förderprozess hat etwas eigentümlich Unbestimmtes und Halbherziges. Mehrere Anläufe der Lehrerin, den Eltern Albertos eine Ehe- und Familienberatung zu vermitteln, verlaufen im Sande. Offensichtlich ist diese Familie nicht in der Lage oder nicht bereit, zur »Schulfähigkeit« ihres Kindes den Beitrag zu leisten, der vom deutschen Schulsystem erwartet wird. Für dieses Problem hat die Regelschule keine eigene Lösung. Also wird es delegiert: an einen benachbarten Hort und an eine Lernhelferin, die zwar allmählich das Vertrauen Albertos gewinnen kann, aber überfordert ist. Der Übergang in die weiterführende Schule zerreißt das schwache, nur durch persönliches Engagement, nicht aber institutionell abgesicherte Netz von Hilfe und Förderung. Die Klassenlehrerin empfiehlt, weil sie mit einem schweren Fiasko beim Übergang in die Gesamtschule rechnet, eine »passende« Hauptschule; doch sie kann Albertos Eltern nicht überzeugen. Zu einer fachlichen und fallbezogenen Kooperation zwischen der abgebenden und der aufnehmenden Schule kommt es dennoch nicht. Die professionelle Betreuung des Übergangs ist institutionell nicht vorgesehen, auch nicht für derart schwierige Kinder. So wird das Problem delegiert – und ausgelagert: Die Lernhelferin soll Alberto in seine neue Schule begleiten. Als dort die Schwierigkeiten eskalieren, intensiviert die engagierte Studentin ihre Betreuungsarbeit – und scheitert.

Über die Finanzierung des Horts – und später über die der Lernhelferin – ist der zuständige ASD eingeschaltet. Die verantwortliche Sozialarbeiterin dort lernt Albertos Eltern kennen, gewinnt einen guten ersten Eindruck und bewilligt die Maßnahmen. Doch rückblickend identifiziert sie ein irritierendes Verhaltensmuster bei diesen Eltern: Erst bemühten sie sich um Hilfe und Unterstützung und seien dabei überaus kooperativ und zuverlässig; doch dann komme fast immer ein Punkt, wo einfach abgebrochen werde, wo nichts mehr angenommen wird. Aber eine eigene, den Hilfe- und Förderprozess steuernde Initiative geht vom ASD nicht aus. Die Kostenübernahme wird ge-

prüft – nicht aber die Arbeit, die hier finanziert wird. Ob der Hort seinen Auftrag an Alberto erfüllen konnte oder ob er daran scheiterte; ob die Lernhelferin sinnvoll und erfolgreich arbeitete oder hoffnungslos überfordert war, wird nicht überprüft. Dafür fehlen dem ASD die zeitlichen Ressourcen. Von einer professionellen Kooperation von Schule und Jugendhilfe kann im Fall Albertos nicht gesprochen werden. Die Initiativen gehen in den Grundschuljahren von der Schule aus – der ASD übernimmt dabei die untergeordnete Rolle, die Finanzierung außerschulischer Hilfen sicherzustellen. Dass dies unzureichend ist, kann kaum übersehen werden.
Wie ein roter Faden zieht sich durch die bisherige Fallgeschichte das Thema des Nicht-Verstehens. Alberto hat sicher nicht begriffen, was da mit ihm geschah in den ersten sechs Lebensjahren zwischen Deutschland und Süditalien; und so wird es ihm in der deutschen Grundschule weiter ergangen sein. Wahrscheinlich haben seine Eltern auch nicht begriffen, was die Schule von ihnen verlangte und was die Lehrerinnen an ihnen und ihren Kindern auszusetzen hatten. Mit Sicherheit haben die Lehrerinnen nicht verstanden, mit welchen Problemen und Konflikten ihr Schüler sich auseinanderzusetzen hatte, was ihm fehlte, was er brauchte. Und Gleiches muss von den anderen beteiligten Professionellen gesagt werden – der Fachfrau im ASD, den Erzieherinnen im Hort und der Lernhelferin: für die gemeinsame Entwicklung eines professionellen Fallverstehens fehlten allen Beteiligten – vor allem, aber nicht nur – die zeitlichen Ressourcen.
Als Kern der institutionellen Defizite in der bisher skizzierten Konfliktgeschichte Albertos mit Schule und Jugendhilfe kann das Fehlen eines professionellen Fallverständnisses angenommen werden. Dabei zieht sich das Thema von Fremdheit und Trennung wie ein roter Faden durch die Konfliktgeschichte Albertos. Diese Geschichte hat einen Migrationshintergrund, der die individuelle und die institutionelle Konfliktdynamik mit Sicherheit stark beeinflusst hat. Hier geht es um Sprache in einem sehr weiten Sinn, um die Möglichkeit oder Unmöglichkeit von Dialog und von Anerkennung, auch um gegenseitige Erwartungshaltungen und Anforderungen, um unterschiedliche Erziehungsstile – und bei all dem immer um die Frage, ob Schule und Jugendhilfe überhaupt in der Lage sind, will sagen: ob ihre Professionellen überhaupt über die fachlichen Kompetenzen und zeitlichen Ressourcen verfügen, verantwortlich mit diesem Thema umzugehen.

Zwei Jahre an der Gesamtschule – ein um sich schlagender Junge

Die Schwierigkeiten und Probleme Albertos eskalieren an der Gesamtschule zügig. Er kämpft um seinen Platz in der neuen Klasse und nutzt dafür seine erlernten Strategien: Er prügelt sich – vorrangig außerhalb des Unterrichts – mit anderen Schülern, sammelt um sich eine Gruppe von Gleichaltrigen, die er mit Geschenken versorgt und denen er Schutz anbietet, und er gerät zunehmend in aggressive Auseinandersetzungen mit Lehrern, die sich in seine Machenschaften einzumischen versuchen.

Nach drei Monaten werden Albertos Eltern am Elternsprechtag speziell eingeladen, um über die Verhaltensschwierigkeiten Albertos mit seiner Klassenlehrerin zu sprechen. Einen Monat später folgt ein Schreiben an die Eltern, das auch in der Schulakte niedergelegt wird, in dem Albertos Verhalten in der Schule Gegenstand von Ermahnungen ist: »Er gibt seinen Lehrern unverschämte Antworten, er stört.« Zum Ende des Schulhalbjahres wird Albertos Eltern schriftlich mitgeteilt, dass die Schulleistungen ihres Sohnes »in allen Hauptfächern, mit Ausnahme Sport, mangelhaft« seien. Und Gleiches gelte für sein Sozialverhalten: Alberto sei »wenig rücksichtsvoll« und halte sich »selten an die Regeln, die in der Schule gelten«. Ein weiteres Schreiben – nur wenig später – erwähnt eine Prügelei in der Pausenhalle: Ein Lehrer, der eingriff, sei von Alberto schwer beschimpft worden. Es kommt zu einem Gespräch mit Albertos Eltern, bei dem die Klassenlehrerin den Eindruck gewinnt, dass diese Eltern nicht in der Lage seien, an Albertos Verhalten etwas zu verändern. Der Rat der Lehrerin ist, die Mutter möge doch den Kontakt zur Erziehungsberatung und zum Zentrum für Essstörungen aufnehmen – und in Erwägung ziehen, Alberto an einer Hauptschule unterzubringen. Über die typischen Anlässe für Albertos Ausrasten in der Gesamtschule berichtet die damalige Lehrerin:

> »Sehr häufig hat irgendein Schüler gesagt: Du Fettsack! Dann ist er ausgerastet. Oft war irgend eine Beschimpfung von Mitschülern Ausgangspunkt gewesen. Was die Kollegen anbelangt, reichte irgend eine Kritik, die ihm nicht gepasst hat, oder auch Frust, wenn man ihm sagte: Du hast heute nichts getan, so geht's nicht weiter! Wenn er gar nicht mehr wusste, was er machen soll, dann hat er die Tür geknallt und ist gegangen. Mit Kritik wusste er überhaupt nicht umzugehen.«

Albertos Schwierigkeiten begreift sie vor dem Hintergrund des gestörten und – wie sie vermutet – gewalttätigen Verhältnisses zwischen Vater und Sohn.

Schließlich werden – im Anschluss an dieses Gespräch – die Eltern schriftlich aufgefordert, Kontakt zum örtlichen Beratungs- und Förderzentrum

(BFZ), einer ambulant arbeitenden Erziehungshilfeschule, aufzunehmen. Albertos Zeugnis am Ende der fünften Klasse spiegelt die fatale Entwicklung des zurückliegenden Schuljahres wider; sein Leistungsstand in der Schule ist miserabel: in Deutsch, Englisch, Gesellschaftslehre, Mathematik und Biologie erhält er die Note mangelhaft. Und festgehalten wird, Alberto störe Mitschüler im Unterricht und in der Pause. Er reagiere nicht auf Vorhaltungen und sei ohne Einsicht. Gleichwohl wird er in die 6. Klasse versetzt, denn die Klassen 5 und 6 werden als Einheit gesehen.

Spätestens mit Beginn des neuen Schuljahres findet der Übergang von den pädagogischen Maßnahmen hin zu den Ordnungsmaßnahmen statt. Damit ist an Albertos Schule eine Dynamik in Gang gesetzt, die nur noch zwei Möglichkeiten zulässt: Alberto ändert grundlegend sein Verhalten, und zwar sogleich, oder er wird – nach einer Reihe vorgeschalteter Disziplinarmaßnahmen – von der Schule ausgeschlossen. Jetzt eskalieren die Konflikte zwischen Alberto und seiner Schule rasch. Noch vor den Herbstferien häufen sich die Eintragungen in der Schülerakte. Von schweren körperlichen Angriffen Albertos auf einen Mitschüler wird berichtet und von wüsten Beschimpfungen Albertos gegenüber Lehrern, die sich in seine Auseinandersetzungen mit jenem Schüler einmischten. Ähnlich lautende Eintragungen folgen dicht aufeinander. Nach den Herbstferien kommt es zu einem folgenreichen Zwischenfall im Biologieunterricht. Der Lehrer berichtet von unerträglichen Störaktionen Albertos – er habe Stühle umgeworfen und den Lehrer wüst beschimpft. »Fick dich, du Missgeburt« habe Alberto ihn angeschrieen; diesen Schüler könne er nicht länger unterrichten, denn auch ein Lehrer habe Anspruch auf Achtung seiner Würde. Zu diesem Zeitpunkt steuert die Schule den Schulausschluss Albertos an. Auf der folgenden Klassenkonferenz werden Albertos Beleidigungen gegenüber Lehrern und seine gewalttätigen Übergriffe gegen Mitschüler verhandelt; der Schulverweis wird förmlich angedroht.

Während Alberto sich in heftige Konflikte mit seinen Lehrern verstrickt, findet er immer wieder bei seinen Lehrerinnen ein gewisses Verständnis. Sie nehmen hinter dem aggressiven und unerträglichen Störer auch den schwachen, mutlosen Jungen wahr:

> »Er war sehr zurückhaltend – und er hat sich auch nichts zugetraut. Also – ich halte ihn nicht für ein ausgesprochen unintelligentes Kind, aber er war wenig motiviert. Er hat grundsätzlich gesagt: Ach – das kann ich ja doch nicht; oder, wenn man ihm zuredete: Da hab' ich aber keine Lust. Und mit viel guten Reden hat er dann ein paar Zeilen geschrieben. Dann aber war seine Energie verpufft ... Also ich denke, er war häufig auch leistungsmäßig überfordert, weil er sich nicht konzentrieren konnte – wenn,

dann nur ganz kurzfristig und dann nur, wenn man neben ihm saß und sagte: Nun mach doch mal, Du kannst doch! Dann hat er das zehn Minuten durchgehalten«.

Aber die Mechanik der Konflikteskalation bleibt in Kraft. Als Konsequenz der Klassenkonferenz ergeht noch vor Ende des laufenden Kalenderjahres ein Schreiben des Staatlichen Schulamts an die Eltern Albertos, in dem »die Androhung des Schulverweises« angekündigt wird. Es ist eine umfangreiche Anklageschrift, in der zunächst die zahllosen Anklagepunkte aufgelistet werden. Das Urteil der Schule – so referiert das Staatliche Schulamt – sei eindeutig:

»Nach all diesen Vorfällen zeige sich Ihr Sohn nach wie vor uneinsichtig, Besserung sei kaum in Sicht, für schwächere Schüler stelle er eine ständige Bedrohung dar. Zahlreiche Gespräche mit Ihnen und Ihrem Sohn sowie mehrere schriftliche Mitteilungen an Sie hätten zu keiner Verbesserung seines Verhaltens geführt, deshalb halte die Klassenkonferenz es für unbedingt notwendig, die Androhung des Schulverweises auszusprechen.«

Im neuen Jahr setzen sich die Eintragungen in seine Schulakte fort – vier Notizen innerhalb von zwei Wochen: Alberto störe unentwegt, reagiere auf Ermahnungen mit Beschimpfung und Beleidigung der Lehrer und schlage Mitschüler.

Daraufhin stellt die Gesamtschule einen *Antrag auf Feststellung eines besonderen Förderbedarfs* und bringt so das örtliche Beratungs- und Förderzentrum (BFZ) ins Spiel. Doch wegen der langen Warteliste des BFZ kann der Antrag zunächst nicht bearbeitet werden. Die Sammlung von Meldungen und Beschwerden über Albertos Verhalten in der Schule wird fortgesetzt – und mit ihr das Schulausschlussverfahren. Albertos Eltern erhalten die Gelegenheit einer Anhörung; dann ergeht der Anhörungsbescheid des Staatlichen Schulamtes: »die Androhung des Verweises von der besuchten Schule«. Dabei werden die Bedingungen für den weiteren Verbleib Albertos in der Gesamtschule fixiert – als Ergebnis eines Kontraktes mit Alberto und seinen Eltern. Aus dem Bescheid des Staatlichen Schulamts:

»Alberto wurde verdeutlicht, dass die Androhung des Schulverweises eine Grenze sei und die letzte Chance bedeute, in der Gesamtschule zu bleiben. Passiere nur eine Kleinigkeit, so werde der Schulverweis ausgesprochen. Von ihm wurde eine radikale Veränderung seines Verhaltens gefordert. Alberto versprach sodann vor allen Gesprächsteilnehmern, sich wie folgt zu verhalten: Er wolle nicht mehr in den Unterricht hineinschreien, sondern sich melden, wenn er etwas zu sagen habe. Er schlage sich nicht mehr. Mitschülerinnen und Mitschüler sowie Lehrkräfte werde er nicht mehr beschimpfen. Zum Unterricht werde er pünktlich kommen und ihn

> nicht mehr stören. Bei dem Biologielehrer werde er sich vor der Klasse und einem Mitglied der Schulleitung entschuldigen. Das versprochene Verhalten wird von Ihrem Sohn in der Gesamtschule erwartet. Die Lehrkräfte werden ihn bei seinen Bemühungen um eine positive Veränderung unterstützen und ihn nicht vor der Klasse bloßstellen. Sollte er seine Versprechen nicht einhalten, so wird allerdings ein Antrag der Klassenkonferenz auf weitergehende Schulordnungsmaßnahmen erfolgen müssen.«

Alberto zeigt sich offenkundig nicht genügend beeindruckt. Seine Schulakte schwillt weiter an. So kommt es wenige Wochen später zur letzten Klassenkonferenz, bei der beschlossen wird, Alberto von der Gesamtschule zu verweisen. Und noch vor Ende des Schuljahres zieht das Staatliche Schulamt die angedrohte Konsequenz. Das Schreiben des Staatlichen Schulamts listet die Verfehlungen Albertos aus den letzten Monaten auf und gibt seinen Eltern als Resümee mit:

> »Das Verhalten Ihres Sohnes insgesamt sei kaum noch steuerbar. Da kaum noch Möglichkeiten der Einflussnahme von schulischer Seite bestünden, werde ein Schulverweis für unbedingt notwendig gehalten.«

Einen Monat später, zum Schuljahresende, wird der Schulverweis ausgesprochen. Die Eltern Albertos werden darauf hingewiesen, »dass Ihr Sohn noch vollzeitschulpflichtig ist«; und sie werden gebeten, »sich um einen anderen Schulplatz für ihn zu bemühen«. Herzstück dieses amtlichen Bescheids ist – durch Unterstreichung markiert – eine Liste der Pflichten von Eltern und Schülern in der deutschen Regelschule:

> »In jeder anderen Schule wird von Alberto erwartet, dass er nicht ständig den Unterricht unterbricht. Den Anweisungen seiner Lehrkräfte hat er Folge zu leisten. Die ihm übertragenen Aufgaben muss er erledigen, gegenüber seinen Lehrerinnen und Lehrern hat er sich höflich und zuvorkommend zu betragen. Angriffe auf Mitschülerinnen und Mitschüler sind ihm strengstens verboten. Seine Hausaufgaben hat er regelmäßig anzufertigen. Arbeitsmaterialien muss er mitbringen. Bedrohungen, Beschimpfungen, Schläge und Prügeleien werden keinesfalls geduldet. Ein eigenmächtiges Verlassen des Unterrichts während der Unterrichtszeit wird nicht hingenommen. Bitte tragen Sie auch Sorge dafür, dass von der künftigen Schule versandte Briefe und Mitteilungen Sie auch erreichen. Ein ständiger Kontakt mit der künftigen Klassenlehrerin bzw. dem künftigen Klassenlehrer wird dringend für erforderlich gehalten.«

Die Lernhelferin, die einzige Brücke zwischen Grundschule und Gesamtschule, hat diese Eskalation von Konflikten nicht überstanden. Seit Alberto in der Gesamtschule ist, wird die Arbeit mit ihm immer schwieriger. Die junge

Studentin verliert den Überblick über seine schulischen Leistungen und Aufgaben – trotz häufiger telefonischer Gespräche mit seiner Lehrerin. Sie versucht – vergeblich –, Albertos Eltern von der Notwendigkeit einer Familientherapie zu überzeugen, gerät in Konflikte mit Albertos Vater, verliert den Kontakt zu Alberto und bittet schließlich beim zuständigen ASD um die Entlassung aus dieser Arbeit. Der Schlusssatz ihres zweiten und letzten Jahresberichts lautet: »Ich möchte diese Betreuung nicht fortführen, denn seine Wutausbrüche und sein oftmals langes Schweigen machen mich hilflos.«

Kommentar:
eskalierende Kämpfe um Macht und Kontrolle – auf beiden Seiten

Die beiden Schuljahre an der Gesamtschule – dieses Bild drängt sich auf – sind für Alberto Jahre des Kampfes um Macht und Anerkennung – in der Schule wie in der Familie. In der Schule versammelt er eine Truppe um sich, die durch Drohungen, Versprechungen und Schutzangebote zusammengehalten wird; wo immer er sich hilflos Kränkung und Missachtung ausgeliefert sieht, rastet er aus, wird handgreiflich gegenüber Mitschülern und unflätig gegenüber Lehrern. Zu Hause kämpft er gegen seinen Vater und tyrannisiert seine Geschwister; er plündert den Kühlschrank, frisst in sich hinein, was zu kriegen ist, wird dick und massig und erntet dafür den aggressiven Widerwillen seines Vaters. Albertos Zweifrontenkrieg – gegen die Schule und gegen die Familie – spiegelt sich auf den Klassenkonferenzen wider: Alberto leugnet oder schweigt, seine Mutter verteidigt ihr Junges gegen die Feinde und der Vater demonstriert »öffentlich« seine Verachtung diesem Sohn gegenüber.
Albertos schulische Leistungen werden immer miserabler, die Ursache aber dafür liegt offenkundig in seinem aggressiven und unbeherrschten Verhalten, in seiner Fähigkeit, die Mitschüler aufzumischen und Unterricht zu verunmöglichen. Die Versuche der Lehrer, pädagogisch zu reagieren, stoßen rasch an ihre Grenzen; und die haben nicht nur mit Albertos »Störungen« zu tun:

> Die damalige Klassenlehrerin: »Ich glaube schon, dass wir solchen Schülern wie Alberto mehr bieten können als andere Schulen hier in der Stadt. Aber unsere Grenzen sind dann erreicht, wenn zu viele Schüler dieser Art in einer Klasse sind. Die kann man dann irgendwann nicht mehr verkraften. Mein persönliches Problem im Moment ist, dass ich praktisch keine Zeit mehr habe für Kinder, die eher unauffällig sind. Die ... verlieren schließlich die Lust an der Schule, weil sie sehen, die werden nicht beachtet, beteiligen sich im Unterricht immer weniger, setzen sich weniger für ihre Schule ein.«

Es folgen die Ordnungsmaßnahmen: Tribunale, Verwarnungen, gebrochene Kontrakte, Überprüfungen und schließlich der Schulverweis. Alberto erfährt hier durchgängig Niederlagen – im Kampf gegen die Familie, den Vater, die Schule, die Lehrer. So unwahrscheinlich es klingt: Alberto kämpft *und* klammert. Die Erinnerung der Klassenlehrerin ist durchaus ernst zu nehmen:

> »Er war kein Schulschwänzer. Ich hatte sogar den Eindruck: trotz allem geht Alberto gern in die Schule – und es hat ihn auch sehr getroffen, dass er hier weg musste.«

Zusammenfassend lässt sich über diese Jahre Albertos an der Gesamtschule sagen: Seine einzelnen Lehrer und seine Schule sind überfordert; kollegiale oder interdisziplinäre Unterstützung der Schule wird nicht organisiert; ein produktives Arbeitsbündnis mit der Familie kommt nicht zustande; was mit dem Jungen los ist, wird nicht untersucht – und eine helfende, fördernde Antwort auf die Probleme und Schwierigkeiten Albertos wird nicht gefunden, weil keine der dafür notwendigen Voraussetzungen gegeben war oder geschaffen wurde.

- Die Jugendhilfe ist draußen. Die Schule selbst sucht keinen Kontakt zum ASD; die Lernhelferin arbeitet isoliert und scheitert.
- Das örtliche Beratungs- und Förderzentrum (BFZ) wird viel zu spät eingeschaltet und kann dann wegen Überlastung und zu langer Wartelisten nicht sofort intervenieren.
- Kollegiale Formen der Fallberatung und Fallbearbeitung gibt es in der Schule nicht; Albertos Lehrerinnen und Lehrer sind von den zu zahlreichen schwierigen Kindern in ihren Klassen überfordert.
- Ein Arbeitsbündnis zwischen Schule und Albertos Eltern herzustellen überfordert die schulischen Ressourcen und Kompetenzen und kommt nicht zustande.

In den Gesprächen mit Albertos Lehrerinnen und Lehrern aus der Gesamtschule wurde beides zugleich deutlich: Es gibt einerseits durchaus ein deutliches Bewusstsein von der *strukturellen Verantwortungslosigkeit* des Regelschulsystems, also davon, dass die Rahmenbedingungen schulischer Arbeit es praktisch nicht zulassen, verantwortlich den Problemen und Störungen dieser schwierigen Schüler zu begegnen; auf der anderen Seite begreifen die Professionellen an der Schule es nicht als ihre – gemeinsame – Aufgabe, diese institutionellen Bedingungen zu verändern. So bleibt dann letztlich nur die Alternative: *Entweder* lernen die schwierigen Jugendlichen, sich den schulischen Bedingungen und Anforderungen anzupassen, *oder* sie haben an der Schule nichts zu suchen, nichts zu finden und auch nichts verloren. Und zwischen diesem *Entweder-oder* liegen die mehr oder weniger zahlreichen und – bei diesen schwierigen Schülern meist hilflosen – Bemühungen, im engen

Rahmen des an der Schule Möglichen zu helfen und zu fördern; Bemühungen, bei denen recht häufig Lehrerinnen und Lehrer versuchen, die institutionellen Defizite ihrer Schule durch persönliches Engagement zu kompensieren.

Noch ein Jahr Hauptschule – ein unglücklicher Schulverweigerer

Als für Alberto der Schulverweis ausgesprochen wird – verbunden mit der Aufforderung des Staatlichen Schulamts an seine Eltern, »sich um einen anderen Schulplatz für ihren Sohn zu bemühen« –, ist der Junge 13 Jahre alt. Nach der Sommerpause – der *Antrag auf besondere Fördermaßnahmen* für Alberto liegt mehr als sechs Monate zurück – will das Beratungs- und Förderzentrum (BFZ) die Arbeit mit Alberto aufnehmen und wird bei dieser Gelegenheit über den mittlerweile zwei Monate zurückliegenden vollzogenen Schulverweis informiert. Die Mitarbeiter des BFZ nehmen Kontakt zu Albertos Eltern auf. Die brauchen dringend Hilfe bei der Suche nach einer Schule, die den Jungen aufzunehmen bereit ist. Schließlich findet sich eine Hauptschule: die letzte Chance Albertos im Regelschulsystem.
Im folgenden Schuljahr kommt es zu einer strikt arbeitsteiligen Form der Kooperation zwischen Albertos neuem Klassenlehrer an der Hauptschule und dem interdisziplinär aus Sonderschullehrer und Sozialarbeiterin zusammengesetzten Team (Tandem) des BFZ: In der Schule findet Schule statt – und zuständig ist dafür Albertos neuer Klassenlehrer; und außerhalb der Schule findet Beratung und Förderung statt – und dafür zuständig ist das Tandem des BFZ.

Die Arbeit des BFZ mit Alberto und seinen Eltern

In den ersten drei Arbeitsmonaten (Diagnosephase) führt das Tandem ausführliche Gespräche mit jenen Professionellen durch, die bislang mit Alberto zu tun hatten, und verschafft sich so ein Bild über die Konfliktgeschichte des Jungen mit Schule und Jugendhilfe. Der Sonderschullehrer entwirft ein kleines Lernprogramm in Mathematik, um die gravierenden Wissenslücken des Jungen zu schließen; und die Sozialarbeiterin versucht, mit Alberto über seine Schwierigkeiten und Probleme ins Gespräch zu kommen. Beide stoßen bei dem Jungen auf entschlossenen und weitgehend sprachlosen Widerstand. Die Sozialarbeiterin erinnert sich:

> »Er war wie eine Wand, so undurchdringlich. Auf Fragen hat er kaum geantwortet, vielleicht hin und wieder, wenn ich mit ihm alleine war; gar nichts aber hat er gesagt, wenn er mit seinen Eltern zusammen war. Da war er nur noch wie eine Wand.«

Alle 14 Tage ist ein Elterngespräch angesetzt, an dem auch Alberto teilnimmt. Die Termine werden von Albertos Eltern zwar eingehalten, aber die Beratungsarbeit kommt rasch an ihre Grenzen – und zwar immer dann, »wenn es ernst wird«. Das BFZ-Team kommt zu dem Befund, dass die Probleme dieses Jungen mit den großen Schwierigkeiten und Konflikten in seiner Familie, insbesondere mit den gewalttätigen Auseinandersetzungen zwischen Alberto und seinem Vater, zusammenhängen müssen. Albertos Eltern wird – ein weiteres Mal dringend und vergeblich – nahegelegt, eine Beratungsstelle aufzusuchen.

> »Unser Ziel war gewesen, dass die Eltern sich eine Ehe- oder Familien-Beratung suchen, weil wir mit der Zeit den Eindruck bekamen, dass das Problem in der Familie liegt, dass da irgendeine Leiche im Keller verborgen liegt. Die Mutter hat einige Male von einem Knoten gesprochen, der gelöst werden müsse, so als gäbe es da irgendein Geheimnis in der Familie.«

Doch das Tandem scheitert am Widerstand der Eltern und bricht schließlich die Elterngespräche ab.

Die Arbeit in der Hauptschule

In der Hauptschule trifft Alberto auf einen starken Klassenlehrer. Der ist überzeugt: Er wird mit diesem Jungen keine Probleme haben und ist auch deshalb an einer klaren Arbeitsteilung zwischen Hauptschule und BFZ interessiert. Hilfe und Unterstützung im Unterricht braucht er nicht, auch will er gar nicht so genau wissen, was die Probleme Albertos an der Gesamtschule gewesen sind oder wie die Professionellen des BFZ diesen schwierigen Schüler einschätzen. Er will sich sein eigenes Bild von diesem Jungen machen. Am besten scheint es ihm, wenn Alberto wie ein ganz normaler Schüler behandelt wird und auch gegenüber seiner neuen Klasse keine Sonderrolle spielt. Der Klassenlehrer führt seine Klasse seit zwei Jahren und hat sie gut im Griff. Er ist zugleich Konrektor und muss sich auf seine Klasse verlassen können, denn immer wieder kommt es vor, dass er wegen dienstlicher Aufgaben vorübergehend die Klasse ohne Aufsicht lassen muss. Alberto kommt in eine »verschworene« Gemeinschaft und merkt rasch, dass seine in der Gesamtschule so wirkungsvolle Strategie, Mitschüler an sich zu binden, hier keine Chance hat. Er findet keinen Anschluss an die schulischen Leistungsanforderungen, und er bleibt in der Klasse sozial isoliert. Sein Klassenlehrer sieht beides – aber mehr als ein gutes Angebot kann er diesem Schüler nicht machen. Alberto ist offenkundig hoffnungslos von den schulischen Anforderungen überfordert, macht keine Hausaufgaben, kann es wohl auch nicht; also

verzichtet der Lehrer auf Überprüfung, Ermahnung und Forderung, »um ihn nicht ständig mit seinen Schwächen und Niederlagen zu konfrontieren«. Auch sonst ist dieser Lehrer bemüht, Alberto Demütigungen zu ersparen, interveniert taktvoll bei Konflikten unter den Schülern, nimmt Alberto auch nachdrücklich in Schutz. Zu Konflikten zwischen Alberto und einzelnen Fachlehrern kommt es hin und wieder, aber die starke Rolle des Klassenlehrers in dieser Schule und das eingespielte Arbeitsbündnis zwischen ihm und seiner Klasse bieten keine Angriffsfläche – also verzichtet Alberto auf seine eingeübten konfrontativen Strategien. Er wird zum Schulschwänzer.
Der Klassenlehrer sieht keine Möglichkeit, sinnvoll zu intervenieren. Er hatte damals eine Referendarin in seiner Klasse – und dadurch gab es Spielräume, sich auch um schwierige einzelne Jugendliche zu kümmern. Aber Alberto verweigert sich entschlossen. Deshalb ist es auch in der Sicht des Klassenlehrers besser, diesen Jungen »wegzugeben«, nicht »weil er in meinen Stunden oder in den Fachstunden auffällig war, sondern weil er bei uns überhaupt keine Chance hatte, den Hauptschulabschluss zu erreichen«. Für den Klassenlehrer ist klar, Albertos Widerstand gegen die Schule muss mit seinen Eltern zusammenhängen, richtet sich »gegen sein Elternhaus« – und an dieser Stelle übernimmt er die Einschätzung des Tandems vom BFZ:

> »Der Alberto war das ungeliebte Kind. Er war, wenn ich es salopp sage, wirklich ein armes Schwein.«

Weil eine weitere Beschulung Albertos an der Regelschule in den Augen seines Lehrers sinnlos und nichts anderes wäre als eine schlechte Form »betreuten Wohnens« am Vormittag, einigt man sich zum Ende des Schuljahrs, Alberto an eine teilstationäre Einrichtung der Erziehungshilfe im BFZ, der Lernwerkstatt, zu überführen.

Kommentar:
Verweigerung der Zusammenarbeit – auf allen Seiten

Gerade weil Alberto in dieser Hauptschulklasse keine Chance hatte für seine aggressiven und eskalierenden Inszenierungen, konnte sein Klassenlehrer die elenden, jämmerlichen und hilfsbedürftigen Seiten dieses Jungen wahrnehmen. Ihm zu helfen, ihn zu fördern, so dass Alberto wirklich eine Chance bekommen hätte, lag jedoch außerhalb der Möglichkeiten dieses Lehrers. So wird Alberto im zweiten Schulhalbjahr –, er wird im Frühjahr 14 Jahre alt – zum Schulschwänzer. Dieses Halbjahr schließt er mit einer Fehlzeit von 38 Tagen ab, von denen 30 Tage unentschuldigt sind. Die Noten in fast allen

Fächern liegen bei ungenügend, weil die Lehrer wegen kontinuierlichen Fehlens seinen Leistungsstand nicht beurteilen können.
Albertos Klassenlehrer in der Hauptschule hat – nach eigener Auskunft – »so einen Schüler wie Alberto bislang noch nicht gehabt«, einen Schüler, der so konsequent »es verstanden hat, die Waffen gegen sich selbst zu richten, um seine Eltern zu strafen«; zu strafen dafür, dass er von ihnen, so sieht es der Lehrer, nicht genug Liebe und Anerkennung fand. Aber nun hat er einen solchen Schüler – und er hat die Möglichkeit einer engen fachlichen Kooperation mit einem interdisziplinär zusammengesetzten Team des BFZ. Doch diese Möglichkeit wird nicht genutzt. Der ausgebildete Sonderschullehrer aus dem BFZ wird zum Nachhilfelehrer für Alberto außerhalb der Schule, und die qualifizierte Sozialarbeiterin des Teams wird für die Elternarbeit abgestellt. Nicht interdisziplinäre Zusammenarbeit, sondern arbeitsteilige Zerlegung findet statt – und offensichtlich sehen die beteiligten Professionellen keinen Zusammenhang zwischen dieser Form professioneller Verweigerung von Kooperation und der Verweigerung von Zusammenarbeit durch Alberto. Es sind vor allem zwei Schnittstellen, die verwaist bleiben. Die Möglichkeiten einer fallspezifischen schulpädagogischen Intervention werden gar nicht erst zum Gegenstand kollegialer Beratung zwischen dem Hauptschul- und dem Sonderschullehrer; und die Möglichkeiten eines Arbeitsbündnisses zwischen Schule und den Eltern Albertos werden nicht in Betracht gezogen. Das spezifische Arrangement zwischen Hauptschule und BFZ in diesem Fall – Arbeitsteilung statt Kooperation – hatte, sicher ungeplant und ungewollt, die Folge, dass die Regelschule genau an diesen beiden Schnittstellen von ihrer Verantwortung entlastet wurde. Auf diese Weise konnte die Tätigkeit des BFZ-Tandems in den Dienst dieser professionellen Vermeidung und Verweigerung gestellt werden.
In seinem Bericht zur *Überprüfung über das Bestehen von besonderem Förderbedarf* fasst das Tandem des BFZ seine diagnostische Arbeit mit Alberto und dessen Familie zusammen. Das Fallverständnis dieser Diagnose sieht die zentrale Ursache aller Schwierigkeiten und Probleme Albertos in der Familie, die sich aber der notwendigen familientherapeutischen Hilfe verweigert. Deshalb könne Alberto die Angebote der Regelschule nicht annehmen:

> »Wir sind überzeugt, dass es einen gravierenden blinden Fleck, ein Geheimnis, das nur seine Eltern kennen, in Albertos Lebensgeschichte gibt. Alberto scheint eine Ahnung davon zu haben. Er macht durch Verhaltensstörungen, Aggressivität, Fettsucht, Lernverweigerung darauf aufmerksam, dass ihm in irgendeiner Weise Unrecht geschehen ist. ... Mit dem Umzug nach Deutschland verstärkte sich seine narzisstische Wut notwendigerweise, weil nun viele seiner Umwelterfahrungen

> und sozialen Kompetenzen erschüttert und wertlos wurden. Er verlor an Halt und wurde von seinen Eltern, insbesondere von seinem Vater, nicht aufgefangen. Gegen die Zuwendung anderer Personen, Lehrer, Kinder, Lernhelferin, wehrte er sich vehement, zumal sie das falsche Programm (Anforderungen) vertraten. Alberto suchte die bedingungslose Liebe seiner Eltern, die sie jedoch aus von uns noch nicht verstandenen Gründen ihm nicht geben konnten. Sie waren mit ihm nicht zufrieden, besonders im Vergleich mit seinem gut funktionierenden älteren Bruder. Auf diese vielfältigen Überforderungen antwortete Alberto mit wachsender Wut, die auch vor Erwachsenen nicht halt machte. Wer ihn heute im Unterricht sieht, findet allerdings einen eher depressiven, resignierten Jugendlichen vor, der gegenüber Verführungen aller Art erheblich gefährdet erscheint.«

Wenn auch mit Vorbehalten, wird eine Empfehlung ausgesprochen:

> »Für eine ... eigentlich dringend notwendige Familientherapie sehen wir momentan weder bei den Eltern noch bei Alberto eine Bereitschaft. Auch für eine weitere ausschließlich sozialpädagogische Hilfe scheint uns Alberto nicht erreichbar. In der Hauptschule wird Alberto nicht mehr erfolgreich mitarbeiten können. ... Die momentan einzige Chance für den Anstoß zu einer Nachentwicklung sehen wir in der Aufnahme in die Lernwerkstatt des BFZ.«

In der Lernwerkstatt ist kurzfristig ein Platz in der neu beginnenden Gruppe freigeworden, und die Mitarbeiter dort sind auch bereit, Alberto als Schüler aufzunehmen. So kommt es nicht zu einem weiteren Schulausschluss – man einigt sich. Die Hauptschule bleibt eine Episode, und der Eindruck drängt sich auf, dass nur Alberto in diesem Jahr etwas »gelernt« hat. Seine Schulaversion ist um eine Variante reicher geworden: Wo er mit seinen aggressiven Strategien der Schulverweigerung nicht »erfolgreich« agieren kann, lernt er passiv-destruktive Strategien der Schulvermeidung einzusetzen. Die mit ihm befassten Professionellen dagegen haben sich zwar ein umfangreiches Wissen über Albertos Konfliktgeschichte erworben und eine differenzierte Diagnose über seine Probleme und Schwierigkeiten erstellt – aber an ihrer Ratlosigkeit und Hilflosigkeit diesem Jungen gegenüber hat sich dadurch wenig geändert.

Ein letzter Versuch in der Lernwerkstatt des BFZ – und ruhende Schulpflicht

Das BFZ-Tandem hatte – an die Adresse der Lernwerkstatt – eine recht dringliche Empfehlung gerichtet:

> »Wir gehen davon aus, dass Fortschritte nur noch unter Ausnutzung von Albertos Stärken zu erzielen sind. Wenn seine Freude an handwerklichen Tätigkeiten berücksichtigt wird, kann vielleicht auch die Blockade gegen mehr theoretische Anforderungen aufgeweicht werden.«

Auf Grund der bisherigen Konfliktgeschichte Albertos und vor dem Hintergrund der diagnostischen Erhebungen des BFZ-Tandems musste den Mitarbeitern der Lernwerkstatt klar sein, dass bei diesem Jugendlichen Kooperationsbereitschaft und Kooperationsfähigkeit nicht vorausgesetzt werden konnten. Aber die Lernwerkstatt im BFZ arbeitet auf der Basis eines Kontraktes; und der wurde – noch in der Sommerpause – mit Alberto und seinen Eltern ausgehandelt und beschlossen. Dort heißt es unter anderem:

> »Ziele, die Alberto im nächsten halben Jahr erreichen will: Er will pünktlich und regelmäßig an der Lernwerkstatt teilnehmen. Er will im Unterricht mitarbeiten. Er will im Unterricht weniger schwätzen und mehr aufpassen. Er will die Mitschüler im Unterricht nicht ärgern und sich nicht ärgern lassen. Er will Wünsche und Kritik äußern ... Er will nachfragen, wenn er etwas nicht versteht. Er will ausgeschlafen in die Lernwerkstatt kommen. Er will um 22.00 Uhr ins Bett gehen, er will um 7.30 Uhr mit seiner Mutter die Wohnung verlassen, um pünktlich zu sein.«

Mit diesen »guten Vorsätzen« kommt Alberto also in die Lernwerkstatt. Für zwei Jahre soll er hier in einer Gruppe von insgesamt sechs Schülern – zwei Schülerinnen sind dabei – ganztags betreut werden. Das verantwortliche pädagogische Team besteht aus einem Lehrer, der zunächst Unterricht nur in der Dreiergruppe, später auch in der Sechsergruppe durchführt mit dem Ziel eines möglichen Hauptschulabschlusses; hinzu kommt ein Werkpädagoge, der Projekte in den Bereichen Holz, Metall und Elektrotechnik anbietet; und schließlich ist eine Sozialpädagogin zuständig – für Elternarbeit, sozialpädagogische Betreuung und Krisenintervention. Es gibt eine sanfte Anlaufphase, in der die tägliche Anwesenheitszeit allmählich gesteigert und auch der schulische Anteil der Arbeit vorsichtig hochgefahren wird.
Als die Lernwerkstatt die Arbeit mit Alberto aufnahm, hätten alle beteiligten Professionellen hinreichend über die großen Schwierigkeiten dieses Jungen informiert sein müssen. Schließlich hatte das Tandem des BFZ zuvor mehr als ein Jahr mit Alberto und seinen Eltern gearbeitet, hatte gründlich die Konfliktgeschichte des Jungen mit Schule und Jugendhilfe recherchiert und ein ausführliches Gutachten erstellt – mit einer Kind-Umfeld-Diagnostik im Zentrum. Niemand konnte zu diesem Zeitpunkt davon ausgehen, dass Alberto oder seine Eltern wirklich bereit und in der Lage sind, die eingegangenen Kontraktverpflichtungen einzuhalten. Aber es wiederholt sich die Arbeitstei-

lung zwischen Albertos Hauptschullehrer und dem Tandem des BFZ – nun innerhalb der Lernwerkstatt. Auch der zuständige neue Lehrer Albertos »verweigert« die Zusammenarbeit mit dem Tandem, nimmt einfach nicht zur Kenntnis, was in der eigenen Institution an professioneller Vorarbeit zum Verständnis dieses schwierigen Jungen geleistet wurde. Er will sich – ganz unverstellt – sein eigenes Bild von Alberto machen. Die Lernwerkstatt soll für den Jungen ein wirklicher Neuanfang sein. Deshalb will der Lehrer auch gar nicht wissen, was früher war.

In den ersten Wochen ist Alberto dann auch recht unauffällig. Ein eher ruhiger, in sich verschlossener Junge, der nicht stört, halbwegs pünktlich ist, tut, was von ihm verlangt wird, zu dem das pädagogische Team aber auch kaum Zugang findet. Dieses scheinbar angepasste Verhalten der ersten Wochen begreift der verantwortliche Lehrer als echtes Bemühen Albertos, die Chance des Neuanfangs zu nutzen. Um so größer sind Überraschung und Enttäuschung, als nach knapp drei Monaten, kurz vor Weihnachten, Albertos Verhalten »umkippt«. Alberto greift auf Verhaltensmuster zurück, die er in der Gesamtschule gründlich gelernt und eingesetzt hatte. Er sucht Streit mit den Gleichaltrigen, provoziert und tyrannisiert die Mitschüler und verbreitet um sich eine Atmosphäre von Bedrohung und Gewalttätigkeit.

Das pädagogische Team vermutet auch hier, sicher wieder zu Recht, dass schwere Konflikte zu Hause in der Familie Albertos aggressives Verhalten auslösen – es soll um Geschenke zu Weihnachten, Rivalitäten mit dem älteren Bruder und gewalttätige Auseinandersetzungen mit dem Vater gehen. Noch vor Weihnachten kommt es zu einem ersten großen Konflikt in der Lernwerkstatt, und spätestens jetzt muss Alberto die internen Spannungen und konzeptionellen Differenzen im pädagogischen Team, vor allem zwischen dem verantwortlichen Lehrer und der Sozialarbeiterin, erspürt haben. Er nutzt diesen Konflikt systematisch – wenn auch sicher unbewusst – aus, um unterschwellige Rivalitäten und Feindseligkeiten innerhalb des pädagogischen Teams ans Licht zu zerren und manifest werden zu lassen.

Der Anlass war banal und alltäglich. Es war im Unterricht mal wieder nicht gelungen, in der kleinen Gruppe von sechs Schülern vernünftig zu arbeiten. Statt dessen gab es Gebrüll und heftigste Auseinandersetzungen. Der Lehrer bricht schließlich den Unterricht ab, und die Gruppe wird »hinunter« – und das heißt in die Zuständigkeit der Sozialarbeiter – geschickt. Mal wieder passiert, so die Sicht der Sozialarbeiterin, was immer geschieht, wenn Schule und Lehrer scheitern: das Problem mit den »Störern« wird abgeschoben und landet bei der Sozialarbeit. Wütend auf den – ihrer Meinung nach – ebenso inkompetenten wie privilegierten Lehrer, fängt die Sozialarbeiterin aber dies-

mal die Situation nicht auf, sondern »gießt Öl ins Feuer«. Bewusst will sie den Lehrer mit seinem »Versagen« konfrontieren und schickt die ganze Gruppe vorzeitig nach Hause. Das ist selbstverständlich mit einer Mitteilung an die Eltern verbunden – eine Strafe, die alle trifft, auch Alberto. Und der rastet – wie zu erwarten war – aus. Es kommt zu einem stundenlang sich hinziehenden und eskalierenden Konflikt, der die ganze Einrichtung einschließt: Alberto wütet gegen den angeblich schuldigen Unruhestifter in der Gruppe, schreit und tobt, wirft Sachen kaputt und demoliert ein Fahrrad, droht schließlich den anderen Jungen umzubringen und muss regelrecht ausgetrickst werden, indem man sein potentielles Opfer heimlich fortbringt.
Nach diesem Konflikt ist für Alberto die Beziehung zum Lehrer endgültig zerrüttet. Er wird unversöhnlich bleiben – dafür sorgt der Lehrer selbst, dazu ermuntern ihn die unterschwelligen Spannungen im pädagogischen Team zwischen der Sozialarbeiterin und dem Lehrer und dazu treiben ihn – nicht zuletzt – seine inneren Konflikte und Probleme. Der Lehrer muss zum Jahreswechsel die fällige *Sonderpädagogische Förderempfehlung* schreiben. Dazu nimmt er endlich das Gutachten seiner Kollegen vom BFZ zur Kenntnis. Sein naiver Optimismus der ersten Wochen ist verflogen. Er ist ratlos. Genau genommen ist er bei Alberto mit seinem Latein am Ende. Er notiert:

> »Über die Ursachen für das destruktive Lernverhalten von Alberto, aus welchen Gründen er nicht bereit ist, sein vorhandenes Leistungsvermögen auszuschöpfen, können zur Zeit nur Vermutungen ausgesprochen werden. Ein Anteil wird mit Sicherheit sein, dass Alberto einen Teil seiner Konflikte, die er mit seinem Vater hatte, am Lehrer aufarbeitet.«

Einen Grund, bei seinen Kollegen vom Tandem des BFZ Rat zu suchen, sieht er jedoch nicht. Seine »Vermutung«, dass die Familie des Jungen und nicht zuletzt die harten Konflikte zwischen Alberto und seinem Vater hier eine wichtige Rolle spielen, bleibt deshalb hilflos, denn welche Konsequenzen für die professionelle pädagogische Intervention könnten sich daraus ergeben?! Der Lehrer empfiehlt dennoch die Fortsetzung der Maßnahme, indem er den sonderpädagogischen Förderbedarf feststellt. Worin jedoch der konkret bestehen könnte, wie die Lernwerkstatt auf diesen Bedarf zu antworten gedenkt, darüber gibt die Empfehlung nur vage Andeutungen.
Nach den Weihnachtsferien eskalieren die Konflikte zwischen Alberto und dem Lehrer der Lernwerkstatt. Dabei weicht Alberto den Unterrichtsanforderungen nicht einfach dadurch aus, dass er die akzeptierte Möglichkeit, den Unterricht vorübergehend zu verlassen, nutzt. Im Gegenteil, er provoziert den Zusammenbruch von Unterricht, zieht die Mitschüler mit und versucht – der Eindruck drängt sich geradezu auf – den Lehrer vorzuführen.

Nach den ersten sechs Monaten in der Lernwerkstatt findet ein Bilanzgespräch statt. Die Absprachen aus dem Kontrakt werden überprüft und die Ziele des Hilfeplans werden aktualisiert. An dem Gespräch nehmen Alberto, seine Eltern, die Mitarbeiterin des ASD und Vertreter der Lernwerkstatt teil. Noch einmal wird im Hilfeplan das Arbeitsbündnis beschworen – als guter Vorsatz.

> »Neue Zielsetzung aufgrund der gemachten Erfahrung: Er will in Konfliktsituationen ruhig bleiben. Er will den MitarbeiterInnen ein Zeichen geben, bevor er die Kontrolle verliert. Er will pünktlich in die Lernwerkstatt kommen. Er will sich jeden Tag 45 Minuten aktiv am Unterricht beteiligen.«

Inzwischen jedoch nimmt Alberto überhaupt nicht mehr am Unterricht des Lehrers teil. Er erhält Einzelbetreuung vom Werkpädagogen. Dies ist zwar vorübergehend möglich, ist aber auf Dauer nicht vorgesehen und wird durch den Lehrer auch als Missachtung seines beruflichen Auftrags in der Lernwerkstatt begriffen.
Es kommt zu heftigen Auseinandersetzungen innerhalb des pädagogischen Teams. Der Lehrer insistiert auf der Unterrichtspflicht in der Lernwerkstatt, während die Sozialarbeiterin sich durchaus vorstellen kann, dass von Fall zu Fall flexibel über auch länger andauernde Einzelbetreuung entschieden werden muss. Die bislang unterdrückten konzeptionellen internen Widersprüche der Lernwerkstatt brechen auf und werden durch persönliche Aversionen im Team verstärkt. Das führt schließlich zu offener Spaltung im interdisziplinären Team – und erzwingt eine rasche Lösung. Und die heißt, dass Alberto vor die Wahl gestellt wird, entweder wieder verbindlich am Unterricht teilzunehmen – oder die Lernwerkstatt zu verlassen.
Parallel zu dieser Konflikteskalation nehmen die Schwierigkeiten und Auseinandersetzungen in der Familie zu. Dreimal allein in einem Monat müssen die Sozialpädagogin und der Werkpädagoge zur Krisenintervention in die Familie Albertos kommen. Aus dem »Sündenbock« der Familie und dem »schwarzen Schaf« des Vaters ist mittlerweile ein »unerträglicher Tyrann« geworden. Alberto reizt den Vater, den älteren Bruder, bis er Prügel bezieht, dann tobt und brüllt er seinerseits, droht die Geschwister umzubringen und sich auch. Er lässt sich stundenlang nicht beruhigen, ist auch nach Abklingen der Erregung nicht zum Gespräch bereit. Die Sozialarbeiter sind beunruhigt:

> »Wir haben den Eindruck, dass Alberto einerseits bewusst den Konflikt eskaliert, um die Ablehnung seines Vaters ihm gegenüber zu demonstrieren, andererseits kann nicht ausgeschlossen werden, dass Alberto die Kontrolle über sich verliert und völlig ungesteuert gewalttätig wird. Unseres Erachtens ist die Situation in der Familie so eskaliert, dass mit Kurzschlusshandlungen von Seiten Albertos und des Va-

> ters zu rechnen ist. Ein Verbleib in der Familie ist zum gegenwärtigen Zeitpunkt höchst bedenklich.«

Das pädagogische Team in der Lernwerkstatt muss einsehen, dass Alberto sich nicht nur vorübergehend, sondern prinzipiell weigert, am Schulunterricht in der Lernwerkstatt teilzunehmen. Damit ist die Grundlage der Zusammenarbeit mit ihm dort zerstört. An einem abschließenden Hilfeplangespräch nimmt Alberto gar nicht erst teil, beim zweiten Anlauf bleibt er zunächst stumm, spricht dann nur noch italienisch und weist schließlich jedes Kompromissangebot der Lernwerkstatt zurück.
Die pädagogischen Mitarbeiter der Lernwerkstatt sind sich zwar einig in der Einschätzung, dass eine Weiterarbeit mit Alberto nicht mehr möglich war, machen aber dafür recht unterschiedliche Gründe verantwortlich. Die damalige Sozialarbeiterin betont vor allem das zerrüttete Verhältnis zwischen Alberto und dem Lehrer – und die Notwendigkeit des pädagogischen Teams, die aufgebrochenen internen Konflikte zu managen; der Werkpädagoge dagegen sieht bei keiner Seite Schuld oder Versagen und betont die symmetrische Entscheidung zweier Vertragspartner, ihren Kontrakt zu lösen; und der Lehrer schließlich ist davon überzeugt, dass Alberto von Anfang an fehlplatziert war:

> »Also wir haben ihn gefragt, auf was er sich denn einlassen würde, vielleicht eine Stunde Unterricht am Tag, also wirklich so ganz kleine Schritte, nur damit es irgendwie halt auch noch weitergehen kann. Aber er meint, er hat keinen Bock, will nicht, mag nicht. Und dann hat der Vater gesagt: Okay, er hat auch keinen Bock mehr, es hat keinen Sinn, es ändert sich sowieso nichts, und wir wollen nicht mehr, dass es weitergeht. Und das war dann damit das Ende der Lernwerkstatt für Alberto.«

Zum Schuljahresende wird Albertos Aufenthalt in der Lernwerkstatt abgebrochen – und damit zugleich Albertos Schulkarriere. Alberto ist 15 Jahre und 4 Monate alt. Der Abschlussbericht der Lernwerkstatt rekapituliert die einjährige Konfliktgeschichte Albertos und kommt zu dem ebenso schlichten wie klaren Ergebnis: Dieser Junge habe von Anfang an sich den Angeboten und den Regeln der Einrichtung verweigert, sei fest entschlossen, dies auch künftig zu tun, weshalb die Lernwerkstatt mit ihrem Setting für ihn nicht der rechte Ort sei.
Der Schulleiter des BFZ beantragt beim Staatlichen Schulamt für Alberto »das Ruhen der Schulpflicht«. Nachdem auch der Schulpsychologe aufgrund der Aktenlage und ohne eigenen Kontakt mit Alberto dessen Unbeschulbarkeit konstatiert, ordnet das Staatliche Schulamt »das vorläufige Ruhen der Schulpflicht« an.

Kommentar:
keine interdisziplinäre Arbeit – statt dessen: Neuanfang und Wiederholung

Der letzte Versuch der Beschulung Albertos wird beendet – »im Einvernehmen aller Beteiligten«; wobei dieses »Einvernehmen« bei den Betroffenen sehr wenig einvernehmlich war: Weder gab es zwischen den Eltern Albertos, noch innerhalb des pädagogischen Teams wirklich ein »Einvernehmen«; und bei Alberto von »Einvernehmlichkeit« zu sprechen, ist angesichts seiner destruktiven Konfliktstrategien eine gewagte Fiktion. Alle Beteiligten wussten, dass er Konflikte förmlich suchte und bis zum Äußersten ausreizte. Und allen war Albertos Destruktivität letztlich unerklärlich und unverständlich geblieben. Ein »Kontrakt« mit solch einem Jugendlichen wird kontrafaktisch geschlossen und mag seine pädagogische Funktion haben. Ein derart destruktives »Einvernehmen« über eine lebensgeschichtliche Entscheidung zu akzeptieren ist jedoch ein Unding.
Die Konfliktgeschichte zwischen Alberto und der Lernwerkstatt hat eine relativ glatte und widerspruchsarme Oberfläche. Eine Einrichtung, die allen Beteiligten für Alberto und seine großen Probleme durchaus geeignet erscheint, schließt einen Kontrakt mit Alberto und seinen Eltern. Ein Hilfeplan anerkennt die Problemsichten der Parteien und hält die gegenseitigen Verpflichtungen fest. Ein flexibles und tolerantes Setting erlaubt ein hohes Maß persönlicher und institutioneller Rücksicht auf die Ressourcen und Grenzen Albertos. Alle notwendigen Voraussetzungen für einen guten Neuanfang scheinen gegeben. Dann jedoch stellt sich – in einer schmerzhaften Phase von Konflikten – heraus, was vorher zwar nicht auszuschließen, aber auch nicht unbedingt zu erwarten war: der vorgegebene institutionelle Rahmen der Lernwerkstatt, ihr Setting, ist für Alberto nicht akzeptabel. Er will oder kann sich den unverzichtbaren Regeln der Institution nicht unterwerfen. Dieser Befund wird in einer längeren Phase der Einzelbetreuung getestet und schließlich im gegenseitigen Einvernehmen geklärt. Der Kontrakt wird von beiden Seiten gekündigt. Man trennt sich, wie es unter erwachsenen und mündigen Bürgern üblich ist.
Doch unter dieser glatten Oberfläche ging es sehr viel widersprüchlicher zu. Auf die naheliegenden Zweifel an der unterstellten »Einmütigkeit« angeblich autonomer Vertragspartner wurde schon verwiesen. Aber auch der Verweis auf die unverzichtbaren Settingbedingungen der Lernwerkstatt verdeckt und verschleiert die Anteile der Professionellen an der Konfliktgeschichte mit diesem Jungen: die fehlende Bereitschaft oder Fähigkeit zu interdisziplinärer Kooperation im Team. Deshalb standen in der Auseinandersetzung um Al-

berto Fragen des Settings im Vordergrund, nicht aber Fragen nach den Bedingungen und Möglichkeiten der interdisziplinären Teamarbeit und Teamorganisation.

Die konzeptionellen Grundsätze der Lernwerkstatt hätten zwingend eine enge interdisziplinäre Teamarbeit zwischen Sozialarbeiterin, Werkpädagoge und Lehrer gefordert – doch die fand im Fall Alberto nicht statt. Wo der schulische Unterricht primär und wesentlich als ein Ort sozialen Lernens begriffen wird, muss die herkömmliche professionelle Arbeits- und Aufgabenverteilung zwischen Lehrern und Sozialarbeitern entschieden relativiert werden. Genau das aber wurde in der Lernwerkstatt vermieden.

Der Lehrer bleibt der Lehrer, zuständig für die täglichen Unterrichtsstunden. Dafür kommt seine Lerngruppe »zu ihm hoch« in den Unterrichtsraum. Von den vorgeschriebenen vier täglichen Unterrichtsstunden versucht er, in den beiden ersten halbwegs Schule stattfinden zu lassen. Das ist ein ständiger Kampf gegen die Verweigerungshaltung der Jugendlichen, gegen ihre Unfähigkeit, sich zu konzentrieren, Misserfolge auszuhalten und vor allem: gegen das permanente Lärmen, Streiten, Stören. Geht es gar nicht, werden Einzelne »runtergeschickt«, wird manchmal auch der Unterricht abgebrochen. Sein Auftrag ist, dass Schule stattfindet, auch wenn er zu diesem Zweck seinen Unterricht bis an die Grenzen des Fiktiven »auflockern« muss.

Der Werkpädagoge dagegen ist kein Lehrer, sondern Sozialarbeiter. Er hat eine zusätzliche therapeutische Ausbildung und ist zuständig für die psychosozialen Probleme und Konflikte der einzelnen Jugendlichen sowie der ganzen Lerngruppe. Er arbeitet mit den Jugendlichen in den Werkstätten; dabei geht es auch um die Arbeit an Produkten – doch im Zentrum stehen das soziale Verhalten und das soziale Lernen. Er ist Ansprechpartner seiner Jugendlichen, versucht, mit ihnen therapeutisch zu arbeiten – und entwickelt dafür individuell abgestimmte Trainingskonzepte.

Die Sozialarbeiterin ist – ähnlich wie der Werkpädagoge – Ansprechperson für ihre Jugendlichen. Sie ist vorrangig zuständig für die Arbeit mit den Eltern und die Vermittlung bei Familienkonflikten. Sie erlebt sich als verantwortlich für alles, vor allem für alle Krisen. Und Krisen gibt es unentwegt: zwischen den Jugendlichen, zwischen der Lerngruppe und dem Lehrer, in den Familien – oder auch zwischen den Jugendlichen und der Polizei. Auch abends und nachts oder am Wochenende kann es passieren, dass sie gerufen wird.

Diese drei Professionellen sollen als »pädagogisches Team« gemeinsam zwei Jahre lang ihre Lerngruppe in der Lernwerkstatt betreuen. Doch weil es zu einer qualifizierten interdisziplinären Kooperation nicht kommt, können die erheblichen materiellen Ungleichheiten zwischen beiden Berufsgruppen – Arbeitszeiten und Bezahlung – kollegial nicht »eingebunden« werden. Sie sind der chronische, wenn auch latente Konfliktstoff im Team, der von Alberto »erfolgreich« genutzt werden kann. So lautet beispielsweise das Resümee eines Sozialarbeiters nach mehr als fünf Jahren interdisziplinärer »Kooperation« in der Lernwerkstatt:

> »Lehrer sind in der Regel keine Erzieher, sondern sind Wissensvermittler und das ist ein Problem. ... Und dann kommt die Persönlichkeitsstruktur hinzu: ... Für Lehrer gilt, dass sie sehr stark Sicherheit suchen und auch Macht suchen. Aber als Sozialarbeiter kann man mit einer solchen Motivation nicht arbeiten, auch mit dem Klientel nicht. ... Ich erlebe es hier ja auch hautnah mit den sogenannten Lehrerkollegen – das ist durchaus schwierig. ... Und wenn Schwierigkeiten eskalieren ... dann ... lösen wir von der Sozialarbeit die Probleme. Die löst kein Lehrer, das habe ich hier noch nie erlebt. Dafür kriegt der Lehrer A13 und die Kollegen kriegen IVb. Das muss ich mal loswerden. ... Die Lehrer nämlich kommen hier sehr schnell an ihre Grenzen und sehen, dass sie mit der Zielgruppe nur begrenzt klar kommen und dass sie ohne unsere Hilfe gar nicht weiterkommen. Lehrer sind meistens nicht fähig und bereit, ... mit Empathie auf den Jugendlichen und auf seine Problematik zuzugehen und immer wieder zu versuchen, die Bedürftigkeit des Menschen zu sehen, und ... sein Entwicklungspotential. Da heißt es meist nur: Hier, du musst das jetzt bringen! Das ist der Stoff! Du willst doch den Hauptschulabschluss haben! ... Ich denke, wir müssen diese Jugendlichen erst einmal soweit stabilisieren, dass sie die nächsten Schritte machen können.«

Alberto trifft auf ein gespaltenes pädagogisches Team, das seine Arbeit mit der Gruppe schwieriger Jugendlicher nicht als ein gemeinsames Projekt begreifen kann, weshalb die unterschiedlichen professionellen Perspektiven und Arbeitsweisen nicht als wechselseitige Bereicherung genutzt werden, sondern viel mehr als Ärgernis der Zusammenarbeit im Weg stehen. Statt fachlicher Kooperation entwickeln sich gestörte Arbeitsbeziehungen, in denen die herkömmlichen feindselig-abwertenden Zuschreibungen zwischen Lehrern und Sozialarbeitern nicht korrigiert, sondern konserviert werden. Die zahlreichen Probleme der untergründigen Spaltung innerhalb der Einrichtung mussten auf Alberto den Eindruck einer tief gespaltenen Autorität machen. Und nicht viel Phantasie ist nötig um nachzuvollziehen, welchen Aufforderungscharakter eine solche Struktur für Jugendliche wie Alberto haben muss, die kränkenden Erfahrungen eigenen Versagens und Scheiterns in und an der Schule durch die Erfahrung zu ersetzen, erfolgreich die Welt der Erwachsenen zum Zittern

und Beben gebracht zu haben. Den Preis für diese fatale »Lernerfahrung« musste natürlich er zahlen.
Am Konfliktfall Alberto hat die Lernwerkstatt gelernt, die eigenen Settingbedingungen zu verschärfen. Das Ergebnis ist, dass Jugendliche wie Alberto in der Lernwerkstatt fehlplatziert sind. Das Setting wird strenger, das »Schule muss sein« wird verbindlicher. Die Voraussetzungen für eine Beschulbarkeit in der Lernwerkstatt werden klarer und anspruchsvoller. Die milde Eingewöhnungsphase – ehe die Lernwerkstatt zum Unterricht in der Sechsergruppe übergeht – wird verkürzt und damit zur Probephase mit deutlich selektiver Funktion: rasch und früh genug eine Fehlplatzierung zu erkennen. Das Konzept der Eingangsphase wird also den neuen selektiven Interessen der Lernwerkstatt angepasst – um rascher »professionell sortieren zu können«. Und zugleich wird die institutionell vorgegebene professionelle Arbeitsteilung als unhinterfragbare Settingbedingung festgeschrieben.

Dimensionen struktureller Verantwortungslosigkeit

Dem Ausschluss Albertos aus der Schule folgt der »kriminelle Zusammenbruch«, dem Ende seiner schulischen folgt der Beginn seiner delinquenten Karriere. Alberto setzt zu Hause durch, dass er einen Bullterrier bekommt. Rex heißt die Hündin, die er nach der neuen Kampfhundeverordnung gar nicht führen darf. Was er dennoch tut. Alberto schließt sich einer »Gang« an, wird »rechte Hand« eines vorbestraften jungen Erwachsenen. Alberto erhält seine erste Verurteilung – wegen Körperverletzung. Die Gang treibt sich vor Schulen herum, man sucht Händel auf Schulpartys und dealt. Alberto bekommt eine Anklage wegen Vergewaltigung eines 11-jährigen Mädchens. Das war ihm nicht nachweisbar, doch der Jugendrichter erklärt besonderen Betreuungsbedarf.
Blickt man auf die zehnjährige Konfliktgeschichte Albertos mit Schule und Jugendhilfe zurück, lassen sich einige schwerwiegende institutionelle Defizite konstatieren.

Keine vertikale Integration des Hilfe- und Förderprozesses

Die langjährige Konfliktgeschichte Albertos zeigt, dass weder auf der schulischen Seite noch auf der der Jugendhilfe von einem integrierten Hilfeprozess gesprochen werden kann. Was die Schule anbelangt, sind die Übergänge von der Grundschule zur Gesamtschule, von der Gesamtschule zur Hauptschule

und schließlich von der Hauptschule zur Einrichtung der Erziehungshilfe – der Lernwerkstatt – jedes Mal gründliche Brüche und Abbrüche. Die Arbeit der Professionellen beginnt jedes Mal von vorn; es gibt keine geregelte Übergabe, es gibt keine überleitende Begleitung und es gibt keine wechselseitige fachliche Information – weder über die Probleme, Defizite, Kompetenzen und Ressourcen auf der Seite von Alberto und seiner Familie, noch über Versuche, Maßnahmen, erfolgreiche oder erfolglose Interventionen auf der Seite der Professionellen. Der Neuanfang wird – geradezu ideologisch überhöht – inszeniert und legitimiert so eine fachlich höchst fragwürdige defizitäre Praxis. Kontinuität des schulischen Förderprozesses stellt sich für Alberto dar als Wiederholungsgeschichte von Brüchen, Niederlagen und gescheiterten Machtkämpfen auf der einen Seite und als Lerngeschichte eines Jungen, der sich zum destruktiven Schulverweigerer qualifiziert. Die Diskontinuität im Förderprozess hat auf der Seite der beteiligten Institutionen fast zwanghaften Charakter. Sogar dort, wo – das einzige Mal in der Konfliktgeschichte Albertos – durch das ambulant arbeitende Team aus dem BFZ eine Kontinuität rekonstruiert wird, findet anschließend der bewusste Abbruch statt. Selbst von Mitarbeitern der gleichen Institution – des BFZ – wird der Transfer von Fallverstehen und Praxiserfahrung aus der Diagnose- und Förderphase des Tandems des BFZ in die Arbeit des pädagogischen Teams der Lernwerkstatt des BFZ vermieden.
Ein vergleichbares Bild von Diskontinuität im Hilfeprozess vermittelt die Arbeit des ASD. Über viele Jahre hinweg hat die zuständige Mitarbeiterin des ASD mit Alberto und seiner Familie zu tun. Sie muss schließlich über die finanziellen Seiten zahlreicher Maßnahmen befinden. Aber von einer kontinuierlichen Steuerung des außerschulischen Hilfeprozesses von dieser Stelle aus kann keine Rede sein. Alberto soll nach Meinung der Grundschullehrerin einen besonderen Hort besuchen, also kommt er in diesen Hort; der ASD trägt die Kosten, nicht aber die Verantwortung über die Arbeit des Horts mit Alberto, wenn darunter zu verstehen ist, dass regelmäßig überprüft wird, ob dieser Hort für Alberto das Richtige ist und ob in diesem Hort für Alberto das Richtige getan wird. Der Junge braucht eine Lernhilfe, das meinen die Grundschullehrerin und sicher auch die Mitarbeiterin des ASD. Der finanziert wird; aber auch hier kann nicht davon gesprochen werden, dass die Arbeit der jungen Studentin regelmäßig überprüft, angeleitet und damit verantwortet wird.
Doch im Unterschied zur Schule und den Professionellen dort, gibt es hier ein deutliches Bewusstsein von der Problematik einer derart parzellierten und perforierten Hilfe. Das hat sicher etwas mit der professionellen Fallorientie-

rung von Sozialarbeit und Sozialpädagogik zu tun. Die zuständige ASD-Fachkraft kann in ihrem Unbehagen über die defizitäre Hilfe sogar das abschließende Urteil von Albertos Mutter ein Stück weit nachvollziehen: Da jage eine Maßnahme die andere, aber die Hilfe, die wirklich gebraucht werde, komme häufig nicht zustande.

Keine horizontale Integration des Hilfe- und Fördersystems

Alberto und seine Familie sind im Verlauf der Konfliktgeschichte des Jungen immer wieder eingespannt in recht unterschiedliche Hilfen und Maßnahmen. Da gibt es den italienischen Träger mit seinen sozialen Diensten, später den Hort und die Lernhilfe neben der Grundschule – und immer ist der zuständige ASD einbezogen. Doch von einer Koordination der Interventionen und Maßnahmen kann nicht die Rede sein, von einer verantwortlichen Steuerung des Hilfe- und Fördersystems auch nicht. Es wird nebeneinander gearbeitet, ohne Abstimmung, ohne gemeinsame interdisziplinäre Beratung. Wenn es so etwas gibt wie Ansätze der Kooperation – wie beispielsweise zwischen der Grundschullehrerin und der Lernhelferin –, dann ist dies abhängig vom persönlichen Engagement und nicht institutionell abgesichert. Vor allem die Förder- und Hilfemaßnahmen von Schule und Jugendhilfe sind fachlich nicht aufeinander abgestimmt – und eine kollegiale, interdisziplinäre Reflexion über Sinn und – auch wechselseitige – Wirkung der Maßnahmen hat keinen Ort.
Auch dort, wo die Gesamtschule fachliche Unterstützung vom BFZ anfordert, also innerhalb des Systems Schule, kommt es nicht zu den notwendigen Ansätzen kollegialer Absprachen und gegenseitiger Information. Als das Team des BFZ seine Arbeit aufnehmen will, ist Alberto schon aus der Schule ausgeschlossen. Geradezu systematischen Charakter bekommt diese mangelhafte Kooperation in dem Hauptschuljahr Albertos – die strikte Arbeitsteilung zwischen Regelschule und dem Beratungs- und Förderzentrum in der Arbeit mit Alberto und seinen Eltern weckt den Eindruck einer *institutionellen Vermeidung*. Und das, obwohl nach kürzester Zeit allen Beteiligten klar ist, dass sie an den Problemen dieses schwierigen Jugendlichen scheitern müssen.
Geradezu grotesk manifestiert sich die gestörte fachliche Kooperation zwischen Schule und Jugendhilfe in der Lernwerkstatt. Hier, in dieser Einrichtung von Schule und Jugendhilfe, ist die interdisziplinäre Zusammenarbeit von Lehrern und Sozialarbeitern programmatisch gefordert und organisatorisch aufgenötigt – und torpediert sich. Es fehlen die wichtigsten Ressourcen und Kompetenzen für das Erlernen, Einüben und Durchhalten interdisziplinä-

rer Fallbearbeitung. Alberto gelingt es in kürzester Zeit, die unterschwelligen Spannungen, die widersprüchlichen Arbeitsansätze und die divergierenden Orientierungen »auf den Fall« im Team manifest und explosiv zu machen. Die Ausstoßung Albertos aus der Lernwerkstatt »in gegenseitigem Einvernehmen« rettet lediglich die eingespielte mühevolle äußere Balance von Arbeitsteilung und Zusammenarbeit zweier Berufsgruppen, die zu einer kreativen interdisziplinären Kooperation nicht finden können.

Keine Arbeitsbündnisse unter den Professionellen und mit Alberto und seiner Familie

Hilfe- und Förderprozesse können – vor allem bei derart schwierigen Jugendlichen – nur dann erfolgreich sein, wenn es zu belastbaren und längerfristigen Arbeitsbündnissen kommt – unter den beteiligten Professionellen und mit den Klienten. Deshalb ist ein zentrales Element des professionellen Fallverstehens die Einsicht in die Probleme und Schwierigkeiten, die diesen notwendigen Arbeitsbündnissen im Weg stehen. Die Psychodynamik eines schwierigen Kindes oder Jugendlichen ist die eine Seite dieser Probleme. Die schwierige Familiengeschichte und die konfliktbeladene Familienkonstellation dieser Kinder und Jugendlichen ist die andere Seite. Aber ein schwieriges Kind oder ein schwieriger Jugendlicher wird zum »Fall« erst, indem die dritte Seite hinzukommt, die ihn zum Fall macht oder als Fall definiert. Ein angemessenes Fallverstehen muss deshalb den Anteil der Institutionen an der Konfliktgeschichte und der Konfliktdynamik gleichgewichtig zum Gegenstand professioneller Reflexion machen. Ohne die systematische Untersuchung der Frage, wie die im Hilfe- und Förderfeld agierenden Institutionen und ihre Professionellen auf »den Fall« Einfluss nehmen, Wiederholungen provozieren, ihn verändern und seine Entwicklung mitprägen, bleiben die Förder- und Hilfeentscheidungen willkürlich. Aber auch die sorgfältige Diagnostik des BFZ-Tandems spart die aktiven und passiven Anteile von Schule und Jugendhilfe an der Eskalationsgeschichte Albertos aus, sie sind nicht Gegenstand der systematischen Kind-Umfeld-Diagnostik, so als gehörten Schule und Jugendhilfe nicht zum »beteiligten« Umfeld.

Da diese Perspektive aber auf die Konfliktgeschichte Albertos von allen Professionellen, auch von den Mitarbeitern des BFZ systematisch ausgeblendet wird, bleiben die institutionellen Bedingungen des professionellen Scheiterns im Dunkeln, mehr noch: Es können nicht einmal die Fragen danach gestellt werden.

Dieses *»institutionelle Aufmerksamkeitsdefizit«* wird in geradezu aufdringlicher Weise sichtbar, wenn immer wieder von den Professionellen ein »Knoten« oder »Geheimnis« der Familie Albertos ins Feld geführt wird – zur Begründung dafür, dass ihre Bemühungen um Alberto stets scheitern. Um dieses Familiengeheimnis ranken sich viele spekulative Phantasien der Professionellen – und der Eindruck drängt sich geradezu auf, als würde mit dieser Fixierung auf eine frühe, sexualisierte, geheimhaltungspflichtige und traumatisierende Verletzung Albertos in seiner Familie der Scheinwerfer professioneller Aufmerksamkeit systematisch ausgerichtet. Die Frage, weshalb belastbare und produktive Arbeitsbeziehungen zu Albertos Eltern nicht gelingen, scheint beantwortet – und die Institutionen und ihre Professionellen sind entlastet; auch von der Überlegung, ob und wie ihnen solche Hypothesen über die Kindheitserfahrungen Albertos helfen könnten, die Konfliktgeschichte besser zu verstehen.

Kein professionelles Fallverständnis im Zentrum von Hilfeprozess und Hilfesystem

Ohne eine Integration des Hilfe- und Förderprozesses (vertikale Integration) kann sich unter den involvierten Professionellen kein Verständnis einer individuellen Konfliktgeschichte herausbilden. So ist es auch nicht verwunderlich, dass die Fachleute in Schule und Jugendhilfe ihre jeweiligen Interventionen und Maßnahmen nicht in den Kontext einer höchst riskanten Entwicklungsgeschichte stellen. Und ohne eine Integration des Hilfe- und Fördersystems (horizontale Integration) kann sich unter den beteiligten Professionellen kein angemessenes Verständnis der Konfliktdynamik in den Beziehungen Albertos zu seinen Helfern herausbilden. Die spezifischen Arbeitsaufträge von Schule und Jugendhilfe implizieren unterschiedliche professionelle Perspektiven auf den Fall und verlangen zwingend die interdisziplinäre Fallreflexion. Und umgekehrt gilt, dass ohne einen begleitenden, kontinuierlichen Prozess interdisziplinären und kollegialen Fallverstehens jede Vernetzung auf der vertikalen oder auf der horizontalen Ebene blind bleibt.

Am vorzeitigen Ende der Schulkarriere Albertos musste als irritierender Tatbestand festgehalten werden, dass in den fast 10 Jahren, die Alberto an deutschen Schulen verbracht hat, nicht ein einziges Mal offiziell und professionell seine schulischen Lern-, Leistungs- und Verhaltensprobleme überprüft und diagnostiziert wurden. Albertos offenkundige Lernschwäche ist zwar immer wieder mal Gegenstand von Spekulationen gewesen, eine fachkundige Überprüfung dieser Problematik durch die Schule aber fand nie statt. Nicht einmal die Notwendigkeit von schulischer Erziehungshilfe wurde bei Alberto überprüft. So hat die Schule sich nie ein kompetentes Bild machen können,

worin genau Albertos Lern-, Konzentrations- und Leistungsschwierigkeiten bestehen, und es ist dementsprechend auch nie zu einer zielorientierten Diagnose gekommen darüber, welches schulische Angebot für Alberto das angemessene hätte sein können. Aber auch die Jugendhilfe hat in der mehrjährigen Geschichte von Hilfsmaßnahmen keinen Prozess der fachlichen Diagnostik oder des kollegialen Fallverstehens eingeleitet. Dass dieser Junge sehr gestört und sehr gefährdet ist, war ja kaum zu übersehen. Dass er die Angebote sowohl der Schule als auch der Jugendhilfe nicht für seine Entwicklung nutzen konnte, desgleichen. Dennoch wurde »Maßnahme an Maßnahme« gereiht, ohne dass dem ein Verständnis dessen zugrunde gelegen hätte, was dieser Junge »wirklich« braucht, was ihm »wirklich« helfen könnte.
Nur einmal in der Konfliktgeschichte Albertos fand so etwas statt wie eine Diagnose – durch das interdisziplinäre Team des BFZ. In dieser Diagnose wurden wichtige Bausteine eines notwendigen Fallverstehens zusammengetragen. Die Kind-Umfeld-Diagnostik skizziert bedeutsame Facetten der konflikthaften und traumatisierenden Familiengeschichte Albertos vor seinem Eintritt ins deutsche Schulsystem; die schulische Entwicklung Albertos wird vor dem Hintergrund dieser schweren Belastung als Teufelskreis eskalierender Kämpfe um Anerkennung und zunehmender Misserfolgserfahrungen beschrieben. Doch das Fallverständnis kommt über ungeklärte Fragen und naheliegende Vermutungen nicht hinaus. Immerhin: sehr deutlich signalisiert dieses Gutachten des BFZ, dass für angemessene Hilfe- und Förderentscheidungen diese offenen Fragen geklärt werden müssten. Nicht, dass die Mitarbeiter des BFZ auf ganz entscheidende Fragen zum Fallverstehen keine befriedigenden Antworten hatten, ist das Problem, sondern dass mit dieser Diagnostik nicht weitergearbeitet wurde, dass sie isoliert und einmalig blieb, dass sie nicht der Anstoß wurde für einen diagnostischen Prozess, der in kontinuierlichem Kontakt zu den Hilfe- und Fördermaßnahmen steht und so durch sie korrigiert, konkretisiert oder bereichert wird.

1.2 Der psychoanalytische Fallbericht

Bei der Untersuchung dieses ersten Falles ist die Forschergruppe der Psychoanalytiker in drei separaten Schritten vorgegangen: Zunächst erfolgte das Interview mit dem Jugendlichen und eine erste Auswertung durch den Interviewer, dann ein Gespräch mit den Eltern und dessen erste Auswertung durch die Interviewerin und schließlich ein Gruppengespräch mit Helfern und Lehrern aus möglichst allen Phasen von Albertos Schulkarriere unter Leitung von zwei weiteren Mitgliedern der Forschergruppe. Während der Untersuchung fand kein Austausch zwischen den jeweiligen Interviewern statt. Erst anschließend wurden die Ergebnisse in zwei Fallkonferenzen zusammengeführt und in der Forschergruppe diskutiert. Eine noch offene, uns wichtig erscheinende Detailfrage gab Anlass, bei Albertos Mutter noch einmal nachzufragen. Deren Interviewerin führte deshalb nachträglich noch ein Telefongespräch mit der Mutter.

Das Interview mit Alberto

Der Kontakt zu dem Jugendlichen war über eine Sozialarbeiterin hergestellt worden, die Alberto in der Lernwerkstatt des örtlichen Beratungs- und Förderzentrums (BFZ) kennengelernt und zu ihm einen losen Kontakt bewahrt hatte. Sie konnte ihn zur Teilnahme am Forschungsprojekt gewinnen, vereinbarte den Termin für das Interview und sollte den Jugendlichen auch zum Institut begleiten. Doch dieser erste Termin wurde von Alberto nicht wahrgenommen.

Vorspiel

»Mit Albertos Kontaktperson hatte ich bereits eine Woche vorher einen Termin um 12.30 vereinbart, an dem sie mit Alberto zum Gespräch im Institut vorbeikommen wollte. Kurz vorher rief sie mich an und teilte mir mit, dass sie Alberto nicht erreichen könne, auch nicht auf seinem Handy. Wahrscheinlich würde er noch schlafen, das sei bei jungen Männern heute so. Ich war über diese wohlwollend ausgedrückte Verallgemeinerung der Tages-Schlafgewohnheiten junger Männer im Zusammenhang mit offensichtlicher Unverbindlichkeit leicht irritiert. – Schließlich vereinbarten wir eine Woche später einen weiteren Termin, nun um 13.30 Uhr, zu dem auch Alberto erschien.«

Durch sein Nichterscheinen und Nichterreichbarsein inszeniert Alberto – unbewusst – ein Vorfeld untergründiger Konkurrenz unter den beiden beteiligten Professionellen. Der initiale, von Alberto provozierte Ärger des Interviewers darüber, versetzt worden zu sein, erfährt spontan eine Verschiebung: weg von dem Jugendlichen und hin in die Beziehung zwischen den beiden

Erwachsenen. Dort erscheint er als versteckter, wechselseitiger Vorwurf defizienter Professionalität: Der Interviewer habe sich mit seinem Terminvorschlag nicht besonders kompetent auf einen Jugendlichen von heute einzustellen gewusst; die Sozialarbeiterin verwische und unterstütze mit ihrem Rekurs auf angebliche allgemeine Gewohnheiten junger Männer heute das Fehlverhalten des Jugendlichen.

Der Interviewer vergaß zunächst, diesen missglückten Anfang der Kontaktaufnahme in seinem Protokoll des Interviews überhaupt zu erwähnen – dies, obwohl im ersten Satz dort eine fünfminütige Verspätung genannt wird und es nahe gelegen hätte, an das Scheitern der vorangegangenen Verabredung zu denken. Dass Letzteres erst später dem Interviewer wieder einfiel und dann als Ergänzung zum Protokoll nachgereicht wurde, kann als Hinweis auf die affektive Brisanz der initialen Aggression und der Schuldfrage angesehen werden, denn es gehört eigentlich routinemäßig zu unserem diagnostischen Vorgehen, ein besonderes Augenmerk auf die Gestaltung des ersten Kontakts mit einem Patienten zu legen.

Das Protokoll des Interviewers [5]

Fünf Minuten zu spät kommen Frau X, die Sozialarbeiterin, und ein klein gewachsener, stämmiger und südländisch aussehender Jugendlicher ins Institut. Seinen Namen sagt er so leise, dass ich nachfragen muss. Insgesamt redet er vor allem am Anfang leise.

Ich frage, ob er etwas darüber wisse, warum er hier sei.

Ja, die Sozialarbeiterin habe ihm erzählt, es gehe darum, warum er die Schule geschmissen habe.

Er redet meist in kurzen nuscheligen Drei-Wort-Sätzen und antwortet knapp, was mich dazu bringt, nachzufragen. Mit der Zeit wird es immer anstrengender, weil ich denke, wenn ich nicht aktiv bin, erstirbt das Gespräch sofort. Vielleicht geht er dann einfach zur Tür raus. So bemühe ich mich, den Dialog als eine Art Frage- und Antwort-Spiel in Gang zu bringen und zu halten.

Er gehe nicht zur Schule, weil es einfach nichts bringe, habe keine Lust, so früh aufzustehen.

Ich frage, ob es ihm immer schon so gegangen sei.

---

[5] Die sparsam-lakonische Sprache des Protokolls wird zum »Material« in den folgenden Fallreflexionen, weshalb hier das Original wiedergegeben wird; vgl. auch Kapitel III.

In den ersten zwei Schuljahren war es in Ordnung. Aber dann ab 3. Klasse. Da wurde es schwieriger.
Ob er denn damals schon nicht zur Schule gegangen sei.
Doch, da sei er gegangen.
Dann war er in der Gesamtschule, das war total Mist. Ob ich die kenne. Mist. Die Lehrer haben einen beschimpft. Er hat dann auch geschlagen. Der Mathelehrer hat gesagt: Du Dicker. Früher sei er etwas dicker gewesen.
Nee, das war Mist. Gleich haben ihn zwei dumm angemacht. Da gab es Prügel. Er hat sich gekloppt. Dann auf eine andere Schule. Hauptschule.
Wie das denn gekommen sei.
Die wollten ihn dann nicht mehr. Die Lehrer waren blöd, haben ihn beschimpft.
Sein Vater war dann auch zum Gespräch. Und dann eben auf die Hauptschule. Das war wohl die einzige Möglichkeit. Da sei er auch schon nicht hingegangen. Was bringt es?
Ich frage, wie es dazu gekommen ist, dass er immer weniger Lust hatte in die Schule zu gehen.
Er zuckt mit den Achseln, irgendwie desinteressiert.
Ich frage, wie seine Eltern dazu gestanden haben.
Die Eltern haben immer alles dafür getan, dass er in die Schule geht. Später hat ihn seine Mutter immer morgens angerufen, dass er aufsteht. Er dreht sich sonst um und schläft wieder. Jeden Morgen angerufen, dass er zur Schule geht. Hat er auch getan.
Warum er morgens immer so müde sei?
Fernsehen. Bis eins, zwei.
Ob er einen eigenen Fernseher im Zimmer habe.
Klar.
Auch schon als kleiner Junge.
Ja, so ab sieben Jahre oder so, hat immer Fernsehen geschaut.
Sein Vater wollte unbedingt, dass er in die Schule geht.
Sein Bruder sei jetzt in Argentinien. Hat da ne Freundin.
Ob er aus Argentinien komme.
Nein, aus Italien. Hier geboren. Die Mutter aus Sizilien, der Vater aus Neapel (oder umgekehrt?). Der Bruder ist zwei Jahre älter, und dann hat er noch zwei kleinere Geschwister. Mit dem Bruder wohnte er auf einem Zimmer. Jetzt hat er das Zimmer alleine.

Ich sehe in seine Augen, eine Narbe über einer Augenbraue, verschlafenes Desinteresse und frage mich, was es eigentlich bringen soll, das Gespräch weiterzuführen. Ich kämpfe gegen eine immer stärkere Unlust an. Wie soll man einen Zugang zu seinem Inneren, zu seinen Motiven finden. Zu beliebig scheint alles.

Ich erfahre, dass der Vater acht oder vierzehn Geschwister hatte und früh arbeiten musste. Deshalb wollte er, dass seine Kinder in die Schule gehen.
Ich versuche noch einmal, auf den Bruder zurückzukommen, der ihm ja in der Schule immer voraus gewesen sein müsse.
Ja, der war zwei Klassen ... oder eine Klasse über ihm. War gut in der Schule. Besser.
Dann sei er ja vielleicht so etwas wie ein schwarzes Schaf gewesen.
Er zuckt mit den Achseln, scheint den Begriff nicht zu kennen.
Der Bruder war auch auf der Gesamtschule. Die hat ihn fertig gemacht. Schlechte Noten.
Ich frage ihn, ob er denn nicht außerhalb stand in der Klasse.
Nö, da gab es überhaupt keine Probleme.
Ich erinnere, dass er erzählt habe, dass ihn in der Gesamtschule gleich zwei angemacht hätten.
Das war in Ordnung. Sie haben sich geschlagen und hinterher seien sie die besten Freunde gewesen. Keine Ahnung. Wollten vielleicht ausprobieren, wollten Grenzen haben.
Nach der Hauptschule sei er dann in die Lernwerkstatt. Da waren nur sechs in jeder Klasse. Haben meistens gespielt, mit Computer und so. Filme gesehen. Was bringt das. War in Ordnung. Aber er ist dann auch nicht hingegangen. Die haben dann Klassenkonferenz gehabt. Da haben sie gesagt, er soll entscheiden, ob er kommen will oder nicht. Sie haben ihn von der Schulpflicht entbunden. Er soll entscheiden, ob er kommen will oder nicht. Hat er Nein gesagt. Was bringt es schon. Das ist im Sommer zwei Jahre her.
Jetzt macht er so Jobs. Mal in der Pizzeria oder andere Sachen. Verdient er Geld. Schule bringt doch nichts. In der Lernwerkstatt gab's ja nur Spielerei.
Ich sage, da denke er, das Geldverdienen sei wichtiger, wie sein Vater ja auch sehr früh schon Geld verdienen musste.

Zwischendurch klingelt sein Handy. Er fragt höflich, ob er es benutzen könne. Ich zucke mit den Achseln. Er spricht kurz wohl mit einem Kumpel: Er sei gerade in einer Besprechung, so in einer Stunde könnte er nochmal anrufen. Ich habe die Phantasie von kleinkriminellen Projekten.

Also Schule bringt nichts.
Ich frage, ob es denn Menschen gab, die für ihn in seinem Schulweg oder auch sonst wichtig gewesen seien.
Wichtig. Was soll das denn. Wichtig. Nee, gibt's nicht.

Er scheint gar nicht ganz zu verstehen, was das heißt.
Ich versuche es mit Beispielen. Ein Lehrer oder ein Betreuer, er habe doch auch Namen genannt. Ob es niemanden gab, mit dem er geredet habe.
Geredet nee, warum soll er reden, über was, bringt nichts. Kein anderer ist wichtig. »Ich bin allein wichtig.« Er redet nie über etwas mit anderen.
Ich sage, dass er ja immerhin hier zu mir gekommen sei.
Da hatte er auch keine Lust, aber dann doch, warum nicht, mal gucken. Seine Sozialarbeiterin in der Lernwerkstatt, die hat er mit zwei Kumpels in der U-Bahn getroffen, die hat ihn angesprochen, dass sie mit ihm reden wolle, hat er dann die Telefonnummer gegeben und da hat sie angerufen und das vereinbart.
Ob er ihr zuliebe gekommen sei.
Achselzucken.
Ich komme noch einmal darauf zurück, ob es jemand gegeben habe, der für ihn wichtig sei. Ich erkläre ihm, dass es bei der Forschung auch darum ginge, mit denen zu reden, mit denen er zu tun gehabt habe, das können auch welche sein, mit denen er sich nicht so gut verstanden habe. Ich denke z.B. an den Mathelehrer, der ihn beleidigt hat.
Nee, den nicht, das ist'n »Aso«. Der ist krank. Das ist klar. Es gibt die »Korrekten« und die anderen. Der ist bekloppt. Wenn er damals stärker gewesen wäre, dann hätte der eins aufs Maul gekriegt. Das ist klar.
Gibt es denn noch »Korrekte«, die ihm einfallen.
Achselzucken. Nee. Es gibt keine Wichtigen.

Innerlich bin ich ziemlich erschüttert, auch ärgerlich über diesen destruktiven Größenwahn und verliere die Lust, weiter zu fragen. Er dagegen wird zunehmend gesprächiger. Zum Glück ist die Zeit am Ende, und es muss noch das Frageblatt ausgefüllt werden. Ob er mitmacht.

Ich sage ihm, dass es für uns wichtig ist, um sein Problem insgesamt zu erforschen, auch Gespräche mit seinen Eltern und eben mit Lehrern und Betreuern zu führen. Aber er könne es alleine entscheiden, ob er uns das gestatte.
Kein Problem. Er füllt seine Adresse aus und hat kein Problem damit, dass seine Eltern interviewt werden. Auch die anderen Bezugspersonen nicht.
Dann erzählt er nebenbei noch von Gesprächen mit einer Frau; sei vielleicht keine Bewährung, aber so 'ne Auflage bis März: regelmäßige Gespräche.
Ich sage, dass es gut wäre, wenn wir mit dieser Frau reden könnten.
Nein, da ist er strikt dagegen, die würde ihm immer die Schuld geben. Nee, da sei er auch schon mal nicht hingegangen. Das wollte er nicht.
Ich sage, dass er da wohl Angst habe, dass sie schlecht über ihn rede. Ja.

Warum er denn eine Auflage vom Gericht habe.
Er erzählt ausführlich von einem Kumpel, der eine Playstation hatte, dann im Urlaub war, danach war die Playstation weg, und sie haben ihn und einen Kumpel verdächtigt, bei ihm eingebrochen zu haben und die geklaut zu haben. Irgendwie habe dessen Mutter das wohl auch gedacht. Aber dann sei irgendwie rausgekommen, dass er es nicht gewesen sein konnte. Aber der Kumpel habe es trotzdem weiter behauptet, und dann habe er ihm eins auf die Nase gegeben. Die Mutter habe ihn dann angezeigt. Der Richter habe dann aber die Mutter und den Kumpel fertiggemacht, dass er so etwas behaupten könne. Aber er habe dann die Auflage vom Gericht bekommen, diese Gespräche zu führen.
Am Ende sage ich ihm, dass es möglich sein könnte, dass ich noch ein weiteres Gespräch mit ihm führen würde, wie er dazu stände.
Er nickt. Hat nichts dagegen. Schreibt mir auch noch die Handynummer auf.
War es das, fragt er beinahe so, als könnte es so weitergehen.
Ja, sage ich. Verabschiede mich.
Bis zum nächsten Mal, sagt er.

Nachspiel

Wie am Anfang, so auch am Ende des nach dem Interview niedergeschriebenen Protokolls vergaß der Interviewer etwas Wichtiges mitzuteilen. Auch dies reichte er – zusammen mit dem Vorspiel – als Ergänzung nach: Nach dem Interview mit Alberto sei er unsicher gewesen, ob dieses eine Gespräch als Materialbasis ausreichen würde. Auf der einen Seite habe er das Gefühl gehabt, »eigentlich außer zu einer offensichtlichen narzisstischen Abwehrformation keinen Zugang zur inneren Welt des Jugendlichen erhalten zu haben«, was ein zweites Interview nahelegte; auf der anderen Seite aber habe er wenig Hoffnung auf einen möglichen intensiveren Kontakt setzen können, »zu karg erschienen mir seine Äußerungsformen«. Nicht ausschließen mochte er aber auch, dass »die offen zur Schau getragene narzisstische Wut Albertos allen gegenüber, die ihn mit Mangelerfahrungen konfrontierten, eher abstoßend« auf ihn gewirkt habe. »Der Widerspruch, dass ich eigentlich kein tiefergehendes Interesse an dem Jugendlichen entwickeln konnte und sein deutlich spürbarer Wunsch am Ende, durchaus zu einem zweiten Gespräch kommen zu wollen, bleibt eigenartig.«
Vor- und Nachspiel rahmen in bedeutsamer Weise das Interview ein – in beiden Fällen wird Geringschätzung, Enttäuschung, Ablehnung des jeweils anderen zunächst in Handlung umgesetzt und erst später als bedeutsam regi-

striert. Geht es im *Vorspiel* darum, dass der Jugendliche den Interviewer, der ihn mit Interesse erwartet, ignoriert, so geht es im *Nachspiel* darum, dass der Interviewer von dem Jugendlichen, der vorsichtig Zuwendung signalisiert, nichts mehr wissen will.

Nachbemerkungen

Nach dem Interview fühlte sich der Interviewer beherrscht von Entwertungstendenzen und Insuffizienzgefühlen: Der Jugendliche erschien ihm ungeeignet, das Material entsprechend defizient, sein eigenes Umgehen mit dem Jugendlichen kritikwürdig und die Eignung der psychoanalytischen Untersuchungsinstrumente für dieses Forschungsprojekt zweifelhaft. Dann, beim Schreiben des Protokolls und bei der Abfassung eines ersten Diagnoseprofils, tauchten Schuldgefühle auf: dafür, den Jugendlichen in eine Art Verhör verstrickt zu haben, und dafür, ihn als minderbegabt und unbrauchbar hin zu stellen und schlecht zu machen.
Immerhin erstellte der Interviewer schließlich ein erstes Diagnoseprofil, das – ausschließlich auf den Informationen und Erfahrungen aus dem Interview mit dem Jugendlichen basierend – bereits differenzierte und schlüssige Hypothesen zu den im Laufe der frühen Entwicklung gebildeten unbewussten Erlebnis- und Beziehungsmustern des Jugendlichen entfaltete.

Das Elterngespräch

Auch das Elterngespräch kommt erst im zweiten Anlauf zustande, darüber hinaus entgegen der getroffenen Verabredung in Abwesenheit des Vaters. Zunächst war die Interviewerin bei dem Versuch, telefonisch einen Termin zu vereinbaren, gescheitert. Gleichwohl hatte die Mutter auch in dem kurzen Telefongespräch einiges mitgeteilt:
»Eine wohlerzogene Kinderstimme am Telefon, die Mutter wird gerufen. Alberto hat ihr schon erzählt, dass jemand anrufen wird. Was das denn jetzt noch nützen solle, fragt die Mutter verbittert. Ich sage, für die Familie könnten wir kein Hilfsangebot machen, aber vielleicht könne man im Nachhinein die Punkte finden, an denen man es künftig besser machen könnte. Ja, da gebe es viel zu verbessern, sagt sie, aber das sei nun nicht mehr ihre Sache. Sie habe beschlossen, über ihren Sohn nicht mehr zu reden, die Sache sei abgeschlossen. Ich: Sie sind enttäuscht und verbittert? Ja, das könne man wohl sagen. Jahrelang habe sie Hilfe gesucht und keine erhalten, und jetzt sei

es zu spät. Zu spät! sagt sie mehrfach während des Telefongesprächs, und es klingt wie: Jetzt endlich wollt *ihr*, aber jetzt will *ich* nicht mehr! In Deutschland dürften die jungen Leute alles. Sie könnten sich alles erlauben, aber wenn es dann schief gehe, dann seien die Eltern dran schuld. Sie sei so enttäuscht von Deutschland. Sie sei hier aufgewachsen, und es sei ihre Heimat gewesen, aber Deutschland sei auch nicht besser als ihr eigenes Land: Es tut mir leid, dass ich Ihnen nicht helfen kann, aber damit habe ich Ihnen alles gesagt, was ich noch sagen will.«

Zwar ist latent durchaus ein Mitteilungsbedürfnis der Mutter heraus zu hören; aber es bedarf wiederum erst der Vermittlung durch die Sozialarbeiterin Albertos aus der Lernwerkstatt, damit sie sich doch zu einem Gespräch bereit finden kann. Beim Anruf ist diesmal der Vater am Apparat. Er wirkt verlegen, spricht im Unterschied zu seiner Frau mit deutlichem Akzent und meint, sie habe über all diese Sachen den besseren Überblick. Mit der Mutter gelingt dann eine unkomplizierte Terminvereinbarung: in der Wohnung der Familie wegen der Kinder und ausdrücklich am Abend, damit der Vater teilnehmen könne.

Das Gespräch mit der Mutter – das Protokoll der Interviewerin

Die Klingel gehört zu den wenigen deutlich lesbaren am Haus. Die Treppenbeleuchtung ist kaputt, aber ein leises Klappern mit der Tür im 1. Stock gibt Signal, wohin ich mich wenden muss.

Die Mutter, eine sympathische und gediegen gekleidete Frau, begrüßt mich freundlich und dirigiert mich in einer engen, aber aufgeräumten Wohnung (ich vermeide zudringliches Umherblicken) an einem großen Schrank vorbei durch einen schmalen Durchlass ins Wohnzimmer. Dort sitzen wir dann am Esstisch zu zweit, der Mann ist nicht zu Hause. Die korpulente, freundlich lächelnde Tochter (das vierte Kind, wie ich erfahre, und meiner Schätzung nach acht oder neun Jahre alt) streicht schmusend um die Mutter herum und wird gebeten, Kaffee zu machen. Sie läuft noch ein wenig hin und her, wird schließlich sanft hinausgeschickt. Die Zimmertür bleibt offen, ebenso wie die anderen Türen der Wohnung. Später kommt der nächst ältere Bruder herein, sucht etwas im Schrank und verschwindet wieder. Noch ein wenig später geht die Wohnungstür und Alberto, um den es hier geht, kommt stattlich und mit nettem Lächeln herein, guckt ins Fernsehprogramm, wir begrüßen uns mit freundlichem »Hallo«, er verschwindet mit freundschaftlichem Grinsen. Auch ist die Kampfhündin Rex gekommen. Mit breitem Hundelächeln fällt sie von Zeit zu Zeit wedelnd und sabbernd über mich her und lässt sich gern knuddeln, wenn sie aber unter dem Tisch, wo keiner etwas sehen kann, um meine Beine wuselt, halte ich die Füße lieber still.

Das Gespräch hinterlässt bei mir den Eindruck einer Spiralbewegung, mit der wir uns unter etlichen Wiederholungen dem Zentrum des »eigentlich Wichtigen« etwas genähert haben, ohne es doch zu erreichen.

Die Mutter spricht nahezu akzentfrei und sehr differenziert. Mein Beitrag beschränkt sich fast aufs Zuhören.

Sie macht sich seit etwa 2 Jahren Sorgen um Alberto. In dieser Zeit habe sie sich um Hilfe bemüht und sei enttäuscht. Besonders seit dem Gespräch in der Lernwerkstatt, das damit endete, dass Alberto gar nicht mehr zur Schule muss. Wenn *sie* ihr Kind nicht zur Schule schicke, greife sofort die Behörde ein. Wenn aber diese nicht weiter wisse, dann befreie sie ein Kind von der Schulpflicht, bloß weil es sage, »keinen Bock« zu haben.

Eigentlich sei Alberto schüchtern, aber das sehe niemand.

Sicher, auch in der Grundschule sei es schon schwierig gewesen, und die Lehrerin habe geraten, eine Erziehungsberatung aufzusuchen. Das sei vielleicht »ihr Fehler gewesen« (da nicht hinzugehen), aber ihr Mann habe nicht gewollt. Er selber habe nämlich als Junge ganz ähnliche Probleme gehabt, habe schlechte Noten gehabt und sei aufsässig gewesen – sie wisse das so genau, weil sie sich sehr jung kennen gelernt hätten. Er sei damals so gewesen wie Alberto jetzt und sei doch heute (sie legt die Hand aufs Herz) ein guter Mann, zuverlässig und friedlich.

Alberto sei eigentlich intelligent, er begreife schnell, aber vergesse auch schnell wieder. Heute 1x1 gelernt und glatt gekonnt, morgen in der Schule eine 5 oder 6 geschrieben. Diese ständigen Misserfolge nun hätten ihm den Mut und die Lust genommen, und er sei in der Schule zum Störer und auch aggressiv geworden. Zu Hause gar nicht, nur ein Schulproblem. Es habe ja auch mehrere Schulwechsel gegeben, weil er unerträglich geworden sei. Zu Anfang habe er sich jedes Mal Mühe gegeben und alles besser machen wollen, aber dann seien wieder die Noten so schlecht gewesen und er sei erneut zum Unruhestifter geworden. Das hätten doch die Lehrer merken müssen, dass er nur wegen seiner Misserfolge so aufsässig sei. Die hätten doch studiert, Pädagogik und alles Mögliche, und das sei doch so einfach zu sehen. Er sei wirklich schüchtern, und das gelte dann als Trotz. Er müsse doch nicht in der Schule glänzen, er sei doch trotzdem etwas wert, aber das komme in der Schule nicht vor.

Er habe dann mit Hilfe des Jugendamts Nachhilfe bekommen. Den ersten Lehrer habe er nicht gemocht, dessen Nachfolgerin – wohl Studentin, sehr jung – jedoch sehr, und er sei willig dort hingegangen, aber ohne jeden Erfolg. Bedingung für diese Hilfsmaßnahme sei gewesen, dass sie und ihr Mann regelmäßig zu Gesprächen gegangen seien, ein Jahr lang bei dieser Jugendamtsfrau. »Ich habe der Frau da mein ganzes Leben vor die Füße geworfen«, einer Wildfremden Dinge erzählt, die sie sonst höchstens ihrer Mutter sagen würde, aber die sei ja weit fort in Italien. »Das war, wie wenn ich mich nackt ausgezogen hätte vor der.« Und es habe nicht, wie sie gehofft hätte, dem Jungen weitergeholfen. Ich sage, dann könne es ihr mit mir vielleicht ähnlich gehen. Ja, auch deswegen habe sie mit mir nicht mehr sprechen wollen. Sie werde auch nur über Alberto und die Schule sprechen.

Die Befürchtung, zudringlich voyeuristisch Entblößung von der Mutter zu fordern, nach der Metapher vom Nacktausziehen noch einmal bestärkt, hat sicher zu meiner Neigung beigetragen, ihr lediglich zuzuhören, vielleicht zuzustimmen und keine konfrontierenden Fragen zu stellen.

Die Lernwerkstatt sei wirklich gut gewesen, weil da viel mit den Händen gearbeitet werde, denn das könne Alberto und da habe er Erfolge. Aber dann die Abschlussrunde nach dem ersten Jahr dort – da seien der Schulleiter, die Lehrer und Betreuer, jemand vom Jugendamt, die Eltern und der Jugendliche zu einem Gespräch zusammen gekommen. Alberto habe sich in dieser Situation, unter all den Erwachsenen, »in die Ecke gedrängt« gefühlt, denn er sei eben ängstlich und zurückhaltend – im Grunde. Auf die Frage, ob er weitermachen wolle, habe er aus dieser bedrängten Lage heraus, aus reinem Trotz gesagt »nein, ich hab keinen Bock«. Na gut, habe es da geheißen, dann lass es eben! Was das denn sei, einen verbockten 14-Jährigen so beim Wort zu nehmen, ohne dass man noch mal mit ihm rede. Wie Erwachsene sich so machtlos zeigen könnten! Einen Jugendlichen bestimmen lassen! Sie als Eltern dürften ihr Kind ja auch nicht von der Schulpflicht befreien, aber er brauche nur zu sagen »kein Bock«, und diese Leute könnten das. In der Lernwerkstatt sei auch die Sozialarbeiterin gewesen, die sich jetzt auch noch um Alberto kümmere, die habe wirklich gut geholfen, ihn verstanden; und die habe sie auch überredet, jetzt mit mir zu sprechen. Aber sonst – die hätten es sich leicht gemacht.

Das Schlimmste sei aber ein paar Jahre früher die Klassenkonferenz gewesen, in der Gesamtschule. Alberto sei 11 oder 12 gewesen. Immer noch aufgeregt schildert sie die Versammlung von Schulleitung, allen beteiligten Lehrern und dazu dem Kind und ihr. Wie im Gericht, sie beide hätten auf der Anklagebank gesessen, und der Reihe nach hätten alle Lehrer auf Alberto gezeigt und ihm vorgehalten »du hast dies getan und das getan«. Man müsse sich mal vorstellen, wie einschüchternd so was auf einen Elf-/Zwölf-Jährigen

wirken müsse. Alberto habe dann erst recht gedacht, alle wollten ihm Böses in der Schule, und alles sei nur schlimmer geworden. Zunächst hätten sie ja gedacht, es läge an den Umzügen. Alberto sei nämlich hier geboren; aber als er sechs Monate alt war, seien sie nach Italien zurückgegangen und von dort erst wiedergekommen, als Alberto sieben Jahre alt war. Natürlich sei es dann mit der Sprache und allem nicht einfach gewesen. Sein kleiner Bruder sei bei der Rückkehr 2½ gewesen und habe gar kein Problem damit gehabt, der sei überhaupt so pfiffig. Mit 4 Jahren habe er unbedingt lesen und schreiben lernen wollen, habe es auch schnell gekonnt. Ob sie sich vorstellen könne, frage ich die Mutter, dass Alberto es angesichts dieses erfolgreichen kleinen Bruders ganz aufgegeben habe, in der Schule gut sein zu wollen, weil er geglaubt habe, damit nicht konkurrieren zu können?
Das kann sie sich nicht denken, und mit einer sonderbaren logischen Verknüpfung ist sie beim Schülerhort, in den sie ihre Kinder gegeben habe. Das sei wegen der Sprache besser gewesen, und auch, weil die Kinder hier im Wohnviertel nicht allein spielen gehen könnten. Sie sei nicht so eine Mutter, die mit 4 Kindern an der Hand (sie imitiert ironisch die Geste: an jeder Hand zwei Kinder) zum Spielplatz gelaufen wäre, ihre Kinder seien auch viel zu lebhaft ... also sie hätten dort alle schnell deutsch gelernt. Anders als sie selber, zu ihrer Zeit habe es noch die italienische Schule hier gegeben. Mit 12 sei sie hierher gekommen, und dann habe sie in der Schule italienisch gesprochen und daher schlecht Deutsch gelernt, das sei bei der Arbeitsuche dann ungünstig gewesen und sie habe noch ihre Not gehabt, bis sie so gut Deutsch konnte. Sie findet es besser, dass nun alle auf deutsche Schulen gehen. Allerdings hätte Alberto doch Anfangsprobleme gehabt. Er sei auch von den Kindern ausgenutzt worden. Er sei dick und stark gewesen, alle hätten ihn eingespannt, wenn sie mit jemandem Krach hatten und wollten, dass der verprügelt wird. Aber ihrer Meinung nach hat er deswegen Ärger gekriegt, weil er nicht so gut im Lernen war, darauf kommt sie nun auch wieder zurück. Das Schulwissen werde »in unserer Gesellschaft« überbewertet, und die Handarbeit gelte gar nichts. Wer besser mit den Händen arbeite, sei doch nicht weniger wert. Sie verteidigt zusammen mit Alberto immer auch ihren Mann, der ein guter Arbeiter und Familienvater sei. Hier ihre Tochter, die arbeite auch nicht gern für die Schule. Aber sie könne geschickt mit den Haaren was machen, da sei sie doch als Mutter zufrieden, wenn sie eine gute Frisöse werde oder Schneiderin. Das sei ebenso viel wert, wie wenn der Zweitjüngste auf's Gymnasium geht.

Als ich ihr ehrlichen Herzens darin zugestimmt habe, dass Schulnoten nichts mit Wert und wenig mit Klugheit eines Menschen zu tun haben, kommt sie auf sich selber zu sprechen.
Sie sei selbst so gern zur Schule gegangen: »Die Schule war mein Leben!« Und sie hätte auch gern studieren wollen, Italienische Literatur. Nach ihrem Schulabschluss hätte sie noch Latein lernen müssen, um in Italien die Hochschulzulassung zu erreichen, und damit habe sie auch schon angefangen, aber dann habe ihre Mutter – sie habe damals allein mit ihrer Mutter gelebt – sie nicht gehen lassen. – Sie greift sich wieder ans Herz, und mir scheint, es werden auch die Augen hinter der Brille feucht. Natürlich, fährt sie nach kurzem Schweigen fort, sei es dann schon eine Enttäuschung, wenn ein Kind so gar keine Freude am Lernen habe. Aber die Menschen seien eben nicht alle gleich, sie müsse es nehmen wie es ist, und die Lehrer erst recht.
Die Lernwerkstatt sei wirklich gut, sie glaube nicht, dass es in Italien oder Deutschland bessere Einrichtungen gebe. Aber auch da liefe doch alles darauf hinaus, den Jugendlichen das Schullernen aufzudrängen. Man glaube da, es mit faulen Schülern zu tun zu haben, die man noch zum Lernen bringen könne. Aber ihr Alberto sei nicht faul, er arbeite gern das, was er könne. Man hätte ihn dort so nehmen sollen, wie er ist.
Auch ihr Vater habe schließlich nur ein Jahr lang die Schule besucht, habe nur mühsam lesen und schreiben können und das Einmaleins nicht besser gekonnt als Alberto. Trotzdem habe er für seinen Alltag allemal gut genug rechnen können, dafür sorge ein Mensch dann schon selber.
Früher, wenn sie ihren Alberto zum Rechnen-Üben aufgefordert habe, habe der angefangen zu weinen, weil er solche Angst vor dem Versagen gehabt habe. Da helfe auch kein Zwang, lange genug habe sie es damit versucht, man solle ihn dann doch zufrieden lassen. Ihr Sohn habe ihr sehr übel genommen, dass sie sich im Jugendamt so bereitwillig auf die Gespräche eingelassen habe. Sie habe ihn verraten, habe er gemeint, das alles gehe niemanden außerhalb der Familie etwas an. Auch deshalb habe sie mit mir nicht sprechen wollen: Eben sei er dabei, wieder Vertrauen zu ihr zu entwickeln, und sie wolle ihn nicht noch einmal »verraten«.

Ich bin immer wieder versucht, der Mutter ausdrücklich Recht zu geben, und beginne im Stillen zu sinnieren, welche Konflikte Alberto am Lernen hindern könnten und ob man eine neurotische Lernhemmung hätte bemerken müssen und ob eine wirksame Intervention möglich gewesen wäre. Die ganze Stunde über habe ich einen Riss in der Klarsichttischdecke, die zum Schutz über der Spitzendecke liegt, im Auge, und ständig beschäftigt mich neben dem laufenden Gespräch die Vorstellung, den Riss mit Klebeband reparieren zu wollen oder meinen Kaffee ausgerechnet an dieser ungeschützten Stelle zu verschütten.

Sie habe jetzt wieder Zutrauen, dass Alberto sich fangen wird und ein guter Arbeiter sein kann, auch wenn sie mit einem Schulabschluss nicht mehr rechne. »Jetzt habe ich Ihnen doch noch so viel erzählt, das wollte ich ja eigentlich gar nicht, aber wenn man mal dabei ist...«, sagt sie zum Schluss ein wenig verschämt. Ich sage, die Sache mit Alberto beschäftige sie eben auch sehr. Da zieht sie sich auf ihre Ausgangsposition zurück und sagt mit unerwarteter Heftigkeit: »Die haben mir mein Kind versaut!«
Beim Abschied ist mir die Idee unbehaglich, dass hinter einer der offenen Türen Alberto lauschen könnte und sich abermals verraten fühlt – oder lacht er sich ins Fäustchen? Deshalb bitte ich die Mutter, ihn unbekannter Weise zu grüßen.

Nachbemerkungen

Die Interviewerin fühlte sich nach dem Gespräch extrem niedergeschlagen. Sie hatte – ähnlich wie der Interviewer von Alberto – ein Gefühl von erwiesener Unfähigkeit, als habe sie alles falsch gemacht, und schließlich wähnte sie sich peinlich ertappt dabei, dass sie sich von dieser Mutter derart habe einschränken lassen, dass sie eigentlich gar nichts Wesentliches erfahren zu haben meinte. In der Tat hatte die Mutter sehr machtvoll in Szene gesetzt, dass die Interviewerin abhängig von ihrem Wohlwollen war; und eine solche Beziehungsgestaltung bewirkt sehr erfolgreich jegliche Vermeidung von kritischem Nachfragen oder auch das probeweise Einnehmen einer differenten Position. Im Gegenteil, nur ein möglichst großes Einvernehmen scheint den Kontakt und damit das Gespräch sichern zu können. Dadurch wurden auch Nachfragen nach biografischen Ereignissen verhindert.

Ein Telefongespräch mit der Mutter

In der späteren Fallkonferenz hatte sich eine gezielte Frage ergeben. Die bezog sich auf den in der Gesprächsrunde der Professionellen erwähnten Unfall Albertos im Säuglingsalter: eine Kopfverletzung mit Krankenhausaufenthalt. Die Frage war entstanden, weil die Fixierung des Jugendlichen auf orale dyadische Beziehungsmodi in Verbindung mit der Tendenz zum Abbruch von Beziehung die früheste Kindheit in den Blickpunkt gerückt hatte: Die Forschungsgruppe hatte die Hypothese entwickelt, dass in der frühesten Entwicklung des Jugendlichen die wichtige Erfahrung von der Unzerstörbarkeit

des Objekts brüchig gewesen sein mus, und vermutete dass der frühe Krankenhausaufenthalt nach einem Unfall hier eine wichtige Rolle spielte.
Die Interviewerin rief also zwei Monate nach ihrem Gespräch mit Albertos Mutter noch einmal in der Familie an, um gezielt nach dem Unfall und dem Krankenhausaufenthalt zu fragen. Aus ihrem Protokoll:
»Die Mutter ist selbst am Apparat, ich frage, ob ich mich noch nach einer Einzelheit erkundigen dürfe, die uns unklar geblieben sei. Als sie mit der Antwort zögert, komme ich einem ›Nein!‹ mit der Frage nach Albertos Krankenhausaufenthalt zuvor, von dem wir gehört, aber Näheres nicht erfahren hätten. Krankenhaus? *Ja, er sei doch einmal in der Klinik gewesen?* Aber das ist viel zu lange her! *Es könne gerade darum wichtig sein.* Er war doch noch viel zu klein! *Um Alberto zu verstehen, müsse man gerade solche Dinge mitbedenken.*
Es folgt ein längeres Hin und Her: Alberto wisse doch davon nichts mehr – was das denn jetzt noch bringen solle – es seien doch nur ein oder zwei Wochen gewesen – und was das für eine Rolle spiele. Bis ich einfach frage: *Wie alt er denn gewesen sei?* Vier Monate. *Also bevor Sie nach Italien gingen?* Ja, vorher. *Und wie war das damals?* Eben ein oder zwei Wochen. Ich habe sonst meine Kinder nie weggegeben, aber es war besser so, war ja auch nicht so lange ... *Und warum?* Das ist jetzt nicht mehr wichtig, ich habe ihn untersuchen lassen und es ist nichts mehr. *Aber er war krank?* Ja. *Was hatte er denn?* Riss im Schädel. *Eine Kopfverletzung?* Ja, Kopfverletzung. *Ach ...* Er müsse sich das im Babybett gemacht haben. Er sei nicht gestürzt oder so, er müsse sich selbst den Kopf am Gitter so angeschlagen haben. Es sei ja keiner dabei gewesen. *Und wer hat das bemerkt?* Ich hab es bemerkt. *Woran denn?* Er hatte so einen blauen Fleck, der wurde immer größer.
Sie habe beim Baden gedacht: Ach, da ist ja eine Beule! Und da sei sie mit ihm zum Kinderarzt, immer habe sie gedacht: Auch wenn es nichts ist, lieber einmal zuviel als zu wenig ... *Aber es war etwas.* Ja, dann war es etwas. *Sie müssen ja einen Schrecken gehabt haben.* Man macht sich so seine Gedanken, das können Sie glauben!
Ich frage: Wenn noch etwas Wichtiges auftauchen sollte, eine Frage bei mir oder ein Gedanke bei ihr – ob wir dann wieder telefonieren könnten? Das möchte sie lieber nicht, wegen Alberto. Ihretwegen schon, aber Alberto sei wieder so wütend und habe herumgetobt. *Wegen unseres Gesprächs?* Nein, das sei schon in Ordnung. Aber ... er wolle nicht, dass über ihn gesprochen werde. Deshalb werde sie sich auch daran halten und nicht mehr mit jemandem reden.«

Die Auswertung des Gesprächs mit der Mutter

Es ist zu vermuten, dass die Mutter nichts wirklich für einen Schulerfolg Albertos tun konnte; denn innerlich bringt sie ihn in Verbindung mit ihrem Mann, der – wie auch ihr eigener Vater – ein Schulversager gewesen sei. Mit ihrer wortreichen Verteidigung, er sei dennoch ein guter Mann, weist sie zugleich immer wieder energisch auf seinen Makel hin. Die Infragestellung: *Was braucht ein Mann Schulbildung?!* tritt in Zusammenhang mit einer narzisstischen Wunde der Mutter, die die Hochschulreife hätte erreichen wollen: *Ich hätte gekonnt und gewollt, wenn ich nur gedurft hätte.*
Die Entfaltung des Schulthemas unter dieser Konnotation war wohl nur möglich, weil der Vater nicht anwesend war; man darf vermuten, dass dies ihr zumindest unbewusst recht war.
In dem anschließenden Telefongespräch drängt sich auf, dass etwas vertuscht wird. Die Interviewerin spekuliert spontan, es könnte ein gewaltsamer Übergriff durch den Vater stattgefunden haben, der von der Mutter »gedeckt« wurde; und das Fortgehen der Familie wenige Wochen später zurück nach Italien könnte den Zweck gehabt haben, Nachforschungen zu entgehen. Auch hier fällt auf, dass dieser Verdacht auf indirekte Weise erzeugt wird: *Man macht sich so seine Gedanken!* Der Vater wird ausdrücklich nicht genannt, und gerade dadurch fällt der Verdacht auf ihn. Die Schilderung des Unfallhergangs ist dermaßen unwahrscheinlich, dass sie herausfordern *muss*, sich »so seine Gedanken zu machen«.
Ihre Gegenübertragungsreaktionen nach dem Elterngespräch ordnet die Interviewerin nach dem Telefongespräch folgendermaßen zu: »Was tut eine Mutter, die die gefährliche Misshandlung ihres Säuglings nicht verhindert hat, die Folgen der Misshandlung vorzeigen musste und den Täter – sofern sie es nicht selber war – deckt? Sie versucht den Gedanken daran fortzuschieben und ist doch ständig bedroht von Scham und Schuldgefühl. *Zu denken ist an die zwanghafte Beschäftigung der Interviewerin mit dem Riss in der Tischdecke: »kleben«, »decken« oder »Öl ins Feuer gießen?«;* sie kann das Kind nicht mit unbelasteter Freude gedeihen sehen, glaubt vielleicht – nicht zu Unrecht –, *alles falsch gemacht zu haben,* und fürchtet, *ertappt* zu werden.
Der eigenen Entlastung könnte dann als Genugtuung dienen, dass das Kind auch andere herausfordert und nicht gut ist: Es liegt an dem Kind selbst, wenn man es fallen lässt und aufgibt. In diesem Sinne könnte auch das Scheitern von Alberto in der Schule unbewusst im Interesse der Mutter stehen, alle noch so umfassenden Erziehungsbemühungen – gerade die der besserwissenden Pädagogen – mögen scheitern.

Über die Rolle des Vaters kann die Interviewerin nur spekulieren: Er gibt ein schwaches Bild ab als einer, der sich in diesem Zusammenhang (mit Deutschen?, mit deutschen Autoritäten?, mit einer Frau?, mit einer deutschen Fachfrau?) unsicher fühlt und lieber entzieht. Es könnte aber auch – und zudem – sein, dass Mutter und Sohn sich im fatalen Bund miteinander befinden, der ihn ausschließt.

Die Gesprächsrunde mit den Professionellen

Zu diesem Gespräch erschienen sieben der 12 eingeladenen Fachleute, die mit Alberto zu tun hatten: ein Schulpsychologe, die Grundschullehrerin, die Sozialarbeiterin vom Tandem des BFZ, die ehemalige Sozialarbeiterin an der Lernwerkstatt, der Werkpädagoge und der Lehrer in der Lernwerkstatt sowie der örtliche Polizeibeauftragte für Jugendkriminalität. Die Teilnahme der Bewährungshelferin hatte Alberto untersagt, ebenso die seines Mathematik-Lehrers an der Gesamtschule.

Es gelingt – dem abwesenden – Alberto, die Fachleute für seine Belange zu interessieren und zu einem fesselnden Gespräch anzuregen. Schon im Treppenhaus vor dem offiziellen Beginn kam es zu lebhaften Gesprächen über den Jugendlichen. So entstand eine Atmosphäre neugieriger Erwartung. Engagement, fachliches Interesse und starke emotionale Beteiligung kennzeichneten den gesamten Gesprächsverlauf. Und auch nachdem das Gespräch offiziell beendet worden war, blieb die Gruppe unbeirrt lebhaft im Gespräch und konnte sich kaum trennen.

Eingerahmt war das Gruppengespräch durch das Thema des Scheiterns der Fachleute. Gleich zu Beginn hatte der Schulpsychologe schonungslos von einer »Bankrotterklärung« des BFZ und der Lernwerkstatt gesprochen: Sein Beitrag sei kurz und von der – möglicherweise aussagekräftigen – Besonderheit, dass er Alberto nie gesehen habe. Als Schulpsychologe hatte er aus rechtlichen Gründen eine Stellungnahme zum Antrag auf Ruhen der Schulpflicht abzugeben, und da der Jugendliche zum anberaumten Gespräch nicht erschienen war, hat er »nach Aktenlage« den Antrag befürwortet. Ihm hätten ausführliche Begründungen des BFZ und der Lernwerkstatt vorgelegen; und nach der »Bankrotterklärung« der Einrichtung habe es keine weitere Möglichkeit für den Jugendlichen im Bereich des Staatlichen Schulamts gegeben. Und noch einmal – ganz am Ende – bereits im Hinausgehen, kommt der Schulpsychologe auf dieses Thema. Nachdenklich fragt er die Mitarbeiter der Lernwerkstatt, ob sie – rückblickend – den Antrag und die Entscheidung

»ruhende Schulpflicht« noch immer als richtig ansehen. Das pädagogische Team der Lernwerkstatt bejaht dies vehement und betont ein weiteres Mal die Notwendigkeit des »Grenzensetzens«. Es könnte die Unerträglichkeit eines in Frage stehenden Versagens der Professionellen selbst sein, die die hohe Motivation für das Gespräch ausmacht und den Jugendlichen bei seinem Versuch zu fesseln erfolgreich sein lässt. Das letzte Wort jedenfalls haben die beiden Mitarbeiter der Lernwerkstatt: Letztlich sei Alberto selber schuld oder verantwortlich. Er und niemand sonst habe entschieden, die letzte Station der Schullaufbahn abzubrechen.
Auffallend ist der Gesprächsverlauf, der sich recht genau an die zeitliche Reihenfolge der Konfliktgeschichte Albertos hielt, wobei die Beurteilung dieses schwierigen Jugendlichen durch die Gesprächsteilnehmer gleichsam einen Bogen beschrieb.
Im ersten Teil des Gesprächs, den die Grundschullehrerin mit einem anrührenden Bericht unter großer emotionaler Zuwendung zu dem Kind von damals bestreitet, gelingt es, das Böse, das Aggressive und Destruktive nach außen zu projizieren und somit von Alberto fern zu halten: da war der vorangegangene schlechte Start aufgrund schulorganisatorischer Mängel; und da sind die Eltern, die das angebahnte Gute letztlich zerstören. Der Junge selbst habe »eine rührende Beziehung« zu seiner jüngsten Schwester gehabt, sei von seinem Vater viel geschlagen worden und nach Auskunft der Mutter früh schon »das schwarze Schaf der Familie« gewesen. Es entsteht unter den Gesprächsteilnehmern die Phantasie: Wenn die intensive Zuwendung der Grundschuljahre nur fortgeführt worden wäre, hätte alles noch gut werden können.
Im folgenden, mittleren Teil des Gesprächs wird es immer schwieriger, das Gute bei Alberto und das Böse draußen zu halten. Der 11- und 12-jährige Alberto ist kein Kind mehr und Vorpubertät und Pubertät erschweren entwicklungsbedingt noch den Kontakt der Professionellen zu ihm. Die Lehrer Albertos von der Gesamtschule demonstrieren ihr »gebrochenes« Verhältnis zu diesem Jungen, indem sie zu diesem Gespräch gar nicht erst kommen. Die Sozialarbeiterin vom BFZ entlastet Alberto, indem sie einen Teil der Schuld von ihm weg und auf die eigene Einrichtung zieht; durch die lange Wartezeit sei wohl ein rechtzeitiger Eingriff versäumt worden. Danach stehen die Durchbrüche von Aggression bei Alberto zunehmend im Fokus. Doch noch einmal gelingt es der Gesprächsrunde, die Probleme des Jungen als Probleme seiner Eltern zu fassen. Das Böse wird mit dem Bild von der Leiche im Keller der Familie noch einmal ausgesperrt, und der Kontakt mit dem Jungen gelingt noch – wenn auch mit erheblicher und zunehmender Mühe. Das eine Jahr an der Hauptschule – Alberto ist 13 Jahre alt – demonstriert: Die päda-

gogischen Bemühungen um Alberto scheitern zunehmend an seiner destruktiv-verweigernden Haltung: »Undurchdringlich, wie eine Wand« stößt dieser Junge alle die zurück, die sich um ihn bemühen, die Mitarbeiterin vom BFZ ebenso wie den Klassenlehrer der Hauptschule. Die Vorstellung, diesem schwierigen Schüler müsse doch nur geduldig und einfühlsam viel Zeit und Aufmerksamkeit gewidmet werden, dann werde es gut mit ihm gehen, wird brüchig.

In der dritten Gesprächsphase schließlich lassen sich Aggression und Destruktivität nicht länger von Alberto trennen. Ein letzter Versuch, die Inszenierung eines Neuanfangs in der Lernwerkstatt, scheitert und qualifiziert sich so als pädagogische Illusion. In der Schilderung des Lehrers der Lernwerkstatt wird beides reaktiviert: die Illusion und ihr Zusammenbruch. Im Unterricht sei Alberto in den ersten Monaten sehr erfolgreich gewesen; er habe lernen wollen, einige erstaunliche Begabungen gezeigt, und man habe ihn sogar auf Fehler aufmerksam machen können – »ein schöner Einstieg«! Nach den Weihnachtsferien aber sei alles das abrupt zusammengebrochen. Und der Werkpädagoge ergänzt und bestätigt: Alberto sei ein verletzlicher Junge gewesen. Kontakt zu ihm zu bekommen, sei schwer gewesen, aber dann doch gelungen. Alberto sei dann recht offen gewesen, habe auch manchmal geheult. So sei es die ersten zwei Monate ganz gut gegangen. Doch der »andere Alberto« ist nicht mehr zu verleugnen. Der Jugendliche selbst wird in den Erinnerungen der Professionellen immer mehr zum Täter und zunehmend monströs. Sonderrolle und besondere Zuwendung, die zuvor im Hinblick auf das Problemkind noch als gute Hilfsmaßnahme durch gute Helfer anzusehen waren, geraten in der Bewertung nun in negative Verbindung mit dem latent aggressiven »Päppeln« und Nicht-Grenzen-Setzen der Eltern – das nur die unerträgliche Gier des Jungen bestärkt, der meint, sich alles herausnehmen zu können, der alle anderen »wegbeißt« und bei Gleichaltrigen und Erwachsenen Angst und Ablehnung auslöst. Zur Sprache kommt ein Junge, der »die Lerngruppe dominiert«, ein »Meister darin ist, unmerklich andere anzustiften und im Anschluss als der Unschuldige dazustehen«, ein Junge, der rücksichtslos seine »Launen und aggressiven Stimmungen« an anderen ausläßt und der »eine enorme Zerstörungswut an den Tag legen« kann, ein Jugendlicher mit ausgeprägten kriminellen Energien, bereit und fähig zu erpressen und zu bedrohen, zu verletzen und zu vergewaltigen.

Und deutlich wurden im Gruppengespräch die wachsenden Schwierigkeiten der Professionellen, Alberto als Opfer *und* als Täter zu sehen. Denn dieser Jugendliche, so gewalttätig er auch mittlerweile ist, bleibt doch immer noch als der kleine Junge präsent, den man nur am Arm berühren muss, um ihn zu besänftigen; der begeistert mitmacht, wenn man mit ihm alleine etwas macht, was er gut kann; der offenbar gerade dann festgehalten werden will, wenn er um sich schlägt und sich loszureißen versucht; und der es sogar schafft, beschuldigt der räuberischen Erpressung und des sexuellen Übergriffs auf eine 11-Jährige, in den Vernehmungen der Polizei »den Eindruck eines angenehmen, ruhigen jungen Mannes« zu machen.

Hier intervenierten die beiden anwesenden Psychotherapeuten der Forschergruppe. Offensichtlich gebe es bei Alberto zwei Extreme, den stillen, angenehmen, beschützenswerten Jungen, dem man Chancen geben will; und den unerträglich ausrastenden, kaltblütig kalkulierenden, den man loswerden muss. Und dazu passe, was sich wie ein roter Faden durch alle Berichte zog: in welch starkem Maße Alberto auf eine feste Bezugsperson angewiesen ist und dass das Ausrasten wiederum wie eine unbewusste Aufforderung wirkt, ihn festzuhalten.

Diese Widersprüchlichkeit warf zwingend ein neues Licht auf die Frage, die mehr oder weniger untergründig das gesamte Gespräch steuerte: die Frage nach dem Scheitern der Fachleute und ihrer Institutionen an diesem schwierigen Jugendlichen und nach einem alternativen, »richtigen« Umgang mit diesem Jugendlichen.

Nachvollziehbar wurde, dass am Ende der Konfliktgeschichte Albertos mit Schule und Jugendhilfe dieser Frage nach dem institutionellen Versagen und der professionellen Schuld am »Bankrott« nur auf eine Weise ausgewichen werden konnte: durch die entschlossene Verweigerung, sich mit dieser Frage zu befassen. Verantwortung und Schuld sind am Ende allein bei dem Jugendlichen zu sehen und radikal auf diesen projiziert: Alberto habe im Hilfeplangespräch das Angebot der Lernwerkstatt abgelehnt. Das sei seine freie und dezidierte Entscheidung gewesen. Er habe sich zwar danach doch nicht richtig trennen können – der kleine Junge schien wieder auf –, aber er habe den Hausmeister bedroht, also die »Grenze« gesucht – und »jetzt hat er Hausverbot«.

Das Diagnoseprofil

Das Diagnoseprofil basiert auf dem ersten Entwurf des Interviewers nach seinem Interview mit Alberto, auf der Auswertung des Elterngesprächs und der Gesprächsrunde mit den Professionellen und auf den Ergebnissen von zwei Fallkonferenzen der Forschergruppe der analytischen Kinder- und Jugendlichen-Psychotherapeuten über das Interview mit Alberto und das Gespräch mit seiner Mutter.

Symptome

Alberto bricht immer wieder Schulbesuche ab. Auch die »spielerische« Form des Unterrichts in der Schule der Lernwerkstatt als letzte Form des sozialen Halts im Netz des Bildungssystems bricht er ab. Abbruch des Kontakts zu Bildungsinstitutionen und Abbruch von Beziehungen prägen seine Laufbahn. Daneben neigt er zu aggressiven Impulshandlungen, Schlägereien und – vermutlich – kleinkriminellen Handlungen, die ihn seit dem Ruhen der Schulpflicht mit dem Gesetz in Konflikt bringen. Die Symptome scheinen weitgehend ichsynton zu sein oder sie werden verharmlost. Eine delinquente Entwicklung scheint angebahnt.

Szenischer Befund im Interview

Alberto verschläft den ersten vereinbarten Termin, den die Sozialarbeiterin seiner letzten Schulstation, der Lernwerkstatt, für ihn ausgemacht hatte. Die Sozialarbeiterin kann ihn telefonisch auch nicht erreichen. Der Jugendliche scheint unmissverständlich unterstreichen zu müssen, dass nicht etwa er ein Interesse an dem Gespräch habe, sondern dass vielmehr der Interviewer ganz und gar in seiner Hand, abhängig von seinem Entgegenkommen sei. Der Interviewer reagiert spontan in korrespondierender Weise: Er »vergisst« diesen Anfang, der ihn sehr ärgerlich gemacht hatte. Im Verschlafen, im Vergessen, im Unerreichbarsein kann eine Art von Totstellreflex gesehen werden – zur psychischen Abwehr von archaischer Angst vor einem unwägbaren, potentiell extrem bedrohlichen Kontakt. Auf einer Art Nebengleis hatte der Interviewer seine Wut über das lapidare Sitzengelassenwerden durch den Jugendlichen auf die Sozialarbeiterin verschoben, die den Jugendlichen gleich verständnisvoll entschuldigte und andeutete, der Interviewer selbst habe einen ungünstigen Termin angeboten. Es scheint also von Anfang an auch um die ängstlich zu vermeidende Beziehung zu einem väterlich strengen Objekt zu gehen, in die das mütterliche Objekt präventiv mildernd und schützend zwischengeschaltet werden muss.

Zum zweiten Termin wird Alberto von der Sozialarbeiterin gebracht und kommt dann ohne weiteres zum Interview mit. Er redet zunächst sehr leise, wirkt einsilbig und in seinen Äußerungen ganz auf die konkretistische Beantwortung von Fragen in Drei-Wort-Sätzen beschränkt. Obwohl der Interviewer in seiner Haltung und in seinen verbalen Mitteilungen sich prinzipiell interessiert und offen zeigt und dabei signalisiert, nicht zu werten, gerät das Interview in die Nähe eines Verhörs, bei dem jedes Zuviel an Aussage gegen

den Jugendlichen verwendet werden könnte. Am Ende wird die aktuelle Relevanz dieser szenischen Gestalt durch konkretes Material (Straftat, Gespräche mit Bewährungshelferin) belegt.
Die von Alberto evozierte und vom Interviewer aktiv betriebene Frage-Antwort-Dynamik charakterisiert durchgehend die Interaktionsstruktur des Gesprächs. Sie wird in Gang gehalten durch die Angst des Interviewers, das Gespräch und damit die Beziehungsanbahnung könne ohne seine Aktivität »ersterben«. Unter Bezugnahme auf die Initialszene oben deuten sich in der Gegenübertragungs-Angst des Interviewers vor dem Absterben der Beziehung tiefgehende unbewusst inszenierte, mittels projektiver Identifizierung abgewehrte frühe Beziehungserfahrungen des Jugendlichen von Nicht-Gehalten-Sein, von katastrophischen Ängsten und von traumatischen Trennungserfahrungen an. Dabei zeigt sich der Jugendliche insgesamt emotional wenig berührbar, wie tot gestellt, was den Interviewer zwingend zu fragenden Belebungsversuchen als einer Art »Füttern« verführt.
Die szenische Gestaltung des Interviews in seiner Wiederbelebungsdynamik kann im Zusammenhang mit den Informationen und Phantasien über die traumatischen Interaktionserfahrungen gesehen werden. Im Alter von vier Monaten hat es eine Schädelverletzung unbekannter Genese gegeben (vgl. die Parallelen: »Riss im Schädel« [Mutter] – »Riss in der Tischdecke« [Interviewerin] – »Narbe über einer Augenbraue« [Interviewer]) – mit nachfolgendem Krankenhausaufenthalt und Trennung von der Mutter. Der – spekulative – Verdacht der Interviewerin und der Forschergruppe richtet sich auf eine Misshandlung des Säuglings durch seinen Vater, der in der Gesprächsrunde der Professionellen als »brutal ausrastend« geschildert worden war.
Die von Alberto berichteten Interaktionen bestätigen eine Tendenz, sich selbst als den passiv Erleidenden zu deuten: mit ihm wird gemacht. Er reagiert lediglich. Selbst die Aggressivität wird immer als eine Reaktion auf andere dargestellt, die ihn falsch beschuldigen. Der bewusste Selbst- und Objektbeziehungsentwurf gipfelt dann in der Negation jeglichen Werts eines Objekts in der Aussage: »Ich bin allein wichtig.« In diesem vom Interviewer als zentral wahrgenommenen Satz zeigt sich die massive omnipotente Abwehr gegen jede Wahrnehmung von Verletzlichkeit. Das archaische Angst auslösende »Ich bin allein« und die damit zusammenhängenden Hilflosigkeits- und Abhängigkeitsgefühle werden grandios zu übertönen versucht.
Dazu fällt im Verlauf des Interviews ein weiteres wichtiges Beziehungsmuster auf: Als der Interviewer angesichts der Passivität und Unlust des Jugendlichen seinerseits die Lust am Weiterfragen – Wiederbeleben – verliert, latent aggressiv sich sozusagen innerlich von Alberto zurückzieht und ihn seinem

Schicksal zu überlassen droht, beginnt dieser, gesprächiger und aktiver zu werden. Thematisch geht es nun um die Aggression gegen die schlechten, frustrierenden, ihn kränkenden und entwertenden Objekte, die sich ihm in den Weg gestellt haben. Er schlägt einen »Kumpel«, deutet Straftaten an. Die Darstellung seiner aggressiven Seite scheint geeignet zu sein, sich interessant zu machen und den Interviewer wieder an sich zu binden. Möglicherweise zeigt sich hier eine latente Vaterübertragung: Würde der Vater ihn anerkennen dafür, dass er körperlich-aggressiv-männlich sein vermeintliches Recht durchsetzt? In diesem Sinne könnte die Schlussszene des Interviews die innere Beziehung zum Vater darstellen: Alberto artikuliert indirekt, aber deutlich den Wunsch, der Interviewer möge sich weiterhin für ihn interessieren (er gibt ihm seine Handy-Nummer); so weit aber reicht das Interesse des Interviewers nicht – er hat sozusagen genug von Alberto.

Übertragung/Gegenübertragung

In der unbewussten Rollenzuweisung macht Alberto den Interviewer zum verfolgenden Detektiv und geringschätzig Bewertenden, gleichzeitig aber zum Lebensspender. Selbst passiv desinteressiert, sehr leise und karg forciert er komplementär die fürsorgliche Aktivität des Gegenübers. Im weiteren Verlauf fühlt sich der Interviewer immer stärker mit Gefühlen von Sinnlosigkeit konfrontiert (*was es eigentlich bringen soll, das Gespräch weiter zu führen*). Dem Sog, mit Alberto im verschlafenen Desinteresse zu versinken, vermag der Interviewer kaum zu entkommen (*Ich kämpfe gegen eine immer stärkere Unlust an*). In diesem Kontext erscheinen seine Fragen wie manische Versuche, einer bedrohlichen Depression mit diffusen katastrophischen Ängsten, aber auch virulenten destruktiven Impulsen zu entkommen. Die Gefühlsdispositionen des Interviewers scheinen hier Produkte von unbewussten, projektiv in den Interviewer hineinverlegten Selbstanteilen des Jugendlichen zu sein, die ursprünglich mit der traumatischen Schädelverletzung und der folgenden Trennungssituation im Krankenhaus während der frühen oralen Phase im Zusammenhang stehen können.

Das durchgehend vom Interviewer bei sich selbst wahrgenommene Gefühl der Geringschätzung, ja Ablehnung des Jugendlichen und des Wunsches, ihn loszuwerden, könnte eine Gegenübertragung aus der frühen, widersprüchlichen Vaterbeziehung sein, der möglicherweise den Sohn von Anfang an abgelehnt, ihn im Affekt misshandelt hat mit der reaktiven Folge einer besonderen Bindung in den ersten Lebensjahren mit anschließendem Abbruch, der ihn später festgekettet hat und dann wieder seinem Schicksal überließ. Eine auffallende

unwillkürliche Übernahme des Verhaltens des Jugendlichen durch den Interviewer: Tendenz zu Dreiwortsätzen und desinteressierter Einsilbigkeit, Achselzucken beim Handy-Klingeln mit ihrer latenten, erheblichen Aggressivität entstammt vermutlich ebenfalls der inneren Vater-Sohn-Beziehung – hier einer primitiven Identifizierung mit latenter Destruktivität.
Die insgesamt eher negativ anmutende Gegenübertragungseinstellung des Interviewers weicht deutlich ab von den verbalisierten Gegenübertragungsreaktionen der mütterlichen Objekte (Interviewerin der Mutter, Grundschullehrerin, Sozialarbeiterinnen). Insbesondere die Grundschullehrerin ist positiv von Alberto eingenommen, desgleichen die Lernhelferin. In der entschieden übertrieben wirkenden mütterlichen Bemächtigung des Problemkinds deuten sich allerdings auch verborgen schädigende Momente an. Der offene Riss des Guten, das direkte Ausrasten aber entsteht in Abwesenheit, nach der Trennung von der »mütterlichen« Grundschule. Diese Trennung bekommt die Qualität eines Beziehungsabbruchs, indem durch die Entscheidung der Eltern, Alberto in die Leistung fordernde, weiterführende Gesamtschule zu schicken, die idealisierte Grundschullehrerin radikal entthront wird. Der Zusammenstoß mit dem männlichen Lehrer, durch den sich der dicke überfütterte Junge verspottet fühlt, bewirkt dann den ersten dramatischen Riss in der sozialen und Schullaufbahn, der nicht mehr durch fütternde und versorgende mütterliche Aktivität zugedeckt werden kann.

Abwehrmechanismen

Zentraler Mechanismus der Abwehr von Hilflosigkeit und von Gefühlen der Abhängigkeit vom Objekt ist ein massiver, zur Charakterstruktur geronnener narzisstischer Rückzug mit reaktiv den Minderwertigkeitsgefühlen entgegenwirkenden Omnipotenzphantasien. Dabei ist das narzisstische Selbstbild äußerst labil, was sich unter anderem in dem Durchbruch heftiger narzisstischer Wut bei kleinen Konfrontationen zeigt. Der Rückzug vom Objekt dient auch der Abwehr dieser destruktiven Selbstanteile. Gleichzeitig zielt der Abwehrmechanismus der projektiven Identifizierung wiederum auf eine Bindung des (realen) Objekts, das in die innere Zwangslage gerät, identifiziert mit den projizierten destruktiven Wünschen diese zu neutralisieren (vgl. die entsprechende Dynamik im Interview).
Die kognitiven und verbalen Möglichkeiten subjektiver Expressivität sind bei Alberto sehr begrenzt. Ist der Riss im Schädel, eine von der Mutter phantasierte Beschädigung des Denkapparates, Bestandteil der Selbstrepräsentanz geworden? Oder ist die extreme Trägheit des Denkens und der Neugierde als

eine familial gestützte Abwehr dagegen zu sehen, die Hintergründe der frühen Verletzung in Erfahrung zu bringen – also eine Pseudodebilität? Die Kargheit des Ausdrucks und der Konkretismus signalisieren in beunruhigender Weise, dass Symbolisierung und Phantasietätigkeit als Pufferzone vor der direkten Aktion nicht ausreichend zur Verfügung stehen.
Die ichsyntone Darstellung seiner destruktiven Handlungen durch Alberto wiesen auf den Abwehrmechanismus der Identifikation mit dem Aggressor hin.

Umgang mit Angst/Realitätsprüfung

Der Jugendliche zeigt keine Anzeichen von Angst. Ängste, wahrscheinlich von archaischer, katastrophischer Qualität, werden radikal durch regressives Totstellen (Schläfrigkeit) abgewehrt oder durch kontraphobische aggressive Attacken in das Opfer projiziert und externalisiert.
Die Realitätsprüfung erscheint im Prinzip intakt. Anzeichen psychotischer Wahrnehmungs- und Verarbeitungsmechanismen sind nicht zu erkennen. Die konfligierenden Normen und Werte des Jugendlichen werden wahrscheinlich latent (oder intern sogar offen) durch die Familie und manifest durch subkulturelle Peergroups gestützt.

Objektbeziehungen

Der bewußte, idealisierte Selbst- und Lebensentwurf, den Alberto im Kontakt mit einem männlichen Interviewer darstellt, ist der eines völlig unabhängigen, sich selbst versorgenden und sich durchschlagenden Jungen. Die emotionale Bedeutung von Objekten wird radikal verleugnet: »Es gibt keine wichtigen« und »Ich bin allein wichtig« sind zwei signifikante Aussagen, die das ihm zugewandte Objekt vor den Kopf stoßen und drastisch sein trotzig aggressives Beharren auf Unabhängigkeit unterstreichen.
Dies scheint aber nur die eine, die männlich-adoleszente Seite zu sein, zu der auch gehört, dass Alberto die mütterlichen Objekte für sich gewinnen kann und seinerseits z.B. der Sozialarbeiterin zuliebe zum Interview und zur Teilnahme am Forschungsprojekt bereit ist. Die latent dominante Objektbeziehungsstruktur ist aber eine oral fixierte, auch im Interview mit dem männlichen Interviewer: Mit seiner leisen Stimme, seiner Passivität, Kargheit und Gleichgültigkeit stellt der Jugendliche im Kontakt mit dem Objekt eine depressive – untergründig zerstörerische – Bindung her, die unerträglich ist und das Objekt unbewusst zwingt, aktiv zu werden, sich als *gutes* Objekt zu beweisen und sich dem erspürten kleinen Kind im Gegenüber intensiv zuzu-

wenden. In dieser Objektbeziehungsstruktur können dann auch die projektiven Identifizierungen wirksam werden.

Im Kontrast zu seinem bewussten Beziehungsideal: »Ich bin allein wichtig!« ist der Jugendliche innerlich abhängig von der realen Nähe zu einem *realen* Objekt, das ihn belebt, »füttert« und an seiner Stelle – psychisch und handelnd – aktiv wird. Dieser Art der Objektbeziehung ist aber Zerstörung immanent; das Objekt reagiert unweigerlich ablehnend auf die spürbar gierige Forderungshaltung. Der leise, schüchterne Junge der Anfangsphase strahlt bereits etwas Lauerndes aus: Wenn du dich nicht ganz und gar auf mich einstellst und meine gierigen Forderungen erfüllst, dann zerstöre ich alles (in der Todesphantasie des Interviewers abgemildert formuliert: *vielleicht geht er dann einfach zur Tür raus*). Das Aktiv-Werden wie auch die Anpassung an den Jugendlichen (gleichgültige Dreiwortsätze) dienen in diesem Sinne dem »Vertuschen« der eigentlich ablehnenden Haltung. Es hilft und befriedigt denn auch nicht wirklich, macht das Subjekt nur dick und wiederum ablehnenswert. Der Unterschied in der Beziehung zu weiblichen und männlichen Objekten ist auf dieser Ebene vermutlich lediglich graduell und hat eher zu tun mit den jeweiligen inneren Verboten der Objekte, aggressive oder gar ablehnende Impulse zuzulassen.

Im Interview zeigt sich verhalten auch eine progressive innere Bewegung des Jugendlichen: Er gab sich Mühe, das Objekt nicht wissentlich zu verärgern (Frage, ob er auf den Handyruf antworten dürfe); und am Ende zeigt er für den Interviewer überraschend die Bereitschaft, zu einem weiteren Gespräch zu kommen – im Bekanntgeben seiner Handy-Nummer ist unschwer der Wunsch zu erkennen, der Interviewer möge noch etwas von ihm wollen. Allerdings scheint klar, dass, wenn dieser dem Wunsch nicht nachkommt und für sich Separation beansprucht, er als begehrtes gutes Objekt verdorben sein und zum »Aso« werden wird. Entsprechend verunsichert verhält sich der Interviewer. Separation des Objekts aus der dyadischen Beziehung heraus scheint unausweichlich mit Vernichtungsgefahr verbunden. Hier zeigt sich vermutlich die anhaltende Wirkung des frühen, durch wen auch immer verursachten Verletzungstraumas, das wahrscheinlich kumulativ durch sich wiederholende Misshandlungen des Vaters angereichert wurde.

Reale, kumulativ traumatische Misshandlungserlebnisse auf der Basis eines frühen Bindungsabbruchs haben die Ich-Entwicklung mit ihren synthetischen und symbolbildenden Funktionen basal gestört. Die Beziehungsmuster wiederholen insofern immer wieder den Modus der emotionalen Kontaktaufnahme mit aufkeimender Hoffnung und nachfolgender Zerstörung. Besonders im Kontakt mit potentiell väterlichen Übertragungsobjekten scheint von vornherein ein eher destruktiv entwertender Modus eine Rolle zu spielen.

Entwicklungsniveau

Das dominierende psychosexuelle Entwicklungsniveau und die diesem zugehörende Struktur der Objektbeziehung ist das der oralen Entwicklungsphase. Darauf verweist die ausgeprägte passiv aggressive Versorgungsmentalität (Fernsehen im Kleinkindalter, Klauen und Erpressen, Dicksein, Vermeidung von unlustvoller Anstrengung) und die geschilderte innere Objektbeziehung. Auch die narzisstische Abwehr von Abhängigkeit, der Anpassung erzwingende Kontakt und die rigide Aufteilung in gute und böse Objekte weisen in die gleiche Richtung. Die Sprach- und Symbolisierungsfähigkeiten sind wenig entwickelt und verlangen nach ergänzender, bebildernder und die Innenwelt belebender Hilfe des realen Objekts (eindrücklich sichtbar im Verlauf der Untersuchung vom kargen Interview mit dem Jugendlichen zum wortreichen Gespräch mit der Mutter). Differenzierungsfähigkeit, Toleranz von Ambivalenz und Angst und damit der Aufbau einer psychischen Innenwelt scheinen schwer beeinträchtigt. Dies kann durch das frühe traumatische Erlebnis in Verbindung mit einer vermuteten hochambivalenten Einstellung der Mutter zu Alberto erklärt werden, das wirksame Erfahrungen von Wiedergutmachung vermissen lässt und insofern eine primäre Identifikation des Selbst mit negativen Einstellungen beider Eltern wahrscheinlich macht.
Gemäß dem vorherrschenden Entwicklungsniveau ist das Über-Ich wenig strukturiert. Entsprechend können Verantwortung und Schuld auch kaum wahrgenommen werden. Stattdessen dominieren Schamaffekte, die durch die Erfahrung von Geringschätzung und Ablehnung ausgelöst werden und das schwache Größenselbst sowie die mit diesem verbundene Idealisierung der primären Objekte gefährlich angreifen.

Dynamische und strukturelle Einschätzung der Konflikte

Das Festhalten an dyadischen Objektbeziehungen zur streng egozentrisch verfolgten Befriedigung von oralen Triebwünschen führt zu fortdauernden Spaltungen in gute und böse Objekte (»Korrekte« und »Asi's«). Es verhindert die Anerkennung des Objekts mit guten *und* bösen Seiten (Objektkonstanz) und die Entwicklung von innerem Ambivalenzerleben und den darauf aufbauenden verinnerlichten ödipalen Konflikten. Das hat zur Folge, dass die psychische Verarbeitung von Schwierigkeiten und Konflikten nur externalisiert an

für diese Zwecke entsprechend verzerrt wahrgenommenen realen Objekten möglich ist.
Dies musste auch die Entwicklung der sexuellen Identität behindern. Die oral-narzisstische Problematik mit ihrer Verleugnung von Abhängigkeitswünschen und der bereitliegenden Dynamik von Geringschätzung und Zerstörung von Bindung und Beziehung verunmöglicht wahrscheinlich die konstante Besetzung eines gleichaltrigen Liebesobjekts anderen Geschlechts in der Adoleszenz. Der sexuelle Übergriff auf ein Mädchen, von dem in der Gesprächsrunde der Professionellen berichtet worden war, weist – auf passive genitale Befriedigung verschoben – erkennbar die bereits beschriebenen Muster der oralen Beziehung mit ihren Projektionen auf. Er zeigt neben der inszenierten Bestätigung, abgelehnt zu sein, u.a. auch den aus Neid geborenen verfolgenden Hass auf das mütterliche Objekt: Das Mädchen wird gezwungen, an *ihm* zu saugen – eine gewaltsam erzwungene Rollen-Umkehrung der ursprünglichen gierig-oralen Beziehung zur Mutter unter Vermeidung phallischer Aktivität und potentiellen Versagens.

Progressive versus regressive Entwicklungskräfte/Ressourcen

Die psychische Strukturbildung des Jugendlichen scheint weitgehend abgeschlossen. Jedenfalls sind im Interview die charakterstrukturell versteinerten narzisstischen Abwehrformationen so im Vordergrund, dass der Interviewer sich kreative progressive Entwicklungsmöglichkeiten nicht vorstellen konnte. Dabei ließ er in auffallender Weise die vorsichtigen Annäherungsversuche des Jugendlichen außer Acht. Daraus könnte man schließen, dass der Jugendliche durchaus noch Hoffnung und spontane Entwicklungsimpulse hat – dass diese aber gegen die infolge des Traumas dominierende Angst vor Zerstörung nicht ankommen können, so dass zum Schutz vor der traumatischen Wiederholung, verletzt zu werden, der regressive Rückgriff auf die narzisstische Abwehr erfolgt.
Die generelle Chance in der Adoleszenz, neue korrigierende Erfahrungen zu machen, um diese zur psychischen Veränderung nutzen zu können, hat der Jugendliche bisher nicht gefunden. Der Sog negativer Wiederholungen scheint stärker zu sein und sich systematisch zu verstärken.

Diagnose

Entwicklungsstörung auf der Basis kumulativ traumatisch wirkender Beziehungsabbrüche und realer körperlicher Verletzungserfahrungen von der frühesten Kindheit an. Ein basal labiles Selbstwertgefühl wird durch narzisstische, Omnipotenzerleben sichernde Abwehrmechanismen zu stärken versucht. Eine Fixierung auf dyadisch-orale Objektbeziehungsmodi mit wirksamen Projektionen von Hilflosigkeit und Insuffizienz im Verbund mit stabilen Identifikationen mit dem Aggressor versieht die Symptome und Probleme im Erleben des Jugendlichen mit einem erheblichen Krankheitsgewinn und lässt seine Beziehungs- und Erlebnismuster in hohem Grade ichsynton und damit nur schwer korrigierbar erscheinen.

Offene Fragen

Es bleibt zu fragen, ob der Jugendliche von Anfang an – möglicherweise auch unbewusst – ein unerwünschtes Kind war und von den Eltern nicht angenommen werden konnte, der »Unfall« also einen verdeckten Beseitigungsversuch beinhaltet und deswegen die weitere Entwicklung des Kindes von bestenfalls halbherzigen Reparationsversuchen gekennzeichnet war.

Es gibt allerdings auch Anzeichen dafür, dass eine frühe Einigungssituation zwischen Mutter und Kind gelang (der spontane positive Eindruck von Alberto durch die Interviewerin der Mutter, die Zuwendung von Grundschullehrerin, Lernhelferin und Sozialarbeiterinnen des BFZ), die durch die unklare Genese der Kopfverletzung des Säuglings einen Beziehungsriss bekam, der sekundär zu verwöhnenden Wiedergutmachungstaten der Mutter führte. Der Vater als Unbekannter wäre in diesem Bild – im krassen Widerspruch zur mütterlichen Interaktionsform – als der Misshandler zu sehen, der immer wieder gewaltsam *gegen* seinen Sohn und dessen (absorbierende?) Beziehung zur Mutter agiert.

Eine weitere offene Frage bezieht sich auf die Bedeutung der interkulturellen Konflikte, des süditalienischen Milieus mit seinen anderen Wertvorstellungen, insbesondere in Bezug auf Männlichkeit und die Spannung zwischen Abhängigkeit vom Objekt (nach innen) und grandioser Unabhängigkeit (nach außen).

1.3 Die interdisziplinäre Falldiskussion

Zwei Falluntersuchungen zur Konfliktgeschichte Albertos lagen der interdisziplinären Forschergruppe vor – eine aus soziologischer und eine aus psychoanalytischer Perspektive. Die gemeinsame Falldiskussion konzentrierte sich auf die zentrale Forschungsfrage unseres Projektes: die nach den Zusammenhängen individueller und institutioneller Konfliktmuster und Konfliktdynamik in der Konfliktgeschichte Albertos mit Schule und Jugendhilfe. Im Verlauf dieser Fallreflexion ergaben sich Fragen, Annahmen und Arbeitshypothesen für die folgenden Falluntersuchungen; und es entwickelte sich eine Gesprächsdynamik, die für die weiteren interdisziplinären Falldiskussionen im Forschungsprojekt typisch werden sollte: Zwei sozialwissenschaftliche Disziplinen versuchen, ihre spezifischen Fallperspektiven in Bezug zueinander zu setzen. Doch die ergänzen sich nicht einfach, stehen an vielen Punkten eher quer zu einander, stören sich wechselseitig. So war denn auch in unseren interdisziplinären Gesprächsrunden eher ein Pendeln zwischen alternativen Perspektiven auf den Fall symptomatisch: Wann immer der gemeinsame Blick sich auf Schule und Jugendhilfe konzentrierte, wann immer die Defizite und Störungen der Institutionen angeleuchtet wurden, tauchten Tendenzen auf, die individuelle Störung und Gefährdung des Jugendlichen zu relativieren und zu verharmlosen; und wann immer in der stets folgenden Gegenbewegung der Scheinwerfer gemeinsamer Aufmerksamkeit sich auf die Probleme und Störungen des Jugendlichen richtete, verlor institutionelles und professionelles Versagen an Gewicht. Und hier wurde deutlich, was vielleicht die wichtigste Bedingung für eine produktive interdisziplinäre Fallreflexion ist: dass beide Seiten an der Radikalität – und immer auch Einseitigkeit – ihrer spezifischen professionellen Perspektive und ihrer jeweiligen Befunde festhalten und die oft unerträglichen Diskrepanzen ihrer Befunde und Prognosen nicht opportunistisch einebnen, sondern auszuhalten lernen. Produktiver als der Konsens ist der Konflikt – und das gilt allemal für die faulen Kompromisse.

Stets war die Bewegung in der Forschergruppe von einer zur anderen Perspektive verbunden mit der unterschwelligen Zuweisung von Schuld und Verantwortung – mal auf der einen, mal auf der anderen Seite. Das aber hat weder etwas mit der soziologischen noch mit der psychoanalytischen Perspektive auf den Fall zu tun, sondern mit der Tatsache, dass an diesem runden Tisch interdisziplinärer Diskussion nicht nur die Vertreter von zwei sozialwissenschaftlichen Disziplinen, sondern zugleich involvierte Personen saßen: Die meisten der Teilnehmer der interdisziplinären Forschergruppe sind auch noch Eltern, sie alle waren einmal Schüler und einige von ihnen haben über längere Zeit als Lehrer gearbeitet.

In den Konfliktgeschichten der von uns untersuchten Jugendlichen gibt es sicher reale Schuld und Verantwortlichkeit – doch das unendliche Spiel wechselseitiger Schuldzuweisungen in diesen Konfliktgeschichten dient in der

Regel der Entlastung der einen oder anderen Seite – und verleugnet wichtige Dimensionen der Realität. Verstrickung, Übertragung und Gegenübertragung wirken hinein in die interdisziplinäre Reflexion und können hier – in entlastetem Raum und interdisziplinär kontrolliert – als Instrumente der Erkenntnis genutzt werden. Verlauf und Dynamik der interdisziplinären Falldiskussion vermitteln deshalb beides: Sie geben einen Eindruck von der Macht der Inszenierungen Albertos, von der Intensität und Qualität der Affekte und Konflikte, die Alberto bei seinen Professionellen evozierte, und sie legen nahe, dass alle Fachleute, die sich auf die Arbeit mit derart schwierigen Kindern und Jugendlichen – und das heißt immer auch: auf Verstrickungen mit diesen Kindern und Jugendlichen – einlassen, einen vergleichbaren institutionalisierten Raum der kollegialen und interdisziplinären Reflexion nutzen sollten.

Der Kampf um Kontrolle – durch wechselseitige Schuldzuweisung

Gleich zu Beginn kommen die beiden Themen zur Sprache, die im Verlauf des folgenden Gesprächs in mehreren Variationen und Kombinationen immer wieder auftauchen und aufeinander bezogen werden. Das eine Thema betrifft *Aggression und Destruktion*, das andere *Fraktionierung und Spaltung*.
Nicht ganz ohne aggressiven Unterton wird von der Gruppe der Psychoanalytiker der soziologische Fallbericht als zu einseitig kritisiert. Die soziologische Kritik der Schule erscheint ihnen unausgewogen und evoziert höchst gemischte Affekte. So beginnt der interdisziplinäre Dialog mit dem inneren Dialog der Gesprächsteilnehmer, die beide Seiten beruflich-praktisch kennen und in der Lage sind, kontroverse Perspektiven einzunehmen und auszuhalten.

> »Beim Lesen habe ich mich sehr an meine damalige Identität als Sonderschullehrerin erinnert: Was man da alles engagiert macht und was man sich ausdenkt an Möglichkeiten, um in so einer Familie etwas in Gang zu setzen...«

Die soziologische Perspektive auf den Fall bewirke, so wird angemerkt, dass Alberto nur als »Opfer« gesehen wird. Dagegen werden die aggressiven, destruktiven Seiten des Jugendlichen gleich zu Beginn des Gesprächs in den Blick genommen: Alberto mache schließlich etwas aus seiner Störung, ziehe aus ihr für sich einen Gewinn, baue sie aktiv immer mehr in seine Charakterstruktur ein, und diese individuelle Verarbeitung stehe – je älter die Jugendlichen werden desto mehr – einer Veränderung entgegen. Man müsse einfach akzeptieren – und das meint auch: hier könne man von der Schule nicht effiziente Hilfe und Förderung verlangen –, dass wir es hier mit destruktiven Störungen zu tun haben, die jede Schule überfordern. Diese aggressiv-destruktive Seite in Albertos Konfliktverhalten ziele – unbewusst – auf Spaltung und Fraktionierung der Erwachsenen.

In den Blick gerät, dass die Konfliktgeschichte Albertos auch als Kampf aller gegen alle gelesen werden kann, ein Kampf um Schuldzuweisung und um die Rolle des Sündenbocks. Dem Unbehagen darüber, dass im soziologischen Fallbericht die Schule und die beteiligten Lehrer ein wenig in die Rolle des »Prügelknaben« kommen, folgt spontan die Frage, ob nicht der individuellen Destruktivität Albertos eine entsprechende *institutionelle Destruktivität* korrespondiere, die auf soziale Ausgrenzung und Ausstoßung, also auf die gesellschaftliche Produktion von Sündenböcken ziele. Die leitende Untersuchungsfrage des Forschungsprojekts nach den Zusammenhängen von individueller und institutioneller Konfliktdynamik findet eine erste Antwort: Sie alle sind verstrickt in ein eskalierendes Spiel von Schuldzuweisungen und Selbstentlastungen. Dieser Kampf finde permanent innerhalb der Familie Albertos statt; er präge die Arbeitsbeziehungen unter den Professionellen, und er setze sich in den Arbeitskontakten der Professionellen mit Alberto und seinen Eltern immer wieder durch. Die destruktive Seite dieses Spiels um die Frage *Wer ist schuld?* sei offenkundig: Gewinne es die Oberhand, dann gehe es nicht mehr um die Lösung von Problemen, sondern um die Sicherung von (individuellen) Krankheits- oder von (institutionellen) Problemgewinnen.

> »Ich habe die Frage, ob das nicht ein latentes Thema ist: Will man überhaupt integrieren? Oder: Wem dient eigentlich das Scheitern? Also: Der Alberto hat einen merkwürdig heimlichen Gewinn aus seinem Scheitern in der Schule. Der Vater hat vielleicht auch einen Gewinn, dass er sich eben sperrt und seine Identität behält. Die Mutter kommt in die Rolle, dass sie ja die Gute bleibt, die immer noch ein Kompromissangebot macht. Und das wiederholt sich so bei der Schule – als läge es im System, dass irgend etwas nicht integriert werden will. Oder – plakativ gesagt: Vielleicht werden diese Ausstoßungsmechanismen gebraucht, vielleicht sind sie gewollt!?«

Damit sind in dieser ersten Gesprächssequenz zwei Grenzpunkte unserer Kritik an den Defiziten und Schwächen von Schule und Jugendhilfe markiert, und beide haben mit dem Thema der Destruktivität zu tun:

Denn es muss – auf der einen Seite – damit gerechnet werden, dass die zahlreichen Defizite und Störungen in den Hilfe- und Fördersystemen latent gewollt sind, dass soziale Ausgrenzung und Diskriminierung zumindest billigend in Kauf genommen werden und dass alle ernsthaften Versuche, gute und verantwortliche Arbeit mit schwierigen Kindern und Jugendlichen insti-

tutionell und professionell abzusichern, auf – wie immer auch begründete – Ablehnung dort stößt, wo über die notwendigen Ressourcen und Kompetenzen für diese Arbeit entschieden wird.
Und es muss – auf der anderen Seite – damit gerechnet werden, dass Schule und Jugendhilfe auch dann mit ihren Mitteln der Hilfe und Förderung an diesen Jugendlichen scheitern können, dass diese schwierigen Jugendlichen Hilfe und Förderung auch dann verweigern, wenn die Angebote gut und die Professionellen kompetent sind, ja, mehr noch: dass Angebote zurückgewiesen werden, *weil* sie gut, dass Professionelle abgelehnt werden, *weil* sie verständnisvoll sind; dies allerdings nach psychoanalytischer Erkenntnis in der unbewussten Hoffnung, dass die Professionellen standhalten mögen.
Für die Professionellen, die unter Bedingungen *struktureller Verantwortungslosigkeit* arbeiten müssen, liegt nahe, was auch für ihre nicht beschulbaren Jugendlichen zutrifft: Wo aggressive Impulse nicht in die eigene Lebenspraxis oder in die eigene berufliche Arbeit integriert werden können, wo sie verharmlost oder gar geleugnet werden müssen, weil nicht über die Ressourcen und Kompetenzen verfügt werden kann, mit ihnen produktiv umzugehen, entsteht Destruktivität. Der Preis dafür ist nicht selten, dass das Spiel von Schuldzuweisung und Ausgrenzung bedient wird. Der Kampf um Anerkennung wird dann zum Kampf um Ausgrenzung und Stigmatisierung.
Die Arbeit mit schwierigen Kindern und Jugendlichen und ihren Familien provoziert bei den Professionellen aggressive Affekte. Die Stigmatisierung und soziale Ausgrenzung der Störer entlastet von diesen Affekten und schützt vor der Erfahrung eigenen professionellen Scheiterns. Gesellschaftliche Arbeitsteilung kann dabei in den Dienst sozialer Fragmentierung gestellt werden: arbeitsteilig getrennt und voneinander isoliert bleiben die unterschiedlichen professionellen Perspektiven auf den Fall, parzelliert bleibt die Fallverantwortlichkeit, und auch die wechselseitigen Schuldzuweisungen folgen schließlich der Schwerkraft gesellschaftlicher Hierarchisierung. Konsequent steht am Ende der Ausstoß und die soziale Ausgrenzung der *Störer*.
Wo die Lösung des Problems nicht als realistische und attraktive Möglichkeit in den Blick kommen kann, erhält die Chance von Krankheits- und Problemgewinnen Übergewicht und strukturprägenden Charakter – auf der Seite der Individuen wie auf der der Institutionen. Der destruktive Umgang mit der *Störung* in eskalierenden Konfliktgeschichten ist dann nicht selten die einzige Möglichkeit beider Konfliktseiten.

Vom destruktiven Umgang mit Störungen und Störern

In der zweiten Gesprächssequenz geht es um den merkwürdigen Sog jenes zirkulären Spiels wechselseitiger Schuldzuschreibungen und Selbstentlastungen – einen Sog, der auch innerhalb der Forschergruppe bemerkbar ist. Gibt es eine Position produktiver Kritik an Schule und Jugendhilfe jenseits dieses Spiels, die auf Defizite und Schwächen aufmerksam macht, nicht um anzuklagen; die auf Mängel und Versagen hinweist, nicht um zu skandalisieren; die auf Fehler verweist, damit aus ihnen gelernt werden kann? Vielleicht hat dieser Sog auch etwas mit dem Untersuchungsfeld zu tun – mit der Schule, in der Versagen und Scheitern immer schon in der Nähe von schülerhaftem Fehlermachen steht, wo aus Fehlern bestenfalls zu lernen ist, dass sie zu vermeiden seien. Und vielleicht gibt es hier eine Parallele zum Umgang mit Störern und Störungen im Unterricht: Sie sind zu vermeiden, zu unterdrükken, wegzumachen, auszusondern. Denn sie stören nur die Lehrenden, die Lernenden, das Lernen. Als könne an ihnen nichts gelernt, nichts verstanden werden.

Auch diese Gesprächssequenz wird mit einer Kritik an der einseitigen Perspektive des soziologischen Fallberichts eingeleitet – und wieder mit hörbar aggressivem Unterton. Was den Übergang Albertos von der Grundschule zur weiterführenden Gesamtschule anbelangt, so werde unberechtigterweise der Schule Verantwortungslosigkeit vorgeworfen; die aktive – und in ihren Folgen höchst destruktive – Rolle der Eltern Albertos dagegen werde verharmlost. Auch könne man die Schulakte nicht als Form und Instrument schulischer Diagnose lesen und kritisieren, denn ihre Funktion sei eine völlig andere.

Beide Einwände zielen auf die Frage nach der Legitimationsgrundlage von Kritik – und sie zielen auf zentrale Aspekte der Konfliktgeschichte Albertos und seiner Eltern mit Schule und Jugendhilfe. In dieser Geschichte macht es wenig Sinn, von Tätern und Opfern zu sprechen, denn beide Seiten sind überaus aktive Akteure. Doch jenseits des eskalierenden Kampfes um wechselseitige Schuldzuweisungen und Selbstentlastungen müsse die kritische Analyse dieser Konfliktgeschichte gleichwohl von realer Schuld, von nicht wahrgenommener Verantwortung reden.

> »Konkret: Die durchaus berechtigte Einsicht in die aktive und in ihren Folgen destruktive *Täterschaft* der Eltern Albertos kann doch die Frage nach der Verantwortung der Schule nicht relativieren. Das Verhältnis von Schulrecht und Elternrecht liegt in der Verantwortung des Schulsystems – und eine bloß juristisch korrekte Handhabung der Probleme, die sich aus diesem Verhältnis ergaben, kann eben durchaus auch eine unverantwortliche Handhabung sein.«

»Die Konfliktgeschichte Albertos zeigt: Das Thema der *Fragmentierung* – also der mangelhaften Integration schulischer Hilfe und Förderung – ist real assoziiert mit dem Thema der *Destruktivität* – also des bloß administrativen, aufs Justiziable fixierten Umgangs der Schule mit ihren Störern, wenn es hart auf hart kommt.«

Die kritische Auseinandersetzung mit der Institution Schulakte heftet den Blick – sicher einseitig – auf diese selektiv-destruktive Dimension schulischer Konfliktstrategien. Dass Schule mehr sei, wird zu Recht dagegengehalten; dass sie sich aber im Verlauf der eskalierenden Schulkonflikte immer mehr auf eine verfolgende, repressive und ausstoßende Institution reduziere, belege unser Fall. Es sei schließlich die Schulakte, die am Ende der Konfliktgeschichte Albertos das letzte Wort habe. Und aus ihr spreche nicht die helfende, unterstützende, erziehende, sondern die ausgrenzende und auslesende Schule. Zwar gebe es – aus dem Mund des Schulpsychologen – eine explizite »Bankrotterklärung« der Schule, doch dieser fatale Sieg des »Störers« führe nicht zur »Verstörung« der Schule.

»Im Gegenteil: Die Schule entledigt sich dieser störenden Erfahrung, entsorgt sich dieses unangenehmen Problems – und kann unbeschadet weitermachen wie bisher.«

Die kritische Auseinandersetzung mit den Dimensionen *struktureller Verantwortungslosigkeit* in Schule und Jugendhilfe steht automatisch im Zentrum unserer Fallanalysen; allein schon deshalb, weil wir die Konfliktgeschichten nicht beschulbarer Jugendlicher untersuchen, also Geschichten des Scheiterns und Versagens. Doch jede konkrete Kritik schleppt eine latente Botschaft mit sich: die Behauptung, ohne die kritisierten Sachverhalte wäre Scheitern zu vermeiden gewesen. Für eine solche Botschaft aber fehle dem Forschungsprojekt die Legitimation und Kompetenz.

»Aus unseren Fallanalysen wird man keine Rezepte für erfolgreiche Arbeit mit diesen schwierigen Jugendlichen ablesen können. Wir sind nicht einmal sicher, ob ein kompetentes und mit den notwendigen Ressourcen ausgestattetes Regelschulsystem in jedem Fall den Ausschluss dieser Jugendlichen hätte vermeiden können.«

Die Verleugnung von Destruktivität – ein notwendiger Selbstschutz?

Die dritte Gesprächssequenz beginnt mit einer gleichsam desillusionierenden Intervention. Das Nachdenken über die Facetten *struktureller Verantwortungslosigkeit* im Fall Alberto hatte die interdisziplinäre Falldiskussion zu einer kleinen Reformdebatte darüber verleitet, wie Schule für diese sehr schwierigen Kinder aussehen müsste. Dabei ging es, wie schon gesagt, auch um die Legitimität von Kritik und um die Frage, ob unsere Kritik sich daran auszuweisen hat, dass sie zu besserer Praxis anleitet, konkret, dass aus ihr realisierbare Vorschläge für eine bessere Schule folgen. Die Intervention unterbrach diese Überlegungen und erinnerte an das szenische Erstinterview mit Alberto und die diagnostischen Befunde der Psychoanalytiker:

»Angesichts der schweren und frühen Störungen dieses Jungen ist jede Regelschule überfordert. Sinnvolle Überlegungen über einen verantwortungsvolleren Umgang von Schule und Jugendhilfe lassen sich hier nicht anschließen. Sicher, die Grundschullehrerin hat die Destruktivität Albertos nicht wirklich wahrnehmen können. Doch sie musste diese Wahrnehmung abwehren! Wie hätte sie sonst noch mit ihm arbeiten können! Sicher, auch der Übergang an die weiterführende Schule war unbetreut, fachlich nicht zu rechtfertigen! Aber hatte Schule – wie auch immer – hier eine reale Chance, verantwortlich und erfolgreich zu handeln? Musste sie nicht in jedem Fall scheitern an der Psychodynamik dieses Jungen, der nicht ausgestattet war mit jenen inneren Ressourcen, ohne die dieser Übergang von der Mutterwelt der Grundschule zur Vaterwelt der Gesamtschule einfach nicht zu schaffen ist? Die Rede von der *strukturellen Verantwortungslosigkeit* unterstellt naiv und illusionär, dass eine Regelschule mit reformierten Strukturen für Kinder und Jugendliche wie Alberto zum haltenden und guten Ort werden könnte. Doch das ist nichts als Träumerei und Gedankenspielerei.«

Die Gruppe nimmt diesen Einwand auf – und radikalisiert ihn. Welchen kritischen Sinn mache es, so wird weiter gefragt, der Schule oder Jugendhilfe vorzuwerfen, dass nie in der zehnjährigen Konfliktgeschichte Albertos so etwas wie eine professionelle Diagnostik durchgeführt worden sei.

»Einen Jugendlichen wie Alberto zur Diagnose in die Psychiatrie zu schicken ist doch ebenso nutzlos wie der Versuch, so einen Jungen in die psychoanalytische Behandlung zu bekommen. Denn: Wer nimmt so ein Kind? Wo es doch eigentlich kein Konzept gibt, mit solchen Kindern wirklich umzugehen und zu arbeiten!«

Gerade wenn die Befunde der Psychoanalytiker ernstgenommen werden, stelle sich die Frage nach dem praktischen Sinn eines angemessenen Fallverstehens auf radikale Weise: Es geht bei Albertos Psychodynamik ganz zentral um *Destruktivität und Aggressivität.* Wenn die Diagnostik dies aber – ungeschminkt und ohne Verharmlosung – in den Blick nehme, müsse sie zugleich realisieren, »dass man im Grunde genommen unfähig ist, etwas für den Jugendlichen zu tun, weil er alles zerstören muss«.

»Es ist aber die Aufgabe der Professionellen und der Auftrag der Institution an sie, etwas zu machen, eine Antwort auf die Frage zu geben, wie man helfen oder fördern kann. Den radikalen diagnostischen Blick verlangt da keiner – im Gegenteil: er wäre nur störend. Die destruktiven Seiten des Falls müssen geradezu verleugnet oder verharmlost werden. Hier liegt sowohl ein persönliches Problem der individuellen Abwehr durch die Professionellen als auch ein institutionelles Problem der strukturellen Abwehr durch die Profession.«

Gleichsam in der Gegenbewegung wird am Sinn der radikalen psychoanalytischen Diagnostik festgehalten – vor allem auch angesichts der ausgesprochen ungünstigen Behandlungsprognosen bei Kindern und Jugendlichen wie Alberto. Die Analyse dürfe sich nicht fesseln lassen ans Machbare und die Diagnostik nicht an gegebene Angebote von Hilfe oder Förderung. Deshalb müsse die Analyse der Konfliktgeschichte Albertos auch hier von »institutionellen Versäumnissen« reden. Dabei geht es um zwei zentrale Funktionen radikaler psychoanalytischer Diagnostik, die eng miteinander zu tun haben: um das realistische Einschätzen der eigenen professionellen Möglichkeiten und Grenzen *und* um das Festhalten der Chancen auf Entwicklung auch bei noch so negativer Prognose.

»Ich glaube, hier ist unsere Profession angesprochen. Einerseits – so die These – können wir als Analytiker wenigstens sagen: Da kann ich nichts machen, hier ist unsere Grenze. ... Andererseits wissen wir von vielen erfolgreichen Behandlungen trotz schlechter Prognosen: Man zerstört eben auch eine Chance, wenn man sich nur an der negativen Prognose orientiert. Was also ist unsere Aufgabe in diesem Feld und in diesem Projekt? Vielleicht zunächst nicht mehr als zu wagen, genau hinzuschauen. Das wäre ja schon mal was! Naiv wäre nur zu meinen, dass wir die Probleme zu lösen wissen.«

In der interdisziplinären Reflexion führt das Nachdenken über den Fall und den individuellen und institutionellen Sinn in der Konfliktgeschichte Albertos zu Überlegungen über den Sinn auch der eigenen wissenschaftlichen Untersuchungsarbeit im interdisziplinären Forschungsteam: Die eigenen Grenzen illusionslos auszuloten und anzuerkennen ist Voraussetzung auch für den Versuch, diese Grenzen zu erweitern und möglicherweise – in interdisziplinärer Kooperation – zu überschreiten.

»Das Scheitern in der Arbeit mit solchen schwierigen und gestörten Jugendlichen muss nicht gleichbedeutend sein mit dem Scheitern der Professionellen – wenn mit den Fehlern und aus den Fehlern gelernt werden kann. Die radikale psychoanalytische Diagnostik zielt kritisch ebenso auf die professionellen Illusionen, auf die Größenphantasien alles zu schaffen, wie auf die wütenden Enttäuschungen des Scheiterns; beides ist der Stoff, aus dem die Zirkel von wechselseitigen Schuldzuweisungen und Selbstentschuldigungen gemacht sind.«

Die »Verleugnung der Destruktivität« ist konstitutiv in der Konfliktgeschichte Albertos – und zwar auf beiden Seiten. Alberto und seine Eltern wehren systematisch Hilfe und Förderung immer dann ab, wenn das Destruktive der Psychodynamik zum Thema zu werden droht. Und die mit Alberto und seiner Familie befassten Professionellen verleugnen oder verharmlosen Destruktivität, solange sie Hilfe und Förderung noch planen oder umsetzen. Immer dann aber und erst dann, wenn »alles nicht mehr hilft«, kann die Destruktivität des Jugendlichen und seiner Familie wahrgenommen werden – jetzt aber mit destruktiver Verwendung, nämlich zur Legitimation des Abbruchs und zur Selbstentlastung beim Scheitern. Offensichtlich gibt es hier einen Zusammenhang: Die Bereitschaft, die Grenzen erzieherischer, helfender und therapeutischer Praxis nüchtern anzuerkennen, kann als Voraussetzung begriffen werden für eine radikale und illusionslose kritische Analyse der Konfliktbeziehungen zwischen den *Störern* und den *Gestörten*. Wie umgekehrt wohl auch gilt, dass eine ungeschminkte kritische Analyse unseres Feldes die Voraussetzungen für eine bescheidene und realitätsgerechte Praxis verbessern könnte.
Das Beharren der Gesprächsteilnehmer auf ihrer spezifischen professionellen Perspektive und auf ihren spezifischen Befunden – beispielsweise zur Relevanz individueller und institutioneller Pathologien – sorgt immer wieder dafür, dass voreilige Justierungen der Probleme verhindert werden. Das fast kompromisslose Festhalten an der Radikalität der eigenen Befunde führt dazu, dass der Graben zwischen Analyse und Praxis nicht opportunistisch zugeschüttet wird.

> »Gerade in der Arbeit mit diesen schwierigen Jugendlichen, wo professionelles Scheitern die wahrscheinlichere Prognose ist, dürfte ein derart sperriges Verhältnis zwischen kritischer Analyse und kritischer Praxis ein produktives Gegengewicht gegen die Bereitschaft zu illusionärer Selbstüberschätzung und wütend-resigniertem Verzicht sein. Die kritisch-analytische Einsicht in die mächtigen destruktiven Tendenzen bei den Individuen und in den Institutionen könnte die Professionellen in diesem Feld durchaus ermuntern, Bescheidenheit gegenüber den möglichen Erfolgen ihrer Arbeit mit Ansprüchen gegenüber den institutionellen Rahmenbedingungen ihrer Arbeit zu verbinden.«

Aus soziologischer Sicht ist es die Funktion des *Störers*, dass er die Schwachstellen, Defizite, verborgenen Widersprüche und verleugneten aggressiven Tendenzen der Institutionen ans Tageslicht zerrt (*Katalysatorfunktion)*. Am Umgang der Institutionen mit diesen *Störern* kann abgelesen werden, ob sie diese störende Funktion als Chance begreifen, gemeinsam zu lernen und sich zu verändern, oder ob sie in der Störung nur die *Störung* sehen können, die beseitigt werden muss – sei es durch Anpassungs- und Lernprozesse des Störers, sei es durch dessen Entfernung.

Scheitern und Scheitern-Lassen

Die vierte Gesprächssequenz führt zu einer deutlichen Annäherung der soziologischen und der psychoanalytischen Perspektiven. Das liegt am Thema: Die Verleugnung oder Verharmlosung der Destruktivität ist zum einen durch die Rahmenbedingungen professioneller Arbeit institutionell bedingt, findet zum anderen im Konfliktverhalten der Professionellen statt, wird also subjektiv von ihnen angenommen. Als Bindeglied wird das »Erste Gebot« der Schule ausgemacht: »Du sollst nicht scheitern!«

> »Die Mechanismen der Selektion im Regelschulsystem schützen die Lehrer an den Gymnasien und Realschulen vor dem Scheitern an diesen schwierigen Jugendlichen: Sie werden nach unten weitergereicht. In der Hauptschule dann sammelt sich der Rest – und konzentriert sich die Erfahrung des professionellen Scheiterns an diesen Schülerinnen und Schülern. Von hier aus gibt es nur noch einen letzten Schritt: der Verweis aus dem Regelschulsystem, die ruhende Schulpflicht und die Überweisung des Falls an die Jugendhilfe.«

Dem korrespondiert die Hierarchie fachlicher und öffentlicher Reputation. Störer und Gestörte teilen sich – bei aller Differenz – das Schicksal der Deklassierung und Marginalisierung. Es geht an dieser Stelle des interdisziplinären Fallgesprächs ein weiteres Mal um den Zusammenhang von *Destruktivität und Fragmentierung*: hier um die destruktiven Folgen sozialer Hierarchisierung. Die Fragmentierung im Schulsystem findet ihren Ausdruck in der Hierarchie der Anerkennung, durch die Schultypen und Professionelle voneinander abgegrenzt werden – ergänzt nach unten durch die soziale Hierarchisierung zwischen Schule und Jugendhilfe, zwischen Lehrern und Sozialarbeitern bzw. Sozialpädagogen.

> »Im Umgang mit den Störern scheint die Fähigkeit, das Risiko des professionellen Scheiterns nach unten abzutreten, mit der hierarchischen Position zu korrelieren.«

Die destruktiven Auswirkungen dieser sozialen Hierarchisierung sind in unseren Untersuchungsfällen an vielen Stellen markant sichtbar – am deutlichsten vielleicht an den Folgen der institutionell nicht verantworteten Übergänge in die Grundschule, von ihr in die Gesamtschule, zurück an die Hauptschule und von dort in die teilstationäre Einrichtung der Lernwerkstatt:

> »Für diese Kinder und Jugendlichen ist die Regelschule nicht gemacht, sie sind – ungeschminkt gesagt – ein überflüssiger Rest. Das Ende der Konfliktgeschichte Albertos wirft ein krasses Licht zurück auf ihren Anfang in der Grundschule. Alberto kommt in eine Resteklasse – da sammeln sich jene Kinder, die zuviel sind und die über keine potenten Eltern als Schutz verfügen. Und seine Schulkarriere endet mit dem Ausstoß aus dem Schulsystem und der Eingliederung in die gesellschaftlich produzierte Restgruppe der ›Überflüssigen‹.«

So wenig diese *Störer* ins landläufige Schulsystem passen, so wenig ist das vorhandene Schulsystem für diese *Störer* eingerichtet und auf ihre *Störung* ausgerichtet. Der Eindruck, dass sich hier – hinter den Köpfen der einzelnen Lehrer – Mechanismen der sozialen Marginalisierung und Hierarchisierung durchsetzen, drängt sich auf. Als sei hier – vergleichbar dem individuellen Unbewussten der schwierigen Jugendlichen – ein »institutionelles« Unbewusstes der schwierigen Schule am Werk: Wie Alberto – unbewusst – den Aufträgen seiner Eltern folge, so folgten auch Schule und Lehrer – unbewusst – dem gesellschaftlichen Selektionsauftrag.

> »Das ist ein ganz wichtiger Punkt, an dem ja ... das Gesellschaftliche hineinspielt: Vielleicht unbewusst erfüllt die Schule ihre Selektionsfunktion dadurch, dass sie eine Gruppe konstruiert oder programmiert, die das Scheitern übernimmt. Das Gegenteil davon ist ja auf eindrückliche Weise in integrativen Klassen der Fall. Also, es muss schon eine Funktion erfüllen, wenn auf Selektion statt auf Integration gesetzt wird.«

Bestand die Produktivität der interdisziplinären Reflexion in den ersten Gesprächssequenzen vor allem darin, dass beide Seiten immer wieder auf der Besonderheit ihrer Befunde und Blickwinkel insistierten, so ist das Oszillieren von der psychoanalytischen Perspektive zur soziologischen und umgekehrt das Auffällige in dieser Gesprächssequenz. Das geht bis in die Wortwahl – und dann doch einigen Teilnehmern zu weit:

> »Schulische Selektion ist doch kein ›unbewusster Auftrag‹, und dass Schule soziale Ausgrenzung produziert, ist auch kein ›Tabu‹ im strengen Sinn. Eher kann man hier von ›latenten‹ Aufträgen oder Zielen reden.«

Doch damit wird eine Frage angesprochen, die in der Konfliktgeschichte Albertos mit Schule und Jugendhilfe erst beim »Zusammenlesen« der beiden Fallberichte Gestalt annimmt: Oberflächlich erscheint diese Konfliktgeschichte als ein eskalierender Kampf zwischen Alberto und den für ihn zuständigen Professionellen, als ein Kampf um Macht und Kontrolle. Doch vor dem Hintergrund des psychoanalytischen Fallberichts und der dort identifizierten Psychodynamik Albertos kann dieser Machtkampf auch als unbewusste oder latente Komplizenschaft zwischen Alberto und seinen Professionellen interpretiert werden.

Verstrickungen und die fehlende »dritte« Instanz

Die fünfte Gesprächssequenz konzentriert sich auf die Schlussphase der Konfliktgeschichte Albertos: auf sein knappes Jahr in der Lernwerkstatt. Vordergründig geht es dabei um die gestörte Beziehung von Schule und Jugendhilfe, von Lehrer und Sozialarbeitern im pädagogischen Team der Lernwerkstatt. Doch dahinter steht die Frage nach den Mechanismen, die dafür verantwortlich sind, dass beide Seiten, Alberto und seine professionellen Helfer, so gut zusammenpassen, ja geradezu komplizenhaft einander zuarbeiten – und *eines* verhindern müssen: Hilflosigkeit und Schwäche zu zeigen.
Spontan werden zwei Themen angesprochen und aufeinander bezogen: das der *Spaltung* in der Lernwerkstatt und das des *fehlenden Dritten*. Der Diskurs bewegt sich in der Terminologie der Psychoanalyse, sein Objekt jedoch ist die Einrichtung Lernwerkstatt. Zentrale Dimensionen der Psychodynamik Albertos »wiederholen sich ... gerade in dieser Institution«, wird festgestellt und mit: »Es ist verrückt« kommentiert. Es wiederholen sich die »Spaltungen«, und es wiederholt sich der »Ausschluss des Dritten« – und beides hängt eng zusammen. Die untergründigen Spaltungen im BFZ, zwischen BFZ und Lernwerkstatt und im pädagogischen Team der Lernwerkstatt sind durch Albertos Konfliktverhalten dramatisiert und manifestiert worden. Dass das möglich war, hat etwas mit dem *fehlenden Dritten* zu tun. Durchgängig fehlte dieser Einrichtung der unabhängige und bedeutsame Dritte, auf der Vorstandsebene, auf der Leitungsebene und auf der Teamebene. Vor allem das Fehlen einer geregelten und regelmäßigen Fallsupervision in der Lernwerkstatt sei verantwortlich dafür, dass sich die Psychodynamik Albertos durchsetzte – gegen den programmatischen Anspruch des BFZ und auch gegen einen Teil seiner Strukturen.
In der Terminologie der psychoanalytischen Theorie werden institutionelle Deformationen beschrieben: Ein »Wiederholungszwang« der Institution wird konstatiert – und Wiederholungszwänge sind ein charakteristisches Merkmal unserer *Störer*. Die Institution selbst erscheint als »verrückt«, als gestört; und ihre *Störung* liegt genau dort, wo sie auch bei den *Störern* zu suchen ist – in den *Spaltungsmanövern*. Auch in der Diagnose verwischt sich die Grenze zwischen individueller und institutioneller *Störung*: Eine Deformation in der *Triangulationsfähigkeit* – auf beiden Seiten – wird konstatiert; wenn dritte

Helfer überhaupt »eingelassen« werden, dann nur unter dem mächtigen Vorbehalt, dass ihre Interventionen nicht wirklich stören, nicht ernsthafte Veränderungen verlangen, dass sie im Grunde also nicht gebraucht werden – und das gelte für Alberto und seine Familie ebenso wie für die Lernwerkstatt und das pädagogische Team.
Die Konfliktgeschichte zwischen Alberto und der Lernwerkstatt hat deshalb exemplarischen Charakter, weil die Professionellen in dieser Einrichtung in der Auseinandersetzung mit Alberto und seinem Konfliktverhalten einen eigenen institutionellen Konflikt zu lösen versuchten, in dessen Zentrum exakt die Spaltungsproblematik zwischen Lehrer und Sozialarbeiter, Schule und Jugendhilfe stand. Da ihnen aber dafür die unabhängige und bedeutsame dritte Instanz fehlte, war der Preis ihrer Lösungsstrategie, dass sich die *Spaltungsgeschichten* blind durchsetzten. Was den Beteiligten völlig undurchsichtig bleiben musste, liegt dem Betrachter von außen auf der Hand: sie agieren, ohne zu verstehen.

> »Aber was für uns an diesem Fall sehr wichtig ist: zu sehen, dass sich alle Beteiligten, also der Alberto, der Lehrer und die Lernwerkstatt auf einer Ebene treffen – nämlich auf einer relativ primitiv agierenden Ebene. Es wird agiert und nicht gesprochen. Und da kommen wir wieder zu dem Dritten, der eigentlich da sein müsste und sprechen müsste, anfangen müsste zu sprechen. Statt dessen sehen wir dieses Agieren ... und das ist ja auch der Lustgewinn, den alle Beteiligten ein Stück haben, um das Ganze in Gang zu halten.«

Gegen diesen Lust- und Problemgewinn müsste eine psychoanalytisch orientierte Supervision arbeiten: der Supervisor als der andere, der produktive *Störer* jener geheimen Komplizenschaften und lustvollen Verstrickungen.

> »Die Parallele zwischen dem jugendlichen *Störer* Alberto und dem professionellen *Störer* als Supervisor macht Sinn. Beide bedeuten – durch ihr Verhalten und wenn sie erfolgreich sind – eine Krise für die Institution und deren Professionelle. Und beide können von den Professionellen als Katalysator eingreifender Lern- und Veränderungsprozesse genutzt werden. Die Differenz liegt vor allem im qualitativen Unterschied von kritischer Analyse und machtvoller Destruktivität.«

Die unbegriffene Gegenübertragung als Motor der Wiederholung

Die sechste Gesprächssequenz verfolgt jene irritierende Parallelität zwischen *Störer und Gestörten* einen Schritt weiter. Das szenische Interview des Psychoanalytikers mit Alberto wird zum Schlüssel des Verstehens dieser »Komplizenschaft im Agieren«. Die von Alberto im Interview inszenierte Beziehungsdynamik wird genutzt, um die Beziehungen zwischen Alberto und seinen Professionellen zu begreifen. Es beginnt mit der Erinnerung an jene Stelle, wo der Interviewer im Gespräch mit Alberto seine »manischen Versuche zur Belebung« bemerkt. In der psychoanalytischen Reflexion ist dies ein Ausdruck der Abwehr. Und abgewehrt wird das unerträglich Depressive an Alberto »mit all den Katastrophenängsten und dem destruktiven Anteil«. Was der geschulte Psychoanalytiker als eigene Abwehr verstehen – und so für das Verständnis des Abgewehrten bei Alberto nutzen kann –, werde von den ungeschützten und ungeschützt verstrickten Professionellen durch Agieren verleugnet. Dieser Verleugnung dienen die manischen Versuche der Belebung. Und das treffe genau das, was alle die Professionellen machen, wenn sie mit Alberto konfrontiert werden:

> »Zunächst der hoffnungsfrohe Neuanfang; dann reiht sich eine Bemühung an die andere, denn es muss ja etwas geschehen, etwas unternommen werden, und schließlich endet es in resigniertem Rückzug und Desinteresse: Bruch und Abbruch und darauf folgend eine neue, von Alberto oder seinen Eltern inszenierte Runde.«

Das ist zwanghafte Wiederholung und zugleich »Entwicklung« durch Eskalation. Denn Alberto wird älter und sammelt Erfahrungen.

Das Thema der »Lerngeschichte«, die diese schwierigen Kinder und Jugendlichen durchmachen, steht am Ende des interdisziplinären Fallgesprächs. Die Konfliktgeschichte Albertos mit dem Hilfe- und Fördersystem sowie mit seinen Professionellen ist auch als Lerngeschichte zu lesen. Für die Psychoanalytiker gibt es einige Anhaltspunkte dafür, dass dieser Junge in einer frühen Erfahrung den Übergang vom hilflosen Ausgeliefertsein über den aggressiven Akt zur destruktiven Haltung verinnerlicht hat. Und solche eingeübten »Verläufe« finden dann in den Erfahrungen Albertos mit den helfenden und erziehenden Institutionen ihre Entsprechung und kontinuierliche Verstärkung.

> »Das Ende Albertos in der Lernwerkstatt stellt sich aus psychoanalytischer Sicht als delinquenter Zusammenbruch dar – als Zusammenbruch eines ›primitiven‹ und durch Erfahrungen geschwächten Ich. Die Schlüsselszene in der Lernwerkstatt – nach der nichts mehr lief – lässt sich so verstehend nachvollziehen.«

Der abschließende Versuch, die Psychodynamik Albertos auf den Punkt zu bringen, bezieht sich auf das szenische Interview – und zugleich auf die Interaktion zwischen Alberto und seinen Professionellen:

»Im Interview mit ihm war das so auffallend: In dem Moment, wo Alberto Angst haben musste, der Interviewer ist verloren für ihn, den hat er niedergemacht, der ist weg, da fing Alberto an, sich anzustrengen.«

»Ja, er sucht aber bloß wieder nach einer Möglichkeit, über ihn zu verfügen. Also er zerstört das Objekt, um über es verfügen zu können.«

Kapitel II
Von der Notwendigkeit und den Grenzen pädagogischen Fallverstehens – exemplarisch am Fall Alberto

Thomas von Freyberg

Vor dem Hintergrund der bisherigen Falldiskussion kann nun ein weiterer Perspektivenwechsel stattfinden. Wir bleiben – exemplarisch – bei Alberto und seiner Konfliktgeschichte mit Schule und Jugendhilfe. Doch die kritische Analyse konzentriert sich nun auf jenen strategisch zentralen Punkt, von dem aus Hilfe- und Förderprozesse zu steuern wären: auf das Fallverständnis der Professionellen. Dabei werden wir drei Schritte zurücklegen. Im ersten Abschnitt wird die empirisch nachweisbare Beziehung von pädagogischer Praxis und pädagogischem Fallverständnis in Fall Alberto untersucht. Im zweiten Abschnitt geht es um die diagnostische Perspektive der Professionellen, also um die Frage nach dem Sinn oder der Aufgabe des pädagogischen Fallverständnisses: Worauf wird der Scheinwerfer professioneller Aufmerksamkeit gelenkt und was soll im Dunkeln bleiben? Diese beiden Abschnitte sind ein dringendes, wenn auch indirektes Plädoyer für eine qualifizierte pädagogische Diagnostik in der Regelschule – verstanden als Prozess professionellen Fallverstehens.[6] Im dritten Abschnitt schließlich geht es um die prinzipiellen Grenzen des pädagogischen Fallverständnisses, die nicht geleugnet, verharmlost oder gar idealisiert, sondern akzeptiert und als Anlass genommen werden sollten, interdisziplinäre Fallberatung zu suchen.

Wenn dabei im Folgenden von »diagnostischen Bemühungen«, »diagnostischem Prozess« oder von »diagnostischen Gutachten« geredet wird, ist häufig nicht mehr gemeint als jene alltagspraktischen Versuche von Professionellen, in denen sich ihr jeweiliges pädagogisches Fallverständnis manifestiert.

---

[6] Dass hier die Schule bei der Jugendhilfe zur Schule gehen müsste, scheint mir unabdingbar; besser wäre aber auch hier gemeinsames Lernen. Ein Vorschlag: J. Henkel, M. Schnapka, Ch. Schrapper (Hg.) Was tun mit schwierigen Kindern? Sozialpädagogisches Verstehen und Handeln in der Jugendhilfe. Votum-Verlag, Münster (2003)

2.1 Pädagogisches Fallverständnis als Reflex pädagogischer Praxis

Auffällig ist, dass in den zehn Jahren der Hilfe, Unterstützung und Betreuung, in denen sich eine Maßnahme für Alberto an die andere reihte, nur ein einziges Mal ein professioneller diagnostischer Prozess eingeleitet wurde: sehr spät und folgenlos. Rückblickend erscheint der Hilfeprozess für Alberto – auch den beteiligten Professionellen – als Blindflug ohne profundes Fallverständnis, das heißt ohne Steuerung. Es wurden gleichwohl Entscheidungen gefällt – und begründet; die mit Alberto befassten Professionellen machten sich von diesem Jungen ein Bild, versuchten zu verstehen, was diesen schwierigen Schüler treibt, gaben Einschätzungen ab und fällten schließlich auch Urteile. Und insofern lässt sich innerhalb der Konfliktgeschichte Albertos auch eine Geschichte des pädagogischen Fallverständnisses rekonstruieren.

Die Anfänge in der Grundschule

Das erste quasi-diagnostische Gutachten wurde von der Klassenlehrerin Albertos nach dem ersten Schulhalbjahr der 2. Klasse erstellt. Symptomatisch an diesem Gutachten sind vier Punkte: Die Lehrerin entwirft erstens ein überwiegend positives Bild von der Entwicklung und den Potentialen Albertos. Der reichlich katastrophale Einstieg Albertos in das deutsche Schulsystem spielt zweitens in der Beurteilung der Lehrerin keine explizite Rolle. Die offenkundigen Schwierigkeiten Albertos mit den schulischen Anforderungen werden drittens – verharmlosend – auf die Sprachprobleme eines Migrationskindes, das kein Wort Deutsch kann, zurückgeführt. Und Abhilfe wird viertens von der Zusammenarbeit von Schule und Jugendamt erwartet – konkret vom Einsatz einer Hausaufgabenhilfe. Doch das Entscheidende an dieser Fallbeurteilung ist: Die Lehrerin will Alberto halten und nicht abgeben. Mag sein, dass sie Albertos Probleme verharmlost, mag ebenfalls sein, dass sie die institutionellen Anteile an Albertos Schwierigkeiten ausblendet; ein Problem dieses Jungen aber hat sie sehr ernst genommen: das Problem seiner Trennungen, seiner Heimatlosigkeit. Alberto beginnt, sich in die Schule einzufinden – das sieht die Klassenlehrerin. Und diese wichtige Entwicklung will sie nicht durch einen Klassenwechsel gefährden. Durch eine Hausaufgabenhilfe könne der Junge, so hofft sie, das Lernziel der Klasse erreichen und zugleich »seine entstandenen sozialen Beziehungen stabilisieren«, also »in der Klassengemeinschaft verbleiben«, in die Alberto sich mittlerweile »gut integriert« habe. Und genau dieser entscheidende Gesichtspunkt – sicher nicht das Ergebnis einer professionellen Diagnose, wohl aber einer qualifizierten pädagogischen Intuition – wird anschließend missachtet. Alberto wird aus seiner Klasse gerissen – mit fatalen Konsequenzen in der extrem schwierigen neuen Klasse.

Frühe und stabile Abwehr gegen Lernen überhaupt

In den folgenden anderthalb Jahren muss Alberto eine relativ entschlossene Aversion gegen Schule und Unterricht auf- oder ausgebaut haben. Als dann eine neue Klassenlehrerin diese reichlich verwahrloste Klasse übernimmt, präsentiert sich Alberto ihr als besonders schwieriger und störender Junge, der eine recht stabile »Abwehr entwickelt« habe, »sich überhaupt auf Lernen einzulassen« und dem weitgehend sowohl »Konzentrationsfähigkeit« wie »Anstrengungsbereitschaft« fehlen. Sie ist davon überzeugt, dass dies keine neuen Entwicklungen bei Alberto sind. In den folgenden drei Grundschuljahren verfestigt sich bei der neuen Klassenlehrerin ein Bild von Albertos Schulproblemen. Sie bezweifelt nicht – und darin sind sich fast alle späteren Professionellen einig –, dass Alberto »eigentlich – bezogen auf seine Denkfähigkeiten – schon Potentiale« hat, aber sein Arbeitsverhalten ist »schuluntauglich« und sein soziales Verhalten Mitschülern und Lehrern gegenüber ebenfalls. Alberto verfüge nicht über die notwendigen Voraussetzungen der »Beschulbarkeit«, lehne es entschieden ab, sich auf schulisches Lernen, auf die schulischen Leistungsanforderungen einzulassen; und verantwortlich dafür sei, so wird vermutet, sein Elternhaus. Dieses Fallverständnis steuert in gewisser Weise das Verhalten der engagierten Klassenlehrerin. Zum einen versucht sie – im Rahmen ihrer Möglichkeiten und im Rahmen des vorgegebenen schulischen Settings –, Defizite der Familie zu kompensieren. Durch intensive persönliche Zuwendung bindet sie Alberto positiv an sich, um ihm so die Voraussetzungen der Beschulbarkeit zu vermitteln. Zum anderen bemüht sie sich um ein Netz außerschulischer Hilfen, da sie davon ausgeht, dass die Probleme Albertos nicht innerhalb der Schule allein bearbeitet werden können. Dabei behält die Grundschullehrerin ein bedrückendes Gefühl für die Unzulänglichkeit ihrer Bemühungen um Alberto. Sie kann seine Schwierigkeiten in und mit Schule nicht länger als Sprachprobleme eines Migrantenkindes verharmlosen; sie kann Albertos Schul- und Lernaversion

auch nicht mehr hinreichend mit dem verunglückten Einstieg in die Grundschule erklären. So verdichtet sich bei ihr das Bild von einem sehr gefährdeten Jungen: Alberto sei »so ein kleines Zeitbömbchen, wenn der sich so weiter entwickelt und nichts Entscheidendes passiert«.
Ein weiteres Mal in der Konfliktgeschichte Albertos taucht an entscheidender Stelle eine ernstzunehmende pädagogische Intuition auf – verbunden mit einer dringenden Empfehlung: Alberto braucht die Übersichtlichkeit und pädagogische Verlässlichkeit einer kleinen Hauptschule, denn noch ist er nicht hinreichend »beschulbar«, denn noch – so wäre zu ergänzen – hat er nicht gelernt, Schule für seine Entwicklung selbständig zu nutzen. Und wieder ist diese diagnostische Intuition mit dem Thema der Trennung und der (inneren) Heimatlosigkeit verbunden. Und ein weiteres Mal wird diese Empfehlung missachtet.

Der Übergang in die Gesamtschule – als Bruch

Der Übergang Albertos von der Grundschule zur Gesamtschule hat in mehrfacher Hinsicht den Charakter eines *Bruchs* oder *Abbruchs* – auch hinsichtlich der diagnostischen Reflexion der verantwortlichen Professionellen. Obwohl unmittelbar mit dem Eintritt in die Gesamtschule dort schwere Konflikte – sowohl mit anderen Schülern als auch mit Lehrern – auftreten, sucht die Gesamtschule nicht den Kontakt zur ehemaligen Klassenlehrerin der Grundschule; von Gesprächen der neuen Klassenlehrerin mit der Hausaufgabenhilfe ist keine Rede; und auch die Erfahrungen des ASD mit Alberto und seiner Familie werden nicht genutzt. In den beiden Schuljahren Albertos in der Gesamtschule schwillt seine Schulakte rasant an, doch man wird Versuche von Lehrern, die Probleme oder Konflikte zu verstehen, in der Schulakte[7] vergeblich suchen.

[7] Die Schulakte kann durchaus als Form schulischer Diagnose interpretiert werden. Sie ist naturgemäß einseitig, denn sie sagt nichts über die sicherlich zahllosen pädagogischen Bemühungen der Lehrer aus. Aber nicht *diese* Einseitigkeit ist das Problem der Institution Schulakte. Die Schulakte wandert mit dem Schüler durch das Schulsystem. Sie ist oft die einzige Klammer, die Kontinuität bei einem Schulwechsel sichern könnte. Und sie ist in der Regel die einzige schriftliche Quelle für das Staatliche Schulamt, wenn Schüler am Schulsystem scheitern und Entscheidungen des Amts notwendig werden. Deshalb ist die ausschließliche Ausrichtung der Schulakte auf die juristische Absicherung selektiver Maßnahmen (Ordnungsmaßnahmen) symptomatisch für das bestehende Schulsystem.

In gewisser Weise wusste sich die Grundschule noch für die fehlenden Voraussetzungen der »Beschulbarkeit« Albertos verantwortlich – und zwar in den beiden zentralen Kompetenzbereichen, die Schüler mitbringen müssen und auf die Schule aufbaut: der sozialen und der intellektuellen Bereitschaft und Fähigkeit, in der Institution Schule und im Klassenverband zu lernen. Die weiterführende Schule setzt halbwegs entwickelte Kompetenzen in diesen beiden Dimensionen voraus und sieht sich zu einer nachholenden Erziehung und Bildung nur sehr bedingt verpflichtet. Schüler mit besonderen Schwierigkeiten stören den Unterrichtsbetrieb, die Korrektur derartiger Störungen aber fällt nicht in den professionellen Auftrag von Lehrer oder Schule. Damit entfällt auch die Notwendigkeit einer pädagogischen Diagnostik, an der sich erzieherische, sozialpädagogische oder therapeutische Interventionen der Hilfe orientieren könnten. Es dominiert dagegen die selektierende Funktion von »Diagnostik«: Sie passt zum professionellen Selbstverständnis der weiterführenden Schule und der pädagogischen Praxis der Lehrer dort. Dieses pädagogische Fallverständnis wird in der Gesamtschule am Fall Alberto durchexerziert: ein geregeltes Verfahren, in dem zunächst und rasch festgestellt wird, ob die üblichen pädagogischen Maßnahmen fruchten. Ist das nicht der Fall, werden die Eltern mit dem Problem und dem Korrekturauftrag konfrontiert; die nächste Stufe der Eskalation leitet zu den üblichen Ordnungsmaßnahmen über, Anklagematerial für die erste Klassenkonferenz wird gesammelt. Jede dieser Maßnahmen hat eine dreifache Funktion: Sie dient zum einen der selektierenden Diagnostik, die sich von Schritt zu Schritt empirisch anreichert und sicherer wird; sie dient zum anderen der Zuweisung und Zurechnung der Verantwortung für die Folgen der Selektion beim Schüler und seinen Eltern; und sie dient zum dritten der juristisch-administrativen Absicherung der schließlichen Selektionsentscheidung. Das diagnostische Verfahren ist untrennbar verwoben mit dem Verfahren der Selektion. Dieser Typus von Diagnostik orientiert sich nicht an der Störung eines schwierigen Jugendlichen, sondern ausschließlich an der Störung des schulischen Betriebs durch einen schwierigen Jugendlichen.

Arbeitsteilung: Hauptschule und BFZ

Mit dem Übergang Albertos an die Hauptschule und in die Betreuung durch das BFZ wird das eskalierende Beschulungsproblem arbeitsteilig organisiert. Die Hauptschule übernimmt den traditionell schulischen Teil auf gegenüber der Gesamtschule ermäßigtem Anspruchsniveau. Das BFZ-Team dagegen

übernimmt die offenkundig notwendigen beratenden und erziehenden Aufgaben mit dem Ziel, einen nachholenden Sozialisationsprozess für Alberto in Gang zu setzen. Damit ist auch der »diagnostische Prozess« arbeitsteilig gespalten. Keiner weiß vom anderen – keiner lernt vom anderen.
Das schulische Fallverständnis entwickelt sich in recht unscheinbaren Schritten – und kann auf die harten Verfahren von Klassenkonferenzen und Schulverweis verzichten. Alberto sieht keine Chance, seine bisherigen Strategien der Konflikteskalation an der neuen Schule einzusetzen; ihm fehlt aber auch die Möglichkeit, die minimalen sozialen und fachlichen Anforderungen der Schule zu erbringen. Letzteres halbwegs zweifelsfrei festzustellen, ist die Aufgabe des schulischen Fallverständnisses, und ohne Zweifel hat Albertos Klassenlehrer das feststellen können. Fragen nach den Ursachen der Defizite und Schwierigkeiten Albertos dagegen gehören nicht dazu – so wenig wie Fragen nach möglicher, ganz anderer Hilfe und Förderung. Der Befund des Hauptschullehrers ist eindeutig und wenig überraschend: Alberto ist in der Regelschule nicht mehr beschulbar, denn er ist weder bereit noch in der Lage, sich überhaupt auf Schule und ihre Angebote und Anforderungen einzulassen. Und die Schule ist nicht bereit, ihren schulischen Anspruch Alberto gegenüber völlig auszusetzen, ihm lediglich »vormittags betreutes Wohnen anzubieten«.
Deutlich anders die Arbeit des BFZ-Teams. Dessen Arbeitsfeld reicht von der ambulanten Arbeit in der Schule bis weit in den Bereich psychosozialer Beratung von Schülern und Eltern. Dementsprechend anspruchsvoll und in seinem Blickwinkel breit orientiert sich sein pädagogisches Fallverständnis. Zum ersten und einzigen Mal in den zehn Jahren der Konfliktgeschichte Albertos mit Schule und Jugendhilfe wird ein umfangreiches, diagnostisch orientiertes Gutachten erstellt. Dabei werden von den beiden Professionellen des BFZ systematisch die Erfahrungen anderer Professioneller mit Alberto rezipiert und reflektiert. An diesem Gutachten fallen einige Punkte deutlich ins Auge: Das Fallverständnis rückt – erstens – das pathogene Familiensystem Albertos ins Zentrum. Hier haben die Probleme und Schwierigkeiten zwischen dem Jungen und der Schule ihre eigentliche Quelle – und ohne tiefgreifende Veränderungen im Familiensystem werde Alberto auch kaum geholfen werden können. Die dominante Orientierung des Gutachtens am pathogenen Familiensystem verstärkt die Abhängigkeit der Fachleute von der Kooperation der Eltern, und verleiht einem Arbeitsfeld des BFZ-Teams hervorragende Bedeutung, der Elternberatung. Der konzentrierte Blick auf das gestörte Familiensystem führt – zweitens – das pädagogische Fallverständnis in eine Reihe auswegloser Fallen und eröffnet dadurch eine relativ breite

Distanz zwischen Diagnose und Praxis: Das pathogene Familiensystem Albertos erlaube es diesem Jungen nicht, Schule zu nutzen, sei verantwortlich dafür, dass dieser Schüler in einem »Teufelskreis« von Schulversagen und Lernverweigerung gefangen ist, mache alle positiven Ansätze und Entwicklungen Albertos und alle pädagogischen Bemühungen seiner Professionellen zunichte und sperre sich entschlossen und erfolgreich gegen alle pädagogischen Interventionen. Damit aber entlastet die Verortung des Problems »Alberto« im System Familie – drittens – nicht nur das System Schule, sie erlaubt ganz konkret eine sehr lose Beziehung zwischen diagnostischem Befund und Handlungsempfehlung. Die explizite, vom BFZ-Team durchaus betonte Diskrepanz zwischen Befund und Empfehlung beruft sich auf die fehlende Bereitschaft der Eltern zu kooperieren – und verschleiert im gleichen Atemzug, dass es im örtlichen Angebot zur empfohlenen Lernwerkstatt des BFZ gar keine Alternative gab. Statt den hoch riskanten Charakter der eigenen Empfehlung zu betonen, wird das mögliche Scheitern der empfohlenen Einrichtung gleichsam präventiv entschuldigt, wodurch pädagogisches Fallverständnis – viertens – sicher ohne es zu wollen – zur Legitimation schlechter, weil defizitärer Angebotsrealität beiträgt: Durchaus sperrig zum Befund fiel die Prognose für Albertos Entwicklungschancen in der Lernwerkstatt aus, was möglicherweise zum illusionären Optimismus der Pädagogen dort beitrug.

Aber auch hier taucht – wie schon zuvor – eine sehr deutliche und warnende Empfehlung auf, die Ausgangspunkt für einen diagnostischen Prozess in der neuen Einrichtung hätte sein können. »Wir gehen davon aus, dass Fortschritte nur noch unter Ausnutzung von Albertos Stärken zu erzielen sind. Wenn seine Freude an handwerklichen Tätigkeiten berücksichtigt wird, kann vielleicht auch die Blockade gegen mehr theoretische Anforderungen aufgeweicht werden.« Immerhin, das hätte als Arbeitshypothese aufgegriffen und getestet werden können. Dabei hätte die praktische Kritik der Arbeitsbedingungen der Lernwerkstatt nicht von Alberto mit seiner destruktiven Konfliktstrategie, sondern von seinem pädagogischen Team ausgehen können. Waren möglicherweise Befund und Empfehlung des BFZ-Gutachtens falsch, so hätte immerhin der Stachel einer Fehldiagnose produktiv genutzt werden können – statt selektiv, wie es geschah. Doch ein weiteres Mal wird pädagogisches Fallverständnis nicht aufgegriffen, wird nicht Element eines professionellen Lernprozesses.

Die Lernwerkstatt – als letzter Neuanfang

Wiederholung statt Entwicklung: Die eigentümliche Arbeitsteilung zwischen dem Team des BFZ und dem Klassenlehrer der Hauptschule wird in der Lernwerkstatt des BFZ an der strategisch entscheidenden Stelle des pädagogischen Fallverständnisses fortgesetzt. Der Lehrer in der Lernwerkstatt – nach Befund und Empfehlung des BFZ-Teams die Schlüsselperson in den zu erwartenden Konflikten mit Alberto – nimmt bewusst und gewollt nichts von dem zur Kenntnis, was die bisherige Diagnosearbeit erbracht hat, und tut offen vor seinen Schülern kund, er wolle auch gar »nicht wissen, was war«. Seine *sonderpädagogische Förderempfehlung* nach dem ersten Schulhalbjahr dient ausschließlich der »Beschulbarkeitsfeststellung« Albertos in der Lernwerkstatt; und in einer solchen administrativen »Diagnose« haben dann Zwischentöne, fachliche Vorbehalte keinen Ort. Folgerichtig mündet diese offizielle Stellungnahme des Lehrers für die Kostenträger der Lernwerkstatt in einer Beurteilung, die durch die Realität bereits widerlegt war, als sie gefertigt wurde: Die Lernwerkstatt des BFZ biete die Chance, »dass die vorliegenden Probleme erfolgreich angegangen werden können«. Diese Beurteilung muss wenige Monate später widerrufen werden. Alberto scheitert endgültig am Schulsystem, das für ihn die *ruhende Schulpflicht* ausspricht. So mündet der »diagnostische Prozess« im Fall Albertos in einen Offenbarungseid des zuständigen Schulamtes: Schule kann auf ein professionelles Fallverstehen verzichten, denn letztlich hat sie für Schüler wie Alberto nichts mehr übrig: »Die in den ausführlichen Berichten des Zentrums für Erziehungshilfe dokumentierten Ergebnisse vielfältiger Förderbemühungen machen deutlich, dass im Bereich des Staatlichen Schulamts im Augenblick kein weiteres für Alberto sinnvolles Förderangebot verfügbar ist, also keine Alternative zum Ruhen der Schulpflicht greifbar ist.«

Zusammenfassung

Von einem diagnostischen Prozess, der die Konfliktgeschichte Albertos mit dem Regelschulsystem begleitete, kann also nicht die Rede sein. So wenig man von einem integrierten Hilfe- und Förderprozess im Fall Alberto entdekken kann, so wenig sichtbar sind auch nur Ansätze kontinuierlicher Bemühungen um ein qualifiziertes Fallverständnis.

Das Fehlen einer pädagogischen oder sozialpädagogischen schulischen Diagnostik macht die dominante Perspektive der Regelschule auf Störer und

Störungen deutlich: Sie geht von der Schulpflicht der Schüler aus, nicht vom Recht der Schüler auf Schule. Sie verlangt, dass die Regeln angemessenen schulischen Verhaltens eingehalten werden. Die erzieherischen Voraussetzungen sind von den Eltern zu schaffen, denn die eigenen erzieherischen Kompetenzen und Ressourcen der Regelschule sind begrenzt und in den weiterführenden Schulen eher marginalisiert. Verweigern Eltern und Schüler diese Leistungen, kommt die Regelschule rasch an ihre Grenzen pädagogischer Interventionen – die Politik der Sanktion durch Selektion setzt ein. Genau genommen braucht die Regelschule mit dieser Perspektive auf Störer und Störungen kein komplexeres Fallverstehen, dem es um die Frage nach dem »Sinn« der Störungen geht. Sie macht Angebote an ihre Schüler und verbindet diese mit Anforderungen und erwartet, dass die Kinder und Jugendlichen bereit und in der Lage sind, die Angebote für ihre Entwicklung zu nutzen und den Anforderungen halbwegs nachzukommen. Das differenzierte System der Regelschule erlaubt es, die Bemühungen um ein Fallverständnis weitgehend durch eine eingespielte selektive Praxis zu ersetzen. Im Prinzip folgt auch noch das diagnostische Gutachten des BFZ dieser »Logik« der Regelschule: Verantwortlich für Albertos Nichtbeschulbarkeit ist seine Familie. Die ist unwillig oder unfähig, für Albertos Beschulbarkeit zu sorgen, weshalb der Junge auch in der Hauptschule mit ihren guten schulischen Angeboten falsch platziert ist. Die Begründung des Staatlichen Schulamts dafür, dass »keine Alternative zum Ruhen der Schulpflicht« bestehe, bezieht sich – konsequent – auf die »vielfältigen Förderbemühungen« der letzten Station Albertos, der Lernwerkstatt, die von dem Jungen nicht genutzt wurde, und nicht auf die offenkundig fehlenden Fördermöglichkeiten des örtlichen Schulsystems, die vom zuständigen Schulamt nicht vorgehalten wurden.

2.2 Pädagogisches Fallverständnis als Legitimation pädagogischer Praxis

Der diagnostische Prozess war im Fall Albertos so parzelliert und fragmentiert wie der Hilfe- und Förderprozess selbst. Gleichwohl gab es bei den Professionellen – zumindest rückblickend und sich erinnernd – einen roten Faden, ein gemeinsames Thema im Nachdenken über die schwierige Arbeit mit Alberto und seiner Familie. Ihren Ausdruck fand diese diagnostische Perspektive in zwei sprachlichen Wendungen, die in einem engen Bezug zueinander standen: in der Rede vom sich wiederholenden *Bruch* oder *Abbruch* und in der Rede von der *Leiche im Keller*. Damit soll stets das Scheitern von Schule und Jugendhilfe im Fall Alberto begriffen und legitimiert werden; darauf zielt der Scheinwerfer des pädagogischen Fallverständnisses. Was er nicht anstrahlt, wird systematisch ausgeblendet, bleibt im Dunkeln und soll wohl auch im Dunkeln bleiben: der institutionelle Anteil an Verlauf und Dynamik der Konfliktgeschichte Albertos mit Schule und Jugendhilfe.

Das Familiengeheimnis – Grund und Begründung professionellen Scheiterns

In der Sache stimmen – rückblickend – alle mit Alberto befassten Professionellen überein: Sie sind gescheitert, weil sie keinen Zugang zu diesem schwierigen Jungen und seiner Familie gefunden haben, weil es ihnen nicht gelang, belastbare Arbeitsbündnisse mit Alberto und seinen Eltern aufzubauen. Für dieses Scheitern wird eine Reihe von Erklärungen angeboten, die sich in den Gesprächen mit den Professionellen um das Bild von der »Leiche im Keller« ranken. Ein »Familiengeheimnis« habe es gegeben; das sei verantwortlich für Albertos Schwierigkeiten und Störungen, und es sei zugleich verantwortlich für das Scheitern aller angebotenen Hilfe und Förderung. Um was es bei dieser »Leiche im Keller der Familie« gehen könnte, weiß so genau keiner; entsprechend »wild« sind die Fantasien und Vermutungen der Professionellen: Sie kreisen stets um die Themen von Gewalt, Vergehen, Verletzung, Misshandlung, Missbrauch – und sie sind immer verbunden mit dem Thema von Bruch und Abbruch, von Trennung und Verrat. Albertos Probleme und Schwierigkeiten könnten entschlüsselt werden, wenn es denn gelänge, hinter dieses Geheimnis zu kommen. Doch das Familiensystem sei so auf den Schutz dieses Geheimnisses ausgerichtet, dass alle Bemühungen von Schule und Jugendhilfe um Alberto scheitern müssen. Der Junge dürfe sich nicht entwickeln, müsse in jenem »Teufelskreis« von Misserfolgen, Ohnmachterfahrungen und destruktiven Machtkämpfen verharren. Deshalb »kochen« zu Hause immer dann die Konflikte hoch, wenn in der Schule sich Ansätze der Beruhigung und Verbesserung zeigen; als müsse unbedingt zunichte gemacht werden, was Schule und Jugendhilfe mühsam aufzubauen versuchen.
Nach zwei Seiten ist das Bild vom sich wiederholenden *Bruch* mit dem von der *Leiche im Keller* verbunden. Die Eltern brechen ab, ziehen sich zurück, verweigern die weitere Zusammenarbeit, wenn das Geheimnis um die *Leiche*

im Keller bedroht ist. Und bei den involvierten Professionellen stellt sich dabei das Gefühl ein, getäuscht worden zu sein. Immer wieder kommt in den Gesprächen mit den Professionellen diese Enttäuschung nach einem guten und gemeinsamen Anfang zur Sprache. Sie fühlen sich getäuscht, betrogen, verraten und missbraucht.
So enden die diagnostischen Überlegungen der Professionellen im Fall Albertos stets in einer Sackgasse. Alberto kann weder gefördert, noch kann ihm geholfen werden, weil er an seine Familie gekettet ist; und er kann aus seiner Familie nicht entfernt werden, weil er und seine Eltern die erforderliche Zustimmung verweigern. Damit aber ist das Ende der Sackgasse erreicht, und es bleibt nur die »ruhende Schulpflicht«. Die diagnostische Perspektive zeigt ihre doppelte Funktion: Sie versteht Alberto in seiner ausweglosen Verstricktheit mit seiner Familie und erklärt das Ende der schulischen Bemühungen um Hilfe und Förderung für Alberto als unausweichlich.

Das Familiengeheimnis als Schleier über dem Geheimnis der Institution

Die diagnostische Perspektive der Professionellen im Fall Alberto – fixiert auf die familiäre Situation des Jungen als Ursache und anhaltende Quelle seiner Probleme und Störungen – kann sich selbstverständlich auf gewichtige fachliche Argumente berufen, hat aber zur Folge, dass relevante Dimensionen der Konfliktgeschichte ausgeblendet werden. Es gibt – neben dem *Geheimnis der Familie* – nämlich noch ein weiteres Geheimnis, das in der Konfliktgeschichte Albertos um jeden Preis geheim gehalten werden muss: das *Geheimnis der Schule.*
Für das Regelschulsystem ist der fixierte Blick auf die »Ursache Familie« fast zwingend, weil selbstverständlich unterstellt wird, dass die Familie für die Erziehung zur Schulfähigkeit zuständig ist, die aber ausgerechnet bei Schülern wie Alberto nicht von den Eltern erbracht werden kann. Da die kompensatorischen erzieherischen Ressourcen und Kompetenzen innerhalb des Regelschulsystems für eine verantwortliche Arbeit mit wirklich schwierigen Kindern und Jugendlichen nicht hinreichen, werden Lehrerinnen und Lehrer unweigerlich an die institutionellen und professionellen Grenzen ihrer Handlungsmöglichkeit gestoßen. Und ebenso unweigerlich folgt der dringende und drohende schulische Appell an die Eltern, ihren erzieherischen Pflichten nachzukommen und ihr schwieriges Kind schulfähig zu machen. Wo diese Appelle scheitern, setzt die selektive Politik der Schule ein: Über No-

tengebung, Nichtversetzung und die Eskalation von Ordnungsmaßnahmen entsorgt sich das Regelschulsystem jener Jugendlichen. Der fixierte Blick auf das versagende und sich verweigernde Elternhaus entlastet also die Professionellen und ihre Institution von der Verantwortung für das Scheitern: Es scheitern immer die schwierigen Jugendlichen und ihre Eltern, nie die Professionellen und ihre Institution.

Ähnliches lässt sich auch für die Jugendhilfe sagen. Sie ist zwar – neben der Familie – der andere Adressat schulischer Appelle, wenn Lehrerinnen und Lehrer am Ende ihres Lateins sind, aber auch hier legen institutionelle Rahmenbedingungen den fixierten Blick auf die Familie nahe: Zum einen wenden sich *Hilfen zur Erziehung* an die Eltern schwieriger Kinder; sie sind Angebote, die von Eltern gewünscht und beantragt werden müssen, die also gegen den Willen der Eltern überhaupt nicht zustande kommen; zum anderen zielen sie in der Regel auf das System Familie und versuchen, durch therapeutische, beratende oder pädagogische Interventionen die familiären Bedingungen zu verändern. Die Bereitschaft und Fähigkeit zu belastbaren Arbeitsbündnissen auf beiden Seiten sind zwingende Voraussetzungen für diese komplexen sozialen Dienstleistungen. Gerade bei den besonders schwierigen Kindern und Jugendlichen und ihren Familien sind diese aber in der Regel nicht hinreichend gegeben. Hier werden die sozialpädagogischen Professionellen und ihre Institutionen durch diese Klientel zwangsläufig mit den Grenzen ihrer Handlungsmöglichkeiten konfrontiert; und auch hier mündet die Arbeit nicht selten in hilflose Appelle an die Eltern oder die Jugendlichen selbst. Ohne eine verlässliche und belastbare »Koproduktion« von Jugendhilfe und Familie kann *Hilfe zur Erziehung* kaum erfolgreich und verantwortlich arbeiten, Das Fatale ist nur, dass die mangelnde Fähigkeit oder Bereitschaft der Familie zu produktiven Arbeitsbündnissen ein konstitutiver Teil des Problems ist, das Hilfe nötig macht. Scheitern die Angebote und die dringenden Appelle, dann bietet diese diagnostische Perspektive Entlastung an. Letztlich gilt auch hier: Es scheitern immer die schwierigen Jugendlichen und ihre Eltern, nie die Professionellen und ihre Institution.

Weil das *Geheimnis der Familie* so massiv, so offenkundig und so machtvoll bei diesen schwierigen Kindern und Jugendlichen den professionellen Bemühungen um Hilfe und Förderung im Wege steht, kann sich dahinter das *Geheimnis der Institution* so auffällig gut verbergen. Die diagnostische Perspektive auf die Familie ist deshalb für die Professionellen in Schule und Jugendhilfe *auch* ein institutionelles Angebot der Entlastung: sie scheitern an »fremden Mächten«, auf die Einfluss zu nehmen sie nur einen begrenzten Auftrag und entsprechend begrenzte Ressourcen und Kompetenzen haben.

Doch der Preis für diese systematische Blindheit wird im Arbeitsprozess bezahlt: Kann aus den Konfliktgeschichten mit diesen schwierigen Jugendlichen nicht gelernt werden, so herrscht der Zwang der Wiederholung und die Macht der Verstrickung; und die Professionellen bezahlen in den eskalierenden Konflikten mit diesen Jugendlichen mit dem tendenziellen Verlust ihrer Professionalität. Im Fall Albertos lässt sich dies an drei zentralen Dimensionen des Familiengeheimnisses zeigen – wie hinter einem dunklen Spiegel.

Die Leiche im Keller – auf beiden Seiten

Die eindrucksvolle Intensität, mit der das Thema der *Leiche im Keller der Familie* sich im Gruppengespräch der mit Alberto befassten Professionellen immer wieder in den Vordergrund schob, macht misstrauisch und hellhörig. Die strukturellen Defizite von Schule und Jugendhilfe werden ausgeblendet und sind zugleich als verleugnete Parallelwelt präsent: Die Attribute, mit denen das defizitäre und pathogene Familiensystem Albertos von den Professionellen beschrieben wird, können ohne Mühe auf das Hilfe- und Fördersystem Albertos angewendet werden. Albertos Familie präsentiert sich in ihren Binnenbeziehungen als explosive, in feindselige Lager gespaltene, sich wechselseitig missachtende und missbrauchende, gewalttätige und übergriffige Institution und präsentiert sich in ihren Außenbeziehungen als massiver Block, resistent gegenüber neuen Erfahrungen, gegen Hilfe und Beratung von Dritten, als geschlossene Institution, die Veränderung und Entwicklung ihrer Strukturen machtvoll abwehrt. Und Albertos Schule und Jugendhilfe präsentieren sich in der untersuchten Konfliktgeschichte in ihren Binnenbeziehungen als fragmentierte und parzellierte, wenig kooperationsfähige, sich wechselseitig missachtende und missbrauchende Institutionen, präsentieren sich in ihren Außenbeziehungen gegenüber Alberto und dessen Eltern nicht selten als aggressiver, misstrauischer und diskriminierender Block, der seine Settingbedingungen ebenso entschlossen verteidigt, wie er sich gegen die Erfahrung eigenen Scheiterns abschirmt, lernresistent und beratungsresistent Veränderung und Entwicklung der eigenen Strukturen machtvoll abwehrend. So wie Albertos Familie immer dann, wenn der Hilfe- und Förderprozess sich dem Familiengeheimnis auf bedrohliche Weise nähert, sich hinter die Mauern der Festung Familie zurückzieht, wie prekär auch immer der Burgfrieden sein wird, so verschanzen sich Schule und Jugendhilfe hinter ihren Mauern des Settings, wenn immer die konfliktreiche Arbeit mit Alberto die eingespielten und Sicherheit gewährenden Rahmenbedingungen des arbeitsteilig

organisierten beruflichen Arbeitsprozesses bedroht. Hier wie dort entlastet der Rückzug hinter die gefestigten Mauern von der Frage nach dem eigenen Versagen – und zugleich von Einsicht in die Notwendigkeit und Möglichkeit schmerzhafter und befreiender Veränderungen und Entwicklungen.
Die *Leiche im Keller* der Familie erklärt, weshalb es den Professionellen nicht möglich war, belastbare Arbeitsbündnisse mit Alberto und seinen Eltern aufzubauen: Die haben sich geweigert, um ihr Familiengeheimnis zu schützen. Deshalb sind sie den Professionellen letztlich fremd geblieben. Das *Unzugängliche* an Alberto und seiner Familie aber blendet das *Unzulängliche* an der Arbeit der Professionellen aus. Eklatant ist die halbierte Thematisierung der Migrationsproblematik durch Albertos professionelle Helfer. Sie soll erklären und legitimieren, wieso das Fremde fremd bleiben musste: Verwiesen wird auf die kulturelle Fremdheit der Süditaliener, ihr andersartiges Familienverständnis, ihr irritierendes Erziehungsverhalten, ihre »mafiose« Moral. Alles das sei – so wird vermutet – das letzte Geheimnis des Scheiterns, die letzte Antwort auf die Frage nach dem *Unzugänglichen dieser Familie*: fremde Mächte, zu denen deutsche Lehrer oder Sozialarbeiter keinen Zugang haben (können) und an die das deutsche System von Schule und Jugendhilfe nicht angepasst ist. Ausgeblendet aber wird die *Leiche im Keller* der deutschen Mehrheitsgesellschaft und ihrer Institutionen, ihre bedrohliche Fremdheit für jene, denen Hilfe, Förderung, Beratung und Unterstützung angeboten und aufgenötigt werden, ihre Verweigerung, die Fremdheit der anderen anzuerkennen, deren *Unzugänglichkeit* als eigene *Unzulänglichkeit* zu lesen, sich wirklich verantwortlich zu wissen dafür, ob belastbare und faire Arbeitsbündnisse zwischen Fremden möglich werden. Das zentrale Thema der verletzten und gestörten Psychodynamik Albertos, die abgespaltene traumatische Erfahrung von Trennung und Heimatlosigkeit, findet seine Parallele und Ergänzung im zentralen Thema der gestörten Soziodynamik seiner Konfliktgeschichte mit Schule und Jugendhilfe: der institutionellen Verleugnung der Bedeutung von Migration.

Bruch und Abbruch – auf beiden Seiten

Die Rede vom immer wiederkehrenden *Bruch und Abbruch* erklärt, weshalb es in der zehnjährigen Geschichte von zahlreichen Hilfen nie zu einem kontinuierlichen Hilfe- und Förderprozess kommen konnte. Und insofern dient auch dieses Bild der Entlastung der Professionellen. Sie mussten scheitern, weil Alberto und seine Eltern die angebotenen Maßnahmen immer dann abbrachen, wenn sie begannen, Wirkungen zu zeigen. Deshalb zielt die Rede vom Bruch oder Abbruch stets auf beides: Sie beschreibt das brüchige und widersprüchliche Verhalten Albertos und seiner Eltern und legitimiert zugleich den brüchigen und diskontinuierlichen Hilfe- und Förderprozess. So wie das Verhalten von Alberto und seiner Familie geprägt ist durch Brüche und Abbrüche, durch ein geradezu systematisches Verhindern von kontinuierlichen Lern- und Veränderungsprozessen, so ist auch die Struktur der Hilfen geprägt durch Brüche und Abbrüche, von kurzen Phasen intensiver Kooperation und einem fast systematischen Verhindern von kontinuierlichen Diagnose-, Beratungs- und gemeinsamen Lern- und Arbeitsprozessen.

Und in gleicher Weise wie beim Bild von der *Leiche im Keller* verwandelt die Fixierung der Perspektive auf die pathogene Familienstruktur die Parallelität der Verhaltensmuster in eine kausale Beziehung: Weil Alberto und seine Familie Kontinuität nicht zulassen und immer wieder den Bruch inszenieren, kann auch der Hilfe- und Förderprozess keine Kontinuität gewinnen, werden blind und zufällig Maßnahme an Maßnahme gereiht, entsteht auch kein Verständnis der Konfliktgeschichte Albertos. Ausgeblendet wird durch diese Kausalverbindung auch hier der durchaus aktive Anteil von Schule und Jugendhilfe an den zahlreichen Brüchen und Abbrüchen, am Nichtbegreifen und Übersehen. Dass dieses *Geheimnis der Institution* im Dunkeln bleibt, kann durchaus als latente Absicht dieser diagnostischen Perspektive verstanden werden.

Auch im Zusammenhang der Rede vom *Bruch und Abbruch* drängt sich – wie bei der *Leiche im Keller* – das Thema von Fremdheit und Migration auf. Als vielleicht letzte Erklärung, weshalb alle Hilfe und Förderung im Fall Albertos scheiterten: Es ist eine süditalienische, eine ausländische, eine fremde Familie. Und für diese Klientel sei, so die ASD-Mitarbeiterin, das deutsche Hilfe- und Fördersystem einfach nicht geschaffen:

> »Immer wenn es brennt, kommen sie und wollen Hilfe. Aber kaum sind die schlimmsten Krisentage überstanden, brechen sie ab. Kriseninterventionen werden akzeptiert; wenn es aber ernst wird, wenn Beratung oder gar Therapie anstehen, dann gibt es nur noch Abwehr und Rückzug hinter die Mauern der Familie.«

Die Fremdheit dieser Familie erklärt und legitimiert in dieser Sichtweise hinreichend das Scheitern der Professionellen, und mit unhinterfragter Selbstverständlichkeit wird unterstellt, dass das deutsche Hilfe- und Fördersystem »ist, wie es ist«, auch wenn in großen Teilbereichen Klienten mit Migrationshintergrund die Mehrheit bilden. Fremdheit ist die der Anderen. Die mangelhafte Angepasstheit der deutschen Institutionen, ihre fehlenden Angebote, ihre stets zu knappen Ressourcen, ihre deplatzierten Kompetenzen und unterqualifizierten Professionellen tauchen bei den Antworten auf die Frage nach dem Scheitern nicht auf. Auch die Defizite sind immer die der Anderen.

Kein Arbeitsbündnis mit der Familie, sondern wechselseitiger Missbrauch

Die beiden Sprachbilder von der *Leiche im Keller* und von *Bruch und Abbruch* sind in den Fallüberlegungen der Professionellen eng verwoben mit dem Thema des *Missbrauchs.* Alberto sei möglicherweise ein von seinen Eltern *missbrauchtes* Kind. Hierfür steht der *Schädelbruch* des Kleinkindes als frühestes Zeichen. Die Konflikte Albertos mit seinen Eltern und Geschwistern wie mit seinen Lehrern und Mitschülern sind getränkt von Gewaltandrohungen, Gewalttätigkeiten, Misshandlungen, von Missbrauch und Missachtung. Und *Missbrauch und Missachtung* charakterisieren auch den Hilfe- und Förderprozess. Die Professionellen fühlen und erleben sich als missbrauchte Helfer. Das erklären sie mit der *Leiche im Keller* der Familie und damit erklären sie die zahlreichen *Brüche und Abbrüche* im Hilfeprozess durch die Eltern. Wie ein untergründiges Thema zieht sich der *wechselseitige Missbrauch* durch Albertos Konfliktgeschichte, doch in den Erklärungen der Professionellen zum Scheitern ihrer Arbeit wird immer nur die eine Seite angestrahlt. Der Blick von außen erst macht deutlich, dass hier beide Seiten verstrickt sind in eine Dynamik von Übergriffen und Missbrauch.

Bricht die Hausaufgabenhilfe die Arbeit ab, weil sie sich missbraucht fühlt, so verweigert die Familie die Zusammenarbeit mit einer Helferin, die »viel zu viel Verantwortung« übernommen hat, dabei vielleicht in die Intimsphäre der Familie eingedrungen ist und so – in der Sicht der Eltern Albertos – ihre eigentlich begrenzte Aufgabe der Hausaufgabenhilfe *missbraucht.*

Eskaliert die Regelschule in ihren Auseinandersetzungen mit Alberto und seinen Eltern, weil sie sich durch deren Verweigerungshaltung missachtet und missbraucht sieht, so ist es offensichtlich den Eltern Albertos unbegreiflich, dass sie für die schulischen Belange ihres Sohnes zuständig sein sollen; und sie fühlen sich von Lehrern und Schule missbraucht, wenn sie verantwortlich gemacht werden dafür, dass Alberto und die Schule nicht miteinander auskommen.

Fühlt sich die ASD-Fachfrau getäuscht und *mißbraucht*, weil die Eltern zunächst ihre Hilfe erbitten, auch alle Voraussetzungen erfüllen, die eine geplante Maßnahme erfolgreich erscheinen lassen und dann »immer wenn es

ernst wird« abblocken oder abbrechen, so sieht sich Albertos Mutter als *missbrauchtes* Opfer eines übergriffigen Helfersystems, genötigt, sich zu entblößen – als Bedingung der Hilfe für ihren Sohn.
Sehen sich sämtliche mit Alberto befassten Professionellen durch die Familienbedingungen Albertos und die destruktive Verweigerungshaltung seiner Eltern in ihrer Arbeit sabotiert und missbraucht, so kommt Albertos Mutter zu dem Schluß, Jahre lang habe sie Hilfe gesucht und keine erhalten – »statt dessen haben die mir mein Kind versaut«.
Und auch an dieser Stelle taucht das Thema von Fremdheit und Migration auf als Thema wechselseitigen Missverstehens und gegenseitiger Missachtung. Adäquates professionelles Fallverstehen muss die Grundlage für verlässliche und belastbare Arbeitsbündnisse legen und sichern. Neben einem Verständnis für den »Sinn« der schweren Probleme und Störungen des Jugendlichen und seiner Familie und neben einem Verständnis für die nicht minder schweren Defizite und Schwierigkeiten des Hilfe- und Fördersystems gehört zu einem derartigen professionellen Fallverständnis an dritter Stelle ein Verständnis für die spezifische soziale Lebenswelt des schwierigen Jugendlichen. Die in ihrer Reichweite extrem verkürzte und selektive diagnostische Perspektive der Professionellen im Fall Albertos ist wohl kaum als individuelles fachliches Versagen zu begreifen, eher muss sie als ein Indikator für eine nicht minder selektive Hilfe- und Förderpraxis verstanden werden. Und – gleichsam nebenbei – entlastet eine solche Perspektive die Professionellen von Erfahrungen des Scheiterns, legitimiert zugleich *strukturelle Verantwortungslosigkeit* und versperrt den Weg zum kompetenten Verstehen der eigenen pädagogischen Praxis.

2.3 Eine Grenze pädagogischen Fallverstehens

Auch wenn im Fall Albertos sich sozialpädagogische Diagnostik nur ausnahmsweise auf der Höhe professionellen Fallverstehens zeigt, erlauben die kritischen Anmerkungen einige deutliche Hinweise auf unverzichtbare Anforderungen an ein qualifiziertes pädagogisches Fallverstehen:

- Es muss die Defizite und Probleme, aber auch die Kompetenzen und Ressourcen der schwierigen Jugendlichen und seines sozialen Umfeldes erfassen.

- Es muss die Defizite und Probleme, aber auch die Kompetenzen und Ressourcen des Hilfe- und Fördersystems und der Hilfe- und Förderprozesse erfassen.
- Es muss das Zusammenwirken, die Zusammenhänge individueller und institutioneller Konfliktdynamik und Konfliktmuster erfassen.

Dies impliziert, dass pädagogisches Fallverstehen sich nur als die Arbeit mit diesen schwierigen Jugendlichen begleitender, interdisziplinärer diagnostischer Lernprozess entfalten kann.
Daneben aber gibt es in der Konfliktgeschichte Albertos auch Hinweise auf eine wichtige Grenze guter sozialpädagogischer Diagnostik, deren Verleugnung eine starke Quelle für Verstrickungen und ein machtvoller Motor für Konflikteskalationen sein kann.
Die bisherige Kritik an den Defiziten und Störungen im Hilfe- und Fördersystem, das mit Alberto zu tun hatte, zielte auf mangelhafte Integration von Hilfeprozess und Hilfesystem, auf fehlende Ressourcen und Kompetenzen bei den Professionellen und ihren Institutionen, auf Störungen in der fachlichen Zusammenarbeit, auf Unterlassungen bei den Arbeitsbündnissen mit der Klientel und auf die systematische Vernachlässigung der strategischen Stelle, von der aus Förder- und Hilfeprozesse zu steuern wären: einem interdisziplinär erarbeiteten professionellen Fallverständnis. Die bisherige Kritik zielte des Weiteren auf jene institutionalisierten Strukturen, die es Schule und Jugendhilfe erlauben, diese Defizite und Störungen zu übersehen, auf ihre Mitarbeiterinnen und Mitarbeiter abzuwälzen oder zu Anforderungen an Eltern und Schüler umzuformulieren. Dieser Typus von Kritik ist zusammengefasst im Begriff der *strukturellen Verantwortungslosigkeit.*
Die beiden Fallberichte aus soziologischer und psychoanalytischer Perspektive und die interdisziplinäre Fallreflexion aber legen es nahe, eine zweite Front der Kritik zu eröffnen, die die destruktive Macht der Individuen in ihre Überlegungen einbezieht. Denn es muss damit gerechnet werden, dass Schule und Jugendhilfe auch dann mit ihren Mitteln der Hilfe und Förderung an diesen Jugendlichen scheitern können, wenn sie über die hinreichenden Ressourcen und Kompetenzen verfügen könnten; dass diese schwierigen Jugendlichen Hilfe und Förderung auch dann verweigern, wenn die Angebote gut und die Professionellen kompetent sind, ja, mehr noch, dass Angebote zurückgewiesen werden, *weil* sie gut, dass Professionelle abgelehnt werden, *weil* sie verständnisvoll sind.
In der Konfliktgeschichte Albertos taucht an mehreren Stellen das Argument auf: Wir können dem Jungen nur Angebote machen; ergreifen muss er sie selbst. Auch dabei können wir ihm vielleicht noch helfen – aber irgend etwas

muss er tun, an irgend etwas müssen wir anknüpfen. Besonders markant tauchte diese Argumentation in der Hauptschule auf, wo Albertos Klassenlehrer glaubhaft versicherte, er und die in der Klasse mitarbeitende Referendarin hätten geradezu Ausschau gehalten nach auch nur dem geringsten Ansatzpunkt bei Alberto. Und auch die Erfahrungen des pädagogischen Teams der Lernwerkstatt mit Alberto weisen in diese Richtung: Bei aller denkbaren Kritik an der Qualität der Angebote – gescheitert ist die Lernwerkstatt sicher nicht *nur* an der Unfähigkeit, ihr Setting den Möglichkeiten Albertos anzupassen, sondern auch an der harten und entschlossenen Abwehr dieses Jungen. Und insofern hat der Werkpädagoge mit seinem Resümee nicht nur unrecht: Alberto verweigert »entschieden« die Zusammenarbeit mit dem pädagogischen Team der Lernwerkstatt.

Das Fiktive an dieser »freien Entscheidung« ist den Pädagogen in gewisser Weise zwar klar, wichtig aber ist, dass die Unterstellung der freien und autonomen Entscheidung eine notwendige und unverzichtbare Fiktion der Arbeit und des pädagogischen Fallverständnisses ist. Insofern geht es hier nicht nur um das Setting – und dessen Schutz gegenüber schwierigen Jugendlichen, sondern auch um eine berufliche Grundorientierung von Pädagogik: Sie kann sinnvoll nur arbeiten, wenn es ihr gelingt, belastbare Arbeitsbündnisse mit diesen schwierigen Jugendlichen aufzubauen. Sie muss – und das ist tatsächlich eine unverzichtbare Arbeitsvoraussetzung – etwas in den Jugendlichen finden, an das sie anknüpfen kann, auf das sie aufbauen kann. Deshalb ist ihre erste und wichtigste Frage die nach den möglichen Ressourcen und Kompetenzen dieser schwierigen Jugendlichen. Deren Defizite und Inkompetenzen sind zwar der Grund, weshalb Hilfen zur Erziehung notwendig sind und finanziert werden, aber die Ressourcen und Kompetenzen bieten die Chance, dass pädagogische Interventionen erfolgreich sein können und der Einsatz finanzieller Mittel nicht verschwendet ist.

So ist auch das Hilfeplanverfahren wesentlich geprägt von der Unterstellung, dass alle Beteiligten »kontraktfähig« seien, das heißt über jenes Maß an Autonomie verfügen, das für verbindliche und verpflichtende Arbeitsbündnisse nötig ist. Deshalb sind die Selbstverpflichtungen im Hilfeplanverfahren nicht naive, sondern notwendige Fiktionen. Dass sie im Verlauf des Hilfe- und Förderprozesses an Realität gewinnen mögen, indem die Autonomiespielräume der Hilfebedürftigen erweitert werden, ist das Ziel von »Hilfe zur Selbsthilfe«. Auch wenn die Hilfeplanung im Fall Alberto den Eindruck naiver Selbsttäuschung bei allen Beteiligten weckt, so ist gerade ihr fiktiver Charakter das Element, auf das am wenigsten verzichtet werden kann. Deshalb auch findet sich in der pädagogischen Diagnostik, sofern sie sich primär am

Ziel der Hilfe und Förderung orientiert, eine durchaus dominante Perspektive auf die Ressourcen und Kompetenzen der Jugendlichen. In der Konfliktgeschichte Albertos taucht diese Perspektive an mehreren Stellen, immer aber dort auf, wo Professionelle den helfenden und fördernden Blick und nicht so sehr den repressiven und selektierenden Blick auf den Jungen haben.
Es gibt bei der engagierten Grundschullehrerin, bei der überaus einfühlsamen Hausaufgabenhilfe, bei dem Tandem des BFZ und schließlich bei der Sozialarbeiterin des Teams der Lernwerkstatt eine deutliche Tendenz, auch nur die kleinsten Hoffnungsschimmer und Entwicklungsschritte stark herauszuheben; und zugleich die enormen destruktiven und regressiven Dimensionen im Verhalten Albertos zu verharmlosen. Markantes Beispiel ist das quasi-diagnostische Gutachten des BFZ, wo die »deutliche Verringerung seines störenden Verhaltens« in der Hauptschule als »Bestätigung der Hypothese« interpretiert wird, »dass Alberto sensibel auf förderliche Bedingungsänderungen reagiert: In gleichem Maße, wie er sich angenommen fühlen konnte und nicht auf das Bild vom bösen Kind festgelegt wurde, konnte er bewusst seine aggressiven Impulse beherrschen und steuern.«
Es gibt bei diesem Teil der Professionellen ein regelmäßiges »zwar – aber«, wenn sie Alberto charakterisieren. Es gibt *zwar* diese störenden Seiten an Alberto und man muss höllisch aufpassen, sich nicht provozieren zu lassen, *aber* es gibt auch die anderen Seiten, etwas durchaus Liebevolles, auch Begabtes und Verlässliches an diesem Jungen. Da sitzt *zwar* Tag für Tag dieser verschlossene, zu dicke und überaus dumme Junge schweigend und stumpf in der Klasse herum, *aber* dann zeigt er sich auch von einer anderen Seite, ganz niedergeschlagen, traurig, weinend und hilfsbedürftig und kann seinen Lehrer für sich gewinnen. Da rastet er *zwar* in der Lernwerkstatt aus, tobt und brüllt und schlägt um sich wie ein Irrer, zugleich aber kann die Sozialarbeiterin spüren, dieser Junge behält einen Rest von Kontrolle, ist nicht völlig außer sich, kann auch in dieser Extremsituation Zuwendung zulassen. Sogar der Polizeibeamte, der nur einige Male mit Alberto zu tun hatte, kennt dieses »zwar – aber«. Alberto habe *zwar* seine durchaus gefährdeten und gefährlichen Seiten, vor allem wenn er sich in seiner aggressiven Clique bewegt, *aber* alles in allem habe dieser Junge »eine sehr positive Ausstrahlung gehabt«.
Der *Mythos vom Neuanfang* bekommt im Zusammenhang mit der genannten diagnostischen Perspektive auf die Ressourcen und Kompetenzen der Jugendlichen einen deutlichen »Sinn«. Denn was soll der Blick in die Schulakte mit ihrer Ansammlung negativer Anzeigen. Sie kann den ebenso notwendigen wie angestrengten Blick auf die »positiven Seiten«, an die sozialpädagogisches Handeln anknüpfen könnte, nur verstören. »Ich will mir mein eigenes Bild

machen« – diese Begründung unterstellt immer und nicht zu Unrecht, dass das Bild der Kollegen, die an Alberto schon gescheitert sind, eher ein einseitig negatives und defizitäres sein wird. Die Chance des Neuanfangs muss – in dieser Perspektive – beiden Seiten gegeben werden. Und diese Chance wird geradezu beschworen, als hinge das professionelle Schicksal von ihr ab.
Die Entlastung Albertos durch Belastung der Eltern und anderer Professioneller ist ein wichtiges Hilfsmittel, um die Perspektive auf die Kompetenzen und Ressourcen dieses Jungen auch dann noch aufrecherhalten zu können, wenn nichts mehr zu greifen, an nichts mehr anzuknüpfen ist. Immer wieder sind es die Eltern, mal der Vater, mal die Mutter, mal die familiäre Vorgeschichte, die alle guten Ansätze und Entwicklungen zunichte machen; und wenn es nicht die Familie ist, dann sind es andere Professionelle, die durch ihr wenig einfühlsames Verhalten den Durchbruch der aggressiven oder destruktiven Tendenzen in Alberto provozieren und die kleinen Ansätze positiver Entwicklung wieder zerstören.
Ohne Zweifel gibt es sehr gute Gründe für diese sozialpädagogische Perspektive. Sie ist nicht nur notwendig in der sozialpädagogischen Praxis und Diagnostik, sie ist auch – für die meisten der Jugendlichen, mit denen Sozialpädagogik zu tun hat – hinreichend. Dies aber eben nicht für alle, und mit großer Wahrscheinlichkeit nicht für die Kinder und Jugendlichen mit schweren frühen Entwicklungsstörungen. Das Festhalten an dieser Perspektive auf die Ressourcen und Kompetenzen muss hier nicht selten einen hohen Preis bezahlen.
Das psychoanalytische Fallverständnis kann dagegen eine die Macht des Unbewussten anerkennende Perspektive eröffnen. Demnach treiben die tiefen Störungen diese schwierigen Kinder und Jugendlichen dazu, ihre Aggressivität und Destruktivität vorrangig gegen jene Professionellen zu richten, die es gut mit ihnen meinen, die ihnen Hilfe und Unterstützung anbieten. Deren Angebote werden wütend oder verschlossen, beide Male aber destruktiv, zurückgewiesen – nicht weil es die falschen Angebote sind, sondern weil sie helfen könnten. Die machtvollen Zwänge, die hinter dieser Abwehr stehen, binden alle Kompetenzen und Ressourcen dieser Jugendlichen. Und wer mit ihnen das Arbeitsbündnis sucht, wird eher zum Komplizen der Störung als zum Helfer aus der Sackgasse. Angesichts der Psychodynamik dieser schwierigen Jugendlichen können sich die Hoffnungen der Professionellen sehr schnell als Illusionen erweisen – und die häufig folgende enttäuschte Abkehr ist dann nur die Kehrseite illusionärer Selbsttäuschung.
Das »zwar – aber« zielt auf Relativierung, auf den milden, positiven, zugewendeten Blick. Zugleich aber signalisiert dieses »zwar – aber«, dass Zuwen-

dung nicht aufrechterhalten werden kann, wenn dem Grauen und Entsetzen, das in diesen schwierigen Jugendlichen liegt, ohne rosa Brille ins Gesicht geschaut werden, das heißt, wenn es ernst genommen werden müsste. Die unbewusste Botschaft – auch an diese Jugendlichen – ist, dass die gutgemeinten Angebote keine verlässlichen sind, sobald es wirklich ernst wird; eine Unterstellung, die der Lebenserfahrung dieser Jugendlichen voll entspricht. Ihre aggressiven und destruktiven Attacken gegen die Helfer und ihre Hilfen haben möglicherweise gerade hier ihren »Sinn«: als rücksichtsloser – wenn auch unbewusster – Test, ob das Gegenüber die »Störung« und das heißt: den »Störer« wirklich aushält und überlebt.

Mag sein, dass auch die schwierigen Jugendlichen sich der Illusion des Neuanfangs hingeben; viele Belege gibt es, dass ihre Eltern dies tun. Aber selten gibt es wirklich die Chance des Neuanfangs – die Regel ist die Macht des Wiederholungszwangs. Die speist sich aus frühen, überlebensnotwendigen Abwehrstrategien, auf die diese Jugendlichen nicht verzichten können, weil sie befürchten müssen, ohne sie von entsetzlichen und archaischen Gefühlen der Angst, der und Hilflosigkeit und der Verlassenheit überwältigt zu werden. So gerät die Chance des Neuanfangs meist nur zur Chance einer Neuinszenierung des Altbekannten – verbunden mit dem Überraschungseffekt für die Professionellen, die sich zum Schutz ihrer Illusion ahnungslos und wehrlos gehalten haben.

Schließlich muss der Preis der Spaltung bezahlt werden. Gerade im Fall Albertos war dieser Preis eklatant. Nur arbeitsteilig »gespalten« konnten die Professionellen mit Alberto arbeiten – schon in der Grundschule, dann in der Hauptschule. Wo diese arbeitsteilige »Spaltung« nicht möglich war, wo im pädagogischen Team kooperiert werden musste, wird das Team gespalten. Die Korrektur des Settings in der Lernwerkstatt auf Grund der Erfahrungen mit Alberto bestand bezeichnenderweise nicht in einer Verbesserung der fachlichen Zusammenarbeit im Team, sondern in einer Klärung arbeitsteilig organisierter Teilaufträge unter den Teammitgliedern.

Blinde Wiederholung oder Aneignung der Konfliktgeschichte

Die Wiederholung lebt vom Mythos des Neubeginns und von der Blindheit dem geschichtlichen Prozess gegenüber. Man mag es als die große und fatale Kunst solcher Jugendlicher verstehen, Wiederholungen so zu inszenieren, dass sie von den Anderen als das, was sie sind, als inszenierte Wiederholungen, nicht erkannt werden. Dabei handelt es sich selbstverständlich nicht um

eine beherrschte und bewusst eingesetzte Kunst. Die Inszenierungen dieser Jugendlichen sind zwanghaft, und sie evozieren zwanghafte Reaktionen bei jenen, die mit ihnen zu tun haben. Die Macht von *Übertragung und Gegenübertragung* in den Beziehungen zwischen *Störern und Gestörten* kann nicht überschätzt werden; und *Verstrickungen* sind hier tief im Unbewussten aller Beteiligten verankert. Die Einsicht, als Objekt von Manipulation missbraucht zu werden, ist für alle, vor allem für Professionelle, kränkend. Die Einsicht, gegen die Macht der Verstrickung der kollegialen Hilfe eines Dritten zu bedürfen, ist nicht minder kränkend, besonders für Professionelle, die Hilfe spenden und nicht suchen wollen. Und doch wären derartige Einsichten notwendige Elemente von Professionalität bei allen, die mit Kindern und Jugendlichen wie Alberto pädagogisch arbeiten. Denn sie arbeiten stets an den Grenzen ihrer Profession. Dem Problem dieser schwierigen Kinder und Jugendlichen, gesetzte Grenzen wahrzunehmen, zu akzeptieren, für ihre Entwicklung zu nutzen und produktiv zu verschieben, steht auf der Seite der Professionellen ein komplementäres Problem der professionellen Grenzen und der Grenzen ihrer psychischen Verarbeitungsmöglichkeiten gegenüber.
Gutes, pädagogisches Fallverstehen von Lehrern und Sozialarbeitern muss über seine professionellen Grenzen aufgeklärt sein. Deshalb muss die regelmäßige *kollegiale Fallbesprechung* notwendig durch die nicht minder regelmäßige *interdisziplinäre Fallreflexion* ergänzt werden. Wird in der kollegialen Fallbesprechung der Intervision *pädagogisches Fallverstehen* erarbeitet, so werden in der interdisziplinären Fallreflexion der Supervision die Grenzen und Grenzüberschreitungen bearbeitet.
Die Konfliktgeschichte Albertos demonstriert die schlechten Alternativen: illusionäre Selbstüberschätzung und -überforderung beim Neuanfang, gekränkte Desillusionierung und wütender Rückzug im Scheitern und distanzierte Professionalität, die von frei gewählter Verweigerung der Jugendlichen spricht, die es zu respektieren gelte, und dabei das *Störende* und die *Störung* verleugnet, zumindest verharmlost. Die bloße Antithese zur schwarzen Pädagogik bleibt subjektiv hilflos und verweigert objektiv notwendige Hilfe. Ein recht deutliches Beispiel hierfür gibt Mechthild Wolff[8] als »Fazit« ihrer Überlegungen zum »außerschulischen Bildungsauftrag der Jugendhilfe«:

[8] Mechthild Wolff, Der außerschulische Bildungsauftrag der Jugendhilfe. Formen sozialen Lernens im öffentlichen Raum; in: Jochen Schirp/Cordula Schlichte/Heinz-Jürgen Stolz (Hg.) Annäherungen – Beiträge zur Zusammenarbeit von Jugendhilfe und Schule, Afra-Verlag 2004, S.136

> »Alle Bestrebungen und Bemühungen, neue Ansätze zu entwickeln, setzen darauf, dass Kinder und Jugendliche das Bedürfnis und den Willen haben, sich auf Bildungsprozesse – formelle wie informelle – einzulassen. Einräumen muss man aber, dass es auch Jugendliche gibt, die nicht partizipieren wollen und die sich nicht motivieren lassen. Da kann ein Bildungsverständnis noch so weit gefaßt, da können die Intentionen und Grundhaltungen der Professionellen noch so plausibel und noch so ausgerichtet sein an der UN-Kinderrechtskonvention und am Bemühen um lebenswertes Gemeinwesen, da können die Professionellen noch so davon überzeugt sein, dass sie Jugendlichen die Chance zur eigenverantwortlichen Lebensführung geben wollen. Alles Bemühen bricht sich an dem Eigenwillen und Eigensinn von Jugendlichen, den wir den Kindern und Jugendlichen auch belassen sollen.«

Hier wird die Grenze pädagogischer Intervention und pädagogischen Fallverständnisses verabsolutiert; die Pseudo-Autonomie schwer gefährdeter Jugendlicher wird verharmlost und als zu respektierender »Eigenwille und Eigensinn« idealisiert; und unter dem Schleier von Respekt und Achtung vor der Autonomie der Jugendlichen wird die Abhängigkeit der Profession von interdisziplinärer Kooperation verleugnet.

Kapitel III
Psychoanalytisches Fallverstehen
Zur Methode des psychoanalytischen Erstinterviews

Rose Ahlheim

Der psychoanalytische Teil unserer Fallstudien bezieht seine Darstellungen und Hypothesen aus jeweils ein oder zwei Gesprächen, und diese sind unstrukturiert und im Idealfall ganz frei geführt. Was veranlasst uns zu der Annahme, ein solches Verfahren könne zu zuverlässigen Aussagen über den Probanden führen? Wie kommt der Psychoanalytiker dazu, aus einem eher karg scheinenden Gesprächsprotokoll ein ausführliches *Diagnoseprofil* zu erarbeiten?

Ich möchte versuchen, unser Vorgehen und unser Verständnis von Diagnose in einer komprimierten Form darzustellen und anschließend exemplarisch am Fall Alberto zu illustrieren.

3.1 Psychoanalytische Diagnostik: ihr Gegenstand und ihre Methode

Die Psychoanalyse arbeitet seit Sigmund Freuds Pionierarbeiten auf zwei Ebenen. Einerseits ist sie ein Heilverfahren, das dem Analysanden helfen soll, seine unbewussten seelischen Konflikte zu erkennen und seine ebenso unbewussten Strategien, sie zu bewältigen, möglicherweise durch andere, angemessenere oder reifere zu ersetzen. Andererseits ist sie zugleich eine Methode zur Erforschung von Fremdpsychischem. Ihr Gegenstand ist die subjektive innere Wahrheit eines Anderen, ihr Verfahren beruht auf intersubjektiver Verständigung zwischen zwei Beteiligten, dem Analysanden und dem Analytiker.

Dem entspricht, dass die Konzepte und Begriffe der Psychoanalyse seit ihrer Gründungszeit vorwiegend aus Einzelfallstudien gewonnen worden sind und dass umgekehrt jede erzählte Krankengeschichte auch ein Stück Theoriebildung darstellt, indem überlieferte Konzepte erprobt, angewendet, vertieft, erweitert, modifiziert oder verworfen und durch andere ersetzt werden. Psychoanalytisches Vorgehen ist nicht einfach ein Erfassen von empirischen Einzeldaten und deren anschließendes Abgleichen mit einem feststehenden System von Sätzen und Hypothesen. Es beruht vielmehr auf einem intersubjektiven Verstehen von Sinnzusammenhängen und auf einer Verständigung über gemeinsam gefundene und für plausibel befundene Bedeutungen.

Psychoanalyse als sinnverstehende Wissenschaft

Freud hatte den Ehrgeiz, das »organische Substrat« des Seelischen nachzuweisen, die leiblich-substantielle Grundlage und Verankerung psychischer Prozesse, aber mit den Mitteln seiner Zeit war ihm das nicht möglich. In jüngerer Zeit bieten die Methoden der neurophysiologischen Forschung die Möglichkeit, psychisches »Funktionieren« als ein dynamisches Geflecht von neuronalen Erregungsabläufen abzubilden, und die psychoanalytische Forschung hat in der Folge begonnen nachzuzeichnen, wie psychische Prozesse in die chemo-physiologischen Funktionszusammenhänge eingeschrieben werden.[9] Aber das ändert nichts daran, dass der Zugang zu unbewusstem Erleben, der innerpsychische Vorgänge mitteilbar machen kann, allein durch ein intersubjektives Verstehen von Sinnzusammenhängen und Bedeutungen möglich ist. Die Psychoanalyse bleibt auch dann, wenn sie sich als verträglich mit naturwissenschaftlichen Nachbardisziplinen erweist, eine hermeneutische Wissenschaft.

---

[9] vgl. Alfred Lorenzer: Die Sprache, der Sinn, das Unbewusste. Psychoanalytisches Grundverständnis und Neurowissenschaften, hg. von Ulrike Prokop, Stuttgart 2002; Wolfgang Leuschner: Unbewusste Prozesse im Lichte psychoanalytisch-experimenteller Traumforschung; in: Marianne Leuzinger-Bohleber, Heinrich Deserno und Stephan Hau (Hrsg.): Psychoanalyse als Profession und Wissenschaft. Die psychoanalytische Methode in Zeiten wissenschaftlicher Pluralität. Stuttgart 2004, S. 331-340; Stephan Hau/Marianne Leuzinger-Bohleber/Michael O. Russ: Die Untersuchungen von Freuds Traumtheorie mit Hilfe der Funktionellen Magnetresonanztomographie (FMTR); in: Marianne Leuzinger-Bohleber, Heinrich Deserno und Stephan Hau (Hrsg.) a.a.O. S. 341-346

Sigmund Freud, von Hause aus ein naturwissenschaftlich denkender Forscher, sah die Aufgabe des Analytikers noch darin, möglichst neutral und ohne persönliche Beteiligung für all das offen zu sein, was der Analysand ihm mitteilen würde. In einer viel zitierten und heute eher berüchtigten Metapher verglich er seine Haltung mit einem Spiegel, der möglichst unverzerrt ein Bild auffangen und wiedergeben sollte,[10] etwa wie ein Telephonhörer die elektromagnetischen Wellen getreu in Schallwellen umwandle. Freilich war ihm klar, dass nicht nur der Analysand mit seinem Unbewussten den Phantasieraum zwischen den beiden Beteiligten füllte, dass vielmehr der Analytiker mit unbewussten Reaktionen antwortete und gelegentlich tief verwickelt war in den Austausch von Phantasien und Projektionen. Nicht nur, dass der Analysand sein Unbewusstes in der Analysestunde zu Wort kommen ließ und den Analytiker im Lichte seiner infantilen Konflikte verzerrt wahrnahm, also eine »Übertragung« unbewusster Erwartungen, Wünsche und Ängste auf den Analytiker herstellte (dazu weiter unten ausführlicher), sondern auch der Analytiker reagierte mit einer »Gegenübertragung«, die es sorgfältig zu beachten galt. Freud war aber der Meinung, der Analytiker müsse diese Gegenübertragung als Ausdruck seiner eigenen Neurose betrachten und so sorgfältig als möglich aus dem analytischen Prozess heraushalten.[11]
Sah Freud in der Gegenübertragung noch ein Hemmnis, das ein ungetrübtes Verstehen des Patienten verhinderte, so lernte man später, in der Gegenübertragung ein wichtiges Hilfsmittel zum Verstehen des Patienten zu sehen, weil gerade die persönlichen Reaktionen auf einen unbewussten Vorgang viel über dessen Qualität sagen können. Die Selbstbeobachtung des Analytikers diente nun nicht nur dem Ziel, Störungen fernzuhalten, sondern wurde als wichtig für die diagnostische Arbeit erkannt.[12]

---

[10] Sigmund Freud: Ratschläge für den Arzt bei der psychoanalytischen Behandlung (1912). In: GW Bd. 8, Frankfurt am Main 1978, S. 103-116

[11] Sigmund Freud: Die zukünftigen Chancen der psychoanalytischen Psychotherapie (1910). In: GW Bd. 8, Frankfurt am Main 1978, S. 103-116; vgl. Frank Dammasch: Die innere Erlebniswelt von Kindern alleinerziehender Mütter. Eine Studie über Vaterlosigkeit anhand einer psychoanalytischen Interpretation zweier Erstinterviews, Frankfurt am Main 2000

[12] Paula Heimann: Bemerkungen zur Gegenübertragung; in: Psyche, Jg.18 (1964), S. 483-493; Heinrich Racker: Übertragung und Gegenübertragung. München/Basel 1993; Frank Dammasch: Gegenübertragung als Erkenntnisinstrument. Szenisches Verstehen in der Anfangssequenz einer therapeutischen Begegnung; in: Analytische Kinder- und Jugendlichen-Psychotherapie, Jg. 28 (1997), S. 443-469

Szenisches Verstehen

In den sechziger Jahren setzte sich im Frankfurter Sigmund-Freud-Institut ein methodischer Ansatz durch, der die Begegnung zwischen Analytiker und Analysand als eine »Szene« auffasst, die der Analysand nach unbewussten Mustern gestaltet und in die der Analytiker, ob er will oder nicht, mit einsteigt, indem er auf die unbewussten Vorerwartungen und Interaktionsmuster seines Gegenüber reagiert, wobei unvermeidlich seine eigenen unbewussten Beziehungsentwürfe mit ins Spiel kommen. Analytisches Verstehen ist danach ein szenisches Verstehen der gesamten dynamischen Beziehungssituation.[13] Zu der »Szene« gehören nicht nur die ausgetauschten Worte, sondern Körperhaltung, Blicke, Gesten, kleine Nebenhandlungen beider Beteiligten, beobachtbare Interaktion also, und ebenso die inneren Prozesse, die nur der Introspektion zugänglich sind. Schon der Auftakt der Begegnung, die telefonische Kontaktaufnahme, das erste Klingeln, kann szenisch signifikant und damit als Einstimmung der Gesprächspartner bedeutsam sein. Die Auffassung der unbewussten Inszenierung als »Handlungsdialog« zweier Dialogpartner[14] definiert die Psychoanalyse endgültig als eine Zwei-Personen-Psychologie, einen Prozess zwischen den Beteiligten, in dem der Analytiker sich nicht auf neutrales Terrain zurückziehen kann. Dennoch sollte der Analytiker möglichst zurückhaltend in der Interaktion sein, nicht bewerten oder urteilen, kein Thema vorgeben, die Gestaltung der Beziehungsdynamik so weit es geht dem Probanden überlassen. Er kann nicht als »leere« Person arbeiten, aber er sollte sich mit seinem Interviewpartner auf einer möglichst leeren Bühne befinden und ihm die Regie überlassen. Für seine breitgefächerte Bereitschaft, verbale wie außersprachliche Mitteilungen ebenso wahrzunehmen wie auf die eigenen Körpersensationen, emotionalen Reaktionen – seien sie auch noch so flüchtig – und begleitenden Phantasien ohne Urteil

---

[13] vgl. Alfred Lorenzer: Sprachzerstörung und Rekonstruktion. Vorarbeiten zu einer Metatheorie der Psychoanalyse, Frankfurt am Main 1970; Hermann Argelander: Das Erstinterview in der Psychotherapie; in: Psyche, Jg. 24 (1967), S. 341-368, 429-467, 473-512; vgl. Werner Bohleber: Die Gegenwart der Psychoanalyse. Zur Entwicklung ihrer Theorie und Behandlungstechnik nach 1945; in: Werner Bohleber/Sibylle Drews (Hrsg.): Die Gegenwart der Psychoanalyse – die Psychoanalyse der Gegenwart; Stuttgart 2001, S. 15-34

[14] Rolf Klüwer: Agieren und Mitagieren; in: Psyche, Jg. 37 (1983), S. 828-840; ders.: Agieren und Mitagieren – 10 Jahre später; in: Zeitschrift f. psychoanalytische Theorie und Praxis, Jg. 10 (1995), S. 45-70

sorgsam zu achten, gibt es keine bessere Bezeichnung als die schon von Freud geprägte »Gleichschwebende Aufmerksamkeit«.[15]

Absicherung der psychoanalytischen Hypothesen durch den Therapieverlauf

Nun ist es ein erheblicher Unterschied, ob das analytische Erstinterview am Beginn eines längeren Therapieprozesses stehen soll oder ob es bei dieser einmaligen Begegnung bleibt wie in unserem Forschungsprojekt. In einem Therapieverlauf wird es darum gehen, die Hypothesen aus der diagnostischen Phase – in der es in erster Linie um die Indikation einer psychoanalytischen Behandlung geht – nach und nach zu überprüfen, zu entfalten und zu vertiefen oder aber zu modifizieren und zu korrigieren, gegebenenfalls auch ganz zu verwerfen. Dies wird ein dynamischer Erkenntnisprozess zu zweit sein.
Diese Art von hermeneutischer Überprüfung der Hypothesen ist bei der Erhebung in unserem Forschungsprojekt natürlich nicht möglich, die Absicherung unserer Ergebnisse muss auf anderem Wege angestrebt werden.

Gedächtnisprotokoll und Fallkonferenz

Eine wichtige Instanz im Rahmen unseres Forschungsprojekts ist daher die psychoanalytische Fallkonferenz. Der Stoff, an dem die Gruppe arbeitet, ist das Gedächtnisprotokoll, das der Interviewer nach der Stunde angefertigt hat

[15] Die Frankfurter Tradition des »szenischen Verstehens« sah sich in den achtziger Jahren bestätigt, als auf internationaler Ebene das in den USA entwickelte Konzept des »enactment« viel beachtet, diskutiert und aufgegriffen wurde (vgl. Rolf Klüwer: Szene, Handlungsdialog [enactment] und Verstehen; in: Werner Bohleber/Sibylle Drews (Hrsg.): a.a.O. S. 347-357; vgl. Werner Bohleber: a.a.O. S. 15-34). Mit Hilfe dieses Konzepts ist schon die erste Begegnung als »Szene«, als bedeutsame und aussagekräftige Begegnung und damit als diagnostisches Material verstehbar und interpretierbar (vgl. Hermann Argelander: Die szenische Funktion des Ichs und ihr Anteil an der Symptom- und Charakterbildung; in: Psyche, Jg. 24 (1970), S. 325-345; Anita Eckstaedt/Rolf Klüwer (Hrsg.): Zeit allein heilt keine Wunden. Psychoanalytische Erstgespräche mit Kindern und Eltern, Frankfurt am Main 1980; Anita Eckstaedt: Die Kunst des Anfangs. Psychoanalytische Erstgespräche, Frankfurt am Main 1991). Und die Erfahrung hat gezeigt, dass die wichtigen Themen, die sich im Laufe eines therapeutischen Prozesses entfalten, in nuce bereits im Erstinterview enthalten sind.

und das seine erste Bearbeitung des analytischen Gesprächs mit dem Jugendlichen darstellt.

Ein solches Protokoll unterscheidet sich wesentlich von der Aufzeichnung eines Mitschnitts der Stunde. Die Niederschrift des Analytikers kann keine objektive Darstellung anstreben, weil ja bereits das Gedächtnis den objektiven Hergang der Ereignisse zu einem subjektiven Zusammenhang strukturiert. Sein Protokoll will so präzise wie möglich den Gesprächsverlauf und seine subjektiven Beobachtungen wiedergeben, einschließlich seiner eigenen Einfälle, Gefühle, Körpersensationen oder Phantasien, deren Bedeutung ihm noch nicht klar sein muss. Dieser Text wird trotz des Bemühens um Genauigkeit Unstimmigkeiten enthalten, Auslassungen, Wortwiederholungen, eigenwillige Verknüpfungen oder eine auffällige Wortwahl bis hin zu Schreibfehlern. Gerade auf solche oft minimalen »Holprigkeiten« wird die psychoanalytische Fallkonferenz achten, denn in kleinen ungewollten Andeutungen wie auch im gesamten Duktus kann sich das unbewusste Erleben, das im Bericht des Interviewers mitschwingt, unverhofft äußern.[16] Dementsprechend spricht der schriftliche Text auch die Leser nicht nur auf der kognitiven Ebene, sondern auf der ganzen Bandbreite ihres subjektiven Empfindens an, und sie versuchen, sich über ihre Reaktion beim Lesen möglichst genau Rechenschaft zu geben und wiederum ihre subjektive Verarbeitung des gelesenen Textes der Gruppe zur Verfügung zu stellen.

Daneben nutzen wir die Elterngespräche, um wichtige biographische Details in Erfahrung zu bringen, so wie die Eltern sie erinnern. Wir überprüfen auch, wie weit die Phantasien, die die Eltern über ihre Kinder haben (so weit wir diese in Erfahrung bringen konnten), mit unseren Eindrücken von dem Jugendlichen übereinstimmen oder gerade nicht. Im Fall »Alberto« hakte die Interviewerin der Eltern noch einmal telefonisch nach, um eine Einzelheit zu erfragen, die erst später aus einem Gespräch mit den pädagogischen Professionellen bekannt geworden war. Der Kontakt mit den Eltern ist also mehr auf einen Realitätsbezug hin ausgerichtet als das Interview mit den Jugendlichen und kann der Unterfütterung der analytischen Hypothesen mit lebensgeschichtlicher Realität dienen. Wie wichtig dieser Rückbezug auf die Lebenswirklichkeit der Familie war, merkten wir in den Fällen, in denen ein Kontakt mit den Eltern nicht möglich war; bei diesen Jugendlichen waren wir noch weit vorsichtiger mit diagnostischen Festlegungen.

---

[16] vgl. Frank Dammasch: Die innere Erlebniswelt von Kindern alleinerziehender Mütter. Eine Studie über Vaterlosigkeit anhand einer psychoanalytischen Interpretation zweier Erstinterviews, Frankfurt am Main 2000, S. 98 ff.

Die andere wichtige Informationsquelle, mit der die psychoanalytischen Hypothesen abgeglichen werden können, ist die soziologische Untersuchung der »äußeren« Konfliktgeschichte. Wenn die psychoanalytische Einschätzung eines Jugendlichen, seiner Persönlichkeit und seiner individuellen Konfliktdynamik stimmig ist, so müsste sie sich an dem Material der soziologischen Erhebung bestätigen. Aus der sozialen Realität der Probanden würde sich manches erst erklären, was bei der psychoanalytischen Untersuchung Fragen aufgeworfen hätte, und möglicherweise auch manche Korrektur ergeben.

Das Diagnoseprofil

Den letzten Schritt in der psychoanalytischen Untersuchung stellt das »Diagnoseprofil« des untersuchten Jugendlichen dar, das der Interviewer vielleicht nach dem Erstkontakt schon als Entwurf angefertigt hat, das aber erst nach den psychoanalytischen Falldiskussionen seine endgültige Form erhält. Das »Frankfurter Diagnoseprofil«[17] ist ein Instrument, das für die Auswertung der gesammelten Daten und Einschätzungen einen Katalog von Kriterien bereitstellt. Dabei versucht es, die Beziehungsdynamik des diagnostischen Interviews zu erfassen, beginnend mit der Frage nach der subjektiven Beteiligung des Interviewers (Eingangsszene, wichtige Szenen, Übertragung und Gegenübertragung), um dann aus verschiedenen entwicklungspsychologischen und metapsychologischen Perspektiven eine Einordnung in die bereitliegenden theoretischen Konzepte zu ermöglichen. Zwar ist unser »Diagnoseprofil« wohl eher für die fachspezifische Diskussion geeignet und würde in seiner fachsprachlichen Form dem Pädagogen, der mit dem Jugendlichen arbeitet, wenig nutzen. Die Fragen aber: Was kann man von dem Jugendlichen erwarten, was kann er nicht leisten, was macht ihm Angst, wie sehen seine gewohnten Beziehungsmuster aus oder mit welchen Beziehungsfallen muss man rechnen? müssten wir auf der Grundlage unserer Diagnostik (mit der gebotenen Vorsicht) beantworten können.

[17] Jochen Raue/Angelika Wolff (1995/2000): Das Diagnose-Profil des Instituts für analytische Kinder- und Jugendlichen-Psychotherapie Frankfurt a. M.. In: Vereinigung analytischer Kinder- und Jugendlichen-Psychotherapeuten (Hrsg.): Therapeutischer Prozess und Behandlungstechnik bei Kindern und Jugendlichen; Brandes & Apsel, Frankfurt am Main 2003, S. 312-332

Einige Basiskonzepte der Psychoanalyse, kurzgefasst

Das Verständnis von Psychoanalyse als einer hermeneutischen Wissenschaft schließt, wie schon angedeutet, keinesfalls aus, dass sie ein ausdifferenziertes Theoriegebäude entwickelt hat. Jeder Psychoanalytiker hat ungeachtet der »gleichschwebenden Aufmerksamkeit«, um die er sich bemüht, theoretische Konzepte bereitliegen, die schon seine Wahrnehmung, sein Denken und seine Gedächtnisfunktion während der analytischen Stunde strukturieren und lenken und natürlich erst recht die nachträgliche Verarbeitung.
Basisbegriffe der Psychoanalyse wie »das Unbewusste« oder »Verdrängung« sind längst in die Umgangssprache eingegangen, ohne dass das psychoanalytische Verfahren die gleiche Popularität genösse. Das mag unter anderem an der Intimität der psychoanalytischen Erkenntnisgewinnung liegen, die in ihrer Komplexität schwer darzustellen ist. Auch auf die Gefahr hin, dem Leser Altbekanntes zuzumuten, möchte ich einige Grundbegriffe hier kurz zusammenfassen, die für unser Fallverständnis wichtig sind.

Die Trieb-Natur des Menschen

Körper und Seele sind eng verbunden. Die »innere Welt« eines Menschen steht in innigem Austausch mit seinem körperlichen Erleben. Empfindungen, Wahrnehmungen, Vorstellungen, Phantasieinhalte haben enge Entsprechungen in basalen Körpersensationen und lehnen sich an Körperphantasien an. Im Leiblichen wurzelt der naturhafte Antrieb allen Wachstums und Handelns, in der Psychoanalyse »Trieb« genannt. Trotz der körperlichen Verwurzelung ist der »Trieb« erlebbar, beobachtbar immer nur in der Ausformung, die er durch die Sozialisation bereits erhalten hat, in den sozialen Lebensäußerungen des Subjekts. Andererseits ist es die triebhafte innere Natur, die den Menschen von Anbeginn zum Austausch mit seinen Objekten bewegt.

Die soziale Natur des Menschen

Phantasien, Wünsche, Ängste, Affekte sind grundsätzlich objektgerichtet, in eine Beziehungssituation eingebettet, an eine soziale Interaktion gebunden. Sie sind erlebt innerhalb einer Objektbeziehung und fernerhin in der Erinnerung an eben diese Beziehungssituation geknüpft, sei sie real oder phantasiert. Die Vorstellungswelt des Subjekts mit all ihren affektiven Schattierungen setzt sich zusammen aus einer unabsehbaren Zahl von Engrammen, die jeweils eine einzelne Interaktionsszene repräsentieren. Durch vielfältige Verknüpfung, Vernetzung, Verdichtung (etwa wie man Folien übereinander legt) strukturieren sich die Bilder der immer wiederkehrenden Objekte – Mutter, Vater, Geschwister usw. – und die Vorstellung vom eigenen Selbst heraus: teils bewusst, teils »vorbewusst« (d. h. abrufbar, bewusstseinsfähig), teils aber auch unbewusst, der Erinnerung und dem bewussten Denken nicht zugänglich. Die Persönlichkeit eines Menschen strukturiert sich immer im Austausch mit seinen Beziehungspersonen. Dabei kann es sowohl um reale Interaktion gehen als auch um phantasierte Szenen: Ein bitterböse wütendes kleines Kind beispielsweise wird die Mutter in diesem Moment als eine böse Person wahrnehmen, sein eigener »böser« Affekt verbindet sich mit dem situativen Bild der Mutter, und diese »Momentaufnahme« einer bösen Mutter wird zu einer der unzähligen Facetten der inneren Vorstellung »Mutter«. Das Selbstbild eines Menschen, seine inneren Objektvorstellungen (angefangen bei den inneren Bildern von »Mama« und »Papa«), sein Weltbild, sein Lebensentwurf wie auch all das, was er an sich und an anderen für schlecht befindet und verwirft – seine gesamte innere Vorstellungswelt mit ihren bewussten und unbewussten Anteilen setzt sich zusammen aus den unzählbaren Niederschlägen ungezählter kleiner Handlungssequenzen, realer wie phantasierter. Zu den Erinnerungsspuren gehören als Farbe oder Tönung die Affekte, die ehemals die Situation begleitet haben.

Die Matrix all dieser Organisationsprozesse ist die früheste Beziehungserfahrung, die Dyade von Mutter und Kind. Hier erfolgt die erste gestisch-somatische Einprägung von Beziehungsmustern: gestische Signale und deren Beantwortung, Erwartungen und eintretende oder ausbleibende Erfüllung mitsamt dem erfahrenen Affekt. Hunger und Sättigung, Verlangen, Begehren und Befriedigung, Sehnsucht und Zufriedenheit, Vertrauen oder Misstrauen werden als vorsprachliche Befindlichkeiten in das seelisch-körperliche Erleben eingeformt, immer verbunden mit den unzähligen Szenen der Interaktion, der gelingenden oder schlecht bzw. nicht gelingenden Einigung zwischen Mutter und Kind. Das Kind kann schmerzhafte Verlassenheit, lebensbedrohliche Hilflosigkeit als ein Erleben vor aller Sprache als Erinnerungsspur mitnehmen, oder es kann die gute Erfahrung speichern, dass seine Signale zur rechten Zeit die Mutter auf den Plan rufen können, dass es also etwas bewirken kann. Beides wird es als Basiserfahrung in seine Vorstellung von sich selbst und von seinen Objekten einweben.

So werden die vielfältigen frühen Erfahrungen allmählich zu Strukturen von Erwartung und Gewohnheit vernetzt. Vor ihrem Hintergrund entfalten sich die Symbolbildungsprozesse, insbesondere der Erwerb der Sprache, des wesentlichen Mediums symbolischer Interaktion. Die sozialen Bezüge verästeln sich von den primären Objekten zur komplexen Vielfalt reifer Beziehungen, zugleich festigt sich die Abgrenzung zwischen »Selbst« und »Nicht-Selbst«, die schwieriger ist, als man gemeinhin denkt.

Konflikt und Phantasie

Mit zunehmender Differenzierung stellen sich unausweichlich Konflikte ein. Zum Beispiel hat das Kind den Wunsch, ganz allein seine Kraft zu erproben und ohne die Mutter die Welt zu erobern; zugleich aber hat es Angst, der Mutter den Rücken zu kehren, weil es so sicher noch nicht ist, sie immer wiederzufinden. Oder es hat schreckliche Wut auf die Mutter und fürchtet zugleich, sie zu verletzen, denn es braucht sie ja dringend. Oder es ist eifersüchtig und möchte die Mama/den Papa ganz allein für sich haben und wünscht den jeweils anderen zum Teufel, bekommt aber auch Angst vor der Erfüllung seiner Wünsche: Der jeweils andere Elternteil könnte böse werden und sich rächen, oder er könnte sich tatsächlich vertreiben lassen, und das Kind wäre schuld. Wir sehen: Im Verständnis der Psychoanalyse sind es nicht nur die realen Konflikte, die den Menschen umtreiben, sondern auch innere, *phantasierte* Konflikte können eine ungeahnte Potenz entfalten. Konflikthafte Phantasien erscheinen dem Subjekt immer dann als bedrohlich, wenn in ihnen starke Triebkräfte gebunden sind. Die Phantasie, ein wichtiges Liebesobjekt anzugreifen, wird umso ängstigender, je stärker der Hass ist, der zu der Phantasiebildung führt.

Abwehr und die Wiederkehr des Abgewehrten

Zum Schutz der psychischen Integrität und der inneren Objekte setzt die »Abwehr« ein. Dieser Begriff ist für die Psychoanalyse konstitutiv und meint die psychischen »Mechanismen«, die unbewusst funktionierenden seelischen Arbeitsvorgänge, mit denen sich das Individuum vor allzu großer Angst und Belastung schützt. Verdrängen, verleugnen, ins Gegenteil verkehren – es gibt die unterschiedlichsten Möglichkeiten, etwas nicht zu wissen.[18] Unerträgliche oder miteinander unverträgliche Phantasien und Gefühle (mitsamt den Objektvorstellungen, Interaktionsszenen, in die sie eingebettet sind) werden vom Erleben ausgeschlossen. Angst vor seelischem Schmerz, vor übergroßem Schuldgefühl, vor unaushaltbarer Kränkung, magische Furcht vor unabsehbaren Fol-

[18] vgl. Anna Freud: Das Ich und die Abwehrmechanismen (1936). In: Die Schriften der Anna Freud Bd. 1, München 1980, S. 193-355

gen eines verpönten Gedankens führen zu einer psychischen Abwehrbildung, so dass der gefürchtete Inhalt nicht mehr »gewusst« wird. Das Subjekt kann nicht alles »unter einen Hut bringen« und entzieht dem, was nicht unter den »Hut« relativen Wohlbefindens passt, die Bewusstheit.
Nun gehen wir davon aus, dass das Abgewehrte nicht »weg« ist, dass es vielmehr fortlebt und fortwirkt, weiterhin gespeist von den Quellen des psychosomatischen Antriebs, und dass es zum Wiederauftauchen drängt, zur Re-Inszenierung, wie eben ungelöste Probleme nach Erledigung drängen. Was zum bewussten Erleben nicht zugelassen ist, das versucht sich unerkannt, in weniger anstößiger Verkleidung durchzusetzen und geht auf diese Weise vielfach doch in die Handlungen des Subjekts ein, weil die vitale Kraft des Triebs weiterdrängt (ein bekanntes und wegen seiner Harmlosigkeit gern belachtes Exempel: der »Freudsche Versprecher«). Diese unerkannte Rückkehr des Unbewussten in das Erleben geschieht dann, wenn ein unbewusster Inhalt zuviel Brisanz erhält, um still unter der Decke bleiben zu können. Er setzt sich dann erneut in Szene, Wiederholungszwang nennen wir diesen fatalen Drang. So finden sich die Spuren der unbewusst gewordenen Konflikte in allen Alltagsäußerungen, in den Szenen und Handlungssequenzen aller sozialen Beziehungen.

Übertragung und Gegenübertragung

Wir nennen diese Wiederbelebung assoziierter Erlebnisspuren in einer ganz neuen sozialen Situation »Übertragung«. Übertragung ist ein allgemein zu beobachtendes Phänomen: Einem Gegenüber werden Eigenschaften, Absichten, Gefühle zugeschrieben, die ihm gar nicht eigen sind, sondern aus ganz anderen Lebenszusammenhängen stammen. Und natürlich reagiert das Gegenüber darauf auf seine Weise, es aktiviert wiederum seine Vorerfahrungen, Erwartungen, Abwehrhaltungen, affektiven Reaktionen: Es antwortet mit einer »Gegenübertragung«. Im Allgemeinen passen die erworbenen Vorerwartungen der Individuen relativ reibungslos zueinander, sodass gegenseitige Einfühlung und intersubjektive Verständigung möglich sind. Aber Übertragung und Gegenübertragung können auch zu verzerrten sozialen Wahrnehmungen führen. Unser gesamtes Forschungsprojekt gilt letztlich einer chronisch misslingenden Verständigung, weil unbewusste Erwartungshaltungen (Übertragungen) der Kinder, aus denen dann Jugendliche wurden, unerkannt und auf drängende Weise ihre Helfer zu den »passenden« Gegenübertragungsreaktionen brachten.
Für den Psychoanalytiker jedoch, der für den Umgang mit subtilen Wahrnehmungen ausgebildet ist, sind gerade die kleinen unpassenden Momente in der

Verständigung wie auch in seinem eigenen Erleben Hinweise darauf, dass hier neben der bewussten Mitteilung noch Nebenbedeutungen mitschwingen. Die psychoanalytische Beziehung ist nämlich so offen gestaltet, so wenig geregelt durch die geläufige Alltagserwartung, wie ein Dialog sich entfalte, dass sie noch weit mehr als andere Lebensvollzüge zur Re-Inszenierung des Abgewehrten, zur Übertragung einlädt. Der Analysand bringt dem Analytiker – wie den anderen Personen seines Beziehungsnetzes auch, allerdings verstärkt durch das psychische Thema, das ihn zum Analytiker führt – Erwartungen und Wünsche entgegen, die teils alltäglich und bewusst oder bewusstseinsfähig sind, teils aber unbewusst. Im letzteren Fall werden sie, ohne dass der Analysand sich darüber Rechenschaft geben könnte, aus abgewehrten, nicht mehr gekannten Beziehungskonflikten stammen. Sie werden aus der nicht mehr greifbaren Ursprungsszene auf den Analytiker »übertragen«.
Die Gegenübertragung kann, um noch eine wichtige Differenzierung einzuführen, in zwei Richtungen gehen. Der Analytiker kann sich die Gefühle und Phantasien des Analysanden zu eigen machen – oder besser gesagt: sie in sich selbst wiederentdecken – und mit ihm fühlen, sich mit ihm identifizieren. Dann erlebt er eine »konkordante« Gegenübertragung. Oder er nimmt in der gemeinsamen Szene die Rolle an, die der Analysand ihm unbewusst zuweist, die Position eines wichtigen Beziehungsobjekts. Dann befindet er sich in einer »komplementären« Gegenübertragung.[19]
Unsere jugendlichen Gesprächspartner bringen zum analytischen Erstgespräch nicht nur die allgemein menschliche Bereitschaft zur Übertragung mit. Sie sind vielleicht neugierig, genießen es, für ein Forschungsprojekt interessant zu sein, oder wollen einem wichtigen Betreuer mit ihrem Mitwirken einen Gefallen tun. Damit würden sie bereits Übertragungsphantasien mitbringen. Sie sind dann aber – wie üblicher Weise Patienten – auch irritiert von der Offenheit der Gesprächssituation, von der ungewohnten Zurückhaltung des fremden Erwachsenen, der sie nicht – wie erwartet – ausfragen will, erleben den Druck, den offenen Raum selbst zu füllen, als schwere Zumutung, die wichtige Ängste aufkommen lässt. Einige Interviews – besonders das mit Barat – sind bestimmt von der Angst, die durch die »Leere« der Bühne, die Interviewer und Jugendlicher betreten, und durch das Fehlen konventioneller Verständigungsformen ausgelöst wird und die die Übertragungsdynamik prägt.

[19] vgl. Heinrich Racker: Übertragung und Gegenübertragung. München/Basel 1993

Projektive Identifikation

Eine spezielle Form der psychischen Abwehr, die sich auf die Ausbildung von Übertragung und Gegenübertragung heftig auswirken kann, sei besonders erwähnt, weil sie gerade in den hier berichteten Fällen eine wichtige Rolle spielt: die »projektive Identifikation«. Unerträgliche Gefühle etwa von Angst, Hass, narzisstischer Entwertung werden auf subtile Weise dem Gegenüber nahe gebracht, so dass der Andere sich einfühlen und diese Emotionen in sich aufnehmen kann. Im Zuge der selben innerpsychischen Bewegung jedoch verleugnet das Subjekt diese ihm unerträglichen Inhalte, distanziert sich, so dass es sich nun für beide so anfühlt, als »habe« das Gegenüber die entsprechende Empfindung von Angst, Hass, Wertlosigkeit etc., und das Subjekt, das sie in die Beziehung hineingebracht hat, sei frei davon.

Man kann den eigenartigen Transport von Befindlichkeiten aus einer Psyche in die andere vielleicht anhand einer Beobachtung aus der Säuglingsforschung verständlich machen, die den Prozess einer gesunden Identifikation illustriert. Ein Baby nämlich nimmt nachweislich sensibel wahr, in welcher Verfassung seine Mutter ist, und reagiert auf passende Weise. Woher aber »weiß« es von ihrem inneren Zustand? Man kann in extremen Zeitlupenaufnahmen belegen, dass ein Säugling den Gesichtsausdruck der Mutter in blitzschnellen mimischen Bewegungen imitiert. Man weiß auch aus genauer Beobachtung, dass ein Säugling von wenigen Monaten bereits ein breit gefächertes Repertoire von mimischen Ausdrucksmitteln zur Verfügung hat, die bestimmten Affekten genetisch zugeordnet sind.[20] Die Schlussfolgerung liegt nahe, dass das Kind den Gesichtsausdruck der Mutter nachahmt und auf diese Weise mit den daran gekoppelten affektiven Bedeutungen abgleicht, also die Gefühle der Mutter in sich selbst wiederfindet. Dies nur als Beispiel dafür, wie auf außersprachlichem Wege eine Verständigung möglich ist, die im Allgemeinen auf unbewusster Ebene verläuft.

Projektive Identifikationen kommen in massiver Weise besonders bei schweren psychischen Störungen oder Zuständen nach Traumatisierungen vor. Die Folge kann sein, dass nach einem therapeutischen Gespräch der Professionelle deprimiert oder verzweifelt zurückbleibt, der Klient aber in guter Stimmung davongeht. Solche intersubjektiven Prozesse verlaufen bei beiden Beteiligten unbewusst; sie zu erkennen, erfordert daher eine gründliche psychoanalytische Schulung.

---

[20] S. Paulsen: Affekt und Beziehung – theoretische und therapeutische Überlegungen, in: Analytische Kinder- und Jugendlichen Psychotherapie H. 98 (1998), S. 155-167

Der Leser unserer psychoanalytischen Fallberichte wird sich vorstellen können, wie projektive Identifikationen, die in der Gegenübertragung aufgenommen werden, verwirren und irritieren können. Ein besonders eindrückliches Beispiel dafür ist der Fall »Barat«, aber auch beim Fallverständnis von »Alberto« spielt das Erkennen von projektiven Identifikationen eine wichtige Rolle. Erst recht wird die alltägliche Interaktion mit diesen Jugendlichen durch emotionale Verwirrungen und unbewusste Verstrickungen erschwert sein.

3.2 Der Fall Alberto

Exemplarisch möchte ich nachzeichnen, wie sich das analytische Fallverstehen im Fall »Alberto« entwickelt hat, dabei folgt meine Darstellung dem Arbeits- und Lernprozess der psychoanalytischen Forschergruppe.[21]
Zunächst also der gesamte Text des Erstinterviews, unterbrochen durch kurze Kommentare.

Das psychoanalytische Erstinterview mit »Alberto«

> *»Fünf Minuten zu spät kommen Frau X, die Sozialarbeiterin, und ein klein gewachsener, stämmiger und südländisch aussehender Jugendlicher ins Institut. Seinen Namen sagt er so leise, dass ich nachfragen muss. Insgesamt redet er vor allem am Anfang leise.*
> *Ich frage, ob er etwas darüber wisse, warum er hier sei.*
> *Ja, die Sozialarbeiterin habe ihm erzählt, es gehe darum, warum er die Schule geschmissen habe.«*

Der Auftakt des Textes »Fünf Minuten zu spät…« enthält bereits einen milden Tadel. Natürlich soll die Verspätung notiert werden, weil sie ja etwas bedeuten wird. Bemerkenswert könnte aber sein, dass dies die ersten Worte des Textes sind. Noch bemerkenswerter indessen ist, was der Interviewer in seiner ersten Niederschrift *nicht* berichtet. Es hatte nämlich bereits eine erste, geplatzte Verabredung mit dem Jugendlichen gegeben, die der Interviewer

[21] Um der Lesbarkeit willen werden einige Wiederholungen nicht zu vermeiden sein.

zunächst unerwähnt ließ, bevor ihm diese Auslassung als bedeutsam auffiel. Er liefert die Information auf einem Zusatzblatt für die Fallkonferenz nach.

> »Vorspiel: *Mit der Sozialarbeiterin hatte ich bereits eine Woche vorher einen Termin um 12.30 Uhr vereinbart, an dem sie mit Alberto zum Gespräch im Institut vorbeikommen wollte. Kurz vorher rief sie mich an und teilte mir mit, dass sie Alberto nicht erreichen könne, auch nicht auf seinem Handy. Wahrscheinlich würde er noch schlafen, das sei bei jungen Männern heute so. Ich war über diese wohlwollend ausgedrückte Verallgemeinerung der Tages-Schlafgewohnheiten junger Männer in Zusammenhang mit offensichtlicher Unverbindlichkeit leicht irritiert. Schließlich vereinbarten wir eine Woche später einen weiteren Termin, nun um 13.30 Uhr, zu dem Alberto erschien.*«

Weil wir gerade den Auftakt einer Begegnung besonders aufmerksam betrachten, kann diese Auslassung im Interviewprotokoll nur als »Fehlleistung« zustande gekommen sein. Zu heftig, allzu irritierend könnte der Ärger gewesen sein, den der Interviewer hier mit »ich war leicht irritiert« eher ironisch abtut. Man muss dazu ja bedenken, dass das Protokoll im Nachhinein, also unter der Wirkung des gesamten Gesprächs zustande gekommen ist. Aus der womöglich wirklich noch leichten Irritation des Beginns könnte zur Zeit der Niederschrift ein aggressiver Affekt von verwirrender Intensität geworden sein, so dass der Interviewer die ganze Szene zunächst unter den Tisch fallen lassen möchte.
Interessanterweise gibt es auch ein »Nachspiel«, auf dem selben Zusatzblatt nachgeliefert, in dem der Interviewer begründet, warum er den Jungen nicht ein zweites Mal zum Gespräch bitten will. Zum Abschluss ist also er es, der vom anderen nichts mehr wissen will, und er macht sich dazu Gedanken. Die Geringschätzung des jeweils anderen ist auf beiden Seiten, am Anfang und am Ende, erkennbar (sehr zum Unbehagen des beteiligten Interviewers) – das hat nun zweifellos etwas zu bedeuten.
Kehren wir zum Wortlaut des Interviewbeginns zurück. Der Interviewer begrüßt zwei Personen: Die Begleiterin, die eigentlich eine Nebenperson ist, wird zuerst und mit Namen erwähnt, der kleingewachsene Südländer taucht erst hinter ihr und zunächst anonym auf. Die noch unbewusste Geringschätzung der eigentlichen Hauptperson durch den Interviewer könnte sich hier in den Text hineinschleichen.

> *»Er redet meist in kurzen nuscheligen Drei-Wort-Sätzen und antwortet knapp, was mich dazu bringt, nachzufragen. Mit der Zeit wird es immer anstrengender, weil ich denke, wenn ich nicht aktiv bin, erstirbt das Gespräch sofort. Vielleicht geht er dann einfach zur Tür raus. So bemühe ich mich, den Dialog als eine Art Frage- und Antwortspiel in Gang zu bringen und zu halten.«*

Die Passivität des Jugendlichen nötigt den Interviewer zu einer aktiven Haltung und regelmäßigem Fragen. Zu deutlich ist Albertos Desinteresse, als dass er sich in seinem Stuhl ruhig zurücklehnen dürfte: Alberto könnte einfach zur Tür rausgehen und den Interviewer blamiert und erfolglos zurücklassen. Also strengt sich dieser an, damit das Gespräch nicht »erstirbt«. Sollte diese Formulierung, sicher ohne bewussten Hintergedanken niedergeschrieben, einen Hinweis darauf enthalten, dass es um Leben oder Sterben geht? Diese Bedeutungsnuance darf nicht übergangen werden, aber man weiß noch nicht genug, um dazu etwas sagen zu können. Festzuhalten ist: Der Interviewer muss die Aktivität aufbringen, um den Kontakt zu halten, empfindet dies aber als »immer anstrengender«.
In jedem anderen Gesprächskontext würde man mit Fragen fortfahren, ohne sich über das Gefühl von »Anstrengung« sogleich Rechenschaft abzulegen. Die Aufmerksamkeit des psychoanalytischen Interviewers ist dagegen zugleich auf seine innerpsychischen Prozesse und auf die verbalen und nichtverbalen Mitteilungen des Probanden gerichtet.

»Er gehe nicht zur Schule, weil es einfach nichts bringe, habe keine Lust, so früh aufzustehen.
Ich frage, ob es ihm immer schon so gegangen sei.
In den ersten zwei Schuljahren war es in Ordnung. Aber dann ab 3. Klasse. Da wurde es schwieriger.
Ob er denn damals schon nicht zur Schule gegangen sei.
Doch, da sei er gegangen.
Dann war er in der Gesamtschule, das war total Mist. Ob ich die kenne. Mist. Die Lehrer haben einen beschimpft. Er hat dann auch geschlagen. Der Mathelehrer hat gesagt: Du Dicker. Früher sei er etwas dicker gewesen.
Nee, das war Mist. Gleich haben ihn zwei dumm angemacht. Da gab es Prügel. Er hat sich gekloppt. Dann auf eine andere Schule. Hauptschule.
Wie das denn gekommen sei.
Die wollten ihn dann nicht mehr. Die Lehrer waren blöd, haben ihn beschimpft.
Sein Vater war dann auch zum Gespräch. Und dann eben auf die Hauptschule.
Das war wohl die einzige Möglichkeit. Da sei er auch schon nicht hingegangen.
Was bringt es?
Ich frage, wie es dazu gekommen ist, dass er immer weniger Lust hatte in die Schule zu gehen.
Er zuckt mit den Achseln, irgendwie desinteressiert.
Ich frage mich, wie seine Eltern dazu gestanden haben.
Die Eltern haben immer alles dafür getan, dass er in die Schule geht. Später hat ihn seine Mutter immer morgens angerufen, dass er aufsteht. Er dreht sich sonst

um und schläft wieder. Jeden Morgen angerufen, dass er zur Schule geht. Hat er auch getan.
Warum er morgens immer so müde sei?
Fernsehen. Bis eins, zwei.
Ob er einen eigenen Fernseher im Zimmer habe.
Klar.
Auch schon als kleiner Junge.
Ja, so ab sieben Jahre oder so, hat immer Fernsehen geschaut.
Sein Vater wollte unbedingt, dass er in die Schule geht.
Sein Bruder sei jetzt in Argentinien. Hat da ne Freundin.
Ob er aus Argentinien komme.
Nein, aus Italien. Hier geboren. Die Mutter aus Sizilien, der Vater aus Neapel (oder umgekehrt?). Der Bruder ist zwei Jahre älter und dann hat er noch zwei kleinere Geschwister. Mit dem Bruder wohnte er auf einem Zimmer. Jetzt hat er das Zimmer alleine.«

Der Tenor dieses Berichts, den der Interviewer dem Jugendlichen mit seinen Fragen abnötigt, ist: »Was bringt es?« Alberto zuckt die Achseln, »irgendwie desinteressiert«; wenn die Mutter ihn nicht eigens anruft, »dreht er sich um und schläft wieder« – ein Leerlauf scheint da beschrieben zu sein, den Alberto mit Gleichgültigkeit erträgt. Auch wenn es in dieser Passage mehr um die (Selbst-)Beschreibung des Jugendlichen geht, ist die emotionale Lage des Interviewers an seinem Stil erkennbar: So knapp, karg und wenig elaboriert – sogar mit Fragezeichen spart er – wird er im Allgemeinen nicht schreiben. Diese Darstellungsweise unterstützt im Leser den Eindruck von Sinnlosigkeit und Beliebigkeit, die in Albertos Frage »was bringt es?« liegt.

»Ich sehe in seinen Augen, eine Narbe über einer Augenbraue, verschlafenes Desinteresse und frage mich, was es eigentlich bringen soll, das Gespräch weiterzuführen. Ich kämpfe gegen eine immer stärkere Unlust an. Wie soll man einen Zugang zu seinem Inneren, zu seinen Motiven finden. Zu beliebig scheint alles.«

Offenbar identifiziert mit Alberto, fragt sich nun der Interviewer, »was das alles bringen soll«. Er muss auf seine professionelle Distanzierung achten, gegen wachsende Unlust ankämpfen. Die Beschreibung des »verschlafenen Desinteresses«, die die vorangegangene Selbstbeschreibung Albertos treffend zusammenfasst, ist unterbrochen von der kurzen Beobachtung »eine Narbe über der Augenbraue«, die im Duktus zähen Widerwillens sogleich wieder untergeht. Eine vorangegangene Verletzung hat eine Spur hinterlassen, der Interviewer nimmt sie kurz wahr, ohne einen Impuls zur Nachfrage erkennen zu lassen. Resignation breitet sich in ihm aus, verschlafenes Desinteresse deckt auch die Narbe wieder zu.

In seinem Text gibt der Interviewer hier ausdrücklich die Gefühle wieder, die er im Gespräch mit Alberto in sich aufgenommen hat. Er beschreibt, was in ihm vorgeht, statt es – wie es in der Alltagskommunikation unvermeidlich wäre – als störend oder hinderlich beiseite zu schieben. Wichtig ist aber, dass er sein inneres Erleben im Verlauf des Interviews bei sich behält und das Gespräch professionell reflektierend weiter führt.

> *»Ich erfahre, dass der Vater acht oder vierzehn Geschwister hatte und früh arbeiten musste. Deshalb wollte er, dass seine Kinder in die Schule gehen.*
> *Ich versuche noch einmal auf den Bruder zurückzukommen, der ihm ja in der Schule immer voraus gewesen sein müsse.*
> *Ja, der war zwei Klassen ... oder eine Klasse über ihm. War gut in der Schule. Besser.*
> *Dann sei er ja vielleicht so etwas wie ein schwarzes Schaf gewesen.*
> *Er zuckt mit den Achseln, scheint den Begriff nicht zu kennen.*
> *Der Bruder war auch auf der Gesamtschule. Die hat ihn fertig gemacht. Schlechte Noten.*
> *Ich frage ihn, ob er denn nicht außerhalb stand in der Klasse.*
> *Nö, da gab es überhaupt keine Probleme.*
> *Ich erinnere, dass er erzählt habe, dass ihn in der Gesamtschule gleich zwei angemacht hätten.*
> *Das war in Ordnung. Sie haben sich geschlagen und hinterher seien sie die besten Freunde gewesen. Keine Ahnung. Wollten vielleicht ausprobieren, wollten Grenzen haben.*
> *Nach der Hauptschule sei er dann in die Lernwerkstatt. Da waren nur sechs in jeder Klasse. Haben meistens gespielt, mit Computer und so. Filme gesehen. Was bringt das. War in Ordnung. Aber er ist dann auch nicht hingegangen. Die haben dann Klassenkonferenz gehabt. Da haben sie gesagt, er soll entscheiden, ob er kommen will oder nicht. Sie haben ihn von der Schulpflicht entbunden. Er soll entscheiden, ob er kommen will oder nicht. Hat er Nein gesagt. Was bringt es schon. Das ist im Sommer zwei Jahre her.*
> *Jetzt macht er so Jobs. Mal in der Pizzeria oder andere Sachen. Verdient er Geld. Schule bringt doch nichts. In der Lernwerkstatt gab's es ja nur Spielerei. Ich sage, da denke er, das Geldverdienen sei wichtiger, wie sein Vater ja auch sehr früh schon Geld verdienen musste.«*

In all dem »Was es bringen soll – was bringt das schon – Schule bringt doch nichts« laufen auch die Versuche des Interviewers, Beziehungskonflikte ins Gespräch zu bringen, ins Leere. Der ältere, erfolgreichere Bruder, die Außenseiterposition in der neuen Schule, die prügelnden Mitschüler, die vermiedene Rivalität mit dem Vater – »nö, keine Probleme – keine Ahnung – war in Ordnung«.

»Zwischendurch klingelt sein Handy. Er fragt höflich, ob er es benutzen könne. Ich zucke mit den Achseln. Er spricht kurz wohl mit einem Kumpel: Er sei gerade in einer Besprechung, so in einer Stunde könne er noch mal anrufen. Ich habe die Phantasie von kleinkriminellen Projekten.«

Wie zuvor die Frage, »was es bringen soll«, übernimmt der Interviewer nun das Achselzucken, das desinteressierte Gleichgültigkeit signalisiert. Ihm scheint es mittlerweile egal zu sein, was sich tut. Unter der Hand aber ist in ihm ein Bild entstanden: Für die »kleinkriminellen Projekte«, die seine Phantasie beschäftigen, liefern weder die »höfliche« Frage Albertos, ob er den Anruf annehmen dürfe, noch das kurze Gespräch Anhaltspunkte. Scheinbar unbegründete Phantasien wie diese hält der Analytiker sorgfältig fest, wohl unterscheidend, dass es sich um *eigene* Ideen handelt. In einer alltäglichen Begegnung würde man Gedanken wie diesen als unzulässig übergehen. Selbstverständlich behält der Interviewer ihn wiederum zunächst für sich, um später zu überprüfen, ob er eine erkennbare Bedeutung haben könnte.
Wenn der Interviewer im Folgenden nach »wichtigen Personen« fragt, so hat er sich auf einen formellen Vorgang zurückgezogen. Am Ende des Gesprächs nämlich sollen die Jugendlichen auf einem Formblatt ihr schriftliches Einverständnis damit bekunden, dass wir mit ihren Eltern und mit namentlich zu nennenden wichtigen Bezugspersonen aus ihrer Schullaufbahn sprechen. Auf diese Frage zieht sich der Interviewer, offenbar auf dem Tiefpunkt seines Engagements angelangt, nun zurück. Unversehens entsteht gerade hier die dichteste Episode des ganzen Interviews:

»Also Schule bringt nichts.
Ich frage, ob es denn Menschen gab, die für ihn in seinem Schulweg oder auch sonst wichtig gewesen seien.
Wichtig. Was soll das denn. Wichtig. Nee, gibt's nicht.
Er scheint gar nicht ganz zu verstehen, was das heißt.
Ich versuche es mit Beispielen. Ein Lehrer oder ein Betreuer, er habe doch auch Namen genannt. Ob es niemanden gab mit dem er geredet habe.
Geredet nee, warum soll er reden, über was, bringt nichts. Kein anderer ist wichtig. Ich bin allein wichtig. Er redet nie über etwas mit anderen.«

Der lapidare Kernsatz »Ich bin allein wichtig« scheint zwischen zwei Bedeutungsnuancen zu changieren. Sicher will Alberto bewusst sagen »Nur ich bin mir wichtig, alle anderen sind mir egal«. Aber es könnte auch die Bedeutung mitschwingen: »Ich bin als einer, der allein ist, wichtig.« Nur als einer, der keine Abhängigkeitswünsche kennt, der sich selber absolute Einsamkeit verordnet, könnte Alberto dann sein narzisstisches Gleichgewicht sichern.

Der Interviewer versucht, noch ein wenig Kontra zu geben, als könne er nicht glauben, dass niemand für Alberto wichtig sein soll.

> *»Ich sage, dass er ja immerhin hier zu mir gekommen sei.*
> *Da hatte er auch keine Lust, aber dann doch, warum nicht, mal gucken. Die Frau SL war seine Sozialarbeiterin in der Lernwerkstatt, die hat er mit zwei Kumpels in der U-Bahn getroffen, die hat ihn angesprochen, dass sie mit ihm reden wolle, hat er dann die Telefonnummer gegeben und da hat sie angerufen und das vereinbart.*
> *Ob er ihr zuliebe gekommen sei.*
> *Achselzucken.«*

Der Interviewer will nicht aufgeben:

> *»Ich komme noch einmal darauf zurück, ob es jemand gegeben habe, der für ihn wichtig sei. Ich erkläre ihm, dass es bei der Forschung auch darum ginge, mit denen zu reden, mit denen er zu tun gehabt habe, das können auch welche sein, mit denen er sich nicht so gut verstanden habe. Ich denke z.B. an den Mathelehrer, der ihn beleidigt hat.*
> *Nee, den nicht, das ist'n ›Aso‹. Der ist krank. Das ist klar. Es gibt die ›Korrekten‹ und die anderen. Der ist bekloppt. Wenn er damals stärker gewesen wäre, dann hätte der eins aufs Maul gekriegt. Das ist klar.*
> *Gibt es denn noch ›Korrekte‹, die ihm einfallen.*
> *Achselzucken. Nee. Es gibt keine Wichtigen.«*

Aus dem Einsamen, der niemanden braucht, ist jetzt der Rächer geworden, dem keiner was kann. Heute ist er stark genug, heute gibt er denen, die ihn kränken, »aufs Maul«, »das ist klar«.
Der Interviewer gibt sich endgültig geschlagen.

> *»Innerlich bin ich ziemlich erschüttert, auch ärgerlich über diesen destruktiven Größenwahn und verliere die Lust, weiter zu fragen. Er dagegen wird zunehmend gesprächiger. Zum Glück ist die Zeit am Ende und es muss noch das Frageblatt ausgefüllt werden. Ob er mitmacht.«*

Interessanterweise wird Alberto in dem Moment gesprächiger, wo der Interviewer eingestandenermaßen die »Lust verloren hat« und froh ist, dass die Zeit endlich vorbei ist. Geradezu lebhaft wirkt nach dem Vorangegangenen seine Erzählung von der verschwundenen Playstation und seiner Rachetat, dem »Kumpel« eins auf die Nase zu geben. Er fühlt sich anscheinend jetzt obenauf, ist zu weiterem Kontakt bereit und rückt von sich aus seine Handynummer heraus:

»Ich sage ihm, dass es für uns wichtig ist, um sein Problem insgesamt zu erforschen, auch Gespräche mit seinen Eltern und eben mit Lehrern und Betreuern zu führen. Aber er könne es alleine entscheiden, ob er uns das gestatte.
Kein Problem. Er füllt seine Adresse aus und hat kein Problem damit, dass seine Eltern interviewt werden. Auch die anderen Bezugspersonen nicht.
Dann erzählt er nebenbei noch von Gesprächen, die er hier irgendwo im Westend führe mit einer Frau, sei vielleicht keine Bewährung, aber so'ne Auflage bis März. Regelmäßige Gespräche.
Ich sage, dass es gut wäre, wenn wir mit dieser Frau reden könnten.
Nein, da ist er strikt dagegen, die würde ihm immer die Schuld geben. Nee, da sei er auch schon mal nicht hingegangen. Das wollte er nicht.
Ich sage, dass er da wohl Angst habe, das sie schlecht über ihn rede. Ja.
Warum er denn eine Auflage vom Gericht habe.
Er erzählt ausführlich von einem Kumpel, der eine Playstation hatte, dann im Urlaub war, danach war die Playstation weg und sie haben ihn und einen Kumpel verdächtigt, bei ihm eingebrochen zu haben und die geklaut zu haben. Irgendwie habe dessen Mutter das wohl auch gedacht. Aber dann sei irgendwie rausgekommen, dass er es nicht gewesen sein konnte. Aber der Kumpel habe es trotzdem wieter behauptet und dann habe er ihm eins auf die Nase gegeben. Die Mutter habe ihn dann angezeigt. Der Richter habe dann aber die Mutter und den Kumpel fertiggemacht, dass er so etwas behaupten könne. Aber er habe dann die Auflage vom Gericht bekommen, diese Gespräche zu führen.
Am Ende sage ich ihm, dass es möglich sein könnte, dass ich noch ein weiteres Gespräch mit ihm führen würde, wie er dazu stände.
Er nickt. Hat nichts dagegen. Schreibt mir auch noch die Handynummer auf.
War es das, fragt er beinahe so als könnte es so weitergehen.
Ja, sage ich. Verabschiede mich.
Bis zum nächsten Mal, sagt er.«

Obwohl der Interviewer ein zweites Gespräch selbst vorgeschlagen hat, macht er dann in der Folgezeit keinen Gebrauch von der Handynummer, sondern beschließt, es bei diesem einen Gespräch zu belassen. Seine Überlegungen dazu reicht er ebenfalls auf dem erwähnten Zusatzblatt nach – als »Nachspiel«.

»Nachspiel: *Nach dem Interview war ich unsicher, ob dieses eine Gespräch als Materialbasis weiterer Forschungen ausreichen würde. Auf der einen Seite hatte ich das Gefühl, eigentlich außer zu einer offensichtlichen narzisstischen Abwehrformation keinen Zugang zur inneren Welt des Jugendlichen erhalten zu haben, was ein weiteres Gespräch nötig machen könnte, auf der anderen Seite hatte ich wenig Hoffnung, dass das zweite Gespräch einen intensiveren Rapport mit diesem Jugendlichen ermöglichte, zu karg erschienen mir seine Äußerungsformen. Mögli-*

cherweise war aber auch die offen zur Schau getragene narzisstische Wut allen gegenüber, die ihn mit Mangelerfahrungen konfrontierten, eher abstoßend.
Der Widerspruch, dass ich eigentlich kein tiefergehendes Interesse an dem Jugendlichen entwickeln konnte und sein deutlich spürbarer Wunsch am Ende, durchaus zu einem zweiten Gespräch kommen zu wollen, bleibt eigenartig.«

Diese Überlegungen sind zweifellos stichhaltig. Dennoch sind zwei Punkte der Überlegung wert. Zum einen: Warum macht der Interviewer, lustlos und pessimistisch wie er doch war, überhaupt das Angebot eines zweiten Gesprächs? Hat ihn die überraschend belebte Szene voll jugendlicher Aggressivität und Devianz vorübergehend die depressive Öde vergessen lassen? Ist dies, mit anderen Worten, Albertos Weise, sich lebendig zu fühlen und andere für sich zu interessieren?
Und zum anderen: Warum »vergisst« der Interviewer auch dieses Detail und liefert es nach? Im Moment des »Vergessens« will er anscheinend von Alberto wirklich nichts mehr wissen. Zu unbefriedigend erscheinen ihm im Nachhinein seine eigene Vorgehensweise und seine Ergebnisse, der Proband erscheint ihm ebenso unergiebig und ungeeignet wie seine eigene Methode. Abwertung, Geringschätzung des anderen wie der eigenen Möglichkeiten machen sich breit, Ärger über die destruktiv-narzisstische Grandiosität des Jugendlichen, vielleicht auch Angst vor den Aggressionsdurchbrüchen, wenn dieser sich enttäuscht oder gekränkt fühlen wird – der Interviewer, der Albertos narzisstische Wut »eher abstoßend« findet, will womöglich weder etwas »aufs Maul« noch »auf die Nase kriegen«.
Es sei hier noch einmal daran erinnert, dass der Interviewer bei aller angestrebten Enthaltsamkeit und »gleichschwebenden Aufmerksamkeit« gar nicht anders *kann*, als in die Beziehungsdynamik einzusteigen, und dass er gerade hier eine wichtige Erkenntnisquelle hat. Ohne seine offene Schilderung von Ratlosigkeit, Widerwillen, Überdruss und Misstrauen könnten wir uns weit weniger lebendig vorstellen, wie es in Alberto aussehen und wie es zwischen Alberto und seinen Bezugspersonen zugehen mag.
In der Fallkonferenz berichtete der Interviewer, dass er beim Niederschreiben des Protokolls, mehr aber noch des Diagnoseprofils, das ungute Gefühl gehabt habe, böse und streng zu urteilen. Die Gruppe sah in seinen Texten eher noch eine Tendenz zu einer schleichenden Entwertung des Probanden, die als Kehrseite der grandiosen Unverletzbarkeit erschien, mit der Alberto sich dargestellt hatte. Dem entsprach der Selbstzweifel des Interviewers, ob er mit seinem methodischen Rüstzeug überhaupt auf die Jugendlichen unseres Projekts vorbereitet sei.

Die Bewegung des Interviews könnte insgesamt so beschrieben werden: Der Interviewer verleugnet zunächst das Ausmaß seines Ärgers. Er fühlt sich zur Aktivität genötigt, sorgt trotz rasch wachsender Ermüdung für den Fortgang des Gesprächs. Obwohl Alberto antwortet, wirken seine Äußerungen karg und indifferent, er erscheint dem Interviewer letztlich unerreichbar. Im Interviewer breiten sich Lustlosigkeit, Hoffnungslosigkeit, das Gefühl von Sinnlosigkeit aus, bis er (innerlich!) aufgibt. In diesem Moment jedoch kann sich – gegenläufig – der Jugendliche annähern, kann ungefragt erzählen, einem Wiedersehen zustimmen und seine Handy-Nummer herausgeben.

Der Interviewer rettet sich auf seine Weise vor der Entwertung.

Zum einen überlegt er, ob die Methode des psychoanalytischen Erstinterviews überhaupt für einen Jugendlichen wie Alberto passt. Dieser kam ja nicht als Hilfe suchender Patient zu ihm, vielmehr war er, der Interviewer, es, der etwas von dem Jugendlichen erwartete, nämlich brauchbares Forschungsmaterial. Insofern war er abhängig von der Mitteilungsbereitschaft eines Jungen, zu dessen Abwehrsystem die Verweigerung zählt.

Nun ist allerdings bei allen Jugendlichen, die zur Mitarbeit im Forschungsprojekt bereit waren, anzunehmen, dass sie sich etwas davon versprachen. Sie könnten ein Minimum an Motivation mitbringen, sich selbst und ihr Scheitern besser zu verstehen und vielleicht doch noch etwas zu ändern, oder sie könnten einer wichtigen Person einen Liebesdienst erweisen wollen, wie Alberto der Sozialarbeiterin. Sie hoffen vielleicht auch, die Forscher könnten in den Institutionen »die wahren Schuldigen« finden und damit ihr Selbst von der Kränkung entlasten, oder erleben eine narzisstische Aufwertung, wenn sie selbst im Mittelpunkt des Forscherinteresses stehen – beides lässt Alberto im Interview erkennen. Die Jugendlichen »wollen« also durchaus etwas von dem Gesprächspartner. Der Zweifel des Interviewers am Wert seines Instruments ist eher als Gegenübertragungsreaktion im Hin und Her der gegenseitigen Entwertung zu verstehen.

Zum anderen aber entwirft der Interviewer dann, um seine Denkfähigkeit zurück zu gewinnen, allein auf der schmalen Datenbasis des Erstgesprächs und noch vor der Fallkonferenz ein Diagnoseprofil; auf diese Weise kann er sich distanzieren und zugleich das Material auf seine Aussagekraft hin untersuchen. Er hat, wie er eingangs bemerkt, nicht mehr als »eine erste Hypothesenbildung« vor.

Das Diagnoseprofil im Fall Alberto

Der nachfolgende Text kommentiert nicht das in Kapitel I wiedergegebene, nach der Fallkonferenz überarbeitete Diagnoseprofil, in das die zusammengetragenen Informationen aus den anderen Untersuchungsschritten mit eingegangen sind. Weil es an dieser Stelle ja darum geht, den psychoanalytischen Gedankengang nachzuzeichnen, beziehe ich mich auf die erste, unrevidierte Fassung.

> *Symptome*
> Alberto bricht immer wieder Schulbesuche ab. Auch die »spielerische« Form des Unterrichts in der Spezialschule als letzte Form des sozialen Halts im Netz des Bildungssystems bricht er ab. Daneben neigt er in ich-syntoner Weise zu aggressiven Impulsdurchbrüchen, Schlägereien, die ihn mit dem Gesetz in Konflikt bringen. Eine delinquente Laufbahn erscheint möglich.

Zur Qualität der Aggressionsdurchbrüche und der delinquenten Tendenzen ergaben sich in den ergänzenden Untersuchungsschritten genauere Informationen, aber das Wesentliche hat Alberto in aller Knappheit mitgeteilt.
Es folgt im zweiten Punkt eine Reflexion der Beziehungsdynamik, wie sie der Interviewer erlebt hat:

> *Szenischer Auftakt/wichtige Szenen*
> Der Proband kommt nicht aus eigenem Antrieb, sondern wird von einer »Betreuerin« gebracht, geht aber ohne Probleme mit. Er redet zunächst sehr leise, wirkt einsilbig und in seinen Äußerungen ganz auf die konkretistische Beantwortung von Fragen in Drei-Wort-Sätzen beschränkt. Obwohl der Interviewer in seiner Haltung und seinen verbalen Mitteilungen prinzipiell interessierte, nicht wertende Offenheit signalisiert, gerät das Interview in die Nähe eines Verhörs, bei dem jedes Zuviel an Aussage gegen Alberto verwendet werden könnte. Am Ende wird die aktuelle Relevanz dieser szenischen Gestalt durch konkretes Material (Straftat, Gespräche mit Bewährungshelferin) belegt.
> Die vom Probanden evozierte und vom Interviewer aktiv betriebene Frage-Antwort-Dynamik ist die durchgehende Interaktionsstruktur des Gesprächs, die zum Teil auf dem latent wirksamen Druck des Interviewers basieren könnte, forschungsrelevantes Faktenmaterial zu Tage zu fördern, zum Teil aber bestimmt ist durch die Angst des Interviewers, das Gespräch und damit die Beziehungsanbahnung könnte ohne seine Aktivität sofort »ersterben«.
> Nimmt man die Angst des Interviewers vor dem Tod der Beziehung als Gegenübertragung (projektive Identifikation) ernst, so deuten sich hier tiefgehende unbewusst inszenierte, projektiv abgewehrte frühe Beziehungserfahrungen des Probanden von Nicht-Gehaltensein, katastrophischen Ängsten, traumatischen Trennungserfahrungen an. Insgesamt zeigt sich der Proband emotional wenig berühr-

bar, wie totgestellt, was den Interviewer immer wieder zu fragenden Belebungsversuchen verführt. Die kognitiven und verbalen Möglichkeiten subjektiver Expressivität sind sehr begrenzt. Die verbalisierten Interaktionsmuster zeigen eine Tendenz zu passiven Lebensentwürfen. Mit ihm wird gemacht. Er reagiert lediglich. Selbst die Aggressivität wird immer wieder als eine Reaktion auf andere dargestellt, die ihn falsch beschuldigen. Der bewusste Beziehungsentwurf gipfelt dann in der Negation jeglicher Abhängigkeit vom Objekt in der Aussage »Ich bin allein wichtig«.

Der Interviewer zieht also die Möglichkeit in Betracht, dass die Metapher vom »Ersterben« des Gesprächs ihm nicht zufällig eingefallen ist, und leitet daraus eine weitgehende Hypothese ab: Er könnte mit unbewussten Anteilen des Probanden identifiziert gewesen sein, die dieser nicht in sich tragen und aushalten kann, sondern nach Möglichkeit nach außen projiziert, seinem Gegenüber zuschiebt. Es könnte im unbewussten Erleben für Alberto wirklich um Leben oder Sterben gehen. »Früh«, das heißt im ersten oder auch noch zweiten Lebensjahr, wären solche schwer traumatisierenden Ängste oder Beziehungserfahrungen deswegen anzunehmen, weil der Mechanismus der »projektiven Identifikation«, der hier vorliegen könnte, in die Zeit vor dem Spracherwerb gehört. Für Belastungen, die in Sprache gebracht werden können, könnte Alberto andere, differenziertere Abwehrformen finden. Begriffslose Ängste vor aller Sprache aber können nicht »bewältigt« werden, das Subjekt kann nur versuchen, sie »loszuwerden«. Der Interviewer nimmt also an, es könnte möglicherweise in Albertos frühester Kindheit etwas vorgefallen sein, was ihn schwer geängstigt hat, sein Urvertrauen in Beziehungen zerstört und Spuren hinterlassen hat. Weil es sich aber um eine reine Hypothese handelt, geht er im Folgenden weiterhin nur von den nachvollziehbaren Interaktionen des Gesprächs aus.

Übertragung/Gegenübertragung
In der unbewussten Rollenzuweisung scheint Alberto den Interviewer zum Verhörer zu machen. Selbst passiv desinteressiert, sehr leise und wortkarg forciert er komplementär die Aktivität des Interviewers und bringt ihn in die Rolle eines Lebensspenders.
Im weiteren Verlauf fühlt sich der Interviewer immer mehr von Gefühlen von Sinnlosigkeit konfrontiert (*was es eigentlich bringen soll, das Gespräch weiter zu führen)*. Der Angst, gemeinsam im *verschlafenen Desinteresse* zu versinken, setzt der Interviewer den Kampf entgegen (*ich kämpfe gegen eine immer stärkere Unlust an)*. In diesem Kontext erscheinen die Fragen des Interviewers wie manische Versuche, einer bedrohlichen Depression, einem Verlust des Objekts (oder der Bedeutung des Objekts) zu entkommen.

Übertragung und Gegenübertragung werden, wie man deutlich nachvollziehen kann, aus dem subjektiven Erleben heraus beschrieben. In jedem anderen Kontext würde der Interviewer seine Unlust und Resignation zu unterdrücken versuchen, um eine Aufgabe zu Ende führen zu können. Im analytischen Gespräch soll er sie »gleichschwebend« ebenso ernsthaft wahrnehmen wie alles andere.

Nach den beschreibenden Absätzen verlangt der nächste Punkt eine Ableitung aus den beschriebenen Verläufen. Es geht nun um die Abwehrstruktur des Probanden, also sozusagen die Oberfläche seiner seelischen Verfassung. Seine Abwehrmechanismen sind abzulesen aus seinen Beziehungsformen, und der Leser des Interviewtextes wird sie leicht wiedererkennen. Wir können annehmen, dass Alberto wie jeder andere Gesprächspartner nicht nur im Interview, sondern in seinem alltäglichen Lebensumfeld zu diesen Hilfsmitteln greift.

> *Abwehrmechanismen*
>
> Als zentraler Abwehrmechanismus von Hilflosigkeit und Abhängigkeitsgefühlen im Kontakt mit dem Objekt erscheint ein massiver, zur Charakterstruktur geronnener narzisstischer Rückzug mit reaktiv den Minderwertigkeitsgefühlen entgegenwirkenden Omnipotenzgefühlen. Das narzisstische Selbstbild ist äußerst labil, was sich unter anderem in dem Ausagieren heftiger narzisstischer Wut bei kleinen Konfrontationen zeigt.
>
> Möglicherweise gilt der narzisstische Rückzug von Objekten und Schule auch der Abwehr dieser destruktiven Selbstanteile.
>
> Eine kognitive Minderbegabung (Intelligenztest?) könnte möglicherweise den Schulbesuch für das labile Größenselbst zur Qual gemacht haben.

Albertos omnipotente Behauptung »ich bin allein wichtig« wird, um es noch einmal zu explizieren, als ein Hilfsmittel aufgefasst, mit dem er sich vor Hilflosigkeit und ängstigender Abhängigkeit schützt. Wir können hinzufügen: Vor schwerer narzisstischer Kränkung muss er sich schützen, denn die Tendenz zur Abwertung, zu der er mit seiner Kargheit herausfordert, setzt sich bis in den Text des Interviewers fort. Dieser vermutet eine konstitutionelle Minderbegabung und fragt zu Recht nach einem Intelligenztest. Wie wir aus dem soziologischen Fallbericht wissen, wurde dem Jungen von seinen Lehrern immer wieder bescheinigt, »eigentlich« sei seine Auffassungsgabe gut genug entwickelt, ohne dass dies je fachkundig untersucht wurde.

Eine ständige Überforderung könnte aber die narzisstische Verwundbarkeit des Jugendlichen noch nicht hinreichend erklären. Warum also braucht er ein solch starres Abwehrsystem, das Beziehungen ja eher zerstört als schützt?

Die Frage bleibt ebenso offen wie die Überlegung, ob es eine frühe Traumatisierung gegeben haben könnte.
Der folgende Punkt des Diagnoseprofils fragt nach dem Umgang mit Angst, das heißt unter anderem auch danach, wie weit die zuvor beschriebenen Abwehrmechanismen wirksam sind. Sind sie zu schwach, so dass das Subjekt von Angst überflutet werden kann – blocken sie so rigide ab, dass die emotionale Schwingungsfähigkeit leidet? Es ist aber auch nach der Ich-Stärke des Probanden gefragt: Bringt er hinreichend Toleranz auf, um ein gewisses unvermeidliches Maß an Angst zu ertragen? Die Frage nach der Realitätsprüfung hängt unmittelbar damit zusammen, kann es doch vorkommen, dass gegen schwere, unaushaltbare Ängste ein Abwehrversuch so umfassend und rigide eingesetzt wird, dass damit die Wahrnehmung und Einschätzung der umgebenden Realität beeinträchtigt sind. Das ist bei schweren psychischen Störungen wie den Psychosen der Fall.

> *Umgang mit Angst/Realitätsprüfung*
> Alberto zeigt keine Anzeichen von Angst. Ängste, wahrscheinlich von archaischer Qualität, werden entweder durch Rückzug oder durch kontraphobisches Agieren bzw. aggressive Attacken abgewehrt.
> Die Realitätsprüfung ist im Prinzip intakt. Keine Anzeichen psychotischer Wahrnehmungs- und Verarbeitungsmechanismen. Normen und Werte Albertos werden wahrscheinlich im Wesentlichen durch subkulturelle Peergroups gestützt.

Eine »archaische«, wenig differenzierte und daher um so überwältigendere Qualität der Ängste wird der Interviewer deshalb vermuten, weil Albertos Abwehr durch narzisstische Grandiosität oder aggressive Attacken ebenfalls archaisch ist. Es gibt keine symbolische Vermittlung oder Verschlüsselung. Dass jedoch gar keine Ängste vorhanden wären, würde der menschlichen Natur und auch der ungewissen sozialen Lage, in der Alberto sich befindet, widersprechen.
Im folgenden Punkt wird das Material des Interviews unter dem Gesichtspunkt »Objektbeziehungen« nochmals gesichtet. Es geht um beschreibbare Beziehungsmuster, wie sie der Interviewer erlebt hat. Dabei liegt auch dieser Beschreibung die Annahme zugrunde, dass die im Interview wirksamen Beziehungsformen im Prinzip die selben sind wie in der alltäglichen Lebenswelt.

> *Objektbeziehungen*
> »The lonesome cowboy.« Albertos Selbst- und Lebensentwurf ist der eines völlig unabhängigen, sich selbst versorgenden und sich allein durchschlagenden Jungen. Die emotionale Bedeutung von Objekten wird radikal verleugnet: *Es gibt keine*

> *Wichtigen.* Und: *Ich bin allein wichtig.* Zwei signifikante Aussagen, die drastisch sein trotzig aggressives Beharren auf Unabhängigkeit belegen.
> Demgegenüber steht die Tatsache, dass er ohne Druck zum Interview und zur Teilnahme am Forschungsprojekt bereit ist. Möglicherweise gibt es eine verleugnete, mit dem Selbstbild nicht zu vereinbarende Beziehung zu der Sozialarbeiterin, der zuliebe er zu dem Gespräch gekommen ist. Des Weiteren zeigt er am Ende, für den Interviewer überraschend, die Bereitschaft zu einem weiteren Gespräch zu kommen. Es bleibt unklar, ob dies aus narzisstischen Gründen (als wertgeschätztes Forschungsobjekt, das im Mittelpunkt steht) entstanden ist oder auch aus dem Wunsch heraus, von einem Objekt, einem männlichen Objekt angenommen zu werden.
> Ansonsten teilt Alberto die Welt in »Korrekte« und »Asos« ein. Die simple Spaltung in Gute und Böse verweist auf die infantilen Erlebnis- und Beziehungsmuster der analen Phase, wobei auch hier nirgendwo ein irgendwie idealisiertes Objekt auftaucht.
> Der Hinweis, dass er früher mal dick gewesen sei, weist darauf hin, dass die »korrekten« Objekte unter dem Gesichtspunkt oral narzisstischer Bestätigung und Versorgung zu positiven Objekten werden.
> Es wird überhaupt keine Bezugsperson näher geschildert, so dass ein Bild entstehen könnte. Am dichtesten ist das Bild der anal-aggressiven Distanzierung von dem Lehrer in der Gesamtschule.
> Es ist schwer vorzustellen, dass Alberto eine Ambiguitätstoleranz ausgebildet hat.

Der Leser mag sich wundern, dass Albertos kurze Bemerkung, er sei früher dicker gewesen, zum Aufhänger einer grundsätzlichen Vermutung gemacht wird: positiv (»korrekt«) sei ein Objekt für Alberto dann, wenn es ihn bestätigt und oral versorgt. Der Interviewer hat aber im Interviewtext mehrere Hinweise auf eine passiv-orale Versorgungshaltung des Jungen gefunden, wie er im nächsten Unterpunkt des Diagnoseprofils ausführt.
Die dort gestellte Frage nach dem »Entwicklungsniveau« des Probanden kann unter verschiedenen Aspekten beantwortet werden: Welcher Modus herrscht in der Triebentwicklung vor? Dass die Psychoanalyse eine Abfolge von Entwicklungsstufen annimmt, in der orale, anale, phallische und reife genitale Triebstrebungen jeweils vorherrschend das Erleben bestimmen, gehört zu ihren bekannteren Konzepten. Andere Entwicklungsaspekte sind: Wie differenziert und sicher ist die Symbolisierungsfähigkeit ausgebildet, wie die Empathiefähigkeit? Wie lebendig sind seine Vorstellungswelt und Phantasietätigkeit, kann der Proband in einem psychischen »Binnenraum« seine inneren Objektbilder miteinander in Beziehung treten lassen und kann er Ambivalenz zulassen und ertragen? Wie zuverlässig ist die Gewissensinstanz, das Über-Ich, wie weit ist es verinnerlicht und von äußeren Autoritäten

unabhängig? Ist er zu »triangulierten« Beziehungen fähig, das heißt: Hat er die sichere Vorstellung entwickelt, dass zwei geliebte Objekte wie Vater und Mutter auch untereinander eine eigene Beziehung unterhalten?

> *Entwicklungsniveau*
> Schwer zu klassifizieren. In Bezug auf die Triebentwicklung ist Albertos Entwicklungsniveau eher zwischen der oralen und der analen Phase anzusiedeln. Die ausgeprägte passiv aggressive Versorgungsmentalität (Fernsehen im Kleinkindalter, Klauen von Gameboykonsole, Dicksein, Vermeidung von unlustvoller Anstrengung) verweisen auf ein vorherrschendes orales Niveau. Die Einteilung der Objekte in Gute und Böse und die trotzige Abgrenzung von Beziehungswünschen und Entwertung von Autoritäten weist eher auf anale Beziehungsmuster.
> Die Sprach- und Symbolisierungsfähigkeiten sind eher auf einfachem Niveau. Die Differenzierungsfähigkeit und der Aufbau einer psychischen Innenwelt scheinen schwer beeinträchtigt. Dies kann durch frühe Konflikte (z.B. traumatische Erlebnisse) oder auch durch restringierte Interaktionsangebote des familialen Umfeldes mitbestimmt worden sein. Die Phantasietätigkeit wirkt äußerst beschränkt. Das konkretistische Verhaftetsein beim Reden und bei der Beziehungsaufnahme lässt die Ich-Fähigkeiten eher als primitiv-rigid einschätzen.
> Es ist schwer einzuschätzen, ob das Über-Ich insgesamt schwach ausgebildet ist oder ob das Über-Ich durchaus stabil basiert auf latenten Identifikationen mit im Hintergrund wirksamen familialen Objekten.

Erneut taucht hier die Frage nach einer frühen Traumatisierung auf: Eine solche könnte die Erklärung dafür liefern, dass Albertos psychische Innenwelt so karg und lieblos erscheint. Die andere Möglichkeit, die der Interviewer in Betracht zieht – eine Deprivation des Kindes durch mangelnde Zuwendung in der Familie – muss offen bleiben.
Es bleibt die Frage nach einer frühen katastrophalen Beziehungserfahrung.

> *Dynamische und strukturelle Einschätzung der Konflikte*
> Die Beziehungsentwürfe von Alberto sind eher auf dyadischem Niveau mit dem zentralen Triebwunsch nach oraler Befriedigung anzusiedeln. Ödipale Konflikte im triadischen Feld sind nicht zu erkennen. Dies behindert zweifelsohne auch die phallische Männlichkeitsentwicklung und die Kontaktaufnahme zum anderen Geschlecht in der Adoleszenz. Die oral-narzisstische Problematik und die anal entwertende Verleugnung von Abhängigkeitswünschen verunmöglichen wahrscheinlich die konstante Besetzung eines gleichaltrigen Liebesobjekts.

Die Überlegungen zu Albertos Möglichkeiten, adoleszenztypische Konflikte (Objektwahl, psychosexuelle Identifikation) zu meistern, müssen bei dem Kenntnisstand des Interviewers hypothetisch bleiben. Der folgende Punkt bildet eine Art von Resümee:

Progressive versus regressive Entwicklungskräfte/Ressourcen
Die Strukturbildung Albertos scheint weitgehend abgeschlossen. Jedenfalls sind in diesem einen Interview die charakterstrukturell versteinerten narzisstischen Abwehrformen so im Vordergrund, dass der Interviewer keine Idee über kreative bzw. progressive Bewegungsmöglichkeiten im Innenleben von Alberto entwickeln kann. Hypothetisch stelle ich mir vor, dass hier ein Wechselspiel zwischen frühen, möglicherweise traumatisch wirksamen Entbehrungserlebnissen und dem restringierten Code des familialen Umfelds in Zusammenhang mit einer primären Minderbegabung zur Starrheit des Selbst beigetragen hat.
Das Körperselbst (Gestik, Mimik, Motorik) wirkt eher starr und auf Unverletzbarkeit ausgerichtet.

Soweit die vorläufige Auswertung des Interviews.
Einige offene Fragen werden aus dem Elterngespräch zu beantworten sein, über das ich als nächstes berichten möchte.

Das Gespräch mit Albertos Mutter

Das genaue Protokoll dieses Gesprächs ist im psychoanalytischen Fallbericht Alberto in diesem Band nachzulesen. Hier sollen nur die wesentlichen Ergebnisse referiert werden, die die Interviewerin in die Fallkonferenz mitbrachte. Das Interview mit Alberto war ihr nicht bekannt.
Das Gespräch fand in der Wohnung der Familie statt, gegen die ausdrückliche Verabredung in Abwesenheit des Vaters. Da aber alle Türen offen standen und auch die Kinder (Alberto eingeschlossen) nacheinander den Raum betraten und wieder verließen, hatte die Interviewerin durchgehend das Gefühl »unsichtbarer Zeugen«, das sie zu einer sehr zurückhaltenden Gesprächsführung veranlasste. Zu dieser Zurückhaltung trug auch die vorwurfsvolle Klage der Mutter bei, sie habe schon viel zu viel preisgeben und vor Unbeteiligten ausbreiten müssen, damit Alberto Hilfe bekam. Freilich sei das alles umsonst gewesen. Deutlich erklärte sie, dass behördliche Neugier die Grenzen ihrer Intimität weit überschritten habe, so dass die Interviewerin sich nicht in die Reihe dieser zudringlichen Auskundschafter einreihen wollte.
In diesem abgesteckten Rahmen sprach dann die Mutter sehr lebendig, differenziert und auf eine Weise, die die Sympathie und Zustimmung der Interviewerin weckte, über Alberto, seinen Vater und über sich. Am Ende hatte die Interviewerin den Eindruck, das Gespräch habe sich spiralförmig dem »eigentlich Wichtigen« angenähert, ohne dass dieses umkreiste »Wichtige« hätte zur Sprache kommen können.

Albertos Vater, so sagte die Mutter, sei ja auch kaum zur Schule gegangen, habe kaum Schulbildung (genau wie auch ihr eigener Vater) und sei doch ein guter Mann. Was brauche ein Mann einen Schulabschluss? Sei er weniger wert, wenn er keinen habe? Und gelte das nicht auch für Alberto? In dieser eloquent vorgetragenen Rede schwang für die Ohren der Interviewerin neben dem Lob des »guten Mannes« aber immer die stillschweigende Entwertung mit – ungebildet bleibt er eben doch. Dies um so mehr, als die Mutter von ihrer eigenen Schulerfahrung mit Sehnsucht und Traurigkeit erzählte. Sie sei so gern zur Schule gegangen, »Schule war mein Leben«, und hätte so gern mehr gelernt und studiert – ihre eigene Mutter habe es nicht zugelassen. In einer kurzen Bemerkung gestand sie ihre Enttäuschung an Albertos Versagen ein, um dann zurückzufinden zu der Frage, warum Handarbeit weniger wert sein solle.

Es ist durchaus denkbar und wurde in der Fallkonferenz aufmerksam diskutiert, dass der Konflikt der Mutter zwischen zwei Lebensentwürfen – dem Bildungsgang in der deutschen Kultur, der sie sich in Sprache und Auftreten ausgezeichnet angepasst hat, und der weiblichen Karriere in Ehe und Familie, wie es die eigene Mutter und die heimische Kultur ihr abverlangen – sich in die Beziehung zu ihrem Sohn Alberto eingeschlichen hat. Der schmerzliche Neid auf die Chancen, die sie als Migrantin nicht hatte, die heimliche Verachtung des Mannes, der alle Möglichkeiten gehabt hätte und doch nicht nutzte, wären geeignet gewesen, die Lernanstrengungen des Kindes unbewusst zu unterminieren. Hier könnte die familiale Restriktion liegen, die Albertos Interviewer eher in einer kulturellen Armut der Migrantenfamilie vermutet hat. Hier könnte auch der Ort sein, wo das durchgehende Phänomen schleichender Entwertung verankert ist: Der ungebildete Mann wird wortreich gelobt und unter der Hand doch abgewertet.

Alberto könnte sich angeboten haben, unter den vier Kindern der Familie zum Träger des mütterlichen Konflikts zu werden, war er doch, wie die Mutter weiter berichtet, durch die Umzüge der Familie mehr beeinträchtigt als die Geschwister. Er sei ein halbes Jahr alt gewesen, als die Familie in ihr Heimatland zurückging, und dann mit 7 Jahren (kurz nach der Einschulung) mit den anderen nach Deutschland zurückgekehrt – das habe Probleme mit der Sprache gegeben, mehr als bei den anderen.

Im Übrigen aber weiß die Mutter nicht von besonderen Schwierigkeiten zu berichten, die Alberto gehabt habe. Er sei eher schüchtern und in der Schule von vorn herein nicht richtig gesehen und behandelt worden. Gegen Ende des Gesprächs kommt sie zurück auf die Grenzen der Intimität ihrer Familie –

Alberto wolle nicht nach außen »verraten« werden, das gehe niemanden etwas an, und nun habe sie doch mehr erzählt, als sie eigentlich wollte.
Wichtig für ein analytisches Verstehen sind auch hier die Nebengleise, auf denen sich das Denken und die Phantasie der Interviewerin parallel zum Hauptstrom des Gesprächs bewegen. Das ständige Gefühl unsichtbar lauernder Zeugen wurde schon erwähnt, von dem sie sich eingeschüchtert fühlte. Dazu kam Albertos Kampfhündin, ein freundlich sabberndes Tier, mit dem sie sich im sichtbaren Bereich spielerisch einlassen konnte. »Wenn sie aber unter dem Tisch, wo keiner etwas sehen kann, um meine Beine wuselt, halte ich die Füße lieber still.« Sie hätte darüber etwas sagen können, die Atmosphäre war ja vordergründig ganz entspannt, aber die Gefährlichkeit bleibt latent, »unter dem Tisch«, unausgesprochen, sie traut sich nicht, daran zu rühren. Eine weitere, für die Interviewerin selbst befremdliche Spur ist die gebannte Beschäftigung mit einem Riss in der durchsichtigen Tischdecke, der die darunterliegende Spitzendecke bloßlegt. Ständig hat sie nebenher die Vorstellung, wie sie diesen Riss mit Klebeband verschließen könnte oder wie sie umgekehrt ihren Kaffee gerade in diese offene Stelle verschütten könnte. Eine Neben-Wahrnehmung wie etwa die der Narbe über Albertos Augenbraue, die sein Interviewer nebenbei bemerkt hatte.
Die Gesamtheit dieser Wahrnehmungen wird es sein, was in der Interviewerin den erwähnten Eindruck erzeugt, das »eigentlich Wichtige« sei zwar im Zentrum eines spiralförmigen Gesprächsverlaufs präsent gewesen, aber unausgesprochen im Dunkeln geblieben.
Hinzu kam nach dem Gespräch ein Zustand extremer Niedergeschlagenheit, ein zwingendes Gefühl, als habe sie »alles falsch gemacht« und »von vornherein verdorben«, ähnlich wie Albertos Interviewer sich böse, streng, aber auch unzulänglich und schlecht gerüstet für diese Art von Arbeit gefühlt hatte.
In ihrer Heftigkeit waren diese Reaktionen eindeutig der Gegenübertragung geschuldet, aber es blieben auch der Interviewerin der Mutter Zweifel an der Eignung ihrer Methode der offenen Gesprächsführung. In der Tat fehlten bei aller psychodynamischen Aussagekraft des Gesprächs lebensgeschichtliche Daten und Fakten aus Albertos Kindheit, wie sie üblicherweise im Rahmen der psychoanalytischen Erstuntersuchung in einem anamnestischen Gespräch oder mit einem Fragebogen erhoben werden. Die Fallkonferenz beschloss daher, in den folgenden Fällen die Elterngespräche strukturierter zu gestalten und einen anamnestischen Fragebogen einzusetzen, um sich eine Vorstellung von der Kindheitsgeschichte der Jugendlichen bilden zu können.

Schlussfolgerungen der Fallkonferenz

Albertos Hunger nach Versorgung ist, so scheint es, nicht zu stillen, ein Ende der Beziehungsversuche in Aggression und Destruktion nicht zu vermeiden. In der Sprache der Psychoanalyse ausgedrückt: Er hat nicht die Erfahrung machen können, dass Beziehungen zu einem Liebesobjekt standhalten, auch durch Wut und Hass nicht zu zerstören sind. In einem fatalen Wiederholungszwang führt er das Ende einer Beziehung herbei, so wie es ihm vertraut ist. Das Protokoll der ersten Fallkonferenz fasst zusammen: Alberto scheint nach ersten Schwierigkeiten in der Kontaktaufnahme »die Objekte unbewusst dazu zu bewegen, sich sehr aktiv für ihn einzusetzen, seinen Narzissmus und seine Größenphantasien zu befriedigen auf der Basis von bedürfnisbefriedigender früher Bindung, die er dann mit Aggression und Abbruch beantwortet. Verbindlichkeit, Sorge um das Objekt sind leicht zu zerstören, immer wieder kommt es zur Katastrophe. Nach dem Versuch, das Objekt zur Aktivität zu bringen, kommt der Versuch, es zu zerstören – und es schien uns, als hätte er in seiner Lebensgeschichte die wichtige Erfahrung von der Unzerstörbarkeit des Objekts nicht machen können.« In diesem Zusammenhang könnte eine Kopfverletzung des kleinen Alberto in seinem ersten Lebensjahr eine Rolle spielen, von der im Gespräch mit den professionellen Helfern die Rede war.

Auf der Suche nach einem Anhaltspunkt für diese Vermutung rief also die Interviewerin noch einmal die Mutter an. Diese war zunächst schwer zu einer Auskunft zu bewegen, es sei doch schon so lange her und längst vergessen, auch habe sie Alberto darauf untersuchen lassen, ob er an Folgen der frühen Verletzung leide »und es ist nichts mehr«. Schließlich berichtete sie widerstrebend auf zähes Nachfragen, Alberto habe mit vier Monaten so eine Beule am Kopf gehabt, die müsse er sich selbst am Gitter des Kinderbettchens zugezogen haben, »es war ja keiner dabei«, die Beule sei dann immer größer geworden und dann habe sie Alberto nur zur Vorsicht in die Klinik gebracht, es war dann doch etwas: »Riss im Schädel«. Sie sei in der Tat sehr erschrokken gewesen, sagt sie auf mitfühlende Worte der Interviewerin, »man macht sich so seine Gedanken, das können Sie mir glauben!«, aber nun werde sie wirklich nichts weiter mehr sagen, das habe sie auch Alberto versprochen – der habe nämlich getobt.

Es gibt nun, wie die zweite Fallkonferenz feststellt, einen Anhaltspunkt für eine frühe Traumatisierung des kleinen Alberto: eine schwere Verletzung, die vorsprachliche somatopsychische Erinnerungsspuren hinterlassen musste, ein Gewalterlebnis, eine Trennung in dem Alter, das noch ganz auf ein körperlich-gestisches Verständigungssystem mit der Mutter eingerichtet ist, eine vermutlich verunsicherte, von Schuld- und Versagensgefühlen geschüttelte Mutter. Die Überzeugung der Interviewerin, »schon alles falsch gemacht und von vornherein verdorben« zu haben, erhält als Gegenübertragung, als unbewusste Identifikation mit der Mutter – denn im Gespräch mit dieser war sie ja entstanden – einen Sinn. Und die Angst der Mutter, Alberto könnte unheilbare Schäden davongetragen haben, passt in ihre Hilfskonstruktion »Männer brauchen gar keine Schulbildung« und kann sehr wohl in Albertos Selbstbild eingegangen sein. Die lebhafte Reaktion der Interviewerin ist ein Hinweis darauf, dass der Schrecken der Mutter und ihr Schuldgefühl gar nicht lange vorbei, sondern nach 16 Jahren noch virulent sind. Nicht nur sie, sondern vermutlich auch der unsichtbar gebliebene Vater und Alberto selbst (der den Eltern schwere Vorwürfe macht, was sie ihm angetan hätten) tragen die vergangene Geschichte, über die nicht gesprochen werden darf, in sich.

Und doch bleibt die Unklarheit, das Denkverbot, auch wenn »man sich so seine Gedanken macht«. Die so gänzlich unwahrscheinliche Schilderung des Unfallhergangs – Schädelbruch am Gitterbettchen – legt einen dunklen Verdacht nahe, soll ihn auch gewiss nahe legen, zumindest in der unbewussten Absicht der Erzählerin. Aber die Interviewerin wagte nicht aufzuschreiben, was sie spontan vermutete, um niemanden falsch zu verdächtigen, und was sie dann in der zweiten Fallkonferenz zur Sprache brachte: dass nämlich eine Misshandlung im Affekt stattgefunden hätte, am ehesten durch den Vater, und dass die Familie kurz darauf in ihr Heimatland zurückgekehrt wäre, um Nachforschungen zu entgehen. Eine Frage, der man nicht nachgehen darf, wirkt sich als Denkhemmung aus. Der Eindruck des Interviewers von »Minderbegabung« muss nicht ganz daneben gelegen haben. Nicht nur mütterliche Ängste und Zuschreibungen, auch das geheime Wissen, dass etwas nicht zur Sprache kommen darf, was erst recht im Untergrund doch immer präsent ist, könnte Albertos Denken und Sprechen einengen, auch wenn seine Intelligenzausstattung viel größere Möglichkeiten bereithält.

Die Metapher des Interviewers, er habe aktiv sein müssen, »damit das Gespräch nicht erstirbt«, um die Beziehung am Leben zu halten, kam also der Wahrheit nahe: Es ging – und geht in Albertos Innenwelt – tatsächlich um Leben oder Sterben, um ein Umschlagen der versorgenden, haltenden Beziehung in Destruktion und Verlassensein mit allen Vernichtungsängsten, die dies in einem Säugling auslöst. Erinnern wir uns an seine als Hypothese formulierte Überlegung: »Nimmt man die Angst des Interviewers vor dem Tod der Beziehung als Gegenübertragung (projektive Identifikation) ernst, so deuten sich hier tiefgehende unbewusst inszenierte, projektiv abgewehrte frühe

Beziehungserfahrungen des Probanden von Nicht-Gehaltensein, katastrophischen Ängsten, traumatischen Trennungserfahrungen an.«
Seine Befürchtung, »böse« und »streng« zu sein, stellt sich als vermutliche Identifikation mit einer bedrohlichen Vaterfigur heraus. Die Narbe über der Augenbraue – wahrscheinlich von einer ganz anderen und unbedeutenden Verletzung stammend – ist ihm nicht ganz zufällig zusammen mit dem »verschlafenen Desinteresse« aufgefallen. Der Kampfhund, der unter dem Tisch der Familie unbemerkt zupacken könnte, die unsichtbaren Zeugen, die aufpassen, dass nichts Falsches gesagt wird, die Idee, den Riss in der Tischdecke reparieren zu müssen, die Angst, durch diese Verletzung der Hülle etwas Schlechtes einsickern zu lassen: All dies macht im Nachhinein Sinn.
Es versteht sich, dass es keinesfalls darum gehen kann, solchen Einzelheiten wild irgendwelche beliebigen Bedeutungen zuzuschreiben, aber sie können auf offene Fragen hinweisen und dann, wenn gesicherte Informationen hinzukommen, deren emotionalen Bedeutungshof sichtbar und begreifbar machen. Die bloße Information über den frühen »Riss im Schädel« hätte uns gewiss auch genug Stoff zum Nachdenken gegeben. Aber was diese Lebensgeschichte für die darin Verwickelten bedeutet, wie sie sich für sie anfühlen mag, welche Gefühle und Ängste darin gefangen sind, das kann nur die lebendige Begegnung von Subjekt zu Subjekt vermitteln, in der die Mitteilungen auf vielfachen Wegen neben der Sprache hin- und herlaufen.

Ich werde hier nicht auffächern, wie Albertos Leistungsstörungen und seine Verweigerung vor dem gewonnenen Hintergrundwissen zu verstehen sind. Dazu gibt der ausführliche Fallbericht Auskunft, hier aber ging es darum, den Weg psychoanalytischen Fallverstehens nachzuzeichnen. Ich hoffe, dass der Leser, wenn auch vielleicht in Einzelheiten nicht überzeugt, am Ende ein Verständnis dafür gewonnen hat, wie Alberto sich vor Verletzung und narzisstischer Vernichtung schützt, indem er sich in eine illusionäre Unabhängigkeit flüchtet, und warum er auf diese Abwehr von unerträglicher Angst verfallen ist – dass es dem Leser möglich und denkbar erscheint, dass Alberto sich Beziehungen nicht anders als zerstörerisch vorstellen kann und daher selbst zum Zerstörer wird, um nicht in der hilflosen Position gefangen zu sein.

Kapitel IV
Alles egal! Der Fall Barat

Thomas von Freyberg/Angelika Wolff

Das Untersuchungsprojekt wurde auf Barat aufmerksam gemacht, kurz nachdem für diesen Jugendlichen im Auftrag des Staatlichen Schulamts durch einen Lehrer des örtlichen Beratungs- und Förderzentrums (BFZ) ein Gutachten über *sonderpädagogischen Förderbedarf* erstellt worden war. Barat, gerade 13 Jahre alt, besuchte zu diesem Zeitpunkt eine Hauptschule, und das vorzeitige Ende seiner Schulkarriere war absehbar.

Den Kontakt des Forschungsprojekts zu Barat stellte der seit einem halben Jahr zuständige Einzelfallhelfer her. Nachdem Barat und seine Eltern der Teilnahme in unserem Projekt zugestimmt hatten, fanden zunächst die psychoanalytischen Erstgespräche mit Barat statt. Etwa zur gleichen Zeit konnte ich (Th. v. F.) an der entscheidenden Klassenkonferenz teilnehmen, die den Schulverweis Barats aus der Hauptschule androhte. Ein Interview mit der zuständigen Klassenlehrerin schloss sich noch am gleichen Tag an. Einen Monat später stand der Schulverweis Barats unmittelbar bevor. Vor diesem Hintergrund fand das Gespräch mit seiner ehemaligen Grundschullehrerin statt. Es folgte ein ausführliches Interview mit dem nunmehr seit fast einem Jahr für Barat zuständigen Einzelfallhelfer. Zwei weitere Monate später, der Verweis Barats von der Hauptschule lag nun schon ein paar Wochen zurück, wurde in einem abschließenden Gespräch mit der zuletzt zuständigen Klassenlehrerin die Konfliktgeschichte der letzten Wochen Barats an dieser Schule rekonstruiert. In einem Gruppengespräch an der Hauptschule mit dem Schulleiter, drei Fachlehrern und der Klassenlehrerin standen die zurückliegende Konfliktgeschichte mit Barat und die schulischen Kriterien für den Schulverweis Barats im Mittelpunkt. Schließlich konnte ich an einer »Gesprächsrunde« im Staatlichen Schulamt teilnehmen, in der die Entscheidung der *ruhenden Schulpflicht* Barats in großem Kreis von beteiligten Fachkräften und zuständigen Verwaltungskräften getroffen wurde. Barat war gerade 14 Jahre alt geworden. Anschließend informierte ich mich über die Schulakte des Jungen. Einige Wochen später, Barat besuchte nun seit vier Monaten keine

Schule, fand ein Gespräch mit der zuständigen Mitarbeiterin des Allgemeinen Sozialen Dienstes (ASD) statt. Nach Abschluss der Erhebungsarbeiten besuchte ich Barats Familie und führte ein längeres Gespräch mit den Eltern und – eine Woche später – auch mit Barat selbst. Nach einem halben Jahr *ruhender Schulpflicht* und ein dreiviertel Jahr nach seinem Schulverweis aus der Hauptschule fand Barat einen Platz in der Lernwerkstatt des örtlichen BFZ, einer teilstationären Einrichtung des Staatlichen Schulamts und des örtlichen Jugend- und Sozialamts. Auf dem Hintergrund unserer interdisziplinären Fallanalyse führten wir ein Beratungsgespräch mit Professionellen durch, die zu diesem Zeitpunkt noch mit Barat und seiner Familie befasst waren – aus dem ASD, aus dem BFZ und aus der Lernwerkstatt. Zwei Jahre später kam es zu einem letzten Gespräch mit den Mitarbeitern der Lernwerkstatt über die weitere Geschichte Barats: Nach den ersten drei Monaten waren auch in der Lernwerkstatt die Konflikte eskaliert. Barat – nun 15 Jahre alt – musste für einige Wochen in die Psychiatrie, wo es rasch zu schweren aggressiven Ausfällen und Übergriffen auf Mitpatienten und Pflegepersonal kam. Seine Eltern holten ihn dort heraus, beendeten den Versuch mit der Lernwerkstatt und schafften es noch einmal mit Hilfe des ASD, Barat in eine berufsvorbereitende Maßnahme der Arbeitsverwaltung zu vermitteln. Nach wenigen Wochen war Barat auch dort untragbar geworden. Jetzt sei der Jugendliche an einer Koranschule und mehr wisse man nicht, war der abschließende Kommentar des pädagogischen Teams in der Lernwerkstatt.

4.1 Der soziologische Fallbericht

Barat ist in Deutschland geboren. Seine Familie ist türkischer Herkunft und islamischer Religionszugehörigkeit und lebt in einer geräumigen hellen Wohnung eines neuen städtischen Wohnviertels. Barat hat eine ältere und eine jüngere Schwester; sein kleiner Bruder, der Jüngste der vier Geschwister, ist knapp drei Jahre alt.

Vier Jahre Grundschule – ein unauffälliger Störer in einem schwierigen Feld

Der Beginn der Schullaufbahn verlief wenig günstig. Barat wurde altersgemäß in die 1. Klasse eingeschult, aber schon vier Monate später wegen mangelnder Schulreife – kleinkindhaftes Verhalten, fehlende Selbständigkeit, geringe Motivations- und Konzentrationsfähigkeit – in die Vorklasse zurückgestuft. Mit einem Jahr Verspätung kam Barat erneut in die Eingangsklasse der Grundschule. Er ist mittlerweile ein schwieriges Kind geworden, und die Klassenlehrerin notiert die typischen Merkmale eines künftigen »Störers«: Barat sei mehrfach durch aggressive Handlungen gegen Mitschüler, auch gegen ältere Schüler aufgefallen. Darüber hinaus verfüge der Junge nicht über ein angemessenes Regelverhalten; er komme nicht pünktlich zum Unterricht, ihm fehlten oft Schulmaterialien, und er erledige nur unregelmäßig die Hausaufgaben. Doch mitten im folgenden Schuljahr, Barat ist nun in der 2. Grundschulklasse, zieht die Familie in einen anderen Stadtteil – eine neue Wohnsiedlung mit größeren, sozial geförderten Wohnungen am Stadtrand. Schon lange hatten sich Barats Eltern um eine neue Wohnung bemüht, schon lange wollten sie ihr Wohnviertel verlassen.

Barats neue Grundschule wird gerade erst aufgebaut, und rasch versammelt sich hier ein ungewöhnlich hoher Anteil schwieriger Kinder. Barats Wechsel fand zwar mitten im laufenden Schuljahr statt, seinen Mitschülern aber ging es nicht anders. Ständig zogen neue Familien in das Wohnviertel und wöchentlich mussten neue Schüler und Schülerinnen in den bestehenden Klassen untergebracht werden. Das Lehrerkollegium wuchs rasch: ein junges Kollegium, das sich freiwillig für diese neue Aufgabe beworben hatte und hoch motiviert war, mit den Aufbauschwierigkeiten gemeinsam fertig zu werden.

Die zuständige Sozialstation war zwar wenig vorbereitet auf die zusätzlichen Aufgaben in dieser neuen Wohnsiedlung. Schließlich war man davon ausgegangen, dass die Praxis der Belegung der Wohnungen eine »günstige soziale Durchmischung« der neuen Wohnbevölkerung sicherstellen werde. Doch das junge und energische Lehrerkollegium sucht nur in Ausnahmefällen den Kontakt zum Allgemeinen Sozialen Dienst (ASD): in Fällen offenkundiger Not oder Verwahrlosung. Barat und seine Familie gehörten nicht dazu.

Man kann sich gut vorstellen, dass etwas von diesem Pioniergeist des Neuanfangs auch in Barats Familie zu spüren war: eine neue, größere und schönere Wohnung, ein neues Wohnviertel ohne den schlechten Ruf des vorigen, eine neue Schule mit einem engagierten jungen Kollegium und eine junge, freund-

liche Klassenlehrerin für Barat mit viel Verständnis für die Probleme und Schwierigkeiten der Kinder in ihrer Klasse.
Doch der Pioniergeist des Neuanfangs und Aufbruchs hielt nicht lange. Nach kurzer Zeit stellte es sich heraus, dass die geplante »soziale Durchmischung« der neuen Wohnbevölkerung nicht zustande kam. Viele der Eltern sahen sich in ihren Erwartungen an die neue Siedlung enttäuscht. Die Wohnungen waren äußerst hellhörig und die soziale Infrastruktur war mangelhaft. Viele Familien zogen in den ersten beiden Jahren wieder aus, und in der neuen Siedlung konzentrierten sich bald »sozial problematische und schwierige« Familien. Auch in der neuen Schule kehrte Ernüchterung ein. Rückblickend sieht die Klassenlehrerin Barats hier einen deutlichen Zusammenhang: Mit dem Ruf des Viertels sei auch der Ruf der Schule niedergegangen. Der Anteil an »schwierigen« Kindern in den Klassen stieg – und parallel dazu sei die Bereitschaft der Eltern zur Kooperation mit der Schule gesunken, dies vor allem bei den deutschen Eltern aus den »sogenannten sozial schwachen Gruppen«.
Und auch Barats Schwierigkeiten und Probleme begannen zu eskalieren. Im Verlauf der vierten Klasse geriet der Junge offenkundig in eine Krise, die all das reaktivierte, was schon bei Schulbeginn ansatzweise vorhanden war. Im Verlauf des vierten Schuljahrs wird Barat zum nächtlichen »Streuner« in der Innenstadt, vor allem in seinem alten Wohnviertel. Im Unterricht ist er unausgeschlafen und unkonzentriert. Vor seinen Mitschülern prahlt er mit seinen nächtlichen Erlebnissen und neuen Freunden. Die aggressiven Konflikte mit Mitschülern in den Pausen nehmen zu. Vor allem: Barat legt sich provozierend mit der Fachlehrerin und Schulleiterin an.
Die kontroverse Beurteilung Barats durch die Klassenlehrerin und die Schulleiterin führt zum Konflikt bei der Frage, welche weiterführende Schule in diesem Fall von der Grundschule empfohlen werden soll. Die Schulleiterin votiert für eine kleine, überschaubare Hauptschule und setzt sich mit ihrer Empfehlung gegen die Klassenlehrerin durch, die Barat für realschulfähig hält. Zu einer fachlichen Auseinandersetzung innerhalb des Kollegiums kommt es jedoch nicht. Gegen die Empfehlung der Grundschule aber entscheiden Barats Eltern sich für den Wechsel ihres begabten Jungen an eine Realschule. Barats Grundschullehrerin ist erschüttert, als sie von der Entwicklung dieses Jungen in den folgenden Jahren erfährt. Sie vermutet, dass es möglicherweise doch größere Probleme in der Familie gegeben haben muss. Auch der Übergang in die weiterführende Schule müsse für Berat ein tiefer und schwerer Bruch gewesen sein. Aber erklären kann sie sich das nicht.

Kommentar

Durch die Konfliktgeschichte Barats mit Schule und Jugendhilfe zieht sich wie ein roter Faden ein ganz spezifisches Thema: das der *strukturellen Verantwortungslosigkeit.* In allen von uns untersuchten Konfliktgeschichten hat dieses Thema einen wichtigen Platz bei der Analyse der institutionellen Konfliktdynamik – in der Konfliktgeschichte Barats aber wurde *strukturelle Verantwortungslosigkeit* von den beteiligten Professionellen auf ganz spezifische Weise subjektiv umgesetzt, angeeignet oder instrumentalisiert. Erst das machte dieses Thema zum *generativen Thema* der Fallanalyse, das es erlaubte, das breite empirische Material zu organisieren und zu begreifen.
Die ersten Grundschuljahre Barats geben deutliche Hinweise auf schwere strukturelle Defizite. Die Familie wechselt ihren Wohnsitz, zieht in ein neues Wohnviertel am Stadtrand, und Barat kommt in die neu entstehende Grundschule, eine »Nebenstellen-Schule«, die rasch und ungeplant expandiert und mit einer Häufung organisatorischer und sozialer Probleme konfrontiert ist. Erfahrungen mit der »Produktion sozialer Brennpunkte« hätten es nahegelegt, den Auf- und Ausbau dieser Schule sorgfältig zu planen und schonend umzusetzen. Besonders kleine Klassen oder Klassen mit zwei Lehrkräften, die im Team arbeiten, hätten vielleicht die Belastungen hoher Fluktuation auffangen können. Die Häufung sozial besonders schwieriger Familien im Wohnquartier war zu erwarten, ausgebildete Sonderschullehrer wären da zur Unterstützung der Arbeit in der Schule durchaus am Platz gewesen. Ein intensives Angebot an Elternberatung und -hilfe an der Schule für das gesamte Quartier – durch Sozialarbeiter und Sozialpädagogen – hätte eine enge Zusammenarbeit von Schule und Sozialstation sicherstellen und die oft geforderte Öffnung der Schule zum Wohnquartier zur Gründungsbedingung machen können. Ein externes Berater- oder Supervisions-Team hätte als kompetente dritte Instanz dem jungen, engagierten, aber auch wenig erfahrenen Schulkollegium zur Seite und zur Verfügung gestellt werden müssen. Die später für Barat verantwortliche ASD-Sachbearbeiterin formulierte für das Wohnquartier, was für die Schule dort in gleicher Weise galt: »Es fehlt an Einrichtungen! Jeder weiß, da entwickelt sich das, was man früher sozialer Brennpunkt nannte, also ein schwieriges soziales Gefüge. Und es gibt einfach keine notwendigen Einrichtungen – sie werden nicht mal zeitnah geplant.« Da die Probleme solcher neuen Wohnquartiere für sozial benachteiligte Familien seit langem fachlich bekannt und vorhersehbar sind, ist der Verzicht auf eine qualifizierte Gemeinwesenarbeit, die die Entwicklung der sozialen Infrastruktur betreut und dabei Schule und Soziale Dienste einbezieht, nicht

anders zu charakterisieren als eine Form des *geplanten Vandalismus*. Beide Termini – *geplanter Vandalismus* und *strukturelle Verantwortungslosigkeit* – sind Brückenbegriffe, die die objektive Vermittlung von individuellem Konfliktverhalten und institutionellen Konfliktbedingungen anzeigen.
Das junge und hoch motivierte Kollegium ist unter diesen sozialen Rahmenbedingungen auf Dauer überfordert. Der Pioniergeist der Gründerphase wird rasch zerrieben und weicht dem mühevollen Alltag einer überforderten Schule. Konnten anfangs noch die fehlenden Ressourcen und Kompetenzen durch persönliches und kollektives Engagement des Kollegiums kompensiert werden, so geraten mit den anwachsenden Problemen des Wohnquartiers diese Bemühungen rasch an ihre Grenzen. Eklatant wird dies an den zunehmenden Konflikten zwischen Schule und Eltern – ausgerechnet bei jenen Schülerinnen und Schülern, bei denen schulische Förderung dringend notwendig und ohne belastbare Arbeitsbündnisse mit den Eltern dieser Kinder gar nicht denkbar ist. Dass in einem neu entstehenden Wohnquartier, in dem es noch keine halbwegs stabilen sozialen Strukturen gegenseitiger Hilfe und Unterstützung gibt, in dem obendrein noch kein angemessenes lokales Hilfe- und Fördersystem aufgebaut werden konnte, diese bekannten Konflikte zwischen Schule und Familien rascher und krasser auftreten würden, konnte niemanden überraschen. Auf eine qualifizierte Elternarbeit aber waren weder die Schule noch die Jugend- und Familienhilfe hinreichend vorbereitet. So blieb den Akteuren wohl nichts anderes übrig als das sattsam bekannte und absolut unproduktive Spiel gegenseitiger Schuldvorwürfe. Für Eltern, die der deutschen Regelschule eher fremd gegenüberstehen und der Schule keinen Ärger machen, ist dann nicht mehr viel übrig. Den Vater Barats hat die Klassenlehrerin nicht kennengelernt; die Mutter hat sie zwei oder drei Mal gesprochen. Sie sei »einsichtig« gewesen, habe aber dabei »relativ teilnahmslos« auf sie gewirkt. Als dann in der vierten Klasse Barats Schwierigkeiten auch in der Schule manifest werden und die Klassenlehrerin überzeugt ist, dass hier die Familie versagt, gibt es keinen Zugang zu Barats Eltern. Die Entwicklung des Jungen ist zwar besorgniserregend, doch der engagierten jungen Lehrerin fehlt die nötige Zeit, um hier zu helfen oder Hilfe zu besorgen. Dass eine qualifizierte Elternarbeit – wo sie denn für den Erfolg schulischer Arbeit notwendig scheint – nicht fester Bestandteil des professionellen Auftrages an die Regelschule ist, dass für diese Arbeit keine Ressourcen vorgehalten werden, ist ein zentrales Element *struktureller Verantwortungslosigkeit.*
Klassenlehrerin und Fachlehrerin (Schulleiterin) können sich über ihre wachsenden Probleme mit Barat nicht professionell verständigen. Die alarmieren-

den Hinweise aus der Schulakte über die problematischen ersten Schuljahre Barats werden nicht mit der aktuellen krisenhaften Entwicklung des Jungen in Verbindung gebracht. Barats Probleme werden nicht wirklich ernst genommen und als mögliche schwere Entwicklungsstörung identifiziert. Dass in diesem Fall ein kompetenter Dritter nicht hinzugezogen wurde, mag man als individuelles fachliches Fehlverhalten kritisieren; sinnvoller und gerechter aber ist sicher die Annahme, dass derartige professionelle Defizite institutionell typisch sind und durch die organisatorischen Rahmenbedingungen von Schule aufgenötigt werden. Eine Schulleiterin, die davon überzeugt ist, dass einer ihrer Schüler geradewegs auf eine kriminelle Karriere zusteuert, handelt sicher auch subjektiv verantwortungslos, wenn sie hier passiv bleibt. Wichtiger aber ist die Frage nach den institutionellen Möglichkeiten, in einem solchen Fall sinnvoll aktiv zu werden. Ein erster Schritt hätte sicher die kollegiale Fallberatung sein können. Ein zweiter Schritt möglicherweise das Hinzuziehen kompetenter Dritter und die Inanspruchnahme von Supervision. Die folgenden Schritte sind ohne Mühe vorstellbar – und wären mit viel zusätzlicher Mühe verbunden gewesen. Der Grundschule Barats aber stand von all dem, was hier benötigt worden wäre, nichts zur Verfügung. Keine regelmäßigen und professionellen kollegialen Fallberatungen bei schwierigen Schülerinnen und Schülern, kein selbstverständlicher und geregelter Zugriff auf Supervision, kein eingespielter Zugang zum außerschulischen Hilfe- und Fördernetz – weitere Elemente *struktureller Verantwortungslosigkeit*.

So wenig wie die Entwicklungskrise Barats ernstgenommen werden kann, so wenig verantwortungsvoll wird die Frage der weiterführenden Schule für diesen Jungen behandelt. Die Klassenlehrerin hält Barat für hinreichend begabt für den Besuch einer Realschule und will vermeiden, dass dieser Junge den Gefährdungen der zuständigen Hauptschule ausgesetzt wird. Die Fachlehrerin, zugleich Schulleiterin, dagegen sieht in Barat einen kaum beschulbaren Jugendlichen mit deutlichen Tendenzen zu delinquentem Verhalten, der an den sozialen Anforderungen der Realschule scheitern wird und deshalb an eine kleine, überschaubare Hauptschule gehört. Und Barats Eltern sind von der Begabung ihres Sohnes überzeugt und offensichtlich blind gegenüber dessen aggressiven und destruktiven Verhaltensäußerungen und den sich dahinter verbergenden Schwierigkeiten und Störungen. Für sie kommt nur der Übergang in eine Realschule in Frage. Doch für eine verantwortungsvolle Beratung der Eltern fehlen die Voraussetzungen ebenso wie für eine professionelle Reflexion der Differenzen in der Fallbeurteilung zwischen den Lehrerinnen. So taucht der vermiedene fachliche Konflikt über die Störungen und den Störer als unproduktiver Konflikt über die für Barat angemessene weiterführende Schule wieder auf. Und der wird – formal – nach den Regeln der Hierarchie entschieden: Die Schulleiterin setzt die Schulempfehlung Hauptschule durch; die Klassenlehrerin ordnet sich unter – gegen ihre Überzeugung; und die Rechtslage erlaubt es den Eltern, ihren Willen durchzusetzen. Elternrecht und Elternverantwortung sind nicht eingebunden in ein vertrauensvolles und belastbares Arbeitsbündnis zwischen Schule und Familie und decken deshalb in diesem Fall *strukturelle Verantwortungslosigkeit.*

Von Barats Übergang an die Realschule wissen wir nichts. Er verlief sicher genauso unscheinbar, wie *strukturelle Verantwortungslosigkeit* sich durchsetzt: Es gibt keine Täter und keine Taten und auch keine Verantwortlichen – sieht man einmal von den Eltern ab. Die Dinge gehen ihren Gang. Die abgebende Schule hat Barat aus dem Auge verloren – und neue Probleme. Und an der neuen Schule weiß niemand und kümmert es niemanden, dass es in der Grundschule schwere, kontroverse fachliche Bedenken gegen diese Platzierung gegeben hatte. Kein Hinweis findet sich, dass die aufnehmende Realschule – eben weil sie Barat aufgenommen hat – sich diesem Schüler gegenüber in einer spezifischen Verantwortung gesehen hätte: den Übergang in die Realschule entweder auf besondere Weise zu unterstützen oder wenigstens die Aufnahmeentscheidung sorgfältig und rechtzeitig zu überprüfen. Die Realschule tut, was wohl die weiterführenden Schulen in der Regel in solchen Fällen tun: Sie lässt die Sache laufen, obwohl Barat vom ersten Tag an als hartnäckiger Störer auftritt und allen Anlass gibt, hier verantwortlich tätig zu werden – und zwar schnell, kompetent und gut beraten. Auch hier gilt wohl, was oben schon mehrfach gesagt wurde: Nicht persönlicher böser Wille, nicht individuelles fachliches Versagen, sondern defizitäre Kompetenzen und Ressourcen sind verantwortlich für dieses institutionelle Verhalten. Zugleich aber wird deutlich, dass Schule über Mechanismen verfügt, dieses Versagen zu verschleiern und zu verleugnen. Zwei von ihnen sind hier identifizierbar. Der eine Mechanismus arbeitet mit den nicht integrierten Brüchen zwischen den Schultypen: Die Grundschule kann ohne Mühe sich der Erfahrung schwerer Defizite und Fehler im Umgang mit Barat entziehen, denn Barat ist an eine weiterführende Schule abgegeben, also aus dem eigenen Verantwortungsbereich entschwunden. Der andere Mechanismus arbeitet mit dem Prinzip der Auslese oder Selektion: Weil die Realschule sich auf dieses Prinzip verlassen kann, braucht sie nicht hinzuschauen, muss sie sich nicht informieren, hat sie es nicht nötig, den fachlichen Rat bei den Kolleginnen der Grundschule zu suchen, kann sie die Sache laufen lassen.

Ein Jahr an der Realschule – ein vorhersehbares Fiasko

Barats Klassenlehrerin an der Realschule hat sicher nicht viel Zeit benötigt für die Feststellung, dass dieser Junge nicht an ihre Schule gehört. Von Anfang an zeigt sich Barat als aggressiver Störer – im Unterricht ebenso wie in den Zeiten vor und zwischen den Unterrichtsstunden. Am Ende des ersten Schulhalbjahres wird sein Sozialverhalten mit mangelhaft bewertet, was mit »fortwährendem Stören des Unterrichts« und »Verstößen gegen die Schulordnung« begründet wird. Spätestens jetzt zielt die Schule auf den Ausschluss dieses schwierigen und störenden Schülers. Der Schulkonflikt eskaliert rasch. Ein erster Brief an Barats Eltern klagt deren Verantwortung für das unangemessene Schulverhalten ihres Sohnes ein.

> »Die Schülerinnen und Schüler sind laut ... Schulgesetz verpflichtet, regelmäßig am Unterricht teilzunehmen, die erforderlichen Arbeiten anzufertigen und die Hausaufgaben zu erledigen. Außerdem haben sie die Weisungen der Lehrkräfte zu befolgen ... Neben den Schülerinnen und Schülern sind auch die Eltern dafür verantwortlich.«

Auf einem formularähnlichen Vordruck werden die Verfehlungen Barats angekreuzt, die abzustellen Aufgabe der Eltern sei.

> »Ihr Sohn fiel wiederholt auf durch:
> (x) Störung des Unterrichts
> (x) Vergessen von Arbeitsmaterial
> (x) fehlende oder unvollständige Hausaufgaben
> (x) ungenügende Vorbereitung auf den Unterricht
> (x) mangelnde oder ungenügende Mitarbeit im Unterricht
> (x) Unaufmerksamkeit im Unterricht.«

Es folgen in kurzen Abständen Eintragungen ins Klassenbuch – Lachen, Stören, Übergriffe auf Klassenkameraden – und eine Woche später die erste Missbilligung – verbunden mit einer deutlichen Warnung an Barats Vater, »ehe es zu spät ist« und einem erneuten Hinweis auf dessen Mitwirkungspflicht. Eine weitere Missbilligung zwei Wochen später listet alle relevanten Anklagepunkte auf und kündigt den Übergang von den pädagogischen Maßnahmen zu den Ordnungsmaßnahmen an.
In den folgenden Wochen bereiten Eintragungen ins Klassenbuch und Aktennotizen die erste Ordnungsmaßnahme vor. Die wird den Eltern schriftlich angekündigt mit der Begründung, dass alle bisherigen Bemühungen erfolglos geblieben seien. Einen Monat später beschließt die Klassenkonferenz als Ordnungsmaßnahme Barats »Ausschluss von einer besonderen Klassenver-

anstaltung«. Gemeint ist der nächste Klassenausflug. Knapp vier Wochen später folgt die nächste Ordnungsmaßnahme, vorbereitet durch zahlreiche Eintragungen in die Schulakte. Barat wird für eine Schulwoche vom Unterricht ausgeschlossen. Der Schulverweis wird als »letzte Konsequenz« angedroht. Ein weiteres Mal werden Barats Eltern ersucht, »dringend dafür Sorge zu tragen, dass sich Ihr Sohn künftig an die geltenden Regeln der Schulordnung hält und die Rechte der Mitschüler und Mitschülerinnen auf körperliche Unversehrtheit sowie Unterricht und Erziehung respektiert«. Die umfangreiche Sammlung von Aktennotizen in Barats Schulakte endet in diesem Realschuljahr mit einer Notiz aus der Feder eines Mitschülers: »Der Barat hat von mir einen Wasserballon kaputtgemacht und ich wurde nass.«
Mit dem Zeugnis zum Schuljahresende wird die Nichtversetzung Barats ausgesprochen und den Eltern »der Wechsel zur Hauptschule ... gemäß der Grundschulempfehlung dringend angeraten«. Es folgt das in derartigen Fällen wohl übliche Angebot: Die Eltern erklären sich bereit, freiwillig ihren Sohn an eine Hauptschule wechseln zu lassen – und die Schule ist bereit, Barat in die nächst höhere Klasse zu versetzen.

Kommentar

Die Konfliktstrategie der Realschule gegenüber Barat lässt sich auf die Formel reduzieren: »Nicht zuständig für Störer!« Die offenkundigen institutionellen Defizite und Störungen sind gleichsam objektiv ausgeblendet. Sicher war den Lehrkräften an der Realschule sehr früh klar, dass dieser – nach Einschätzung aller Befragten – recht begabte Störer Hilfe und Förderung braucht, über die die Regelschule nicht verfügt. Was schon in der Vorschulklasse und den ersten Grundschulklassen sichtbar geworden war und in der vierten Grundschulklasse mit Macht in den Vordergrund drängte – das hatte sich mittlerweile in der Realschule zu einer massiven und zwanghaften Verhaltensauffälligkeit mit extrem aggressiven und destruktiven Zügen verfestigt. Doch zu klären war lediglich, dass Barat hier fehl platziert war; und das war rasch geklärt. Andere, weitergehende Fragen stellten sich so gar nicht erst, denn die einzige für die Schule relevante Frage war ja beantwortet: Wer den Verhaltens- und Leistungsanforderungen der Realschule so wenig genügt wie Barat, gehört auf eine Hauptschule. Schon die Empfehlung der Grundschule – Barat solle auf eine Hauptschule gehen – war nicht fachlich begründet worden. Denn auch den Lehrerinnen der Grundschule stellte sich die fachliche Frage nicht, ob für Barats Schwierigkeiten eine Hauptschule der richtige Ort ist; sie war schlicht dadurch beantwortet, dass die von den Eltern gewünschte Realschule nicht empfohlen werden konnte. Für den »Rest« ist unbesehen die Hauptschule zuständig. Die Realschule folgt ein Jahr später dem gleichen Schema – und beruft sich dabei auf die Grundschulempfehlung. So verantwortungslos, wie dieser Junge aufgenommen wurde, so verantwortungslos wird er wieder abgeschoben. Doch das Verfahren dafür liegt fest, ist vorgegeben und administrativ korrekt; und die selbstverständlichen Mechanismen der Selektion ersparen den Professionellen an der Schule die Konfrontation mit Problemen, für deren Bearbeitung ihnen ohnehin die Kompetenzen und Ressourcen fehlen.

Über eine Alternative zu dieser Konfliktstrategie gab es an der Realschule keine kollegiale fachliche Debatte; sie ist dort institutionell so wenig verankert wie an der Grundschule. Und man kann nicht einmal voraussetzen, dass dies als Defizit wahrgenommen wird, denn Ziel und Verfahren sind ja administrativ vorgegeben und stehen deshalb außer Frage. Also sieht auch niemand in der Realschule die Notwendigkeit, die vergeblichen pädagogischen und die eskalierenden Ordnungsmaßnahmen zu reflektieren, gegebenenfalls auch zu ergänzen – beispielsweise durch das Hinzuziehen außerschulischer Hilfen oder durch Bemühungen, mit Hilfe von Supervision die Störungen Barats zu verstehen. Das aber wäre die notwendige Voraussetzung für eine fachlich begründete Platzierungsentscheidung gewesen. So wiederholt sich, was am Ende der Grundschule stattfand: Eine für das Schicksal eines schwer gestörten Jugendlichen hoch relevante Empfehlung wird ausgesprochen, die nicht einmal ansatzweise durch ein professionelles Fallverständnis legitimiert ist.

So nehmen die Dinge ihren Lauf: der begabte »Störer« wird zum »schlechten« Schüler; dessen Versetzung ist erst bedroht, dann verspielt – und nur der Schulwechsel an die Hauptschule kann das beschämende »Sitzenbleiben« verhindern. Und keiner ist verantwortlich dafür: nicht zuständig für einen Schüler, der zwar von seinem Leistungsvermögen her in die Realschule gehört, seiner Verhaltensprobleme wegen dort aber nicht beschult werden kann. Das ist der Gang der Dinge, der beinhaltet, dass ein fachlicher Lernprozess, der die Schulkarriere Barats begleiten und zu einem wachsenden und komplexen Fallverstehen beitragen könnte, weder als Notwendigkeit noch als Möglichkeit gesehen wird. Ein professionell geschulter Blick auf die Störung des Schülers und auf seine Gefährdung ist der Realschule Barats so fremd wie der Gedanke, sich verantwortlich um solche schwierigen Schüler kümmern zu müssen. Die wichtige Institution des Elternrechts und der Vorrang der elterlichen Erziehungsverantwortung klärt für die Realschule offensichtlich eindeutig ihre Nichtverantwortlichkeit. Die gleichwohl fortbestehende Erziehungsfunktion der Lehrer, die – ob sie es wollen oder nicht – wichtige

Objekte für Schüler gerade in diesem Alter sind, ist institutionell und professionell nicht geregelt – in der Realschule offensichtlich auch informell noch weniger als an den Grund- und Hauptschulen. Wo persönliches Engagement einzelner Lehrer nicht an diese institutionelle Leerstelle treten kann, reduziert sich schulische Pädagogik auf bloße Selektion.

Anderthalb Jahre an der Hauptschule – unerbittlich bis zum Ende

Alles lief in Barats neuer Hauptschule von Anfang an auf den Schulverweis hinaus. Für Barats dortige Klassenlehrerin war schon nach den ersten Wochen klar, dass dieser Schüler an eine Erziehungshilfeschule gehört und an der Hauptschule nicht gehalten werden kann. Und angesichts der Möglichkeiten dieser Schule kann ihr nur schwer widersprochen werden. Diese Schule war wirklich nicht der richtige Ort für diesen äußerst schwierigen Jungen: Sie verfügte nicht über die Lehrer, die Zugang zu Barat hätten finden und für ihn ein gutes Objekt hätten sein können; sie verfügte nicht über die Räume und Ressourcen, die die aggressiven und destruktiven Tendenzen Barats hätten auffangen und binden können; sie verfügte nicht über die professionellen Kompetenzen, die Störung dieses Jungen zu verstehen oder sich von kompetenten Dritten hierfür Hilfe zu holen. Kurz: Diese Schule war in jeder Hinsicht nicht dafür ausgestattet, Verantwortung für diesen Schüler zu übernehmen; der Rahmen ihrer Möglichkeiten war zu eng und niemand an der Schule hatte für einen solch schwierigen und gestörten Jugendlichen »genug übrig«. Und da dies nach Einschätzung vieler Fachleute auf sämtliche örtlichen Regelschulen zutrifft, da es im Verantwortungsbereich des zuständigen Staatlichen Schulamts keine angemessenen schulischen Angebote für Jugendliche wie Barat gibt, mündete die Konfliktgeschichte Barats mit seiner Hauptschule in die Erklärung der *ruhenden Schulpflicht*. Die institutionelle Konfliktdynamik der folgenden anderthalb Jahre ist ganz entscheidend von dieser Mangelsituation geprägt.
Im Verlauf der anderthalb Jahre Barats an dieser Schule wurden zahlreiche *Missbilligungen* gegen ihn ausgesprochen, mehr als 10 *Ordnungsmaßnahmen* wurden durchgeführt, das verfügbare Arsenal an pädagogischen und repressiven Instrumenten wurde voll ausgeschöpft; aber aus der rückblickenden Perspektive kann man sich kaum vorstellen, dass die Akteure auf der Seite des Schulsystems ernsthaft an einen Erfolg ihres Handelns glauben konnten. Angesichts der unzureichenden Interventionsmöglichkeiten der schulischen Professionellen gab es nur eine Hoffnung, genauer, eine Illusion: dass Barat

sein Verhalten korrigiert, sich bessert, Einsicht zeigt, nachgibt, auf seinen Kampf verzichtet. So reduzierte sich letztlich die schulische Konfliktstrategie auf das mechanische Abarbeiten der üblichen Stufen: bitten, ermahnen, drohen, strafen, ausstoßen.

Nach Einschätzung des erfahrenen Sonderschullehrers und späteren Gutachters kam Barat an eine ganz besonders schwierige Schule und dort in eine »unmögliche« Klasse. Seine Lehrer seien wenig geeignet gewesen, mit einem derart gestörten Kind umzugehen; und die an dieser Schule üblichen Unterrichtsformen waren für Barat wenig akzeptabel. Für den abgestiegenen Realschüler sind die schulischen Leistungsanforderungen kein Problem; auch soziale Intelligenz wird ihm bescheinigt, liiert mit Skrupellosigkeit; und beides zusammen bestimmt sehr schnell den Status dieses schwierigen Schülers in seiner neuen Klasse. Für einen Jungen mit diesen Kompetenzen sei die Klasse, in die er da gekommen ist, »ein Desaster« gewesen und eine nicht zu unterschätzende Voraussetzung dafür, »dass die Probleme derart eskalierten«; ein »Desaster« sicher aus der Sicht des Sonderschullehrers; eine grandiose Arena für seine Inszenierungen sicher aus der Sicht Barats:

> »Diese Klasse war ein Sammelsurium ... Sie wurde ... als *Resteklasse* zusammengestellt, wobei noch nicht einmal dieses Wort angemessen ist. Sie kommen aus allen Ecken und Enden, von den Realschulen, sogar von den Gymnasien runter in die Hauptschule; und sie kommen sozusagen von unten, von den Lernhilfe-Sonderschulen in die Hauptschule zurück; und sie alle werden nun in so eine Klasse gepackt und müssen dort gemeinsam lernen.«

Der Kampf um Achtung beherrscht das soziale Klima an dieser missachteten Schule mit ihren missachteten Schülern. Sexismus und Rassismus gehen querbeet. Barat ist Türke, also noch niedriger in der Hierarchie als »die Ausländer«, und demonstriert *störend* seine Macht und Überlegenheit. Die Lehrer haben in diesem permanenten »Klassenkampf« nur wenig Spielräume. Ihr »knallharter Frontalunterricht« kann einen Jungen wie Barat nicht einschüchtern – im Gegenteil, denn Barat hat das Fürchten anscheinend nicht gelernt. Nach dem Urteil des Gutachters war die ganze Klassensituation für alle Beteiligten eine einzige Zumutung. Doch »eine Tradition, sich Gedanken darüber zu machen, wie stellt man eine Schulklasse so zusammen, dass man mit ihr arbeiten kann«, habe es an dieser Schule so wenig gegeben wie an anderen Schulen. Statt dessen bekam diese Klasse, »von der man schon vorher weiß, dass dort alles versammelt ist, was Lehrern Furcht und Zittern beibringen kann«, auch noch eine Klassenlehrerin, »die zwar Erfahrungen mit Erziehungshilfeschülern mitbrachte, jedoch gerade erst aus einem anderen Bundesland gekommen war, also weder das Kollegium noch die hiesigen städtischen Hauptschulbedingungen kannte«. All das zusammen sei geradezu ein »Angebot für solche Schüler wie Barat« gewesen, und das habe er weidlich genutzt.

Das erste Schulhalbjahr – ein begabter Schüler eskaliert angstfrei und rücksichtslos

Barat legt sich mit allen an. Mit den Großen, seinen Lehrerinnen und Lehrern, mit den Gleichaltrigen aus seiner Klasse und aus anderen Klassen und mit den Kleinen, den Schülerinnen und Schülern der unmittelbar benachbarten Grundschule. Wer Schwäche zeigt, unsicher ist, einen Makel an sich hat, ist das bevorzugte Objekt seiner Drohgebärden, Provokationen und sexistischen oder rassistischen Schmähungen: eine russland-deutsche Lehrerin, die nur gebrochen Deutsch spricht, ein Lehrer mit Sehbehinderung, die Klassenlehrerin mit ihrem unsicheren Status im Kollegium und ihren mütterlich-einfühlsamen pädagogischen Bemühungen um diese rüpelhaften Kerle, die Mädchen, die Dicken, die Unbeholfenen, die Diskriminierten unter den Gleichaltrigen, und immer wieder die Kleinen der Grundschule nebenan. Die im Umgang mit Erziehungshilfeschülern durchaus erfahrene Klassenlehrerin scheitert schon in den ersten Monaten an diesem Jungen. Einer Reihe von Aktennotizen, Missbilligungen und Mitteilungen an Barats Eltern folgt noch vor den Herbstferien die erste Ordnungsmaßnahme: ein mehrstündiger Ausschluss aus dem Unterricht. Wirkung zeigt dies alles nicht. Nach den Herbstferien folgen weitere Aktennotizen, Missbilligungen und Schreiben an die Eltern. Parallel zur Konflikteskalation mit Barat in der Schule spitzen sich die Auseinandersetzungen zwischen der Klassenlehrerin und Barats Eltern zu. Die schlagen sich auf die Seite ihres Sohnes und unterstellen der Lehrerin und der Schule Rassismus und Ausländerfeindlichkeit im Umgang mit Barat. In kürzester Zeit herrscht aggressive Feindseligkeit zwischen Barats Eltern und seiner Klassenlehrerin, die von dem Jungen systematisch angeheizt und ausgebeutet wird.

Als nach knapp drei Monaten der Klassenlehrerin klar ist, dass Barat an eine Sonderschule für Erziehungshilfe gehört, verfasst sie einen ersten ausführlichen Bericht, der von der Schulleitung unterzeichnet und der Schulakte beigefügt wird. Breit wird Barats störendes Verhalten in der Schule geschildert; doch im Mittelpunkt stehen die Konflikte mit Barats Eltern. Die reagieren zunehmend aggressiv auf die Versuche der Schule, sie auf ihre Mitverantwortung für Barats Verhalten anzusprechen. Die schriftlichen Mitteilungen und Missbilligungen, die telefonischen Benachrichtigungen bei sich häufendem Ausschluss Barats aus dem Unterricht sind für seine Eltern unerträgliche und unberechtigte Schuldvorwürfe, die sie feindselig zurückweisen. Die Mutter droht der Schule mit dem Rechtsanwalt, der Vater gar mit der Polizei: Verletzung der Aufsichtspflicht.

Deutlich wird, dass die Klassenlehrerin den intriganten Inszenierungen Barats nicht gewachsen und mittlerweile hoffnungslos in Auseinandersetzungen mit diesem Jungen und seinen Eltern verstrickt ist. Sechs Wochen nach der ersten Ordnungsmaßnahme folgt die zweite, erneut Ausschluss »für den Rest des Vormittags« vom Unterricht. In der Mitteilung an die Eltern werden »Gefährdung von Mitschülern« und »körperliche Übergriffe« erwähnt. Im Zusammenhang mit der dritten Ordnungsmaßnahme drei Wochen später kommt es zu einem Gespräch in der Schule, an dem die zuständige ASD-Mitarbeiterin, die Klassenlehrerin, der Schulleiter und Barats Vater teilnehmen. Offensichtlich kann die zuständige Fachfrau des ASD davon überzeugt werden, dass bei diesem schwierigen Jugendlichen »niederschwellige Hilfen wie beispielsweise eine Lernhilfe« nicht sinnvoll sind. Doch auch die von der Klassenlehrerin gewünschte Überweisung Barats an eine Erziehungshilfe-Sonderschule kommt nicht in Frage, da es im Bereich des zuständigen Staatlichen Schulamts keine Plätze für 13-Jährige in diesen Schulen gibt. So bleibt nur eine Möglichkeit: ein Platz für Barat in einer heilpädagogischen Tagesgruppe mit Nachmittagsbetreuung im Anschluss an die Schule. Die Bemühungen des ASD, Barat in der einzigen örtlichen Einrichtung dieser Art unterzubringen, ziehen sich über drei Monate hin, ehe sie endgültig scheitern.

Dies war der erste und wohl auch einzige ernsthafte gemeinsame Versuch von Schule und Jugendhilfe, den weiteren Verbleib Barats an seiner Hauptschule zu ermöglichen. Am Ende der ersten Schulhalbjahrs dort stellt die Klassenlehrerin Barats den Antrag auf *Überprüfung und Feststellung des sonderpädagogischen Förderbedarfs*. Der Schulleiter befürwortet die Überprüfung mit dem Hinweis, dass die schweren Verhaltensstörungen Barats in den Familienverhältnissen des Jungen ihre Ursache haben dürften und dass Barat »eine intensivere Betreuung braucht als die, die wir bieten können«. Aber Barat wird noch ein volles weiteres Jahr an der Hauptschule verbringen. Das hat wenig mit fachlichen Argumenten und Überlegungen, viel aber damit zu tun, dass das örtliche Staatliche Schulamt keinen Platz in einer angemessenen Einrichtung für Barat übrig hat.

Kommentar

Strukturelle Verantwortungslosigkeit hat im Fall Barat – und nicht nur hier – eine recht krude materielle Basis: Es gibt zwar die Institution der Schulpflicht, der Eltern und Schüler zu genügen haben, aber diese vordemokratische Einrichtung hat keine entsprechende Ergänzung und Korrektur in der demokratischen Institution des Rechts der Schüler auf Schule. Offensichtlich gibt es keine hinreichend wirkungsvolle Verpflichtung des Schulsystems, angemessene schulische Angebote für alle Schüler vorzuhalten. Das hat etwas mit der auf halber Strecke steckengebliebenen Reform des Schulsystems zu tun. Das Reformziel der Integration lernbehinderter oder verhaltensgestörter Kinder und Jugendlicher in die Regelschule führte zum Abbau von Sonderpädagogischen Schulen, Einrichtungen und Heimen, nicht aber zu einem angemessenen Aufbau von Förderstrukturen in der Regelschule. Der Fall Barat ist von Anfang an – und im Verlauf der Konfliktgeschichte zunehmend deutlich – von diesem Dilemma geprägt: Die Regelschule ist hoffnungslos überfordert durch diese schwierigen Schüler, ihr fehlen alle wichtigen Ressourcen und Kompetenzen für verantwortliches professionelles Handeln; also bleibt nur die Politik des Abschiebens, der Selektion, der negativen Auslese. Diese Politik aber führt zwangsläufig in eine Sackgasse: die Hauptschule, in der sich alle »Reste« dann sammeln und sich das Dilemma zu einem bösartigen Problem zuspitzt, das man mit eigenen Kräften nicht lösen, aber auch nicht loswerden kann. Und Schüler wie Barat können damit auf fatale Weise »arbeiten«.

War es verantwortliches Handeln der Hauptschule, Barat überhaupt als Schüler anzunehmen? Eine Antwort darauf fällt nicht leicht, denn wohin sonst mit diesem schwierigen Jungen!? Und ist der Hauptschule vorzuhalten, sie hätte alle wichtigen Informationen über die schweren Störungen Barats schon vor seiner Aufnahme erhalten und bedenken können? Schließlich war nichts von dem, was zum Antrag auf *Überprüfung und Feststellung des sonderpädagogischen Förderbedarfs* führte, wirklich neu. Und kann von einer Schule, die bereit ist, einen solchen Schüler aufzunehmen, gefordert werden, auch bereit und fähig zu sein, sich der auf sie zukommenden Aufgabe verantwortungsvoll zu stellen? Solche Fragen scheinen angesichts der institutionellen Rahmenbedingungen fast belanglos: Irgendeine Hauptschule muss den Jungen ja nehmen, und in keiner anderen Hauptschule wäre es mit Barat prinzipiell anders gelaufen. Das zumindest ist die Meinung aller befragten Fachleute.

Mit den bekannten und offensichtlich weitverbreiteten guten Gründen lehnen es die Lehrer an der Hauptschule ab, die Schulakten der Schüler, die neu an ihre Schule kommen, zu studieren. Man wolle die Neuen nicht stigmatisieren; offen und unvoreingenommen wolle man ihnen gegenübertreten; und schließlich wisse man ja, wie solche Akten zustande kommen und welche oft fragwürdigen Selektionsstrategien der Schulen dort ihren Niederschlag finden. Der Blick in die Schulakte geschieht immer erst dann, wenn ein Schüler durch sein Verhalten es nahelegt, das heißt, wenn die Politik der Ordnungsmaßnahmen sich gegen einen Schüler anbahnt. Diese – offenbar weit verbreitete – Gepflogenheit ist zwar unter Gesichtspunkten der pädagogischen Professionalität schwer nachzuvollziehen, wird aber als Reaktion auf die strukturellen Defizite des Systems verständlich. Was nützen Informationen, die nur entmutigen und nur Vorurteile bewirken, nicht aber produktiv genutzt werden können, weil die Möglichkeiten des professionellen Umgangs mit diesen Informationen nicht zur Verfügung stehen! Der *Mythos vom Neuanfang* hat seine Quelle in der *strukturellen Verantwortungslosigkeit*; und aus der gleichen Quelle speist Barat seine Konfliktinszenierungen.

Eine kleine Hauptschule mit ihren zwei Jahrgangsklassen hat wenig Spielraum bei der Gestaltung der Klassenzusammensetzung. Die Entscheidung, der neuen Kollegin eine Klasse zu geben, die ausschließlich aus Quereinsteigern besteht, die neu an die Schule kommen, hat wahrscheinlich allen weiteren Überlegungen den Boden entzogen. Fragen, welche Lehrer für welche besonders gestörten und störenden Schüler geeignet sind, oder welche Klassenzusammensetzung angesichts der schwierigen Schüler sinnvoll ist, sind im Rahmen der innerschulischen Strukturen (Klassenprinzip, Stundentafel usw.) wahrscheinlich gar nicht zu bearbeiten. Niemand hat – so scheint es – unter den gegebenen Rahmenbedingungen noch Spielräume für verantwortliches professionelles Handeln. Sicher bleiben die Fragen unbeantwortet, ob Schüler wie Barat gehalten werden könnten, gäbe es nicht in der Klasse schon so viele, die fast genauso unerträglich sind; ob eine Zwangsversetzung Barats in die Parallelklasse Wirkung gezeigt hätte, wäre sie ernsthaft in Erwägung zu ziehen gewesen angesichts der vielen *Störer* dort; ob ein differenziertes Unterrichtsangebot für die Schüler mit derart extrem unterschiedlichen Leistungsmöglichkeiten einige Probleme Barats entschärft hätte, wäre nur hinreichend Spielraum für solche – nur langfristig – wirksamen pädagogischen Maßnahmen gewesen; ob das Hinzuziehen von erfahrenen Sonderschullehrern zur Förderung der schwierigen Schüler im Unterricht und zur Beratung der Lehrer und des Kollegiums die Macht-Ohnmacht-Spirale hätte unterbrechen können; ob der geregelte und regelhafte Zugriff zur Supervision der Klassenlehrerin und den Fachlehrern Barats einen anderen Zugang zu den Problemen dieses Jungen ermöglich hätte. Vielleicht wäre die Hauptschule trotzdem an diesem schwierigen Schüler gescheitert – gewiss aber hätte sie unter günstigeren Bedingungen aus ihrem Scheitern lernen können.

Das zweite Schulhalbjahr –
ein sinnloser Versuch der Kooperation von Schule und Jugendhilfe

Zu Beginn des zweiten Schulhalbjahres kommt es zu einer konzertierten Aktion von Schule, ASD und Staatlichem Schulamt. Ziel ist die Lösung eines mittlerweile unlösbaren Problems mit untauglichen Mitteln. Akteure dieser Aktion sind zum einen im Auftrag des Staatlichen Schulamts ein erfahrener Sonderschullehrer, der ein Gutachten zur beantragten *Sonderpädagogischen Überprüfung* erstellen soll, zum anderen im Auftrag des Allgemeinen Sozialen Dienstes ein Einzelfallhelfer, der für einige Stunden je Woche sich um Barat kümmern soll, und zum dritten im Auftrag der Hauptschule die Klassenlehrerin, die Barat behalten muss, wenn es nicht gelingt, ihn irgendwie loszuwerden.

Anstoß und Konzept für die Kooperation gingen vom Gutachter aus. Dessen *Gutachten* zur *Feststellung des sonderpädagogischen Förderbedarfs* kam zu einer Empfehlung »im Rahmen der Möglichkeiten«, war also mit der Schere im Kopf geschrieben worden. Nicht das fachlich Gebotene, sondern das real Vorhandene sei – so der Gutachter selbst – Richtschnur gewesen; und das habe nur eine »Lösung« erlaubt: einen gemeinsamen Versuch aller Beteiligten, Barat nun doch noch an der Hauptschule zu halten. So diente das Gutachten weniger dem Ziel, diesen schwierigen Jungen mit seinen Störungen zu verstehen; auch nicht dem Ziel, die schwierigen – nach Ansicht des Gutachters katastrophal schlechten – schulischen Rahmenbedingungen zu klären; und schon gar nicht dem Ziel, die Bedingungen und Möglichkeiten einer qualifizierten Kooperation von Schule, Jugendhilfe und Familie in *diesem* Fall zu formulieren. Der Gutachter weiß ziemlich genau, dass seine Empfehlung zwar realistisch ist, was das schulische Angebot anbelangt, dass sie aber illusionär ist angesichts der Probleme und Schwierigkeiten aller Akteure. Deshalb sorgt der Gutachter mit seiner Empfehlung gleichsam präventiv für die Entlastung der Schule im Falle des Scheiterns der Kooperation: Den Eltern Barats wird schriftlich mitgeteilt, wenn die Jugendhilfemaßnahme scheitere und wenn gleichzeitig an der Schule die Probleme weiter eskalierten, wenn also die Schule dann zu dem Entschluss komme, die Arbeit mit Barat abzubrechen und ihn aus der Schule zu entfernen, dann gebe es für Barat nur noch eine Möglichkeit, nämlich die Fremdunterbringung außerhalb des Wohnorts der Familie.

Es wurde also ein Arbeitsbündnis geschlossen voller Vorbehalte und illusionärer Kontraktbedingungen:

> »Barat verpflichtet sich, sein störendes Verhalten in der Schule aufzugeben, im Unterricht mitzuarbeiten, die Regeln der Schule einzuhalten, kurz: kein unerträglicher Störer mehr zu sein. Die Eltern Barats verpflichten sich zur vertrauensvollen und intensiven Kooperation mit der Klassenlehrerin und mit dem ASD. Sie werden das ihre dazu beitragen, dass Barat sich gründlich und nachhaltig zum Besseren verändert. Die Klassenlehrerin verpflichtet sich zur fachlichen Kooperation mit dem Einzelhelfer. Sie wird Barat und seinen Eltern durch Rat und Tat helfen, ihre Verpflichtungen einzulösen. Und sie wird hinreichend Zeit und Geduld aufbringen, damit der Hilfe- und Förderprozess greifen kann. Und der Einzelfallhelfer verpflichtet sich, seine Arbeit mit Barat in das Kooperationsnetz zu integrieren. Er wird die wichtige Brücke zwischen Schule und Familie sein; und er wird – gegen Schule und Eltern – der Anwalt der Schwierigkeiten und Probleme, der Ängste und Sorgen Barats sein.«

Keine dieser Kontraktbedingungen kann eingehalten werden – und so geschieht nichts anderes, als dass die Schraube der Konflikteskalation sich weiter dreht. Noch im Frühjahr folgen die dritte und vierte Ordnungsmaßnahme, vorbereitet jeweils durch eine Reihe von Aktennotizen und Missbilligungen. Und noch vor den Sommerferien kommt es zur fünften Ordnungsmaßnahme. Dies setzt sich bruchlos nach den Sommerferien fort.
Die Klassenlehrerin Barats sieht schon nach wenigen Wochen den Beweis erbracht, dass die beschlossene Kooperation scheitern wird. Innerhalb von 14 Tagen folgen die sechste und siebte Ordnungsmaßnahme, darunter pikanterweise der Ausschluss von einer besonderen Klassenveranstaltung, dem Besuch des Rathauses am Präventionstag. Nach knapp sechs Wochen kommt es zum zweiten und letzten Hilfeplangespräch. Die Schule kündigt das Stillhalteabkommen auf. Das Arbeitsbündnis zwischen Schule, Jugendhilfe und Familie ist gescheitert; kaum zwei Monate hat es überlebt.
Einen Tag nach dem Ende dieses sinnlosen Versuches geraten zwei unbeholfene Zeichnungen Barats in seine Schulakte. Auf der einen steht – durchgestrichen – *Ausländer raus!* Dazu ein Hakenkreuz – als Fensterrahmen kaum kaschiert. Und deutlich lesbar und nicht durchgestrichen: *Deutsche raus!* Die andere Skizze zeigt einen Hubschrauber. Darin sitzt einer mit Stoppelhaar – im Arm ein Maschinengewehr.

Kommentar

In der langen Konfliktgeschichte Barats mit Schule und Jugendhilfe kam es bislang nicht einmal zu einem Versuch einer professionellen Diagnostik. Keiner begriff die Störungen dieses Jugendlichen, keiner verstand den »Sinn« seines aggressiven und destruktiven Verhaltens; und keiner der Professionellen hatte mit diesem Nicht-Verstehen ein ernsthaftes Problem. So zumindest war der Eindruck in den Gesprächen über diesen Jungen.
Und jetzt, gegen Ende der Konfliktgeschichte Barats in der Regelschule, wird zum ersten Mal ein gründliches sozialpädagogisches Gutachten erstellt. Doch der Gutachter unterwirft sich und sein Gutachten »der Kunst des Möglichen«. Die Aufgabe des Gutachters war paradoxer Art. Er soll zum einen eine professionelle Diagnose erstellen, und er soll zum anderen aus ihr eine Empfehlung begründen, die unter den örtlichen Bedingungen auch realisiert werden kann. Er erfüllt diese unlösbare Aufgabe durch eine Kombination von Realismus und höchster Illusionsbereitschaft. Realistisch ist seine Empfehlung darin, dass sie nicht das fachlich Gebotene, sondern das faktisch Angebotene zum Ausgangspunkt aller weiteren Überlegungen macht. Illusionär sind die Hoffnungen, dass dieses Angebot von den Konfliktbeteiligten akzeptiert und genutzt werden kann. Der Kontrakt des ersten Hilfeplangesprächs, durch den die Empfehlung des Gutachtens umgesetzt werden sollte, verlangt von allen Beteiligten die Fähigkeit und Bereitschaft, die offenkundigen strukturellen Defizite der Angebotsstruktur zu kompensieren.
Ein Grundmuster *struktureller Verantwortungslosigkeit* ist, von allen Fallbeteiligten Kompetenzen und Leistungen zu fordern, ohne die dazu notwendigen Voraussetzungen bereitzustellen. Guter Wille soll die individuellen oder institutionellen *gestörten Verhältnisse* ausgleichen und korrigieren. Über das Scheitern dieses letzten Versuchs, Barat an seiner Hauptschule zu halten, hat sich wohl keiner gewundert.

Ein letztes Schulhalbjahr – bis zum bitteren Ende

Mit Beginn des neuen Schuljahres steuern Klassenlehrerin, Klassenkonferenz und Schulleitung zielstrebig den Verweis Barats von der Hauptschule an. Die Schulakte wird nun vollends zur Ermittlungsakte, die nur noch der juristischen Absicherung dieses Ziels dienen soll. Aktennotizen, Missbilligungen und ein umfangreiches Schreiben an die Eltern bereiten die entscheidende achte Ordnungsmaßnahme vor: *Androhung der Überweisung des Schülers Barat an eine andere Schule der gleichen Schulform.*

> Das Protokoll der Klassenkonferenz faßt zusammen, was mittlerweile zum Verhaltensrepertoire Barats gehört: »tätliche Angriffe« auf Mitschüler, »verbale sexistische und rassistische Beleidigungen«, »Verstöße gegen die Schulordnung, erhebliche Störungen des Schul- und Unterrichtsbetriebes, Beeinträchtigung von Erziehung der Schüler, Gefährdung der Sicherheit von Mitschülern. Sämtliche Ordnungsmaßnahmen hatten nur eine kurzfristige Wirkung bei Barat«.

Der Schulverweis ist jetzt kaum noch zu vermeiden, denn nach dieser Androhung gibt es nur noch einen Ausweg – eine ebenso radikale wie nachhaltige Verhaltensänderung bei Barat, mit der niemand mehr ernsthaft rechnen kann. Die Schulleitung stimmt dem Antrag der Klassenkonferenz zu. Eine Anhörung der Eltern schließt sich an. Das offizielle Schreiben der Schulleitung nach dieser Anhörung sieht in der Familie die entscheidende Ursache für die Gefährdung dieses Schülers und warnt: Es werde »schwer sein, im Falle der Überweisung eine andere Schule zu finden«. Und »ohne feste Bindung« sei Barats »Abdriften wahrscheinlich«. Auf diese Ordnungsmaßnahme muss – in relativ kurzer Zeit – die Klassenkonferenz mit dem Antrag auf Schulverweis folgen. So reihen sich in knappen zeitlichen Abständen Aktennotizen, Missbilligungen und zwei weitere Ordnungsmaßnahmen aneinander und bereiten diesen Schritt vor. Kurz vor den Weihnachtsferien ist es dann so weit für die elfte Ordnungsmaßnahme. Die Klassenkonferenz beschließt einstimmig *den Antrag auf Überweisung des Schülers Barat in eine andere Schule der gleichen Schulform*. Der Schulleiter macht einleitend deutlich, um was es geht:

> »Wir können die Situation nicht ändern, weil uns die Möglichkeiten dazu fehlen, Barat zu verändern. Wir haben nichts erreicht, wir haben alle unsere Möglichkeiten ausgeschöpft im Rahmen unserer Schule, mit den Schwierigkeiten und Problemen Barats umzugehen, aber wir sind eine Schule und keine therapeutische Veranstaltung. Wir sind jetzt mit dieser Klassenkonferenz an einem Punkt, wo wir entscheiden müssen, ob wir die Verantwortung abgeben müssen, weil wir keine Möglichkeit mehr sehen, die Verantwortung, die wir auch für Barat haben, aber auch für die Klasse haben, vernünftig in dieser Schule wahrzunehmen.«

Und dem entspricht dann auch sein Schlusswort: »Wir können Barat nicht ändern und unsere Aufgabe jetzt als Schule ist der Schutz der Restgruppe.« Er wisse, und das wolle er auch gar nicht bestreiten, dass diese Entscheidung Barat nicht mehr hilft. Dass es vor Ort keine angemessenen Plätze und Einrichtungen für Kinder und Jugendliche wie Barat gebe, sei von der Hauptschule nicht zu verantworten; das sei zwar bedauerlich, aber hier nicht Thema. Und es gebe auch keinen Sinn, darüber zu diskutieren. Der einzige, der hätte etwas ändern können, sei nun mal Barat selbst. »Wir als Schule sind an

unsere Grenzen gestoßen und das örtliche Schulsystem bietet keine Alternative für Barat.«
Um einen Eindruck von Barats Schulkonflikten zu vermitteln: aus dem Beschluss der Klassenkonferenz:

> »Beschluss: Nach Aussprache und Beratung der Klassenkonferenz einstimmiges Votum der Klassenkonferenz: Antrag an die Schulleitung auf Überweisung des Schülers Barat in eine andere Schule der gleichen Schulform ... Begründung der Klassenlehrerin: Seit der letzten Klassenkonferenz ... hat Barat sein Verhalten im wesentlichen nicht verändert. Erneuter tätlicher Angriff durch Barat bei einem Schüler der Parallelklasse ... auf dem Nachhauseweg in unmittelbarer Nähe der Schule, der Schüler verletzt sich dabei den Arm. Barat zeigte bei dem Vorfall im Gespräch danach erneut wenig Unrechtsbewusstsein ... Verbale und körperliche Bedrohung eines Mitschülers seiner Klasse ... einen Tag nach der Klassenkonferenz ... Verbale sexistische und rassistische Beleidigungen gegenüber Schülerinnen und Schülern sowie Lehrern gegenüber. Verstöße gegen die Schulordnung: erneutes Verlassen des Schulgeländes, Beschmieren der Wand vor dem Klassenzimmer, Beseitigung durch Barat trotz mehrfacher Aufforderung der Klassenlehrerin nicht erfolgt. Erheblich Störung des Schul- und Unterrichtsbetriebes, Beeinträchtigung von Erziehung und Unterricht der Schüler, Gefährdung der Sicherheit von Mitschülern. Sämtliche Ordnungsmaßnahmen (Ausschluss restlicher Tag, Ausschluss für einen Tag von Schulveranstaltungen außerhalb der Schule) hatten nur einen kurzfristige Wirkung bei Barat. Rückmeldung einer Juwelierladenbesitzerin, dass Barat ihren Hund belästigte (über einen längeren Zeitraum bereits auf dem Nachhauseweg oder bei unerlaubtem Verlassen des Schulgeländes während der Pausen) und es zu einer erheblichen Störung in ihrem Betrieb dadurch kommt. Er verleitet Mitschüler als Anführer dazu, ihn dabei zu unterstützen. Barat zeigt erneut keinerlei Unrechtsbewusstsein und schwärzt unbeteiligte Schüler der Klasse ... an. Beschwerde des Schulleiters (der benachbarten Grundschule), dass Barat ... äußerst unverschämt gegenüber einem Kollegen auf dem Schulgelände wird, als er aufgefordert wurde, das Schulgelände zu verlassen. Anruf des Leiters (einer Hauptschule in einem anderen Stadtteil), dass Barat mit weiteren Jugendlichen eine Schlägerei provoziert. Verschlechterung der Noten in einigen Fächern, häufiges Vergessen von Lern- und Arbeitsmaterial sowie Hausaufgaben trotz häufiger telefonischer Beanstandungen bei der Mutter sowie Rückmeldungen bei dem Einzelfallhelfer.«

Die wenigen Tage vor den Weihnachtsferien werden von Barat noch genutzt, um eine weitere Aktennotiz zu provozieren: ein tätlicher Angriff auf eine Mitschülerin. Nach Schulbeginn im neuen Jahr eskalieren noch einmal die Konflikte in der Schule. Der Schulverweis ist beantragt, die Zustimmung des Staatlichen Schulamts ist nur noch eine Frage der Zeit, und Barats Situation in der Klasse ist »unmöglich« geworden. Noch im Januar beendet die Haupt-

schule die Schulkarriere Barats im Regelschulsystem durch *Verweis ohne Antrag* und teilt dies dem Staatlichen Schulamt mit. Die Begründung für diesen Schritt hat Barat auf seine bekannte Weise geliefert.
Einen Monat später erhält der ASD die Mitteilung über den Schulausschluss Barats. Zum gleichen Zeitpunkt wird die zuständige Schulpsychologin über den Schulverweis mit Hausverbot informiert. Eine Pflichtuntersuchung durch den schulpsychologischen Dienst ist geboten; das wäre dann die erste derartige Untersuchung in der langen Konfliktgeschichte Barats.
Zweieinhalb Monate nach Schulverweis mit Hausverbot findet schließlich im Staatlichen Schulamt die obligatorische Gesprächsrunde statt, die das (vorläufige) Ende der Schulkarriere Barats juristisch absichern soll – eine Woche vor seinem vierzehnten Geburtstag. Anwesend sind Barat und seine Eltern, die Klassenlehrerin und der Schulleiter der Hauptschule, der Einzelfallhelfer Barats und der Gutachter vom BFZ, die zuständige Schulpsychologin, ein Amtsjurist, der zuständige Schulrat und seine Sachbearbeiterin; ich (Th. v. F.) erhalte die Möglichkeit, an dieser Sitzung teilzunehmen. Der Schulrat eröffnet die Sitzung, indem er Ziel und Ergebnis vorwegnehmend zusammenfasst: Der Antrag auf Schulausschluss sei gestellt, eine andere örtliche Regelschule komme für Barat nicht in Frage, weshalb *ruhende Schulpflicht* ausgesprochen werden müsse. Prinzipiell bestehe zwar die Möglichkeit einer Rückkehr ins Regelschulsystem, doch das werde ein langer Weg sein und setzte die Kooperation von Barat und seinen Eltern bei Übergangslösungen voraus. Barat – gefragt, was er dazu meine – sagt lakonisch: Weiß ich nicht.
Was bleibt, fasst der Schulrat abschließend zusammen: Barats Eltern werde dringend empfohlen, eine kinder- und jugendpsychiatrische Untersuchung ihres Sohnes zu veranlassen; die *ruhende Schulpflicht* müsse für Barat ausgesprochen werden; mögliche Zwischenlösungen und -schritte für eine Rückkehr Barats in die Regelschule seien zur Zeit nicht in Sicht.

Kommentar

Mit dem *Schulverweis ohne Antrag* hat sich die Hauptschule endgültig aus der Verantwortung für Barat zurückgezogen. Der Junge erhält Hausverbot, das Staatliche Schulamt und das Jugendamt erhalten jeweils eine Mitteilung. Die Überforderung der Klassenlehrerin, der Klassenkonferenz und der Schulleitung mündet am Ende in eine harte Entscheidung, die aus Sicht der Schule unumgänglich, unter pädagogischen Gesichtspunkten jedoch schwer nachvollziehbar ist: Der Junge wird in seine »unmögliche Familie« und in ein schädliches städtisches Milieu entlassen.

Die Gesprächsrunde im Staatlichen Schulamt zweieinhalb Monate nach dem Schulverweis diente lediglich der juristischen Absicherung des nämlichen Vorgangs: Die Behörde erklärte sich – wenngleich nur vorübergehend – für »nicht zuständig«. Mit der *ruhenden Schulpflicht* bestätigt die Schulverwaltung zugleich ihre *ruhende Verantwortung* für einen Schüler, der gerade dabei ist, 14 Jahre alt zu werden, schulpflichtig ist und ein Recht auf Schule hat.
Damit ist die Verantwortung für Barat beim Jugendamt gelandet. Dass dies so kommen wird, hatte die ASD-Mitarbeiterin längst schon erwartet. Bei Fällen wie Barat landet das Problem meist in der Jugendhilfe – und eine weitere Variante *struktureller Verantwortungslosigkeit* zeigt sich am Ende der Konfliktgeschichte Barats. Der Schlusskommentar der ASD-Mitarbeiterin verdeutlich die – objektiv gesetzte – Konsequenz:

> »Gut, die Schule hat die Verantwortung für den Jungen abgegeben. Das heißt aber nicht, dass wir jetzt die ganze Verantwortung haben. Dass das so völlig schiefgelaufen ist, hat auch was mit den Eltern zu tun. Die waren nicht bereit zu akzeptieren, dass ihr Sohn schwere Probleme hat und dass er dringend mal eine Diagnostik braucht. ... Die Eltern haben lange Zeit und immer wieder die Probleme runtergespielt und vertuscht.«

Diese Rückverlagerung der Verantwortung an die Familie ist institutionell abgesichert; schließlich verlangen die zuständigen Fachgesetze die Kooperation von Schule und Jugendhilfe mit den Erziehungsberechtigten. Wird sie verweigert, sind Schulamt und Jugendamt die Hände gebunden – sie sind aus der Verantwortung entlassen, denn ohne diese Koproduktion können weder *Erziehungshilfen* noch *Hilfen zur Erziehung* ernsthaft greifen. Das demokratietheoretisch begründete Gebot der Partizipation von Eltern und Kindern im Hilfeprozess ist fachlich gut untermauert. Generell jedoch kann gesagt werden, dass bei den *Störern* immer auch eine schwere *Störung* dieser Arbeitsbeziehungen vorliegt. Ein fataler Zirkel dürfte deshalb auch typisch für unsere Fälle sein: Schule und Jugendhilfe fordern – je auf ihre Weise und mit ihren Mitteln – die produktive Kooperation der Eltern und Jugendlichen ein, weil ganz ohne diese jede professionelle Hilfe scheitern muss; und zugleich ist es die gestörte Fähigkeit und die mangelnde Bereitschaft von Eltern und Jugendlichen zur Kooperation, die diese Störer überhaupt erst zu Klienten des Hilfesystems machen.
Angesichts der Konfliktgeschichte dieses Jungen und seiner Eltern erscheint das Insistieren auf einer halbwegs eindeutigen und freiwilligen Bereitschaft zur Kooperation sowohl unverzichtbar als auch widersinnig. Zwischen mangelnder Bereitschaft und mangelnder Fähigkeit kann hier ja kaum unterschieden werden. Von Freiwilligkeit und Kompetenz im Arbeitsbündnis kann ge-

nau genommen nur unter Absehung der schweren Störung gesprochen werden, die das Arbeitsbündnis nötig macht.
Es ist erstaunlich, in welchem Ausmaß Schule und Jugendhilfe sowohl in ihren schriftlichen wie in ihren mündlichen Äußerungen die Kompetenz zu belastbaren und produktiven Arbeitsbündnissen unterstellen. Offenkundig muss diese Unterstellung kontrafaktisch aufrecht erhalten werden, denn davon hängt die Arbeit der Professionellen ab. So wissen beispielsweise alle mit dem Fall Barat betrauten Fachleute, dass dessen Eltern als ernsthafte Ansprech- und Bündnispartner im Hilfe- und Förderprozess nicht in Frage kommen. Die Eltern fallen als kooperationsbereite und -fähige Erziehungsinstanz nicht nur aus, sie sind, so die einheitliche Meinung aller Professionellen, die wirkliche Quelle der Störungen Barats. Gleichwohl wird die Kooperation eingeklagt und die dazu notwendige Kompetenz erwartet. So können die mangelhafte Bereitschaft und Fähigkeit der Eltern zur Kooperation mit dem deutschen Hilfesystem den resignierten Rückzug der Professionellen – und damit auch den resignierten Verzicht auf Professionalität – legitimieren.
Aufgelöst werden könnte dieser Zirkel nur dadurch, dass Schule und Jugendhilfe in die Lage versetzt würden – und das heißt über die notwendigen Kompetenzen und Ressourcen verfügen könnten –, langfristig belastbare Arbeitsbündnisse mit diesen schwierigen Jugendlichen und ihren Familien aufzubauen. Solange aber davon keine Rede sein kann, gibt es nur einen institutionell angebotenen »Ausweg«: verharmlosende, illusionäre Selbsttäuschung und Selbstüberforderung »solange es geht« sowie Ausstoß und Entsorgung der Störer »wenn es nicht mehr geht«. Wo dies nicht möglich ist, wie beispielsweise beim Einzelfallbetreuer Barats, wird *strukturelle Verantwortungslosigkeit* zur schwer erträglichen beruflichen Diskrepanzerfahrung: In der sich zuspitzenden seelischen Krise Barats spitzt sich auch das Dilemma des notwendigen und unmöglichen Arbeitsbündnisses mit ihm zu. Von der Schule verwiesen und mit Hausverbot belegt, fällt der Junge in »ein tiefes Loch«. Tagelang trifft der Betreuer, wann immer er den Jungen aufsucht, einen schwer depressiven, in sein Bett vergrabenen Barat an. Hilflos vor dem Bett zu stehen, keine Antwort, keine Reaktion zu erhalten, unverrichteter Dinge – wenn die Zeit um ist – wieder gehen zu müssen: das ist schwerste Arbeit. Was hier die zentralen Kategorien *Freiwilligkeit* und *Kompetenz* im Arbeitsbündnis noch bedeuten können, ist dem Betreuer ziemlich unklar. Klar ist ihm nur, dass Barat Hilfe braucht. Aus der Sicht der ASD-Mitarbeiterin aber ist hier jedoch die Grenze der Hilfe erreicht:

> »Das können war mal drei Wochen aushalten, aber länger nicht. Wenn Barat weiter den Kontakt zu dem Betreuer verweigert, dann müssen wir die Maßnahme einstellen. Wir können nicht jemanden bezahlen, der nur vor dem Bett steht und versucht, den Jungen da rauszukicken. Da muss man dann sich an die Eltern wenden und sie auffordern, sich darum zu kümmern, dass der Junge das Bett verlässt.«

Die aus demokratischen wie fachlichen Gründen unverzichtbare Partizipation der Klientel im Hilfeprozess scheitert also in extremen Fällen an *den* Problemen und Störungen, die den Hilfeprozess notwendig machen. Die systematische Bearbeitung *dieses* Problems durch die Systeme Schule und Erziehungshilfe ist aber institutionell und strukturell nicht vorgesehen. Weder Schule noch Jugendhilfe haben professionell eingeübte und institutionell abgesicherte Verfahren, durch nachhaltige Arbeit mit den Eltern und den Jugendlichen die fehlenden Voraussetzungen von Partizipation aufzubauen. So werden institutionelle Defizite entweder durch ebenso hilflose wie drängende Appelle an die Beteiligten ersetzt, oder sie legitimieren den Ausstieg aus Hilfe und Förderung: *Strukturelle Verantwortungslosigkeit* verbindet sich im einen Fall mit aufgenötigtem fachlichen Dilettantismus, im anderen Fall mit resigniertem Verzicht auf professionelles Handeln.

Ein wichtiges Element *struktureller Verantwortungslosigkeit* im Fall des Schülers Barat – und nicht nur hier – ist das Fehlen von notwendigen Einrichtungen, Maßnahmen, Plätzen oder Angeboten. Gutachten und Überprüfungsverfahren werden verschleppt, »auf Halde gelegt«, weil man weiß, dass es keine Angebote gibt; und werden sie dann doch durchgeführt, geschieht dies »mit der Schere im Kopf« – Empfehlungen orientieren sich nicht an den Problemen, sondern am unzureichenden Angebot.
Im Fall Barat wurde ein Zirkel eskalierenden Mangels deutlich: Weil die Professionellen in Schule und Jugendhilfe immer schon um den Mangel an Einrichtungen und Maßnahmen wissen, werden die Probleme zunächst verharmlost, dann verschleppt, werden halbherzige Entscheidungen, die viel Geld und Zeit kosten, aber wenig helfen, getroffen, eskalieren die Konflikte und verhärten sich die Schwierigkeiten. Wo möglicherweise bei rechtzeitiger und angemessener Intervention im Rahmen der Regelschule die Störungen hätten bearbeitet werden können, ist nach einer längeren Konfliktgeschichte diese Möglichkeit verspielt. Nach zwei Jahren harter und sich steigernder Konflikte ist die Schulakte angefüllt mit abschreckenden Beispielen störenden Verhaltens des Schülers, mit zahllosen Hinweisen auf mangelhafte Kooperation und feindselige Einstellungen der Eltern der Schule gegenüber, mit einer Kette von Ordnungsmaßnahmen, die allesamt nichts gefruchtet haben.

Jetzt ist keine Hauptschule vor Ort mehr bereit, es mit diesem Schüler zu versuchen – und auch das Staatliche Schulamt kann guten Gewissens diesen *gelernten Störer* keiner Regelschule mehr zumuten. Und möglicherweise hat die auffällig entschlossene Härte, mit der die Hauptschule nach langem Zögern sich dieses Schülers entsorgte, ihren Grund eben in dem viel zu langen und alle Lehrer überfordernden Hinwarten. Der Sachverhalt der *strukturellen Verantwortungslosigkeit* ist offensichtlich Teil des professionellen Alltagswissens von Lehrern und Schulleitern an den örtlichen Hauptschulen:

> Was notwendig wäre? Ganztagsschulen – sagt eine Teilnehmerin an dem Gespräch. Ein angemessenes Angebot an Erziehungshilfeschulen auf jeden Fall – sagt der Schulleiter. Im Prinzip sei es ein Skandal, dass in dieser Stadt das Staatliche Schulamt nicht über die nötigen Einrichtungen verfügt. Der Schulleiter hat Erfahrungen mit dem Hauptschulbereich, und aufgrund dieser Erfahrungen könne er gut und gern sagen, dass etwa 20 bis 25 Prozent der Hauptschüler besser in einer anderen Einrichtung als in der Hauptschule aufgehoben wären. Das sei vorsichtig formuliert. Die härtere Formulierung wäre: Das sind Schüler, die an einer normalen Hauptschule unter normalen schulischen Bedingungen derart große Verhaltensschwierigkeiten zeigen, dass sie eigentlich nicht im normalen Unterricht gehalten werden könnten. Für die Regelschule seien diese Schüler genau genommen nicht beschulbar. Es gebe natürlich für diese Prozentzahl keine harten und validen Unterlagen, aber auch der Arbeitslehrelehrer ist der Meinung, dass man durchaus von einem Prozentsatz von 25 bis 30 Prozent der Haupt- und Berufsschüler ausgehen könne, für die die Regelschulen und die für die Regelschulen nicht geeignet seien. Dies sei der Bedarf, der durch angemessene schulische Einrichtungen im Bereich des Staatlichen Schulamts nicht abgedeckt werde.

An der Grenze der soziologischen Fallanalyse – ein ungeklärter Rest

Es gab in diesem Fall – wie in allen unseren anderen Fällen – einen ganz spezifischen »Rest«, der sich der soziologischen Analyse entzieht. Es geht um das konkrete Konfliktverhalten der Professionellen. Dieses Verhalten ist in einem relativ großen Ausmaß durch die institutionellen Bedingungen, unter denen die Professionellen arbeiten, geprägt und insofern der soziologischen Analyse prinzipiell zugänglich. Doch wie bereits gesagt: diese Geprägtheit ist nicht Determiniertheit. Sie legt eher einen mehr oder weniger breiten Korridor des Verhaltens von Professionellen fest. Bei allen unseren Fällen fiel uns auf, dass die jeweils involvierten Professionellen diese »Korridore« recht fallspezifisch nutzten. Hier waren sie ungewöhnlich aufmerksam, dort wurde

weggeschaut und übersehen; bei dem einen entwickelten sie professionelle Phantasie, bei dem anderen fiel ihnen einfach nie was ein; jener erfuhr »über die Maßen« Zuwendung und Hilfe, dieser wurde fast gleichgültig »entsorgt«. Diese systematischen und fallspezifischen Abweichungen im Verhalten der Professionellen gegenüber den einzelnen Fällen können nicht mehr hinreichend durch die strukturellen und institutionellen Bedingungen der professionellen Arbeit erklärt werden.
Im Fall des Schülers Barat wurde dieser *ungeklärte Rest* – sicher etwas pointiert – so formuliert: »Alle Professionellen sind in diesem Fall erstaunlich unbesorgt und unbelastet, die *strukturelle Verantwortungslosigkeit* einzugestehen, ja sogar als Entlastung ins Feld zu führen. Sie scheinen kaum ein Problem damit zu haben, dass es den Barat so hart trifft, dass ihm nicht zu helfen ist. Es sieht so aus, als ob keiner der Professionellen für Barat etwas Gutes empfinden konnte. Da gab es kein Bedauern, ihm nicht helfen zu können. Und der Eindruck drängt sich geradezu auf: Der Ausstoß Barats wird fast kalt, sachlich, gefühllos durchgezogen; da kann man nichts machen, da stoßen wir an unsere Grenzen, da wird ein Fall entsorgt, für den man in jeder Hinsicht nichts übrig hat. ... Auch gibt es – ganz im Unterschied zu den anderen Fällen – im Fall Barat bei den Professionellen keine Bemühungen, den Jungen zu verstehen, sich einen Reim auf seine Störungen zu machen. Da taucht immer nur eine Erklärung auf, und das ist keine Erklärung: Barat sei wie sein Vater. Der sei ja auch brutal, gewalttätig, sexistisch und verdiene kein Mitleid. Und so sieht auch das Hilfekonzept aus: Barat muss vom Vater getrennt werden, in ein Heim gebracht werden. Was natürlich auch heißt: Barat muss weg von hier – fremdplaziert.
Das Thema der *strukturellen Verantwortungslosigkeit* taucht bei allen unseren Fällen auf, aber dieser trauerlose und erbarmungslose Umgang mit ihm ist für diesen Fall signifikant. Dieser »Rest« lässt sich im Fall Barat unter drei Stichworten kurz skizzieren:

Ein irritierend eindeutiges Bild von Barat dem Störer

Nicht beschulbare Jugendliche sind ihren Lehrern fast immer ein Rätsel. Die Lehrer sind beunruhigt, diese Schüler nicht zu begreifen, keinen Zugang zu ihnen zu finden, mit allen Bemühungen um sie zu scheitern. Häufig schwanken sie – noch Jahre später in der Rückerinnerung – zwischen einer Perspektive auf den *gestörten* Schüler mit seiner Hilflosigkeit und all seinen Problemen und Schwierigkeiten; und jener anderen Perspektive auf den *störenden* Schüler, der Schule und Unterricht verunmöglicht und nur Schwierigkeiten und Probleme *macht.* Bei Barat aber zeigte sich bei allen Professionellen ein irritierend eindeutiges Bild von Barat als Täter, als Störer, der als stark, bedrohlich, gewalttätig erlebt wird. Weder in den mündlichen noch in den schriftlichen Berichten über diesen Jungen findet sich auch nur die Erwägung, hinter dieser Fassade von unberührbarer und unberührter »Autonomie« könne sich ein anderer Barat verbergen, der schwere Probleme hat.

Eine irritierende Diskrepanz von Ursache und Wirkung

Barat erscheint in den mündlichen und schriftlichen Berichten seiner Lehrerinnen und Lehrer als gewalttätiger, skrupelloser, gefährlicher und rücksichtsloser Täter. Immer und immer wieder heißt es, Barat gefährde durch ständige tätliche Übergriffe auf Mitschüler deren Sicherheit und Gesundheit. Von Prügeleien ist die Rede, von Faustschlägen und Würgegriffen. Doch ausgerechnet hier bleiben die – ansonsten detail- und umfangreichen – Schilderungen sehr blass, sehr knapp und sehr allgemein. Nie las oder hörte ich von ernsthaften Verletzungen, nie von realen sadistischen Quälereien, nie von besinnungslosem gewalttätigem Ausrasten; und wo ausnahmsweise tätliche Übergriffe Barats beschrieben werden, halten sie sich eigentlich im Rahmen üblicher Auseinandersetzungen zwischen Jugendlichen in diesem Alter. Bei genauem Lesen und Nachfragen verflüchtigte sich das Bild eines brutalen Täters, und es blieb der Eindruck, dass hier justiziable Tatbestände – Voraussetzungen für den notwendigen Schulverweis – durch Dramatisierung geschaffen wurden. Immer wieder ist auch von sexuellen Übergriffen durch Barat die Rede. Aber nur zweimal in der höchst umfangreichen Schulakte wird angedeutet, um was es dabei wohl ging: »Barat berührt Mitschülerinnen oder Mitschüler am Geschlechtsteil«, heißt es da; und Barat soll, ohne dabei von Lehrern gesehen worden zu sein, mehrfach während des Unterrichts seinen Penis entblößt haben. Neben diesem blassen Bild von *Barat dem gefährlichen Täter* wird allerdings ein sehr viel konkreteres, anschaulicheres und glaubwürdigeres Bild von *Barat dem Störer* vermittelt: Der stört permanent den Unterricht, redet dazwischen, läuft herum, stichelt und provoziert, schmiert Hakenkreuze an die Tafel, legt sich mit Schülern und Lehrern an und verbreitet mit rassistischen, sexistischen und diskriminierenden Sprüchen und gewaltandrohenden Gesten und Andeutungen eine Atmosphäre von Angst, Gekränktheit, Wut und Hilflosigkeit.

Eine irritierend bedenkenlose »Entsorgung« des Störers

Nicht beschulbare Kinder und Jugendliche machen es den Professionellen schwer, Sympathie für sie zu entwickeln und aufrecht zu erhalten. Und trotzdem: bei allen Fällen, von denen wir erfahren haben, zeigten wenigstens einige der befassten Professionellen mehr oder weniger deutlich, dass sie ihr Scheitern an diesen Schülern bedauerten, dass sie keine eindeutige und abschließende Antwort hatten auf die Frage, ob der Störer an der Schule oder die Schule an dem Störer gescheitert ist. Anders bei Barat: Hier drängte sich der Eindruck eines einhelligen bloßen Vollzugsaktes auf. Sachlich und unterkühlt wird jeweils konstatiert, dass Barat fehl platziert ist; eine justiziable Anklageschrift mit der erforderlichen Zahl an Aktennotizen, Missbilligungen und Ordnungsmaßnahmen wird vorbereitet, die notwendigen Voraussetzungen für den Schulverweis werden zusammengetragen – das Problem kann »entsorgt« werden. Dies mit dem völlig rationalen und – zu diesem Zeitpunkt – auch völlig berechtigten Argument: Der Regelschule fehlen die Ressourcen und Kompetenzen, für Barat die Verantwortung zu übernehmen; und alternative Angebote der Beschulung gibt es zur Zeit nicht. Dieser fast bedenkenlose und fast ambivalenzfreie Umgang mit Barat und diese – objektiv zynische – Entlassung eines Störers in die *ruhende Schulpflicht* ist in diesem Feld eher atypisch, und die institutionellen Rahmenbedingungen von Schule und Jugendhilfe können diese spezifische Ausprägung der institutionellen Konfliktgeschichte nicht hinreichend und überzeugend erklären.

4.2 Der psychoanalytische Fallbericht

Weil es sich als schwierig erwiesen hatte, einen Gesprächstermin mit den vermittelten Jugendlichen wie ursprünglich vorgesehen in den Räumen des Instituts für analytische Kinder- und Jugendlichen-Psychotherapie zustande zu bringen, wurde diesmal der Versuch unternommen, diese Klippe zu umgehen und Barat in einem ihm vertrauten Raum aufzusuchen, nämlich in der Anlaufstelle, in der er sich regelmäßig mit seinem Einzelfallhelfer traf. Dieser war es auch gewesen, der Barat für die Teilnahme am Forschungsprojekt hatte gewinnen können.

Das erste Interview mit Barat

Die einzige Information, die die Interviewerin im Vorfeld über Barat erhalten hatte, war die Vorwarnung, dass er häufig Termine nicht einhalte. (Außerdem war seinem Namen zu entnehmen, dass es sich vermutlich um einen ausländischen Jugendlichen handelte.) Zum ersten vereinbarten Termin an der Arbeitsstelle des Einzelfallhelfers fand sie Barat jedoch wirklich vor – mit dem Betreuer Tischfußball spielend.

Die beiden unterbrechen sofort das Spiel, und die Interviewerin hat das ungute Gefühl, eine schöne Vater-Sohn-Situation gestört zu haben, hat sie doch mit ihrem Vorhaben nichts auch nur annähernd Attraktives zu bieten. Am liebsten hätte sie gesagt, sie sollen das Spiel ruhig zu Ende spielen. Barat steht am entfernten Ende des Tischfußballspiels und zupft etwas verlegen an der Krempe seiner schwarzen Wollmütze herum.

Der Betreuer begrüßt die Interviewerin angenehm formell und stellt ihr Barat vor, der ihr ebenfalls höflich die Hand gibt. Er fragt Barat auf eine freundliche, professionell-distanzierte Art, was ihm lieber sei: Ob er während der Zeit des Interviews weggehen solle oder ob er nebenan im Büro bleiben soll. Barat streift kurz unsicher das Gesicht der Interviewerin und zuckt fragend mit den Schultern. Die Interviewerin sagt: »Entscheide Du, was Dir angenehmer ist.« – »Besser hier«, sagt Barat in seinem knappen Ausländer-Deutsch. Der Betreuer stellt sich sofort darauf ein, sagt Barat, wenn das Gespräch beendet sei, möge er an die Tür kommen und ihm Bescheid sagen und verlässt den Raum.

Barat geht an den Tisch, um den mehrere Stühle stehen, setzt sich auf einen, der dicht an der Wand zum Büro steht – sehr selbstverständlich, fast ein bisschen als sei er der Hausherr. Die Interviewerin setzt sich ihm gegenüber. Gleich nachdem sie ihn eingangs spontan geduzt hatte, waren ihr Bedenken gekommen; normalerweise siezt sie Jugendliche. Barat kam ihr zwar sehr jung vor, aber eigentlich rechnete sie mit einem mindestens 15- bis 16-Jährigen. So fragte sie ihn, ob es ihm recht sei, wenn sie ihn duze und wie alt er sei. Ja ja, antwortet er jovial und fügt hinzu, dass er 13 sei. Es scheint, als hätte er sich durchaus gerne durch ein »Sie« größer machen lassen.

In Wirklichkeit ist er deutlich unsicher und verlegen. Er vermeidet Blickkontakt, schaut seitwärts nach unten. So wartet er, was da wohl auf ihn zukommt. Die Interviewerin sagt, der Betreuer habe ihm ja von dem Forschungsprojekt erzählt – er nickt – , und sie freue sich, dass er sich bereit erklärt habe mitzumachen; bei dem Gespräch heute gehe es darum, wie er die Geschichte erlebt habe. Er guckt unter sich wie einer, der nicht weiß, worüber er jetzt nachgrübeln soll; und die Interviewerin hat das Gefühl, unbeholfen zu sein und sich anstrengen zu müssen, wenn sie ihn erreichen will. Von nebenan hört man den Betreuer am Telefon reden, und Barat scheint mit seiner Aufmerksamkeit dort zu sein. Die Interviewerin sagt ihm, sie wisse bisher gar nichts von ihm, habe auch mit dem Betreuer nicht über ihn gesprochen; sie nehme aber an, dass er Probleme mit der Schule habe. ... Wann das denn angefangen habe? – Barat sagt: »In der Fünften.« Als wär's das. Die Interviewerin muss nachfragen, was denn da war. Das waren so Freunde von ihm. Die haben immer in der Pause so Scheiße gemacht. Andere verhauen und so. Er auch. Und Tischtennisplatte haben sie angezündet. Und Schule geschwänzt.

Barat spricht ein nuscheliges Deutsch in kargen, unvollständigen Sätzen, so wie jugendliche Ausländer untereinander sprechen. Von dem Wenigen, das er über die Lippen bringt, kann die Interviewerin nicht alles genau verstehen, mag aber auch nicht immer nachfragen. Er vermittelt das Gefühl, einer ungeheuren Anstrengung ausgesetzt zu sein, so als wolle er, könne aber einfach nicht, weil die Fragen bei ihm auf gar nichts stoßen. Wie er sich gefühlt habe bei dem Verprügeln der anderen, fragt die Interviewerin. »Gut«, kommt spontan und vergnügt mit einem Erstaunen in der Stimme, dass überhaupt jemand danach fragt. Er hat ein kindliches Gesicht, das dieses Überfordertsein noch unterstreicht; gleichzeitig ist es recht ausdrucksarm mit Augen, die nur dunkel sind. Er guckt ernst, manchmal meint die Interviewerin, etwas Trauriges darin zu sehen. Verbal und in der Körpergestik vermittelt er eher, dass ihm alles sowieso egal sei. Empört weist er die Überlegung zurück, er selber sei vielleicht auch schon verprügelt worden. Nein, nie, er würde sofort zurückschlagen. »Und als kleines Kind?«, zweifelt die Interviewerin. Mit sechs konnte er schon zurückschlagen. Aber er habe keine Erinnerungen, an nichts. Höchstens so ab neun, zehn. Er signalisiert: Brauchst gar nicht weiter zu fragen.

Die Interviewerin fragt, wenn die Probleme in der Fünften angefangen haben, wie es danach weiter gegangen sei. Jetzt mache er nichts mehr. Damals sei er rausgeflogen aus der Realschule. Jetzt in die Hauptschule. Da sei es schlimm. Alle so laut. Und die Lehrerin schimpft immer mit ihm, er soll immer an allem schuld sein. (Dies wiederholt er im Gespräch mehrmals.) Die Interviewerin meint, das müsse ja unangenehm sein für ihn, auch vor den anderen. Er widerspricht: »Sind alle meine Freunde: die ganze Klasse!« Sie sagt, das hört sich so an, als gehe er auch gerne in die Schule. – Keine Reaktion. – Wie es denn mit dem Lernen sei? – In Englisch habe er alles 1,5 geschrieben. – Dann haben seine Probleme in der Schule mit den Noten nichts zu tun? – In

Mathe habe er 2. – Die Interviewerin hat das Gefühl, er prahlt; andererseits kommt er ihr tatsächlich durchaus clever vor. – Alle Probleme nur wegen Verhalten!, betont er. – Sie: Das hört sich so an, als wäre in der Grundschule noch alles in Ordnung gewesen ... – Er: Grundschule keine Ahnung. Bisschen Schlägerei vielleicht. ...

Das Gespräch fließt äußerst zäh. Ein paar Worte, eine Frage und dann eine lange unangenehme Pause. Barat schaut im Wesentlichen unter sich und zieht seine Mütze über der Stirn hin und her. Nur bei den guten Noten guckt er die Interviewerin mit aufgehelltem Gesicht direkt an. Sonst, wenn es um seine Problemgeschichte geht, kommt eigentlich kein Kontakt zustande. Aber auch die Frage, was er mal werden wolle, wird zögernd und knapp beschieden: Fußball! – Das könnte endlich ein entlastendes Thema sein mit harmlosen Fragen nach dem Verein und Ähnlichem; aber außer unspezifischem Nicken kommt auch hier keine Reaktion. Ich sage, er redet nicht gern; was er denn macht, wenn er mit seinen Freunden zusammen ist? – Musik hören, nicht reden.

Während er schweigt und Langeweile und Leere sich breit zu machen drohen, knackt er mit den Fingern oder drückt die abgeknickten Fingerkuppen an die Tischkante. Konfrontationen wie: »Du knackst mit den Fingern!« kommen nicht an ihn heran. Der Interviewerin fällt auf, dass sie dennoch keinen Ärger auf den Jungen spürt; eher möchte sie sich dringend etwas einfallen lassen, das ihm die Situation erleichtert. Einerseits denkt sie, sie frage nach etwas, das gar nicht da ist (Gedanken und Gefühle im Inneren); andererseits hält sie es auch für möglich, dass Barat schweigt, weil er befürchtet, es komme doch nur Schlechtes aus ihm heraus, während er sich doch unbedingt grandios darstellen will.

Die Interviewerin fragt, wie es zu Hause ist, wann die Eltern nach Deutschland gekommen sind. – Schon vor 20 Jahren oder so. – Geschwister? – Zwei sind in Türkei geblieben, schon erwachsen, von seiner Mutter. Hier habe er große Schwester, 19, kleine Schwester 10 und kleinen Bruder 3. – Wie er sich mit den Geschwistern verstehe? – Plötzlich guckt er die Interviewerin groß und strahlend an: Die große Schwester heiratet bald, macht Lehre hier in der Stadt; dann muss sie aufhören zu arbeiten, weil der Mann im Westerwald wohnt. – Die Interviewerin spürt Stolz bei ihm und sagt, auf die Schwester sei er stolz! – Gleich wiegelt er ab: Hat auch nur Hauptschule. – Sie sagt, das müsse für ihn ja auch schwer gewesen sein, eine große Schwester zu haben, die alles immer schon besser konnte als er. Er erzählt, sie sei erst mit 11 nach Deutschland gekommen und könne besser Deutsch als er. – Die Interviewerin meint, er würde offenbar gerne einen guten Schulabschluss machen, Haupt-

schule sei ihm eigentlich nicht gut genug. – Egal. – Sie macht ihn darauf aufmerksam, dass er zwar immer »egal« sagt; sie sehe aber auch etwas Trauriges und Ernstes in seinem Gesicht. – Das scheint er nicht zu verstehen: Traurig, warum! Egal!
Eine zähe halbe Stunde ist um, und die Interviewerin hat das Gefühl, mehr ist nicht drin. Am liebsten würde sie ein Spiel aus dem Eckregal nehmen und mit Barat spielen, damit sie sich endlich gut miteinander fühlen können und nicht so überanstrengt. Die kindlichen Züge in Barats Gesicht rühren die Interviewerin an, und sie würde ihm wirklich gerne die Situation erleichtern. Er muss Schlimmes erlebt haben, vermutet sie und stellt sich neben einer emotionalen Vernachlässigung einen prügelnden Vater vor.
Sie beschließt, zum förmlichen Teil überzugehen und holt das Blatt für die Einverständniserklärung und den Fragebogen aus ihrer Tasche. Zuerst legt sie Barat die Einverständniserklärung vor, und noch während sie erklärt, um was es geht, hat Barat kapiert, dass er seine Daten oben eintragen soll, und tut es. Bei der Einverständniserklärung geht es zuerst darum, ob wir mit den Eltern sprechen können. Da ist er – und das passt gut zum Gespräch – ganz klar und konsequent: Nein. Er murmelt, die würden sowieso nicht; aber auch sonst: Er will das nicht. Die Situation ist plötzlich sehr verändert. Es gibt etwas zu tun und ein reales Problem zu klären. Dabei ist klar, was die Interviewerin will, und Barat kann entscheiden, ob er bereit ist. Nach der klaren Absage bezüglich der Eltern zeigt Barat nun deutliche Impulse, der Interviewerin entgegen kommen und es sich nicht mit ihr verderben zu wollen. Er hatte spontan überall »nein« ankreuzen wollen und korrigiert das nun. Er möchte ihr endlich etwas geben können, so empfindet sie das, wo er ihr zuvor etwas Wichtiges brüsk abgeschlagen hat.
Geradezu animiert nimmt Barat sich sodann den Fragebogen zur Anamnese vor. Die Interviewerin will ihm erklären, dass er diesen nach dem Gespräch in Ruhe ausfüllen soll, aber er ist schon an der Arbeit. Sehr ernsthaft fragt er, was mit »schwanger« gemeint ist, erklärt es aber gleich selbst. Die Interviewerin gibt zu bedenken, dass er manches wahrscheinlich gar nicht wissen kann und vielleicht die Eltern fragen müsste. Aber er will die Sache in der Hand haben und erledigen. Bei der Frage nach Komplikationen bei der Geburt sagt er sogleich, er wisse, was mit Komplikationen gemeint ist, sein Bruder sei eine Frühgeburt gewesen: »Erst schon tot; aber jetzt in Ordnung.«
Mit Hilfe des strukturierenden Fragebogens kommen nun Themen auf, und es gäbe einiges zu vertiefen! Aber Barat ist mit viel Eifer immer schon bei der nächsten Frage. Er liest nicht genau, sondern assoziiert schon gleich zum ersten Stichwort. Endlich geht es um ihn und was ihm Schlimmes passiert ist

– ohne dass er einen Schuldigen nennen müsste: Mehrere Operationen am Bein habe er schon gehabt, eine Zyste sei da gewesen, so wie Tumor im Gehirn, Krebs, aber bei ihm am Bein. Ein Stückchen Holz haben sie herausgeholt, ganz weiß. ... Es geht spürbar um etwas Hochdramatisches, gleichzeitig hat die Interviewerin den Verdacht, dass er hypochondrisch dramatisiert. Wie ein Kind will Barat die Narbe am Unterschenkel zeigen, hebt das Hosenbein hoch, und die Interviewerin muss sich über den Tisch zu ihm herüber beugen, um sie auch zu sehen. – Sie sagt, es scheine nun doch wirklich einen Grund für ihn zu geben, ernst und traurig auszusehen. – Vergangenheit, meint er wegwerfend, fährt aber sogleich fort: »Luftknoten« – er zeigt auf eine Stelle unterm Schlüsselbein – sei auch operiert worden; Allergie wegen Hundehaaren, deshalb. Wann das alles war, weiß er nicht. – Die Interviewerin flechtet ein, das sei der Grund, warum wir mit den Eltern sprechen wollen, weil die besser wissen, was war, als er klein war. Aber überreden lässt er sich nicht. Professionell trägt er bei Eintritt in den Kindergarten ein: drei Jahre. Kindergarten sei immer mit drei Jahren. – Bei der Frage nach Trennungszeiten fragt er, was gemeint sei. Die Interviewerin nennt als Beispiel: Wenn einer von den Eltern längere Zeit im Krankenhaus gewesen ist. – *Er* sei sechs Monate im Krankenhaus gewesen bei der Operation am Bein! – Wie alt? – Sechs Jahre. Die Interviewerin hat das Gefühl, es geht mit ihm durch. Und weiter geht's: Beruf der Eltern in seiner Kindheit? – Vater immer in Fabrik, auch jetzt noch; Mutter früher Kaufhof. Kurzes Innehalten an dieser Stelle, und dann fügt er ernst und mit deutlich klagendem Affekt hinzu: »So viel Arbeit immer, meine Mutter, immer weg, immer Kaufhof.« Doch bevor die Interviewerin darauf eingehen kann, ist er schon bei der nächsten Frage. Gegen Ende des Fragebogens wird noch einmal nach ungewöhnlich schweren Ereignissen gefragt. Jetzt fällt ihm ein, dass er in der Türkei einmal in einen Brunnen gefallen ist. Er demonstriert, wie eng der Brunnen war: wie der Papierkorb. 11 Meter tief sei er gefallen. Unten sei Wasser drin gewesen. Wäre er mit dem Kopf zuerst reingefallen, wäre er ertrunken.

Die Zeit ist bereits um 10 Minuten überschritten, und die Situation ist nun sehr dicht. Die Interviewerin sagt Barat, er habe ihr nun am Ende so viel Wichtiges von sich erzählt – sie würde gerne noch ein 2. Gespräch mit ihm führen; und vielleicht könne er sich das mit den Eltern in der Zwischenzeit noch einmal durch den Kopf gehen lassen. Zum 2. Gespräch ist er sofort bereit, und den Vorschlag »nächste Woche gleiche Zeit und gleicher Ort« findet er gut. Das muss aber noch mit dem Betreuer abgeklärt werden. Barat öffnet – ohne anzuklopfen, wie der Interviewerin unangenehm auffällt – die Tür zum Büro. Man hört den Betreuer telefonieren, und Barat lässt die Tür angelehnt und kommt zurück. Kurz darauf kommt der Betreuer; die Interviewerin fragt ihn, ob die Terminvereinbarung mit Barat von ihm aus möglich wäre. Er sagt, er sei gerade ab dem Tag in Urlaub und überlegt sogleich, ob wir nicht trotzdem das Gespräch führen und wie wir an den Schlüssel kommen könnten; doch die Interviewerin findet das nicht gut. Barat schaltet sich ein und schlägt den Tag davor vor – da sei er doch den ganzen Nachmittag bei seinem Betreuer. Gute Idee, findet dieser. Die Interviewerin verabschiedet sich von dem Betreuer, bei dem ihr wieder die Formvollendetheit auffällt. Barat tut es ihm mit einer angedeuteten Verbeugung nach.

In den folgenden Tagen muss sie immer wieder an Barat denken. Dabei fällt ihr auf, dass sie eher positiv zugewandt an ihn denkt. Es geht ihr aber auch durch den Kopf, wie Barat wohl auf einen männlichen Kollegen gewirkt hätte bzw. dieser auf ihn. Sie fragt sich, was Barat im Kontakt mit ihr wohl alles hat verbergen können, und denkt dabei angesichts des »Egal« vor allem an Züge von Grausamkeit.

Das zweite Interview mit Barat

Wieder spielt Barat mit dem Betreuer Tischfußball, als die Interviewerin kommt. Sofort fällt ihr seine glänzend lackierte und gestylte Frisur auf: Mittelscheitel und über die ganze Vorderfront eine Welle nach hinten. Hat er sich extra schön gemacht?, denkt sie geschmeichelt. Doch diesmal wird das Spiel nicht sofort abgebrochen. Barat guckt sie auch nicht an. Sie hört ihn murmeln, er wolle weiterspielen. Der Betreuer lässt aber mit ruhigen Bewegungen die Griffe los und fragt wieder wie letztes Mal, ob Barat möchte, dass er dableibt oder ob er auch weggehen könnte, er fahre ja morgen in Urlaub und habe noch einiges zu erledigen. Barat sagt: Egal. Es überrascht die Interviewerin unangenehm, als der Betreuer beschließt, dann gehe er. Wie lange das Gespräch dauere? Er will offenbar keine Minute zu früh zurück sein, registriert die Interviewerin mit Unbehagen. Schon beim ersten Interview hatte sie ja seine Anwesenheit als Schutz erlebt.
Bevor der Betreuer geht, fragt Barat ihn plötzlich, ob er mal telefonieren dürfe. Wiederum zur Überraschung der Interviewerin stimmt der Betreuer selbstverständlich zu, erinnert Barat noch daran, eine Null vorweg zu wählen, und Barat verschwindet im Büro. Während man ihn teils türkisch, teils deutsch reden hört – es geht offenbar um eine Verabredung nach sechs, dafür also die Frisur! –, spricht die Interviewerin kurz mit dem Betreuer über das Problem,

dass Barat erst 13 ist und die Eltern ihre Einwilligung geben müssten. Der Betreuer antwortet, dass er diese bereits habe, vielleicht seien sie auch zu einem Gespräch bereit. Im Unterschied zum letzten Mal erlebt die Interviewerin heute seine Förmlichkeit nicht als angenehm, sondern eher als unterkühlt.
Barat kommt zurück, reagiert nicht auf die knappe Verabschiedung des Betreuers und setzt sich auf den Platz, auf dem letztes Mal die Interviewerin saß. Also setzt sie sich auf seinen und stellt gleich fest, dass er während des letzten Interviews die ganze Zeit die vakante Tischfußballplatte im Blick gehabt haben muss. Barat guckt unter sich und traktiert schweigend einen Filzstift. Die Interviewerin macht einen gerade noch munteren Versuch, der ihr aber fast im gleichen Moment erstickt: Du siehst anders aus heute! Keine Reaktion. Sie sagt nach einer Weile, dass sie ihn heute wohl sehr gestört habe und er eigentlich gerne weiter mit dem Betreuer gespielt hätte. Barat bleibt stumm. – Sie fragt, ob er gehört habe, was sie besprochen haben, während er telefonierte. Keine Reaktion. Sie erzählt es ihm, wohl in der Hoffnung, sie könnte einen konkreten Ärger ausräumen. – Machen sowieso nicht, seine Eltern.
Es sind erst wenige Minuten vergangen, da beginnt die Interviewerin Angst zu spüren, die sich rasch steigert und bald kaum zu ertragen ist. Sie guckt auf die Uhr und weiß nicht, wie die ihr unendlich erscheinende Zeit zu überstehen sein soll. Barat hält inzwischen die Hände mit dem eingeklemmten Stift vor sein Gesicht und sitzt reglos vor ihr. Sie weiß nicht, ob er sie zwischen den Fingern anstarrt. Längeres Schweigen wäre unerträglich. In Abständen muss sie einfach etwas sagen. Natürlich verwendet sie Inhalte, knüpft dabei an das erste Interview an, versucht die Themen, die am Ende aufgekommen waren und mit denen er in ihrer Wahrnehmung einen Kontakt zu ihr hergestellt hatte, anzusprechen: Frühgeburt des Bruders, Verhältnis zur drei Jahre jüngeren Schwester, die Operation, den Sturz in den Brunnen. Sie bemerkt aber, dass es nicht eigentlich um die Inhalte geht; eher kommt sie sich vor wie jemand, der im dunklen Keller pfeifen muss, um die Angst nicht spüren zu müssen. Dabei assoziiert sie zu Barat, so wie er ihr gegenüber sitzt, ein gefährliches Tier. Ihr geht durch den Kopf, er darf nicht merken, dass sie Angst hat – Hunde spüren das, und es macht sie wild! Natürlich versucht sie Distanz zu gewinnen: Es ist doch absurd, vor einem ängstlichen 13-Jährigen Angst zu haben! Als erfahrene Therapeutin nimmt sie zu psychodynamischen Überlegungen Zuflucht. Aber Fragen wie die, ob jemand sie hören würde, wenn sie schreit, drängen sich doch wieder auf, und die Gedanken fliehen.

Äußerlich bewahrt sie Haltung und sucht Blickkontakt zu Barat. Ab und zu wandert sein hinter den Händen verborgener Blick zu ihrer Tasche, die sie auf einem dritten Stuhl abgelegt hat. Sofort überkommt sie die Phantasie, Barat könnte sich über die Tasche hermachen. Die sich der Interviewerin aufdrängende psychoanalytische Assoziation, dass in dieser Phantasie die Tasche für den Körper, genauer, für ihren Unterleib stehe, ist ihr grauenhaft, und sie phantasiert zur Rettung die Alternative: Barat werde vermuten, dass eine Frau wie sie etwas Starkes in der Tasche hat, eine Waffe, mit der sie sich verteidigen kann.
Beide sind sie gefangen in Angst. Alle beide. Die Zeit hält sie erbarmungslos fest. Diese Wahrnehmung verdichtet sich bei der Interviewerin zum Bild vom Sturz in den Brunnen. Sie spricht über Barats Erlebnis, und dass es sich hier und jetzt eben so anfühlt, als steckten sie beide in einer gefährlichen Situation fest, aus der sie nicht so schnell befreit werden. – Reglosigkeit bei Barat. – Die Interviewerin, mit der traumatischen Brunnen-Szene befasst, fragt mit spontaner Empörung, wie er überhaupt dort hineinfallen konnte, ob der Brunnen denn nicht abgedeckt war. – Doch, Tüte und Stein drauf. – Ob er allein war? – Freund war noch. – Die Hände bleiben vor dem Gesicht, gleichzeitig beißt Barat mit zunehmendem Affekt auf dem Filzstift herum, den er mit den Daumen hält, während die Handflächen möglichst das Gesicht ganz bedekken sollen. Die Interviewerin fragt sich laut, warum Barat heute derart böse auf sie ist, so, als habe sie ihm etwas Schlimmes angetan. – Langweilig, sagt er tonlos finster mit dem Stift zwischen den verzerrten Kiefern. – Was er normalerweise in so einer Situation tun würde? – Rausgehen. – Also so wie in der Schule! – Schweigen. – Tischfußball oder Spielen oder Graffiti zeichnen wäre wie eine Erlösung, überlegt sie laut vor sich hin.
Immer wieder denkt sie inbrünstig, der Betreuer möge endlich kommen. Dies bringt sie schließlich aus dem eher benommenen Zustand zu einer Deutung. Sie sagt, sie glaube, dass es schlimm für Barat ist, dass sie ihm ausgerechnet heute das Spiel mit dem Betreuer gestohlen habe, denn der fährt morgen in Urlaub und wird eine ganze Weile nicht für ihn da sein. – Egal, sagt Barat; die Interviewerin hat dennoch das Gefühl, ihm etwas Wichtiges gesagt zu haben. Dann steht er plötzlich auf, murmelt: auf Toilette, und geht. Die schlimmste Spannung ist vorbei, registriert die Interviewerin, während Barat ziemlich lange weg bleibt. Zurückgekehrt setzt er sich in der gleichen Haltung wie zuvor hin und beißt weiter heftig auf dem Stift herum. Hatte die Interviewerin zuvor das Gefühl, der Stift stehe für sie, so hat sie jetzt eher Sorge, Barat könne sich selbst verletzen, und sagt spontan: Vorsicht, du tust

dir weh! Tatsächlich splittert ein Stück Plastik ab. Er versucht, es wieder einzupassen, vergeblich.
Dann ganz plötzlich dreht er sich zum Flipchart um, auf dem mit eben dem Stift, den er gerade zerbeißt, Spielergebnisse festgehalten sind, und kritzelt ein Hakenkreuz unten hin. Das ist eine spontane Geste, und er schaut die Interviewerin zum ersten Mal direkt an mit großer Überraschung im Blick und einem auffordernden Lächeln, das zu sagen scheint: Guck mal, was ich da gemacht habe! Es ist für die Interviewerin ein – nach all dem Ausgestandenen – unwiderstehliches Lächeln, hinter dem die Bedeutung des Hakenkreuzes verschwindet. Sie bestätigt zurücklächelnd: »Ein Hakenkreuz!« Natürlich erschrickt sie kurz über die Verharmlosung des Symbols, aber atmosphärisch scheint es tatsächlich eher so, als beugten sie beide sich wie Mutter und Kleinkind erstaunt und freudig über das anale Produkt – dass es stinkt, ist zweitrangig.
Barat ist offenbar erleichtert, dass der Stift noch funktioniert. Er hat die Hände vom Gesicht genommen und beginnt, die Tischkante vollzukritzeln. In diesem Moment kommt der Betreuer auf die angekündigte Minute genau zurück und verschwindet im Büro. Barat kritzelt weiter, und die Interviewerin kann's nicht lassen, ihm den Tipp zu geben, dass er's besser weg wischt, bevor die Farbe eingetrocknet ist – später gehe es vielleicht nicht mehr ab. Der Effekt ist gegenteilig: Barat kritzelt nun systematisch die ganze Tischkante voll.
Einen Moment lang weiß die Interviewerin nicht, wie sie die Stunde beenden soll, von der sie so unsäglich erleichtert ist, dass sie endlich vorbei ist. Barat ist in sein Geschäft vertieft. Also sagt sie schließlich, dass sie sich jetzt von ihm verabschieden will und ihm danken möchte; er habe ihr gezeigt, wie es ihm gehe, wenn es fast nicht zum Aushalten sei. Beiläufig und irgendwie hingehuscht gibt Barat ihr die Hand zum Abschied, ohne sie anzusehen. Inzwischen ist der Betreuer endlich zurück in den Raum gekommen.
Auch nach diesem 2. Interview geht der Interviewerin Barat nicht aus dem Kopf, und sie denkt immer wieder, mit dieser grauenvollen Stunde könne sie es nicht bewenden lassen; sie müsste Barat ein drittes Gespräch anbieten.

Auswertung der Interviews, Diskussion und Ergebnisse der Fallkonferenz

Die Reaktion der Interviewerin nach dem Abschluss beider Interviews erstaunt zunächst. Sie hätte allen Grund froh zu sein, Barat nach den unerträglichen Gesprächssituationen los zu sein, zumal sie in diesem Fall keinen therapeutischen Auftrag hatte. Dennoch lässt sie der Fall und der Impuls, eine Lösung zu finden, nicht los.

In der anschließenden Fallkonferenz der Kinderanalytiker wiederholten sich diese auffallenden konträren Impulse der Interviewerin: Alle Beteiligten gestanden extreme Unlust und Widerstreben beim Lesen der Protokolle ein, wollten am liebsten mit dieser Fallgeschichte oder gar mit dem ganzen Projekt nichts mehr zu tun haben, sahen die Grenzen psychoanalytischen Zugangs erreicht und befürchteten, bei dem Material, das im Wesentlichen durch die Gegenübertragung und Bebilderung der Interviewerin Gestalt bekam, könne es sich schließlich um nichts weiter als ein Artefakt handeln, das nur Spekulationen zulasse. Andererseits bewirkte die Diskussion dann, dass – einmal intensiv mit dem Jungen befasst – keiner ihn aufgeben wollte; intensiver als bei anderen Jugendlichen machte die Gruppe sich Gedanken über Perspektiven und Handlungsmöglichkeiten, nachdem sie den szenischen Befund zusammengetragen hatte. Diese vorsichtig positive Wendung wurde zweifellos durch das junge Alter von Barat ausgelöst: Er hat noch kindliche Züge, die an die Hilfsbereitschaft von Erwachsenen appellieren, und er steckt mitten in der pubertären Entwicklung, die generell auf Plastizität hoffen lässt. Man sieht ihm einiges nach, wenn man die alterstypische Trieb- und Abwehrdynamik und die durch heftige Sexualisierung und Aggressivierung bedingte psychische Sprengkraft von adoleszenten Loslösungskonflikten kennt. Gleichwohl war unmissverständlich klar, dass wir es bei Barat mit einer sehr schweren, seit langem behandlungsbedürftigen psychischen Störung zu tun haben, die durch archaische, vermutlich traumatisch verstärkte Ängste, durch projektive Identifizierung und durch unzureichende Symbolisierungsfähigkeit gekennzeichnet ist.

Dieses Beziehungsmuster – ein heftiges Loswerden-Wollen bei gleichzeitigem Druck, sich zuwenden zu müssen –, das Barat in seinem Gegenüber weckt, nimmt den ambivalent-vermeidenden Bindungsstil des Jugendlichen auf. Es kommt zu keinem Dialog, die gesamte Begegnung ist durch die Unfähigkeit zur sprachlichen Verständigung, durch Vermeidung von persönlichem Kontakt und durch intensive Angst und Bedrohung geprägt. Man könnte darin eine Illustration der lapidaren Beschreibung »Mutter immer weg, immer Kaufhof« sehen: Barat zeigt im Kontakt mit der Interviewerin äußerste Kargheit und Armseligkeit des Ausdrucks. Dabei ist seine Darstellung durchaus eindrucksvoll: In der endlos gedehnten Zeit der Interviewstunde, in dem unentrinnbaren Stillstand, in einem Gefühl von kaum auszuhaltender archaischer Angst und Ausgeliefertsein, wie die Interviewerin es auf

dem Wege der projektiven Identifizierung wahrnimmt und schildert, scheint das tief eingegrabene Erleben »Mutter immer weg, immer Kaufhof« eingefangen. Dieses Erleben würde demzufolge einer sehr frühen Entwicklungsstufe angehören, die vor der Herausbildung symbolischer Repräsentanzen liegt. Reaktiv könnte Barats Wortkargheit grundsätzlich Verstehen und Vertraulichkeit verhindern und die Distanz garantieren, die er für ein narzisstisches Gefühl von Sicherheit durch Ungebundensein braucht. Aber gerade seine Unfähigkeit zum Nachdenken und Sprechen lässt zwischen ihm und seinem Gegenüber eine unmittelbare und ungeschützte Nähe und Dichte entstehen. In dieser unbewusst hergestellten dyadischen Beziehung entstehen offenbar unerträgliche Triebwünsche und Vorstellungen von überwältigender Verklammerung, so dass die Interviewerin sich in der Gegenübertragung brutalen, sexualisierten Gewaltphantasien ausgesetzt fühlt.
Nun kann aber die Fähigkeit zu symbolischer Repräsentation als Indikator für die Fähigkeit zu autonomer Lebensgestaltung überhaupt gelten, denn ihr Fehlen lässt dem Subjekt nur den Weg in direktes Agieren von Affekten und Impulsen offen. Daher ist unter prognostischem Gesichtspunkt die Frage wichtig, ob diese Fähigkeit bei Barat schlicht nicht entwickelt ist oder ob eine Blokkierung in der Folge von traumatischen Lebenserfahrungen eingetreten ist, die entscheidenden Entwicklungsschritte in der entsprechenden frühen Lebensphase aber sehr wohl gemacht wurden. Liegt also ein Entwicklungsdefizit vor, das eine Mentalisierung der Affekte von Angst und Aggression nicht zulässt, nachdem Barat als früh vernachlässigtes Kind die entscheidenden Entwicklungsanreize nicht erhalten hat? Oder führt eine Affektregression in der Folge gehäufter Traumatisierungen zu dem gleichen Erscheinungsbild?
Schon Barats verbale Ausdrucksfähigkeit ist nicht eindeutig zu beurteilen. Er spricht so restringiert, wie man nur kann. Gerade diese äußerste Verknappung jedoch macht zuweilen auch den Eindruck eindrucksvoller Verdichtungen und imponiert der Interviewerin anfangs als eine Form der Selbststilisierung, wie sie die Kultur jugendlicher Ausländer kennzeichnet.
Die Unsicherheit in der Beurteilung setzt sich fort, wenn man die szenische Gestaltung der Interviews betrachtet. Man kann das Fehlen von emotionalem Austausch, von geteilten Bedeutungen und Gefühlen konstatieren. Barats Hauptanliegen wäre demnach die Vermeidung von Kontakt. Die Bilder und Bedeutungen, die die Interviewerin beisteuert, allein um sich dem Sog der projektiven Identifikation zu entziehen, sowie ihre Versuche, der unerträglichen Affektspannung einen Sinn zu geben, bleiben ohne Echo. Man kann daraus eine grundlegende Unfähigkeit des Jugendlichen zu symbolischer Verständigung und zu Beziehungsaufnahme überhaupt folgern. Das Wenige, das

gegen Ende des ersten Interviews an Beziehung entstanden scheint – nachdem die Interviewerin aus ihrer Tasche(!) den Fragebogen gezogen hatte – wird am Beginn des zweiten zerschlagen, so als dürften nur Enttäuschung, Wut und namenlose Angst bleiben.

Man kann aber auch eine sinnvolle unbewusste Gestaltung im Prozess der Interviews entdecken, dann würde man den Bogen der Gesprächsdynamik anders sehen: Gegen Ende des ersten Gespräches, nach einer vorsichtigen Annäherung, ist Barat mit den traumatischen Erlebnissen seiner Kindheit in Kontakt gekommen. Ein Krankenhausaufenthalt von vielen Wochen im Alter von sechs Jahren, mysteriöse Operationen, die nicht erklärt wurden und deren Bedeutung für das Kind seinerzeit vermutlich niemand aufgefangen hat – »Eltern machen sowieso nicht«, sagt Barat an anderer Stelle –, tauchen aus der Erinnerung auf und münden in die Erzählung vom Sturz in den Brunnenschacht, die immerhin die eindrucksvolle und berührende Vorstellung von dem 6-jährigen Jungen entstehen lässt, der in Todesangst bewegungsunfähig und so verlassen wie ein Kind nur sein kann, in 11 Meter Tiefe steckt. Wenn dies eine Phantasiebildung ohne reale Grundlage sein sollte, so wäre es doch eine ausdrucksstarke, die auf symbolische Weise wie eine Deckerinnerung Barats unbewusstes psychisches Erleben zum Ausdruck bringt.

Im zweiten Interview, so diese optimistischere Sichtweise, liefert Barat dann eine konsequente Darstellung seiner alles beherrschenden traumatischen Erfahrung: ein hilfloses, regloses Eingeklemmtsein ohne Entkommen und angefüllt mit entsetzlichen Phantasien, eine Situation, die man nur wie benommen »überstehen« kann, wie im Brunnenschacht. Diese traumatische Erfahrung würde demnach konsequent im Interview inszeniert – dem Zustand traumatischer Überwältigung und Affektregression entsprechend sprachlos und ohne die Möglichkeit mentaler Repräsentation. Dass im Anschluss daran eine offensichtlich treffende Intervention der Interviewerin, die die Bedeutung der Abwesenheit eines hilfreichen Erwachsenen – Urlaub des Betreuers – zum Gegenstand hat, Wirkung zeigt, kann auf dieser Interpretationslinie als prognostisch günstig bewertet werden: Die Situation entspannt sich. Und Barats Wiedergutmachungsversuch (den zerbrochenen Stift wieder zusammenzusetzen) scheitert zwar, immerhin aber ist der Impuls vorhanden – ein Hinweis darauf, dass Hoffnung im Innern vielleicht doch existiert und nicht vollständig verschüttet ist.

Auch die Schlusssequenz des Interviews lässt beide Sichtweisen zu. Über dem provokativen Hakenkreuz kommt es nun endlich zum Blickkontakt. Kontaktaufnahme scheint für Barat offenbar nur vorstellbar als Annäherung im Angriff. Dieser Beziehungsmodus kann auf früheste, nicht revidierbare

Internalisierungen (bzw. Re-Internalisierungen feindseliger Projektionen) aus einer vorwiegend versagenden Mutter-Kind-Beziehung zurückgehen: Barat kann demzufolge nur die Erfahrung eines ihn ablehnenden Objekts antizipieren. Es könnten sich in der Schlusssequenz aber auch spätere Erfahrungen widerspiegeln, in denen Barat sich als Opfer aggressiver Übergriffe und überwältigender Katastrophen wahrgenommen und beachtet gefühlt hat. Dafür spricht, dass er ja gerade in der Phase des ersten Interviews, in der es um die Mitteilung dieser Daten ging, einen Kontaktwunsch erkennen ließ. Auf der Linie dieser Psychodynamik hätte er die Angst, die mit Operationen und Erfahrungen von Ausgeliefertsein, eventuell auch von Gewalt in der Familie verbunden war, durch Identifikation mit dem Aggressor abgewehrt – »seit 6 kann ich zurückschlagen«. So würde er sich als Angreifer am sichersten fühlen, und die sadomasochistische Annäherung wäre für ihn zum bevorzugten oder einzig vorstellbaren Weg der Beziehungsaufnahme geworden.

Zusammengefasst stehen zwei Hypothesen zur Psychodynamik der Verhaltensprobleme von Barat nebeneinander, wobei die zweite die erste nicht ausschließt. Die erste Hypothese vermutet unter Barats karger Verdichtung: »Mutter immer weg, immer Kaufhof!« eine schwere frühe Entwicklungsstörung des Ich. Infolge des unzureichenden Gehaltenwerdens des kleinen Kindes – und damit einhergehend einer unzureichenden Mentalisierung der Affekte von Angst und Aggression – weist die Entwicklung einer hinreichend stabilen guten Objektbeziehung im Innern und von symbolischen Verarbeitungsweisen gravierende, vermutlich nicht aufzuholende Defizite auf.
Die zweite Hypothese sieht im 2. Interview die unbewusste szenische Gestaltung des Traumas vom Sturz in den Brunnen, die die am Ende des ersten Interviews unter emotionaler Beteiligung der Interviewerin aufgekommene Erinnerung aufnimmt. Das eindrückliche Bild vom Kind, das sich dem Absturz nahe weiß und kaum noch auf Hilfe hofft, könnte dabei als eine Deckerinnerung zu verstehen sein, die frühere kumulative Traumatisierungen und damit auch die erste Hypothese eingefangen hält. Die Fähigkeit des Ich zur Inszenierung und zur Verschiebung der Aggression auf den Stift erlaubt bei dieser Lesart jedoch die Vermutung, dass immerhin Ansätze guter Objekterfahrungen psychisch repräsentiert wurden, wenngleich sie im Trauma von Zerstörung bedroht sind. Immerhin gibt es die Beziehung zu dem Betreuer. An dessen nicht nur äußerlich, sondern auch in der Dynamik des Interviews wahrnehmbaren emotionalen Bedeutung für Barat meint die Gruppe in der Fallkonferenz die progressive Suche des Jugendlichen nach der Anknüpfung an ein gutes Objekt sehen zu können: eine psychische Bewegung inmitten

aller negativ-narzisstischen Erstarrung im Defizit, in Angst und im »Egal«, die schließlich doch eine vorsichtige Hoffnung auf die Möglichkeit von psychischer Veränderung erlauben könnte.

Ein Gespräch mit den Eltern

Unerwartet und nach anfänglicher Ablehnung kam dieses Gespräch mehr als acht Monate nach den Interviews mit Barat doch noch zustande. Die Falluntersuchung war bereits abgeschlossen. Inzwischen war Barat ausgeschult worden und hatte durch aktive Vermittlung des Projektleiters einen Platz in einer Lernwerkstatt bekommen; dadurch war wohl die Bereitschaft zur Mitarbeit im Projekt entstanden. Unser Interesse an dem Gespräch mit den Eltern bezog sich hauptsächlich auf Informationen über die von Barat berichteten traumatischen Ereignisse.

Der Interviewer wird vom Vater in ein gut bürgerlich eingerichtetes Wohnzimmer geführt, in dem die ganze Familie versammelt ist, ohne dass sie ihm vorgestellt würde. Der dreijährige Bruder von Barat drängt sich sogleich distanzlos an den Interviewer und streichelt ihm über den Kopf, während die Schwester zuschaut. Keinem außer dem Interviewer scheint dies peinlich zu sein. Die Mutter bietet dem Interviewer etwas zu trinken an, was dieser gerne annimmt. Barat sitzt geschniegelt, stumm und reglos im Sessel.

Der Interviewer bittet nun darum, ohne die Anwesenheit der Kinder mit den Eltern sprechen zu können. Es fällt den Eltern aber schwer, das durchzusetzen: Immer wieder kommt der kleine Bruder zurück zum Interviewer und fährt ihm ins Gesicht; und die Schwester ist deutlich überfordert mit ihren Versuchen, ihn zurückzuholen. Schließlich gehen die beiden, der Kleine wird das ganze Gespräch über aber immer wieder hereinkommen und stören.

Der Vater fragt, ob auch Barat gehen soll. Der Interviewer meint, das möge Barat selbst entscheiden, es gehe schließlich um ihn. Daraufhin steht Barat wortlos auf und geht – von einer Frage des Vaters auf Türkisch gefolgt.

Beide Eltern sprechen einigermaßen gut Deutsch. Die Mutter ist eine rundliche, durchaus attraktive Frau; der Vater strahlt in den Augen des Interviewers etwas Brutales aus.

Nachdem der Interviewer sich und seine Funktion im Projekt noch einmal vorgestellt hat, erklärt er das Interesse, mehr über Barats Entwicklung in der Kindheit zu erfahren, insbesondere über die von Barat angedeutete Geschichte mit der Beinoperation und vor allem auch über den Sturz in den Brunnen. Die Eltern gehen kurz darauf ein, haben aber zunächst einmal das Bedürfnis, ihre Klagen über die Ausschulung von Barat los zu werden. Dabei nehmen sie Barat in Schutz, der so viel Angst vor der Lehrerin gehabt habe, eigentlich intelligent sei und die Schlägereien im Grunde als Spaß verstehe – wie das unter den Geschwistern auch sei. Es sei doch klar, dass in dem Alter keiner »100%ig korrekt« sei. Der Vater redet sich in Rage, als er über das Unverständnis der Lehrer spricht, die nur ihre Ruhe haben wollten. Keiner hätte sich um Barat gekümmert, der acht Monate lang nicht in die Schule gegangen sei, und erst jetzt – dank der Vermittlung unseres Projektleiters – in die Lernwerkstatt gekommen sei. Die Mutter ist offenbar unsicher, ob der Vater so vernichtend über die Schule sprechen sollte, und fragt dazwischen, was denn der Interviewer von Beruf sei.

Nach einer Pause fragt der Interviewer nach der Brunnengeschichte. Die Eltern erzählen: Als Barat sechs Jahre alt war, waren sie im Heimatdorf des Vaters in Urlaub. Alle Leute da haben solche Wasserlöcher im Garten, so auch eine Nachbarsfamilie. Diese hatte Planen darüber gedeckt und Erde darauf, so dass nichts zu sehen war, und Barat ging mit einem Freund zum Kiosk des Bruders des Vaters. Sie nahmen die Abkürzung durch den Garten, Barat sah das Loch nicht und brach ein. Gott sei Dank konnte er sich am Pumprohr festhalten, und auch die herunterfallenden Steine trafen ihn nicht. Im Brunnen stand das Wasser drei Meter hoch, diese Löcher sind immer etwa 11 Meter tief. Der Freund holte Hilfe, und sie zogen Barat heraus, der keine Verletzung hatte, wie der Arzt feststellte.

Beiden Eltern merkt man an der Art ihrer Erzählung an, wie dramatisch das Ganze war. Sie betonen immer wieder, er hatte keine Verletzungen, und der Vater sagt, er liebe Barat so, undenkbar, was hätte passieren können.

Der Interviewer fragt nach Barats Reaktion in der Zeit nach diesem Erlebnis, und etwas zögernd kommt: Er wollte nicht mehr in diesen Ort fahren. Das war schwer, sagt der Vater, denn es ist ja sein Heimatort. Erst mit 11 fuhr er wieder mit.

Wie von selbst schließt sich die Beingeschichte an. Da hatte sich Barat einen Holzsplitter ins Bein gezogen. Das Bein schwoll an und wurde blau, entzündete sich immer mehr, aber niemand fand etwas. Kein Röntgenbefund, nichts im Ultraschall, und es wurde schlimmer. Im Bürgerhospital wollten sie das Bein abnehmen, aber der Vater weigerte sich. Erst ein Notarzt, den sie wieder einmal aufsuchten, als es am Wochenende schlimmer wurde, kümmerte sich um sie. Dieser konnte Türkisch, obwohl er blond war und blaue Augen hatte, sagt der Vater sichtlich erleichtert. Er vermittelte sie in die Uniklinik, die das Bein operierte und den Holzsplitter fand. Dieser saß unter der Haut auf dem Knochen und hatte die gleiche Farbe wie der Knochen, so dass er auf Ultra-

schall- und Röntgenbildern nicht zu sehen war. Danach war alles gut, meint der Vater, und er ist wütend auf das Bürgerhospital, wollte die anzeigen, aber was bringt das. Das Ganze ging über ein halbes Jahr und war ein Stress. Danach hatte Barat dann immer wieder etwas mit den Lymphknoten, wurde operiert, aber das war nicht so schlimm. Das kam durch Tiere, aber wie genau, können die Eltern nicht erklären.
Der Interviewer sagt, so wie sie die Geschichte erzählen, fingen die Probleme erst mit der Realschule an, was beide bestätigen. Ja, vorher gab's keine Probleme, sagt die Mutter. Im Kindergarten und so lief alles gut. Auch in der Grundschule war Barat gut, hatte nur Angst, dass er keine guten Noten hat.
Sie kommen wieder auf die letzte Schule und die Lehrerin zu sprechen. Der Vater will noch etwas loswerden. Die Lehrerin habe Barat sogar unterstellt, er rauche Haschisch. Aber er habe Barat ständig per Handy unter Kontrolle. Nach der Ausschulung habe Barat dann gar keinen Schritt mehr aus dem Haus gemacht, so sehr habe er sich vor seinen Freunden geschämt. Der Vater ist empört über das Schulamt: Die hätten dort eine dicke Akte über Barat gehabt – so etwas gebe es über ihn selbst mit seinen 39 Jahren nicht! Sie hätten Barat in ein Heim schicken wollen. Das habe er aber abgelehnt, dort wäre Barat noch mehr unter die Räder gekommen.
Der Vater erscheint dem Interviewer übermäßig mit dem Sohn identifiziert; offensichtlich muss er ihn sehr in Schutz nehmen. Vorsichtig deutet er dann aber auch Probleme an, auch wenn diese zunächst als Lob seiner besonderen Ordnungsliebe gemeint sein mögen: Barat könne keinen Fussel auf seiner Kleidung ertragen, dusche zwei- bis dreimal am Tag und wasche sich überhaupt dauernd. Als der Interviewer dies als Hinweis darauf deutet, dass Barat mit etwas nicht zurecht komme, werden weitere Probleme aufgezeigt: Barat habe für viel Geld »mit diesen Nummern« telefoniert, das aber abgestritten. Sie hätten deshalb das Telefon abschaffen müssen – jetzt hätte jeder nur noch sein Handy. – An dieser Stelle wirkt der Vater ernst und hilflos, die Mutter eher unbeteiligt.
Während der Interviewer überlegt, wie er den Eltern nahe bringen könnte, Barat in psychotherapeutische Behandlung zu geben, ist der Vater schon wieder bei der Schule und dass er die Lehrerin einmal so angeschrieen hat, dass diese gesagt habe, Barat sei wie sein Vater. Das habe ihn nur noch mehr aufgeregt.
Da das Gespräch sich im Kreis zu drehen droht, fragt der Interviewer, ob die Eltern denken, Barat könnte bereit sein, einen Therapeuten aufzusuchen. Die Eltern verneinen, sagen, sie hoffen jetzt erst einmal auf die Lernwerkstatt. Der Interviewer gibt zu bedenken, dass seiner Einschätzung nach eine zu-

sätzliche therapeutische Maßnahme dringend notwendig wäre, und gibt den Eltern auf deren Nachfrage hin die Rufnummer der Institutsambulanz, an die sie sich mit Barat wenden könnten. Der Vater kehrt aber sofort wieder zu seinen wütenden Tiraden über die Schule zurück, die der Interviewer angesichts der fortgeschrittenen Zeit unterbrechen muss.

Der Abschied von der Familie gestaltet sich dann fast herzlich; neugierig gucken Mutter und die beiden jüngeren Geschwister vom Balkon aus dem Interviewer nach, wie er in sein Auto steigt und wegfährt.

Die Ergebnisse der zweiten Fallkonferenz nach dem Elterngespräch

Entgegen dem lapidaren »machen sowieso nicht« des Sohnes waren die Eltern, wie der Interviewer mitteilt, problemlos zu gewinnen. Sie fügen seinen kargen biografischen Angaben genauere Details hinzu, die nochmals ein Licht auf die Darstellungsweise des Jungen werfen. Beide gravierenden Erlebnisse – Beinoperation wie Brunnensturz – werden bestätigt, und sie waren bei den Eltern offenbar von dramatischer Aufregung und Angst begleitet, die heute noch zu spüren sind.

Im Brunnen konnte sich Barat solange am Pumprohr festhalten, bis Hilfe kam. Hätte er losgelassen, so hätte das bei 3 m Wasserstand seinen sicheren Tod bedeutet. Es ging mithin um Minuten und Sekunden, akute Bedrohung durch herabfallende Steine kam hinzu, aber die Rettung gelang. Interessant ist, dass Barat seinen eigenen Beitrag zur Rettung – seinen Lebenswillen – nicht erinnert bzw. berichtet hat.

Die Einzelheiten seiner Beinoperation hat Barat wohl kaum begriffen, wie das »Holz« hineinkam, er verbindet den Splitter mit Krebs, »wie Hirntumor«. Den Schrecken der drohenden Amputation lässt er ganz aus bzw. verschiebt ihn auf die Krebsphantasie – eine Todesbedrohung. Und er lässt den Eindruck eines langen, einsamen Krankenhausaufenthaltes entstehen. Der Eindruck von einem alleingelassenen Kind ist zunächst unzutreffend: Der Vater hat sich sehr wohl gekümmert, gegen ärztlichen Rat die Amputation verhindert und seinen Sohn geschützt. Nach der elterlichen Schilderung hat die Erkrankung des Beines mit ständiger Verschlimmerung und ärztlichen Fehldiagnosen sechs Monate gedauert, nicht aber der Krankenhausaufenthalt, wie es Barat darstellt. Aber die endlose Ausdehnung der Zeit, das Verlassensein ohne Verstehen und ohne Hilfe, wie es die Gruppe nach dem Kinderinterview unterstellte, ist doch Barats innere Wahrheit. Das Trauma ist der drohende körperliche Übergriff der Amputation, die kaum weniger überwältigend ängstigt als die Todesdrohung durch Hirntumor oder durch den Sturz in den Brunnen. Die Wirklichkeit des Traumas ist eine totale Hilflosigkeit, ein Ausgeliefertsein an eine tödliche Bedrohung, das das Gefühl für Zeit und Raum auslöscht und keinen Raum für rettende Aktivität lässt. (Allenfalls in der Sexualisierung – im Interview geprägt durch den Triebschub der Pubertät – könnte ein Hinweis auf das Fortbestehen libidinöser Wünsche und lebenszugewandter Aktivität zu erkennen sein.)

»Mutter immer weg, immer Kaufhof« – Barats Schilderung seiner Kindheitssituation – beschreibt diesen Zustand einsamer Bedrohung, in dem die Zeit nicht vergeht. Abgekapselt – wie die »Zyste« im Bein, der phantasierte Tumor im Gehirn – trägt Barat dieses Erleben als Surrogat der erlebten Traumen in sich, auch wenn die Abwesenheit der Mutter nicht so durchgängig die Regel gewesen sein mag, wie sie es in Barats Erinnerung war. Allerdings ist die Darstellung der Eltern an dieser Stelle geprägt durch deutliche Abwehr: Alles Schlechte und alle Schuld werden außen in der Schule und den Ämtern angesiedelt – und möglichst gut müssen die Eltern sich darstellen.

Die schwierige Geburt des Bruders dürfte für Barat eine drohende Wiederholung von Gefährdung und Todesdrohung dargestellt haben. Seine Probleme begannen »in der Fünften«, wie er sagt, – dem Jahr der Geburt seines kleinen Bruders. Wiederholungsangst und Neidkonflikte dürften damals die Abwehr seiner traumatischen Ängste perforiert, zu Affektdurchbrüchen geführt und die Spirale von aggressivem Ausagieren und Ausgrenzung in der Schule in Gang gesetzt haben. Der kleine Bruder – allzu kontaktbereit und offenbar gewohnt, im Mittelpunkt des Geschehens zu stehen – setzt sich als Gegenstück zum geschniegelten, aber reglosen Barat deutlich in Szene, hat auch zur Verstärkung die Schwester an seiner Seite. Es ist gut vorstellbar, dass er in Barat Neid und Hass am Kochen hält. Direkte Auseinandersetzungen darüber in der Familie kann man sich nicht vorstellen. Barats Widerstand gegen den (brutal wirkenden) Vater ist entsprechend indirekt (heimliches Telefonieren); die aggressiven Konflikte müssen also nach außen verlagert oder nach innen gewendet werden.

Barats Zwanghaftigkeit, die die Eltern beschreiben und die der Interviewer in Barats Erscheinungsbild wiedererkennt (und die sich auch schon in den Interviews angedeutet hatte), dürfte nach dem »Absturz« aus der Schule und dem Verlust der realen Möglichkeit, dort seine Ängste und Aggressionen zu verhandeln, die Funktion haben, ihn psychisch vor der Gefährdung seiner narzisstischen Integrität und vor Desintegration zu schützen.

Zusammenfassung

Barats Neigung, Beziehungen destruktiv anzugehen und damit im Keim zu zerstören, und seine resignative Passivität – vom Objekt sei nichts Gutes zu erwarten, und er selbst werde nichts Gutes zustandebringen – müssen seinen Schulerfolg nachhaltig beeinträchtigen. Wir können uns unmittelbar vorstellen, dass Barat für Lehrer und andere Erwachsene, die keinen Zugang zu der Geschichte des Kindes haben und denen nicht die Möglichkeit der Reflexion der bei ihnen selbst aufkommenden Gefühle und Affekte zur Verfügung steht, unerträglich sein muss und Ausgestoßenwerden geradezu erzwingen mag. Für die psychoanalytische Untersuchung bleibt offen, ob seine Angaben über die guten Schulleistungen zuverlässig sind. Denkbar scheint es durchaus, dass die Problematik sich vorwiegend im sozialen Bereich bemerkbar macht. Schlägerei mag für ihn der Moment sein, wo er Lebendigkeit spürt, aktiv die Situation in der Hand zu haben wähnt, sich von der Peergroup anerkannt weiß und die Anwesenheit des Objekts – und seine Verfügung darüber – spüren kann. Schuldgefühle kommen auf dieser unreifen psychischen Ebene nicht vor.

Andererseits zeigt Barat erkennbares Interesse, sich mit seinem Betreuer zu identifizieren und ihn als hilfreichen Erwachsenen zu nutzen: Übernahme der höflichen Umgangsformen; sein Wunsch, der Betreuer möge dableiben. Dabei kommt ihm – angesichts der tiefgehenden Beziehungsstörung – die distanzierte, akzeptierende und ein wenig kühle Art des Betreuers offensichtlich entgegen. Noch scheint also seine Prognose nicht ganz desolat, zumal Barat erst 14 Jahre alt ist und es noch nicht dahin gekommen ist, dass eine jahrelange Befriedigung und narzisstische Verfestigung aus dem dissozialen Agieren Veränderungs- und Reifungsschritte blockiert. Die Spirale der helfenden Maßnahmen und ihr Scheitern ist noch nicht endgültig in destruktive Prozesse eingebunden. Allerdings haben wir Barat noch *vor* seinem Ausschluss aus der Hauptschule gesehen. Wie er dieses endgültige Scheitern verarbeitet haben mag – depressiv-zwangskrank (so der Eindruck aus dem Elterngespräch) oder in weiteren Schritten möglicherweise eher größenwahnhaft-dissozial –, wissen wir nicht.

Da die Interviews mit Barat in die Zeit kurz vor seiner Ausschulung fielen, aber eben noch *vorher,* wird die psychische Bedeutung der akut virulenten Frage: »Stürze ich ab oder gibt es Rettung und ich kann bleiben?« die Interviews direkt beeinflusst haben; und dies möglicherweise gerade im Hinblick auf die Frage der Hoffnung, die sich in der Notsituation vielleicht aufdrängte, aber im Ganzen doch nicht halten mag. Insofern ist unser Schluss unter Vorbehalt zu stellen, dass bei aller Bindungsangst, allem Zweifel an der Zuverlässigkeit des Objekts und an seiner eigenen Kontrollfähigkeit, bei aller Überzeugung von der Schlechtigkeit seiner selbst und seiner Objekte Barat noch Hoffnung zu haben scheint, und dass auch die Schulverweigerung und das aggressive Agieren als Versuche gewertet werden können, Hilfe auf den Plan zu rufen, um sich dem Guten, das es – wie rudimentär auch immer – einmal gegeben haben muss, wieder zu nähern.

4.3 Die interdisziplinäre Falldiskussion

Noch ehe die Forschergruppe vollständig anwesend ist, kommt es zu einer ersten informellen Diskussion, ausgelöst durch eine Bemerkung, dass in den Fallberichten bestimmte Themen ausgeblendet blieben, so beispielsweise das wichtige Thema der »Migration«. Spontan kamen drei Kommentare, die den Zusammenhang von individueller und institutioneller Konfliktdynamik im Fall Barat auf diese Frage bezogen.

> Barats Vater habe ja gegen den Vorschlag, den Jungen in einem Heim unterzubringen, kein Argument vortragen können. Nur seine Weigerung, nicht die Gründe dafür, habe er deutlich gesagt. Möglicherweise gehe es hier um *Schande und Ehre*, und die bedürften keiner Begründung.
>
> Die dramatische – und traumatische Erfahrung Barats als Sechsjähriger während des Urlaubs in der »Heimat«, als der Junge in ein Brunnenloch in Nachbars Garten stürzte, soll bewirkt haben, dass Barat sich fünf Jahre lang weigerte, mit den Eltern wieder in die Türkei zu fahren. Welche Konflikte muss es da in der Heimat-Familie gegeben haben, welche Schande war es wohl für den Vater?
>
> Im eher liberalen Klima von Schule und Jugendhilfe haben Ausländer wohl einen kleinen »Bonus«, denn man darf nicht »ausländerfeindlich« sein. Aber ein Ausländer wie Barats Vater (und Barat auch), der offen rassistisch, sexistisch und gewalttätig ist und obendrein alle, die dies kritisieren und ihm vorhalten, als ausländerfeindlich beschimpft, ein solcher Ausländer hat verspielt, überfordert die Toleranz.

Damit ist – noch ehe das Fallgespräch offiziell eröffnet wurde – eine erste Formulierung des Zusammenspiels von individueller und institutioneller Konfliktdynamik gefunden. Sie wird im Verlauf des Gesprächs noch genauer und differenzierter werden: Barats Verhalten weckt bei den Professionellen derart unerträgliche Gefühle, dass ihnen kaum anderes übrig bleibt, als diesen Jungen abzuwehren: Gefühle der Fremdheit (Ehre und Schande), Gefühle der Inkompetenz (Unkenntnis und Informationsmangel) und vor allem Gefühle der Missachtung (Rassismusvorwurf).

Bei Barat kann man nur auf Distanz gehen!

Die erste Gesprächssequenz ist durch die Aufforderung an die Teilnehmer vorstrukturiert, ihre unmittelbaren Eindrücke beim Vergleich der beiden Fallgeschichten kurz wiederzugeben. Dabei waren die Erfahrungen der Forschergruppe mit dem ersten Fall Alberto stets präsent.

> Auffällig sei die unpersönliche Amtssprache in den Lehrerbriefen an die Eltern. Da herrsche eine kühle, obrigkeitsstaatliche Diktion; und man wisse doch: Die Lehrer waren aufgebracht, an der Grenze ihrer Nerven und Toleranz! Und dann diese unterkühlte Sprache, die alles auch so harmlos abstrakt mache: »rassistische Sprüche«, »sexistische Übergriffe«. Konnten Barats Eltern diese Sprache überhaupt verstehen?! Hier teilen sich nicht Menschen mit, sondern hier tritt Schule als Institution auf.
>
> Von Anfang an habe es nirgends ein gutes Objekt gegeben. Sogar die Grundschullehrerin mache den Eindruck, dass sie zu Barat nicht wirklich eine Beziehung hat herstellen können. Und das ziehe sich durch den ganzen Fall hindurch. Deshalb habe sich wohl auch das Thema der *strukturellen Verantwortungslosigkeit* so angeboten. Niemand habe Barat als Person wahrgenommen. Deshalb auch konnte dieser Junge – anders als Alberto – die Professionellen nie spalten. Barat selbst ist – für die Erwachsenen – so etwas wie eine *Struktur*, ein *Behälter*, nie aber eine *Person*. Und dieses Muster ziehe sich durch die Fallgeschichte von Anfang an und ohne Differenzierungen.
>
> Überzeugend sei, wie die beiden Fallgeschichten mit ihren unterschiedlichen Perspektiven dann doch zusammen kommen. Im ersten psychoanalytischen Interview sei Libidinöses durchaus noch spürbar gewesen; nicht mehr im zweiten Interview: hier seien nur noch Angst und Aggression durchgekommen. Das erlaube möglicherweise einen Blick auf die verpassten Möglichkeiten: Welche Chancen hätten in einer frühen therapeutischen Bearbeitung der Erfahrung mit dem Sturz in den Brunnen gelegen!? Welche zerstörerischen Auswirkungen hatte das eskalierende Scheitern Barats in der Schule auf die Krise in der Familie, für das Auseinanderfallen der Familie. Können wir ausschließen, dass das Auseinanderbrechen der Familie, auch die harten Ehekonflikte, eine Reaktion war auf das Scheitern des Sohnes?!
>
> Das Versagen der Schule passe zur Psychodynamik dieses Jungen: Barat ist als Sechsjähriger in den Brunnen gestürzt. Kurz darauf wird ein halbes Jahr lang an seinem entzündeten Bein herumgedoktert; beinahe hätte es amputiert werden müs-

sen. Und nichts davon habe in der Grundschule irgendwelche Spuren der Erinnerung hinterlassen. »Dieses Kind ist dort gar nicht angekommen«; auch die »gute« Grundschullehrerin habe es gar nicht an sich rankommen lassen. Für sie blieb von Barat: Er ist nett, nett angezogen. Aber da gibt es keine Geschichten, keine Kämpfe, keine Auseinandersetzungen. Auf Barats Seite sei etwas Unberührbares, Unberührtes – und das hänge stark mit der Fassade der Familie zusammen; die sei wie eine Plombe.

Überraschend sei gewesen, wie sehr doch diese beiden Fallberichte sich gegenseitig bestätigen. Gegen die eigenen Zweifel, ob es legitim ist, mit der Gegenübertragung so zu arbeiten, wie wir es im szenischen Interview tun, könne man in diesem Fall sehen, wie treffend die Gegenübertragung war. Schließlich habe die Interviewerin nichts von der Konfliktgeschichte und den Konfliktstrategien Barats in der Schule gewusst. Dennoch war – in der Gegenübertragung – genau das präsent: Rassismus, Sexismus, Gewaltdrohung.

Am Ende der soziologischen Ergebungsarbeiten habe sich die Schnittstelle zur psychoanalytischen Perspektive immer stärker in den Vordergrund gedrängt: Alle Professionellen sind in diesem Fall erstaunlich unbesorgt und unbelastet, *strukturelle Verantwortungslosigkeit* einzugestehen, sie geradezu als Entlastung ins Feld zu führen. Sie scheinen kaum ein Problem damit zu haben, dass es den Barat so hart trifft, dass ihm nicht zu helfen ist. Es sehe so aus, dass nicht nur Barat unter den Professionellen kein gutes Objekt finden konnte; es scheine auch umgekehrt so, dass keiner der Professionellen für Barat was Gutes empfinden konnte. Der Ausstoß Barats sei fast kalt, sachlich, gefühllos durchgezogen worden: da könne man nichts machen, da stoßen wir an unsere Grenzen, da wird ein Fall entsorgt, für den man in jeder Hinsicht nichts übrig hat.

Auffallend – auch im Vergleich zu Alberto – sei das unterkühlte Desinteresse an der Frage, was dieser Junge für Schwierigkeiten hat. Immer nur eine Erklärung dafür tauche auf, und das sei keine Erklärung: »Barat ist wie sein Vater.« Der sei brutal, gewalttätig, sexistisch und verdiene kein Mitleid. Und dem entspreche dann auch das Hilfekonzept: Barat müsse vom Vater getrennt werden, in ein Heim überwiesen werden. Was natürlich auch bedeute: Barat ist hier am falschen Platz, er muss weg von hier. Das Thema der *strukturellen Verantwortungslosigkeit* wird bei allen unseren Fällen auftauchen – aber dieser fast bedenkenlose und erbarmungslose Umgang mit einem Störer dieses Alters dürfte eher ungewöhnlich sein.

»Aber gibt es da nicht noch die andere Ebene? Das vermittelt auch die Brunnengeschichte: Barat hält sich selber. Da muss also etwas sein, Kraft und Vitalität.« Aber diese »Kraft« komme bei den anderen als Botschaft an: *Ich brauche niemand!* Das mache, dass er für Lehrer nicht ansprechbar ist. »Er ist nicht auf die angewiesen, muss sich auch nicht anstrengen.« Das Gefühl auf der Gegenseite sei dann: Mit dem kann man es ja machen.

»Als ich bei Barats Eltern war und Barat auch nur einmal gesehen habe, kam mir spontan der Gedanke: Mit dem arbeite ich nie! Der Junge war derart weg, so unbe-

> rührt und unberührbar! Kein Blick – er hat mich völlig ignoriert. Das war furchtbar.« Diese letzte – recht ungeschützte und mit vollem Affekt vorgetragene – Äußerung: *Mit dem arbeite ich nie!* aus dem Mund eines Kinder- und Jugendlichen-Psychoanalytikers, der gerade mit solchen schwierigen Jugendlichen Erfahrungen hat, wirkte durchaus befremdlich. Die Begründung, er sei von diesem Jungen völlig ignoriert worden, drückt im alltäglichen, nicht-analytischen Diskurs die Erfahrung von Missachtung und Kränkung aus. Zum Verständnis jedoch der Psychodynamik Barats *und* des Konfliktverhaltens seiner Professionellen sei dies ein elementarer Schlüssel.

Einige auffallende Punkte konnten an dieser Stelle des interdisziplinären Fallgesprächs schon festgehalten werden:
Die Gesprächsatmosphäre selbst unterscheidet sich deutlich von der des Fallgespräches zu Alberto. Dort gab es von Anfang an und immer wieder den »Kampf« in der Gruppe um die Frage, wer schuld sei. Und immer wieder musste im interdisziplinären Gespräch der Weg von der umstrittenen Schuldfrage zur analytischen Haltung begangen werden. Hier aber, beim Fall Barat, ist die Frage der Schuldzuweisung innerhalb der Forschergruppe fast belanglos. Der distanzierte, diagnostisch-analytische Blick fällt allen fast in den Schoß – sowohl wenn Barat und seine Familie in den Blick geraten, als auch wenn die Perspektive sich auf Schule und Jugendhilfe richtet. Es dominiert – spontan – bei fast allen Gesprächsteilnehmern so etwas wie ein mitleidloser, grausamer Blick auf ein »Naturereignis«, das gesetzmäßig und zwanghaft abläuft und dessen unbeteiligte Zuschauer wir als Forscher sind.

> Das sei die glatte und harte Fassade – auf beiden Seiten, bei Barat ebenso wie bei den mit ihm befassten Professionellen. Doch hinter ihr verberge sich sehr gründlich, was abgewehrt werden müsse – ebenfalls wechselseitig: die Erfahrung von Hilflosigkeit, Gekränktheit, Missachtung und Abwertung.

Diese Gesprächssequenz hat eine leitende Fragestellung, und die bezieht sich auf eine irritierende Verwandtschaft zwischen Barats Konfliktverhalten einerseits und den Reaktionen der Professionellen auf diesen Jungen andererseits: Barat provoziert, kränkt, beleidigt und bedroht Mitschüler und Lehrer und bedient sich dabei wirkungsvollster Waffen: Rassismus, Sexismus, Gewaltandrohung. Dabei strahlt er die Kälte einer unberührten und unberührbaren »Autonomie« aus. Und die Lehrer reagieren in der distanzierten, unterkühlten, »obrigkeitsstaatlichen« Amtssprache, sie ziehen bedenkenlos das Arsenal der Ordnungsmaßnahmen durch; sachlich-nüchtern konstatiert Schule, bei Barat an ihre Grenzen gestoßen zu sein, und entsorgt sich dieses Störers. Es wurden aus beiden Fallgeschichten Belege für diese eigentümliche »Konkordanz« gesammelt: Dieser Junge, der – wie sein Vater – alle Kritik als ausländerfeindlich und rassistisch zurückweist, selber aber – wie sein Vater – unentwegt mit rassistischem, sexistischem und gewalttätigem Verhalten auftrumpft, verspielt jeglichen Anspruch auf Toleranz und Mitgefühl; dieser Junge, der hier so sehr seinem Vater gleicht und auf brutale und gelackte Weise seine Unberührtheit und Unberührbarkeit demonstriert, wird auf Distanz gehalten, so einen schickt man nicht mal zum Kinderpsychiater; so einen versucht man nicht zu verstehen, den sondert man aus; so einen nimmt man nicht einmal in psychotherapeutische Behandlung, den nie!

Dies ist das Material der »Gegenübertragung«. Deren psychoanalytische Entschlüsselung erlaubt es, die Psychodynamik Barats zu verstehen, gibt zugleich aber auch Hinweise auf die mächtigen Affekte, die dieser Junge bei seinen Professionellen evoziert. Die Analyse der beiden Interviews mit Barat wird zum Wegweiser. Ohne vorgehende Informationen über die Konfliktgeschichte Barats konnten in der Gegenübertragung dessen zentrale Kampfinstrumente identifiziert werden: Rassismus, Sexismus, Gewaltandrohung. Die Analyse dieser Affekte der Gegenübertragung, die Wellen archaischer Angst und Bedrohtheit, die Barat in seinen Beziehungen mit Erwachsenen auslöst, entschlüsselt beides: Das, was Barat so zwanghaft abwehrt, was sich hinter seinem Panzer von Rassismus, Sexismus und Gewaltandrohung verbirgt, und das, was die Professionellen in die Abwehr treibt: die namenlose und bodenlose Angst, die Barat projektiv im Anderen auslöst und die er so nicht selber spüren muss.

Das Ende dieser Gesprächssequenz lässt das Leitmotiv der Konfliktgeschichte Barats anklingen: »Mit so einem würde ich nie arbeiten.«

> Das meint den großen, 14-jährigen Barat mit seiner unerträglich ignorierenden, abweisenden und missachtenden Art; das meine auch den kleinen dreijährigen Bruder Barats, der nervend, distanzlos und übergriffig den Besuch belagert und bald »genau so sein wird« wie Barat; und das meine ebenfalls diese Eltern, die dabei sitzen, nichts dabei empfinden, als wären sie nicht zuständig für die Erziehung ihrer Kinder, nicht verantwortlich für gute Nähe und gute Distanz. »Da schüttelt es einen, das muss man abschütteln, mit denen will man nichts zu tun haben, den hält man sich besser vom Leib. Solchen Monstern gegenüber muss man sich *unberührt und unberührbar*, also selbst zum Monster machen. Gerade so, wie alle die Professionellen es früher oder später taten, die mit Barat und seinen Eltern zu tun hatten.«

Das war nicht immer so – das musste erst gelernt werden!

Die folgende Gesprächssequenz griff die Frage der – negativen – Entwicklung Barats im Kontext seiner Konfliktgeschichte auf. Auch hier waren die Erfahrungen mit dem Jungen im Projekt der Ausgangspunkt. Neun Monate lagen zwischen den Interviews der Kinderanalytikerin mit Barat und dem Elterngespräch des Kinderanalytikers, und viel für Barat Entscheidendes ist inzwischen geschehen: die letzte Klassenkonferenz – der Schulverweis mit Hausverbot – die Entscheidung der »ruhenden Schulpflicht« – sechs Monate ohne Schule, zu Hause, herumlungernd. Das alles wird ihn verändert haben. Was aber ist der Anteil der helfenden und fördernden Institutionen an Barats Entwicklungen? Lassen sich – auf der Basis unserer Falluntersuchungen – darüber auch nur halbwegs plausible Vermutungen anstellen? Zunächst standen die Differenzen zwischen dem 1. und dem 2. Interview zur Debatte: Sind sie Hinweise auf unterschiedliche Entwicklungsstadien oder auf unterschiedliche Seiten Barats?

Da sei jene gelackte Oberfläche in Barats Verhalten, diese Fassade fast autistischer Abgeschlossenheit, die alle anderen – uns genauso wie die Lehrer und Sozialarbeiter – so aggressiv mache, und die zugleich alle, wenn sie den Fall aufgeben, von Schuldgefühlen diesem Jungen und seiner Familie gegenüber entlaste. Zugleich aber habe Barat im 1. Interview eine durchaus andere, gar nicht so »gelackte« Seite gezeigt: »Er hatte eine alte Wollmütze auf, an der er zwanghaft herumzoppelte«, er hatte was Kindliches und Anhängliches und schließlich wollte er auch ein weiteres Gespräch.

Und wie passe dazu jene so offenkundige Unfähigkeit des Jungen zur Symbolisierung? Sprache sei ihm nur Waffe des Angriffs oder der Abwehr, nur Vehikel zu kränken, zu beleidigen, zu drohen oder Schuld abzuleugnen. Auch hier gebe es eine Konkordanz zwischen Barat und seinen Professionellen: Sexistische Sprache und sprachloser Sexismus des Jungen finden in bürokratisch gestelzten Umschreibungen – als »das Thema« neben dem der Gewalt – in der gesamte Schulakte Barats ihr Gegenüber. »Nichts sehen, nichts hören, nichts fühlen – kein Impuls unter den Professionellen, Sprache und Fachlichkeit hier hineinzutragen, kollegial oder interdisziplinär sich zu beraten; sich mit der seelischen Störung dieses Jungen – gerade beim Thema von Sexualität und Gewalt – zu konfrontieren.« Die archaische Angst, die sich im 2. Interview bei der Analytikerin als schwarze, sexistische Bedrohung aufbaute und zum wichtigen Material der Analyse wurde, treibe die Professionellen, die weder gelernt haben, mit der Gegenübertragung zu arbeiten, noch sich fachliche Hilfe zu holen, um sie ertragen zu können, in die Abwehr. Das sei sprachlose unbewusste Abwehr in der Tabuzone des Sexismus. Und es sei, weil

sprachlos, kaum mehr als ein Agieren – das Grundmuster des professionellen Konfliktverhaltens gegenüber Barat und seinen Eltern.
Und Barat habe sicher mit dieser Wirkung seines Verhaltens rechnen können. Die Unterlagen aus der Hauptschule erweckten deutlich den Eindruck: »Mit den sexuellen Übergriffen war das Maß endgültig voll. Barat sucht die Katastrophe, er führt sie herbei.« Es sei wie eine Wiederholung der traumatischen Brunnen-Szene. Barat benutze *Sexualität und Gewalt* als Mittel, um aktiv die Katastrophe (in der Schule) herbeizuführen, und habe es dabei den Professionellen so leicht gemacht, hier mitzuspielen und dabei keine Schuldgefühle zu entwickeln: *Er tut ja alles, um die Katastrophe herbeizuführen, er ist ja selber schuld!* Und keiner habe das Offenkundige dieser Störung bemerkt – »die klassische Geschichte« einer schweren Traumatisierung und des zwanghaften Bemühens des Traumatisierten, das stets erwartete passive Erleiden des Entsetzlichen in eine aktive Inszenierung der Katastrophe umzudrehen.
Das aber hätte doch auch Lehrern und Sozialarbeitern zugänglich sein müssen, auch wenn es ihnen nicht möglich ist, diese Zwanghaftigkeit zu unterbrechen! »Warum kommen die Professionellen nicht zu einem Verständnis, dass sie es bei Barat mit einer psychischen Krankheit zu tun haben könnten? Es wird ihnen doch das Trauma (Brunnengeschichte) berichtet. Doch sie benutzen diese Information nur dafür, ihren Entschluss zu legitimieren: sich von der Verantwortung für Barat zu entledigen.« Das ziehe sich durch das gesamte Konfliktverhalten der Professionellen, wenn es um Barat geht: Alle Störungen des Jungen dienen nur der Begründung, sich seiner zu entsorgen. Es seien beide Seiten, die sich nicht als Menschen begegnen können; und die Sprachen, die sie gegeneinander benutzen, dienen nicht der Verständigung: sexistisch, rassistisch, gewaltandrohend die eine Seite, bürokratisch, administrativ gestelzt, juristisch deformiert die andere.
Und diese Sequenz endet in einer »geschlossenen Gestalt«: »Wo *Übertragung und Gegenübertragung* in zwanghaft sich wiederholenden Inszenierungen nicht reflektiert und begriffen werden können, entstehen unausweichliche *Übertragungsketten.*« Das müsse schon sehr früh in der Familie begonnen haben, dass diese beiden schweren traumatischen Erfahrungen Barats nicht aufgenommen wurden: keine Bedeutung – keine Sprache – kein Verarbeiten! Und dieses Nichtwahrnehmen werde nun auf der Übertragungsebene weitergegeben, von den Eltern an die Lehrer, von den Lehrern an Barat, von Barat wieder an die Lehrer – ein endloses Spiel von traumatischen Übertragungen und durch sie in Gang gesetzter Abwehr und ein fataler »Lernprozess«.

Ähnlich wie die Gesprächssequenz zuvor, endet auch diese in der Feststellung auswegloser Wiederholungszwänge. Wie gewichtig auch immer der Anteil der Professionellen und ihrer Institutionen in Barats Konfliktgeschichte gewesen sein mag – aussichtsreiche, aber versäumte Alternativen sind kaum zu denken. Noch einmal wird Bezug genommen auf die widersprüchlichen Seiten Barats in den psychoanalytischen Interviews.

> Immerhin habe Barat im Interview diese beiden (traumatischen) Erfahrungen berichtet, und schon das mache die Hypothese fragwürdig, dass er eine innere Objektbeziehung mitbringe, die es einem (jeden) unmöglich mache, in Kontakt mit ihm zu kommen. Auch die Beziehung Barats zu seinem Betreuer – ebenso wie früher schon die zu seiner Grundschullehrerin – erlaube nicht so ohne weiteres den Schluss, dass es bei diesem Jungen so gar keinen Ansatz für eine gute Objektbeziehung gab oder gibt.
>
> Die angestrengten Bemühungen im psychoanalytischen Fallbericht, an Barat doch noch etwas »Gutes« zu entdecken, wenigstens kleine Ansätze guter Objektbeziehungen zu identifizieren, könnten hier als Hinweis gelesen werden. Auch der soziologische Fallbericht ergreife mit seiner These von der »strukturellen Verantwortungslosigkeit« Partei für die Familie und schlage sich – vorsichtig – auf die »guten« Seiten von Barat und dessen Familie.
>
> Und müsse nicht die Beziehung zwischen Barat und seinem Vater auch unter einem anderen, zumindest relativierenden Licht gesehen werden!? Immerhin habe Barats Vater die Rettung des Jungen aus dem Brunnenschacht organisiert, habe – gegen den Beschluss der Ärzte – das Bein seines Sohnes vor der Amputation geschützt und so all die großen Autoritäten der deutschen Krankenhäuser beschämt!? Und sei es nicht der Vater, der – bei aller Brutalität auch seinem Sohn gegenüber – zu ihm hält, ihn vor dem Heim schützt, das all die Autoritäten aus Schule und Jugendhilfe als einzige Rettung für Barat empfehlen. »Reicht unser Material, um zu verstehen, was die Beziehung zwischen Vater und Sohn qualifiziert? Ist das Sorge, Schutz, Sich-Kümmern – oder eher das, was sie Ehre nennen? Können wir denn sicher sein, dass es Barats Vater *nur* darum ging, die Schande zu verhindern: dass sein Sohn in den Brunnen fällt und ersäuft, dass er mit nur einem Bein als Krüppel durch die Welt läuft, dass er in ein Heim für schwierigste Jugendliche eingewiesen wird?«

Diese Sequenz endet mit offenen Fragen: Ob es nicht doch bei Barat Ansatzpunkte für so etwas wie produktive Arbeitsbündnisse gegeben hat, die nur nicht genutzt und gestärkt wurden; ob Barats Vater nicht doch genügend Sorge für seinen Sohn übrig hatte und in die Kooperation mit Schule und Jugendhilfe hätte eingebunden werden können, wenn nicht ...

Gegen den Bann von Wiederholung und Verstrickung: Verstehen

Der sich anschließende Versuch, die beiden Fallberichte noch einmal gezielt auf die Fragestellung des Forschungsprojekts hin zu überdenken, ging zunächst einen Schritt zurück: zum Thema der sexistischen Provokationen Barats in der Schule.

> Die haben möglicherweise eine weitere Dimension. Denn ungewöhnlich sei schließlich nicht diese sexualisierte, teilweise obszöne und unflätige Sprache des Jungen. Die sei in dem Alter und in der Szene eher üblich. In den Familien herrsche eine Atmosphäre unterdrückter und gleichwohl aufdrängender Sexualisierung – das sucht sich einfach Räume und Gelegenheiten. In den Cliquen, in Jugendzentren, in Schülerläden sei alles das, was da in den Schulakten Barats in dürren bürokratischen Worten beschrieben werde, an der Tagesordnung. Auffallend allein sei, dass Barat dafür keinen angemessenen Ort findet, dass er dafür den unangemessenen Ort »Schule« wählt.
> Für Barat aber müsse dieser »falsche Ort« der richtige gewesen sein. Denn mit dem Thema *Gewalt und Sexualität* habe er die Schule mit ihren machtvollen Großen in höchste Schwierigkeiten bringen, die freundlichsten und einfühlsamsten Lehrer zu kalten Bürokraten machen können, »denen nur noch die Sprache der ›Entsorgung‹ dieses Störers einfällt«.
> Ernst zu nehmen also sei das spezifische Phänomen dieses Falles, dass die Professionellen bei diesem Jungen so gar keine Schuldgefühle entwickelten, und seine Entschulung derart problemlos, sauber, bürokratisch haben »durchziehen« können. Die psychodynamische Verknüpfung könne in diesem »Mythos« des Sturzes in den Brunnen gesehen werden: *Ich brauche niemand! Katastrophen passieren aus heiterem Himmel! Wenn man am wenigsten dran denkt, beim sorglosen Streunen mit dem Nachbarjungen in den Vorgärten und Hinterhöfen! Nur das nicht wieder!* Also habe Barat beispielsweise seine sexistischen Aktivitäten an die Schule verlegt, denn da habe er sicher sein können: Das bringt die Katastrophe, so werde *er* sie herbeiführen.
> Doch die Kehrseite müsse hinzukommen: »Das grandiose Gefühl, niemanden zu brauchen und alles zu kontrollieren, kann Barat nur aufrecht erhalten, solange es ihm gelingt, ständig Leute auf den Plan zu rufen, die sich mit ihm beschäftigen müssen, die auf die drohende Katastrophe reagieren müssen, die zu Hilfe eilen und sich Sorgen machen müssen.« Auch das habe Barat – gerade in seiner Beziehung zum Vater – gelernt: Nur wenn die Katastrophe unmittelbar bevorsteht, das Kind schon in den Brunnen gefallen ist, dann steht der Vater zu ihm. Und dazu auch brauche Barat die Schule! Deshalb auch folgte dieser Zusammenbruch, nachdem die Schule ihn endgültig »fallen ließ«.

Mit diesen Überlegungen eröffnet sich ein weiteres Mal der Blick hinter die Fassade. Dient Barats »ich brauche niemand« und »ich inszeniere künftig meine Katastrophen selbst« der Bewältigung traumatischer Erfahrungen, so können die berichteten Traumata des Sechsjährigen durchaus selbst noch »Fassade« sein, hinter der sich erhebliche frühkindliche Entwicklungsdefizite und Beziehungsstörungen mit archaischen Ängsten verbergen müssen. Dafür spricht, dass Sprache bei Barat nicht Ausdruck eines inneren Raumes ist. Alle Affekte, alle inneren Spannungen müssen sofort und unmittelbar nach außen weitergegeben werden. Barat hat innerlich keinen Raum – und wo der angesprochen wird, entstehen unerträgliche, archaische Ängste: in einem Claustrum gefangen zu sein. Das könnte erklären, weshalb die Professionellen so wenig Mitgefühl Barat gegenüber aufbringen und weshalb sie so massiv mit Abwehr auf diesen Jungen reagieren. Ihre Abwehr gilt dieser grauenvollen, archaischen Angst, die sich hinter Barats Fassade verbirgt, und die der Junge um sich verbreitet, um sie nicht fühlen zu müssen. Dagegen hat er seinen inneren Raum verschlossen, dafür (miss)braucht er seine äußeren Räume, und dagegen verschließen die Professionellen erst ihre inneren, dann ihre äußeren Räume.

So fand die interdisziplinäre Falldiskussion schließlich eine erste Antwort auf die Forschungsfragen des Projekts: Wie schaffte Barat es, dass kompetente und erfahrene und nicht selten engagierte professionelle Helfer sich hilflos in Konflikte mit ihm verstricken ließen, dabei häufig ihre Professionalität einbüßten und schließlich keine andere »Lösung« mehr sahen, als diesen Jugendlichen auszustoßen? Wie kam es zu jenen sich wiederholenden Macht-Ohnmacht-Spiralen zwischen Barat und seinen Professionellen, zu den erbitterten Kämpfen um Macht und Kontrolle, die sich über Jahre hinzogen, in deren Verlauf sich Täter und Opfer, Störer und Gestörte immer ähnlicher wurden und an deren Ende nur besiegte Sieger und siegreiche Verlierer standen? *Eine* Antwort findet sich in der spezifischen Psychodynamik dieses Jugendlichen; eine *zweite* Antwort liegt in dem, was als *strukturelle Verantwortungslosigkeit* von Schule und Jugendhilfe identifiziert wurde. Die Parallelen jedoch von individueller und institutioneller Konfliktgeschichte: die Skrupellosigkeit, Gefühlsarmut im Konfliktverhalten beider Seiten, das hohe Maß an Symbolisierungsunfähigkeit im Konflikt auf beiden Seiten, der Kampf um Kontrolle, Macht, Autorität und Unterwerfung auf beiden Seiten und die Politik der aktiven Herbeiführung der Katastrophe, des Scheiterns auf beiden Seiten. Diese Konkordanzen von *Störer und Gestörten* haben in der machtvollen und unbegriffenen Mechanik von *Übertragung und Gegenübertragung* in den Beziehungen zwischen Barat und seinen Professionellen ihre starke Quelle.

Zum Verhältnis von individueller und institutioneller Konfliktdynamik

Im Anschluss an die interdisziplinäre Falldiskussion konnten folgende Thesen entwickelt werden, die das gleichgültig-kalte Verhalten der Professionellen aus der interpersonell wirksamen Psychodynamik des Jugendlichen zu erklären in der Lage sind:

1. Barat löst unmittelbar projektiv und auf einer tiefen Ebene bei seinem Gegenüber Angstgefühle aus. Normalerweise aber werden gerade im Kontakt mit Kindern und Jugendlichen archaische Ängste der bewussten Wahrnehmung vorenthalten, weil sie als befremdlich und für das erwachsene professionelle Funktionieren als bedrohend erlebt werden. Unbewusst findet zur psychischen Abwehr eine Identifizierung mit der Abwehr des Gegenübers statt: im Fall Barat mit der radikalen Affektentleerung, Gefühlserstarrung und Gleichgültigkeit. Die bürokratische Abwicklung der Ausstoßung auf der Seite der Lehrer korrespondiert mit dem »Egal« von Barat, das diesen scheinbar unberührbar und damit unerträglich mächtig und gefährlich macht. Die *realen* Machtverhältnisse können bei dieser Dynamik auf keiner Seite mehr wahrgenommen werden; der zerstörerische Prozess verläuft unbewusst.
2. Unter diesen Bedingungen von Unbewusstheit wird innere und pädagogisch-professionelle Distanzierung unmöglich. Die Dominanz von inneren Flucht- und äußeren Wegstoßimpulsen versperrt die Möglichkeit, verstehen zu wollen. Angesichts der entstehenden Verständnis- und Sprachlosigkeit bleibt nur der Weg des Agierens bzw. Mitagierens. Auch hier finden sich Barat und seine Lehrer – jenseits der Realität – auf einer Ebene wieder. Beide verarmen dramatisch und können nur verlieren: Barat den gerade in seinem Alter entscheidenden sozialen Halt der Schule und damit wichtige Entwicklungsmöglichkeiten, die Lehrer ihre pädagogische Kompetenz.
3. Schließlich betrachteten wir auch den Prozess bis zum Schulverweis als Reinszenierung des traumatischen Sturzes in den Brunnen, der im Sommer vor Barats Einschulung gewesen war. Diese Reinszenierung – diesmal sozusagen mit vernichtendem Ausgang – lässt sich folgendermaßen zusammenfassen: Barat – einem Wiederholungszwang folgend – musste sich unbewusst mit seinem unerträglich omnipotent wirkenden Terror in der Schule immer wieder an den Rand des Abgrunds bringen. Dass er damit aufgeregte, ratlose Helfer auf den Plan rief – er unten, sie oben –, mag ihn

zum Zwecke der Abwehr von Erstarrung in Angst damals wie heute beruhigt, mit Hoffnung versehen und auch narzisstisch befriedigt haben. Aber unter alldem war panische Angst vor dem Aufgegebenwerden und dem Absturz. In der Schule ist dieser Absturz nun Wirklichkeit geworden, weil im übertragenen Sinn die erwachsenen Helfer selbst von der Panik ergriffen wurden und dabei ihre Hilfsmittel einbüßten.

Strukturelle Verantwortungslosigkeit und individuelle Psychodynamik

Barat hat um sich – unbewusst – eine Fassade von Sexismus, Rassismus und Gewaltandrohung aufgebaut; und er verbreitet vor allem in den schulischen sozialen Beziehungen eine unerträgliche Atmosphäre archaischer Bedrohtheit, Unsicherheit und Hilflosigkeit. Die Phantasien Barats, die sich an die reale Szene des Brunnensturzes gebunden hatten, verraten den Psychoanalytikern das komplexe und widersprüchliche »Muster« seiner Beziehungsängste und deren Bewältigungsversuche. Übersetzt in Sprache könnte es heißen: *Ich brauche niemand – ich rette mich selbst – ich mache Angst und führe die Katastrophe selbst herbei.* Das ist die Fassade der Abwehr. Die interviewende Analytikerin konnte – geschult, mit ihrer Gegenübertragung zu arbeiten – die Wellen archaischer Angst, die Barat bei ihr auslöste, zulassen und sich auf dieses namenlose Grauen konzentrieren. Und so bekam sie Zugang zu dem, was Barat so zwanghaft abwehrt, was sich hinter seiner Fassade von Rassismus, Sexismus und Gewaltandrohung verbirgt: panische Angst vor hilflosem Ausgeliefertsein. Übersetzt in Sprache könnte das heißen: *Mir hilft niemand – wie kann ich nur verhindern, dass die Katastrophe unverhofft über mich hereinbricht?* Und noch eine weitere Dimension in Barats Traumabewältigung kann angenommen werden; und auch die verbirgt sich hinter seiner Fassade von Drohung und Manipulation. Es ist die Hoffnung, die Großen mögen sich doch ihm zuwenden, ihm heraushelfen, sich um ihn kümmern. Übersetzt in Sprache könnte diese Seite heißen: *Nur wenn ich eine Katastrophe herbeiführe, versammeln sich die Helfer und kümmern sich um mich.* Das Gefühl *Ich brauche niemand!* kann Barat nur aufrecht erhalten, solange er ständig Leute auf dem Plan hat, die sich mit ihm beschäftigen müssen, die bereitstehen müssen, und dafür gebraucht er die Schule! Deshalb auch folgte der psychische Zusammenbruch, nachdem die Schule ihn ausgeschult hatte.

Die Parallele zwischen der Psychodynamik Barats und den Reaktionsweisen der Professionellen auf Barat werden sichtbar. Auch hier gibt es doppelte Böden und mehrfache Kulissen. Bewusst wahrgenommen wird Barats Fassade:

Barat der Terrorist, der Mitschüler und Lehrer bedroht, verletzt, beleidigt. Und darauf reagieren die Professionellen mit den üblichen Mitteln pädagogischer und ordnungspolitischer Maßnahmen. Doch – eher unbewusst – wirkt, was sich hinter Barats Fassade verbirgt. Denn auch das dürften die Professionellen spüren, wenn sie mit Barats grausamer Autonomie konfrontiert sind: Dahinter muss *Grausames* sich verbergen, Barats archaische Angst und Hilflosigkeit. Das ist es, was unbewusst von den Professionellen introjektiv gespürt und im gleichen Zug abgewehrt wird und deshalb von ihnen nicht wahrgenommen werden kann. So sehen sie nur die brutale Autonomie dieses Jungen, sehen den Terroristen – und den Knast als seinen künftigen Ort. Denn nur der Knast reagiert – im Gegensatz zu Schule und Jugendhilfe – auf Barats Eskalationen der Gewalt und der Drohung mit *Festhalten statt Laufenlassen*. Das also könnte erklären, weshalb die Professionellen so wenig Mitgefühl Barat gegenüber aufbringen und weshalb sie so massiv mit Abwehr reagieren. Die Abwehr gilt dieser grauenvollen, archaischen Angst, die sich hinter Barats Fassade verbirgt – und die der Junge um sich verbreitet, um sie nicht selbst fühlen zu müssen. Die institutionellen Rahmenbedingungen von Schule und Jugendhilfe, die in der soziologischen Fallanalyse unter dem Leitbegriff der *strukturellen Verantwortungslosigkeit* gefasst und kritisiert wurden, werden so – in diesem spezifischen Fall – in den Dienst der psychischen Abwehr gestellt.

Konflikteskalation und ihr wechselseitiger Antrieb

Der Fall Barat verweist also auf eine wechselseitige Dynamik der Konflikteskalation. Parallel und ergänzend zu Barats Konfliktdynamik, die – wenn auch unbewusst – systematisch und zielgerichtet auf die schulische Katastrophe hinausläuft, entwickelt sich die Konfliktdynamik auf der Seite von Schule und Jugendhilfe: Systematisch werden die Alternativen verbaut, die Auswege versperrt – und das Ende der *Nichtbeschulbarkeit* wird sukzessiv zur *einzigen Option* der Institutionen. Eine pathogene Wechselwirkung zwischen Individuum und Institution ist durchaus denkbar: dass die anhaltende Politik der Professionellen dem Schüler Barat gegenüber auch anhaltende Folgen hatte. Jahrelang wurden schließlich die Auseinandersetzungen mit Barat unter dem kaum verborgenen Vorzeichen geführt, diesen Störer von der Schule zu entfernen. Wenn es nun aber stimmt, dass Barat nicht einfach und immer der Störer war und ist, sondern dass auch der ängstliche, hilflose Junge noch da war und »zu Wort« hätte kommen müssen, hätte man es nur zugelassen – dann kann die Geschichte der zweijährigen Abwicklung des Falls Barat mit dazu beigetragen haben, dass Barat vollends zu »Barat, dem Unerträglichen« wurde.

Die Geschichte der Konflikteskalation zwischen Barat und den mit ihm befassten Professionellen scheint – der Eindruck ist nur schwer zurückzuweisen – geprägt durch wechselseitige negative Lernprozesse: In der psychoanalytischen Perspektive auf die Fallgeschichte ist das Konfliktverhalten der Professionellen unter Bedingungen *struktureller Verantwortungslosigkeit* dazu geeignet, die Psychopathologie des *Störers* aufzunehmen, zu verstärken, zu verfestigen und mit einem erheblichen sekundären Krankheitsgewinn zu versehen – und die verborgenen, verschütteten, verkümmerten verletzlichen Möglichkeiten des Störers noch weiter zurückzudrängen. So wie die individuelle Pathologie des Schülers die Defizite und Widersprüche und Spaltungen der Institutionen hervortreibt, so bedienen die Defizite, Widersprüche und Spaltungen der Institutionen wiederum die Pathologie des Störers.

Kapitel V
Perfektes Verweigern. Der Fall Cassimo

Thomas von Freyberg/Angelika Wolff

Als Cassimo in unser Forschungsprojekt einbezogen wurde, war er fast 17 Jahre alt. Er hatte zwei Jahre an einer Lernwerkstatt des örtlichen Beratungs- und Förderzentrums (BFZ) ohne Hauptschulabschluss hinter sich gebracht und anschließend eine öffentlich geförderte Maßnahme zur beruflichen Eingliederung begonnen, die er aber nach knapp einem halben Jahr abbrach. Nach den Erhebungsarbeiten der psychoanalytischen Forschergruppe wurde mit der soziologischen Falluntersuchung begonnen: Gespräche mit den beiden Grundschullehrerinnen Cassimos und einer engagierten Beraterin informierten über die vielfältigen Bemühungen von Schule und Jugendhilfe in den ersten Schuljahren. Kein Lehrer der Gesamtschule, die Cassimos Schulausschluss bewirkt hatte, war zu einem Gespräch über diesen Jungen bereit – der einzige Fall von »Verweigerung« dieser Art in unserer Untersuchung. Man habe genug Zeit und Nerven und guten Willen in diesen Jungen investiert, jetzt müsse mal Schluss sein, war die Begründung. Es folgten Gespräche mit dem interdisziplinären Tandem des BFZ, das vergeblich versucht hatte, Cassimo im Regelschulsystem zu halten, und mit dem pädagogischen Team in der Lernwerkstatt des BFZ. In einem Gruppengespräch mit pädagogischen Mitarbeitern der Maßnahme zur beruflichen Eingliederung erhielten wir Informationen über die Schwierigkeiten der Arbeit mit Jugendlichen ohne Hauptschulabschluss; über Cassimo jedoch konnten wir kaum etwas in Erfahrung bringen. Er war »unscheinbar« geblieben. Nach einem ausführlichen Gespräch mit der für Cassimo und seine Familie zuständigen Mitarbeiterin im Allgemeinen Sozialen Dienst (ASD) konnten wir uns über die Akten von Schule und Jugendhilfe informieren lassen.

Cassimo wurde Mitte der achtziger Jahre in einer westdeutschen Großstadt geboren. Seine Eltern sind Italiener aus Sizilien. Der Vater spricht kaum, die Mutter ein wenig besser Deutsch. Zuhause wird Italienisch gesprochen. Etwa mit sieben Monaten musste Cassimo Schienen tragen, die sein Becken stabilisieren sollten. Zu diesem Zeitpunkt fing seine Mutter wieder an zu arbeiten.

Cassimos Großmutter kam aus Sizilien, um den Jungen zu betreuen. Ende des Jahres, Cassimo war fast neun Monate alt, nahm sie ihren Enkel mit nach Sizilien. Dort blieb Cassimo für etwa ein dreiviertel Jahr. Mit anderthalb Jahren kommt er zurück nach Deutschland. Seine Eltern haben nun ihre Arbeitszeiten aufeinander abgestimmt: Die Mutter arbeitet acht Stunden bis zum frühen Nachmittag, der Vater anschließend auf halber Stelle.

5.1 Der soziologische Fallbericht

Mit 3 ¼ Jahren kam Cassimo in den Kindergarten. Er war schon damals ein äußerst schwieriges Kind, das wegen starker Unruhe auffiel und seine Erzieherinnen heftig ablehnte. Nach einem Aufenthalt von nur wenigen Monaten soll er wieder abgemeldet worden sein. Noch vor Eintritt in die Grundschule, im Alter von fünf Jahren, erhält Cassimo therapeutische Hilfen – Logopädie und Mototherapie – für einen Zeitraum von fast zwei Jahren.

Fünf Jahre Grundschule: ein sehr schwieriges Kind in guten Händen

Der Start Cassimos in das deutsche Regelschulsystem verlief zunächst wenig günstig. Mit sechs Jahren wurde der Junge eingeschult. Doch nach wenigen Wochen ist klar, dass er noch nicht schulreif ist. Er wird in eine Vorklasse zurückgestuft. Die setzt sich aus zwei Gruppen von Schülern zusammen. Da sind zum einen »durchweg schwierige und in ihrer Entwicklung mehr oder weniger verzögerte« sechsjährige Kinder – zumeist Kinder aus Migrantenfamilien; und da sind zum anderen die sogenannten Kann-Kinder, deren Eltern ein Interesse an der frühen Einschulung haben – in der Regel Kinder aus deutschen Familien und ohne Entwicklungsauffälligkeiten. Ein erstes Netz von Hilfen und Maßnahmen für Cassimo wird aufgespannt: Der Junge besucht eine heilpädagogische Spielgruppe, die nach der Methode des Psychodrama arbeitet. Die Vorklassenleiterin hat dies wegen Cassimos auffälligem Lern- und Sozialverhalten in die Wege geleitet. Ergänzend wird eine Stelle der Jugend-, Kinder- und Elternberatung eingeschaltet, deren Beratungsangebot von Cassimos Eltern in größeren Abständen angenommen wird.

Cassimo kommt dann als Siebenjähriger erneut in eine 1. Grundschulklasse. Seine Klassenlehrerin ist jung und engagiert. Als Konrektorin hat sie die Möglichkeit, sich gezielt ihre Klasse zusammenzustellen. Sie wählt bewusst die schwierigen Kinder der Vorschulklasse aus, denn sie ist – zu diesem Zeitpunkt noch – der festen Überzeugung, »mit allen schwierigen Kindern fertig zu werden«. Die Arbeit mit diesen Kindern interessiert sie, und sie erinnert sich – zehn Jahre später – noch recht genau an Cassimo. Von Anfang an sei sie mit diesem Jungen ganz gut zurecht gekommen. Ein auffälliges, sehr schwieriges Kind sei Cassimo gewesen, aber sie habe einen Weg gefunden, mit seinen Störungen so umzugehen, dass Eskalationen auf beiden Seiten sich nicht entwickeln mussten:

> Nie sei er »zu Potte gekommen«, nie habe er etwas zustande und zuende bringen können; den Eindruck einer Lernbehinderung aber habe sie nicht gewonnen. Cassimo habe häufig gestört. Auf sein aggressives oder lautes, häufig »völlig inakzeptables« Verhalten habe sie eine Antwort gefunden, die »erstaunlich gut funktionierte«: Der Junge wurde vor die Klassentür gestellt. Dort sollte er stehen bleiben, bis er sich beruhigt hatte oder bis die Lehrerin ihn wieder in die Klasse holte. Und Cassimo blieb – vor die Tür gestellt – auch dort; er lief nicht weg. Dadurch sei es ihr, der Klassenlehrerin, gelungen, dem Jungen sehr deutlich zu zeigen, was sie akzeptiert und was sie nicht akzeptiert und wo die Grenzen sind.

Sehr viel problematischer aber entwickelt sich die Beziehung Cassimos zu seiner einzigen Fachlehrerin, der für Mathematik. Hier kommt es rasch und häufig zu heftigen Konflikten und zu großen Ausbrüchen von Aggressivität. »Stühle flogen, und es ging ziemlich heftig zu.«

Ein Netz außerschulischer Hilfen wird ausgebaut

Der Klassenlehrerin ist rasch klar, dass dieser Junge zusätzliche Hilfe und Unterstützung benötigt. Der Schulpsychologische Dienst wird hinzugezogen und erstellt eine erste Diagnose:

> Cassimo habe sehr große Mühe, konzentriert bei der Sache zu bleiben. Er sei »unruhig und abgelenkt« und könne sich kaum »in den Unterrichtszusammenhang einordnen«: Er »redet dann laut in die Klasse hinein, zappelt so herum, dass er z. B. vom Stuhl fällt«. Auffallend sei, dass er »ständig in großen, raumgreifenden Bewegungen auf dem Stuhl und manchmal auf dem Tisch herumrutscht, dabei immer wieder seinen Nachbarn bedrängend«. Cassimo scheine dieses Wegdrängen seines Nachbarn nicht zu bemerken. Zusammenfassend lasse sich sagen, dass Cassimo »erhebliche Probleme mit dem Verstehen und Einhalten von Spielregeln« habe

und dass es »ferner zu Unterrichtsstörungen kommen« müsse »wegen der außerordentlichen Bewegungsbedürfnisse«.

Es kommt zu einem Gespräch in der Schule, an dem die Eltern Cassimos, seine beiden Lehrerinnen und die Fachkräfte der Spieltherapeutischen Maßnahme unter der Leitung des Schulpsychologen das weitere Vorgehen beraten. Dringend wird für den Jungen der Besuch eines heilpädagogischen Hortes empfohlen. Über diese Stelle sollen dann künftig die bisherigen außerschulischen Betreuungsbemühungen mit der Schule koordiniert werden.
Der zuständige ASD organisiert zwei Monate später einen »runden Tisch«, zu dem alle außerschulischen fallbeteiligten Professionellen und der zuständige Schulpsychologe die laufenden und geplanten Hilfen aufeinander abstimmen.
Cassimos Mutter wird wenige Monate später selbst aktiv und wendet sich an eine örtliche Erziehungsberatungsstelle der Caritas. Hier wird in ihrer Heimatsprache gesprochen und hier – so die Auskunft der dortigen Beraterin – fühlt sie sich erstmals »verstanden«. Fast anderthalb Jahre lang geht Cassimo einmal wöchentlich hier zu einer Spieltherapie; und seine Eltern kommen einmal im Monat zur Beratung. Da der geplante heilpädagogische Hort noch immer keine Stelle frei hat, soll nun diese Beratungsstelle die Koordination aller außerschulischen Maßnahmen übernehmen.
Noch im Verlauf des Schuljahres in der ersten Klasse beantragt Cassimos Klassenlehrerin ein sonderpädagogisches Überprüfungsverfahren. Das wird zügig eingeleitet und kommt zu dem Ergebnis, dass Cassimo »mit seiner derzeitigen kognitiven Leistungsfähigkeit im Bereich durchschnittlicher bis hoher Intelligenz« liege. Er sei kein »lernbehindertes«, wohl aber ein »gestörtes« Kind. »Der Stand seiner emotionalen und sozialen Entwicklung« lasse befürchten, dass Cassimo »den steigenden Anforderungen in der zweiten Grundschulklasse nicht gewachsen sein wird«. Als vorbeugende Maßnahme, »um bisherige Beeinträchtigungen zu verringern und drohenden zukünftigen entgegenzuwirken«, solle Cassimo eine sonderpädagogische Förderung in der Grundschule erhalten.
In der Klasse, die 17 Kinder hat und über ein gutes Arbeitsklima und positives Sozialverhalten verfügt, wirke Cassimo – so der Überprüfungsbericht – aufgehoben. Und wieder wird ein heilpädagogischer Hort empfohlen.
Innerhalb kürzester Zeit also – so will es scheinen – ist es gelungen, den sonderpädagogischen Status des Schülers Cassimo zu klären, ein komplexes Netz außerschulischer Hilfen auszubauen, diese mit der schulischen Arbeit zu koordinieren und in der Beratungsstelle der Caritas eine Instanz zu finden,

die das Arbeitsbündnis mit den Eltern sichert und den Hilfe- und Förderprozess steuert.

Erziehungshilfe in der Regelschule im Rahmen einer Integrationsklasse

Der andere Schwerpunkt lag in der Grundschule. Hier wurden durch die Klassenlehrerin Cassimos recht systematisch und gezielt die Bedingungen für die Förderung schwieriger Kinder ausgebaut. Dass *dieser* Junge eine sonderpädagogische Förderung benötigt, war durch die Überprüfung offiziell geklärt; nach Einschätzung der Klassenlehrerin habe damals für »gut ein Drittel der Schüler besonderer pädagogischer Betreuungsbedarf« bestanden.
Als mit Beginn des folgenden Schuljahrs – der achtjährige Cassimo war nun in der 2. Grundschulklasse – ein neuer Schüler der Klasse zugewiesen wurde, für den schon sonderpädagogischer Förderbedarf für fünf Wochenstunden festgestellt worden war, wurde es möglich, der Klasse eine Sonderschullehrerin für einige Wochenstunden zuzuordnen. Gleichsam als interdisziplinäres Team entwickelten die beiden Lehrerinnen eine gemeinsame innerschulische Strategie der pädagogischen Interventionen, die sich zunächst zwar auf die beiden besonders schwierigen Schüler konzentrierte, langfristig aber die Förderung der Arbeit in der gesamten Klasse im Auge hatte.
In einem ersten Schritt wurden die eskalierenden Probleme im Fachunterricht Mathematik angegangen. In kollegialer Beratung zwischen Klassenlehrerin, Sonderschullehrerin und Fachlehrerin wurde beschlossen, den Fachunterricht in die Hand der Klassenlehrerin zurückzugeben, »um so die Strukturen – auch für Cassimo – zu vereinfachen«. In einem zweiten Schritt wurde das Stundenkontingent der Sonderschullehrerin in Cassimos Klasse erweitert, zunächst auf 8 Wochenstunden und nach einem halben Jahr auf 12 Wochenstunden. In einem ausführlichen Entwicklungsbericht in der Mitte des Schuljahres wird ein weiterer Ausbau der sonderpädagogischen Förderung begründet – insbesondere für Cassimo.

> Dort heißt es: »Cassimo ist in seiner Kontaktaufnahme, Kommunikations- und Beziehungsfähigkeit beeinträchtigt. Sein körperlicher Ausdruck, Bewegung und Gestik wirken unkontrolliert und instabil. Er hat kein positives Selbstbild und wirkt misstrauisch. Es ist schwer, Konflikte mit ihm zu thematisieren, da er sich zu entziehen versucht und innerlich abschaltet. Seine Arbeitshaltung bedarf der ständigen Aufmerksamkeit, was eine besondere Belastung für die Lehrerinnen darstellt. Zwar kann er inzwischen länger an einer Sache bleiben, neigt jedoch immer dazu, aktuellen Bedürfnissen nachzugeben. ... Innerhalb des Klassenverbandes nimmt er eine Sonderrolle ein, er ist zwar anerkannt, doch müssen die Mitschüler häufig auf

ihn Rücksicht nehmen, was zu Konflikten führt. Bei freier Partnerwahl ist er meist der letzte, der gewählt wird. Cassimo ist sehr um die Anerkennung der Mitschüler bemüht, hat jedoch keine oder nur wenige Möglichkeiten, dies positiv zu erreichen. Deshalb fällt er oft in die Rolle des Clowns. Hin und wieder wird er von Unterrichtssequenzen ausgeschlossen. Cassimo ist andererseits sehr empfindsam, interessiert sich sehr für Tiere und Umweltthemen, er neigt schnell zum Weinen. Cassimo ist potentiell fähig, die schulischen Lerninhalte zu bewältigen, jedoch aufgrund seiner inneren Verfassung und Arbeitshaltung nicht in der Lage dazu. Er wirkt ohne inneren Halt und Struktur und ist nur eingeschränkt fähig, produktiv im Klassenverband mitzuarbeiten. Daneben stört er die Mitschüler und die Arbeitsatmosphäre bzw. Unterrichtsabläufe.«

Erstes Ziel der Förderung sei, Cassimos »Selbstkonzept aufzubauen, sein Selbstvertrauen über Erfolgserlebnisse zu stärken und über zunächst Einzelzuwendung und Kleingruppenarbeit die Gruppenfähigkeit anzubahnen«. Da er inzwischen einen Leistungsrückstand habe, müsse im Bereich Schreiben, Lesen, Rechnen das Versäumte aufgearbeitet werden.
Mit dem neuen Schuljahr – Cassimo ist nun in der 3. Klasse – ist die Sonderschullehrerin auch offiziell für Cassimo zuständig. Die von beiden Lehrerinnen als äußerst produktiv geschilderte Kooperation in dieser Integrationsklasse kann weiter ausgebaut werden. Ab der 4. Grundschulklasse Cassimos wird der Unterricht fast durchgehend von beiden Lehrerinnen gemeinsam getragen. Diese enge Zusammenarbeit öffnet Spielräume für eine differenzierte Unterrichtsgestaltung. Es wird möglich, auf die spezifischen Schwierigkeiten und Defizite, aber auch auf besondere Kompetenzen und Fähigkeiten einzelner Schüler einzugehen – beim Einsatz von Unterrichtsmaterialien, bei der Auswahl der Pflichtaufgaben und freiwilligen Aufgaben und bei der Arbeit mit dem Wochenplan. Offensichtlich gelingt es den beiden Lehrerinnen in den beiden letzten Grundschuljahren immer besser, auch für die schwierigen und gestörten Kinder in ihrer Klasse einen schulischen Raum herzustellen, in dem sie sich wohlfühlen und Erfahrungen von Erfolg und Anerkennung machen können und der es ihnen – ein Stück weit wenigstens – erlaubt, auf ihr störendes Verhalten zu verzichten. Die Erinnerungen der Grundschullehrerinnen an Cassimo aus dieser Zeit sind deutlich bestimmt durch die positiven Entwicklungen, die dieser Junge vor allem im letzten Schuljahr machte: im Sachunterricht, im muttersprachlichen Unterricht, vor allem aber in seinem sozialen Verhalten gegenüber Lehrerinnen und Mitschülern. Sicher ein Höhepunkt war die große Klassenfahrt nach Parma in Italien.

Aus dem Bericht der Lehrerinnen: »Diese Klassenfahrt war für Cassimo wohl etwas ganz Besonderes. Es ging in sein Heimatland, er konnte sich dort verständigen

> und er konnte den andern in der Klasse und auch den Lehrerinnen sein Land zeigen. Cassimo erwies sich als absolut zuverlässig. Er hat sich glänzend in der Gastfamilie verhalten, und auch die Situation im Hotel, in dem die Klasse übernachtete und die durchaus nicht einfach für Lehrer und Kinder war, wurde von Cassimo nicht negativ genutzt. Er war geradezu vorbildlich und zuverlässig.«

Es ist also verständlich, dass die beiden für Cassimo verantwortlichen Lehrerinnen am Ende der vierten Grundschulklasse davon überzeugt waren, dass dieser Junge sich hinreichend stabilisiert habe und durchaus in der Lage sein könnte, an einer Gesamtschule den Realschulabschluss zu schaffen. Wenn sie dennoch eine kleine Hauptschule mit kleinen Klassen als weiterführende Schule für Cassimo empfahlen, so lag das daran, dass sie nur allzu deutlich sahen, wie sehr dem Jungen die bevorstehende Trennung zu schaffen machte.

> »Cassimo wollte nicht weggehen; er fühlte sich in dieser Klasse wohl, er hatte sich hier eingelebt und er war sehr traurig. Wir haben sogar erwogen, den Jungen die vierte Klasse wiederholen zu lassen; aber das ging nicht, dafür war er einfach zu alt.«

Cassimos Mutter jedoch war fest entschlossen, ihrem Sohn die Bildungsmöglichkeiten der Gesamtschule zu eröffnen. Und die Lehrerinnen konnten dem – wenn auch mit einigen Vorbehalten – zustimmen. So wurde der Antrag gestellt, den noch immer bestehenden sonderpädagogischen Förderbedarf für den Jungen offiziell aufzuheben.

Ein harter Abbruch

Der Übergang in die weiterführende Schule führte Cassimo in eine schwere Krise. Es war ein doppelter Bruch und Abbruch für ihn, und ausgerechnet in dieser Situation blieb Cassimo ohne Hilfe: In den Monaten vor dem anstehenden Schulwechsel brach das Netz außerschulischer Hilfen zusammen: Die engagierte Mitarbeiterin der Caritas-Beratungsstelle ging in Erziehungsurlaub, hatte auch keine Vertretung. Damit fiel die wichtige Arbeit der Steuerung und Koordination der außerschulischen Hilfen aus. So fehlte in dieser wichtigen Übergangsphase eine kompetente und einflussreiche außerschulische Instanz, die die Eltern des Jungen hätte beraten, die beiden Lehrerinnen korrigieren und dem Jungen in der drohenden Trennungskrise hätte beistehen und ihn in die neue Schule »begleiten« können.
Katastrophal in seinen Folgen für Cassimo war dieser Bruch nicht zuletzt deshalb, weil sein Übergang in die weiterführende Schule unbetreut blieb – obwohl es hinreichend triftige Gründe gegeben hätte, hier besonders sorgfäl-

tig und verantwortungsbewusst zu handeln. Schließlich war die Entscheidung für die Gesamtschule zumindest riskant. Und Gleiches galt auch für die Aufhebung des *besonderen Förderbedarfs.* Das wussten die beiden Lehrerinnen; und deshalb war auch beiden klar, dass ein fachliches Gespräch mit dem künftigen Klassenlehrer Cassimos durchaus angebracht, ja notwendig gewesen wäre. Sie erinnern sich – wenn auch vage – daran, dass sie im Fall Cassimo »ein sehr deutliches Angebot« an die Gesamtschule gemacht haben für ein besonderes Übergabegespräch. Es sei aber nicht dazu gekommen, die Gesamtschule habe kein Interesse an einer derartigen betreuten Übergabe gezeigt: »Man nimmt den Schüler und man wartet, bis das Experiment gescheitert ist.« Ein echter »Neuanfang«, der – wie fast immer bei unseren Jugendlichen – nicht als Chance genutzt werden konnte.

Kommentar: Schwellen, Brüche, blinde Flecken

Die bisherige Fallgeschichte hat zwei zentrale Themen angeschlagen. Da ist zum einen das Thema der *Integration* von Hilfeprozess und Hilfesystem – mit seiner Rückseite von *Desintegration*, von professionell nicht betreuten Brüchen und Abbrüchen. Und da ist zum anderen das Thema des *Arbeitsbündnisses* zwischen den Professionellen und den Eltern Cassimos – mit seiner Rückseite der *Verleugnung* oder *Verharmlosung* von Konflikt und Fremdheit in diesen Beziehungen. Das verbindende Glied zwischen diesen beiden Leitthemen der Fallgeschichte ist das Thema von *Fallorientierung und Fallverstehen.*

Zur Integration von Hilfeprozess und Hilfesystem

Hier geht es zunächst um die Probleme der *vertikalen Integration des Hilfeprozesses* und der *horizontalen Integration des Hilfesystems.* Wie wenig Schule und Jugendhilfe diese Probleme gelöst haben, belegt jede unserer Fallgeschichten. Der *fragmentierte* oder besser vielleicht *perforierte* Hilfeprozess ist offensichtlich typisch in unserem Feld; und selten finden sich Ansätze der *horizontalen Integration* zwischen den verschiedenen Institutionen, Organisationen und Maßnahmen, die sich gleichzeitig um eine Familie kümmern. Kontinuierliche, fallverantwortliche Hilfeplanung und Leistungssteuerung »aus einer Hand« sind uns in keinem Fall begegnet. Im Fall Cassimo kamen jedoch zumindest für einen gewissen Zeitraum deutliche Ansätze einer *horizontalen Integration des Hilfesystems* zustande: Die Zusammenarbeit von Schule und Jugendhilfe wurde von einer dritten Instanz, der Beraterin der

Caritas-Beratungsstelle, koordiniert und moderiert. Da diese Beraterin zugleich ein vertrauensvolles Verhältnis zu der Familie Cassimos aufbauen konnte, waren alle wichtigen Voraussetzungen gegeben für eine den Hilfeprozess steuernde und ihn integrierende *Brückeninstanz*. Alle Voraussetzungen außer der einen und entscheidenden: Diese wichtige *Brückeninstanz* war institutionell nicht abgesichert, weder was ihre zeitliche Kontinuität, noch was ihre Kompetenzen und Ressourcen der Planung und Steuerung anbelangt. Deshalb funktionierte diese Brückeninstanz genau so lange und so gut, wie die Fachkraft der Caritas in der Lage war, die Kontakte zwischen Schule, Jugendhilfe und Eltern zu koordinieren, die Planungen und Entscheidungen aller involvierten Akteure untereinander abzustimmen, kurz, das Netzwerk durch persönliches Engagement zusammenzuhalten. Als die Beraterin der Caritas diese Aufgaben verantwortlicher Fallsteuerung nicht mehr wahrnehmen konnte, musste das Netzwerk der Hilfen reißen. Denn es war nur gebunden an das persönliche Engagement der Caritas-Beraterin und an die persönliche Bereitschaft der anderen Professionellen, diese Instanz anzuerkennen.
Katastrophal in seinen Auswirkungen auf Cassimo war dieser Zusammenbruch der *horizontalen Integration* des Hilfesystems vor allem deshalb, weil kurz darauf mit dem Übergang Cassimos in die weiterführende Schule auch die *vertikale Integration* des Hilfeprozesses abbrach. Diese Erfahrung teilt Cassimo mit allen unseren Fällen: Die Übergänge in die Grundschule und von ihr in die weiterführende Schule geraten regelmäßig zu schweren, krisenhaften Trennungsprozessen, wenn sie nicht professionell begleitet und betreut werden. In keinem unserer Fälle gab es für diese Übergänge ausreichende, institutionell gesicherte und professionell ausgestattete Regelungen. Persönliches Engagement einzelner Erzieherinnen oder Lehrerinnen, manchmal auch einzelner Einrichtungen und Schulen musste die mangelhaften Strukturen ausgleichen – und war hierbei regelmäßig überfordert.
In fast allen unseren Fällen finden sich zwei Argumentationsmuster, die offensichtlich die Funktion haben, das hier skizzierte *strukturelle Versagen* der Institution Schule zu entschärfen oder zu verschleiern: der argumentative Rekurs auf das Elternrecht und der Mythos vom Neuanfang. Beides findet sich auch im Fall Cassimo.

Migration, Fremdheit und Trennung

Die ersten Schuljahre Cassimos zeichnen sich – ganz im Unterschied zu den anderen von uns untersuchten Fällen – durch intensive Bemühungen um ein Fallverständnis aus. Immer wieder werden die Symptome dieses störenden

und gestörten Jungen beschrieben, immer wieder wird nach den Ursachen dieser Störungen im familiären Bereich gesucht und immer wieder münden diese diagnostischen Überlegungen in Ratlosigkeit und Nichtverstehen. Dieser Junge bleibt fremd, weil – so stellt es sich dar – die um ihn bemühten Professionellen keinen Zugang zu seinen Eltern finden. Die Konfliktgeschichte Cassimos ist in diesen Jahren vor allem eine – untergründige – Konfliktgeschichte von Cassimos Eltern mit Schule und Jugendhilfe. Und genau dieser wichtige Aspekt wird in den diagnostischen Bemühungen ausgeblendet und deshalb nicht verstanden. Fremd und befremdlich sind die Anderen, sind diese süditalienischen Eltern mit ihrem unmöglichen Erziehungsverhalten, dem unbegrenzten Fernsehen bis spät in die Nacht, dem Gewährenlassen dort, wo Grenzen zu ziehen und Regeln einzuhalten wären, dem rigiden Verbieten und Strafen dort, wo Verständnis, Erklären und Begründen notwendig wären.
Es bedurfte des »fremden« Blicks der Caritas-Beraterin – selbst Fremde – auf diese Seite der Konfliktgeschichte, um den systematischen blinden Fleck im fürsorglichen und verantwortungsvollen Hilfeprozess zu identifizieren: Da sei zwar ein großes, umfangreiches Netz von Hilfen, von Maßnahmen, auch von therapeutischen Maßnahmen aufgespannt worden, aber die Mutter verstehe nicht, »was da mit ihrem Kind gemacht wird«, verstehe nicht, »was diese ganzen Hilfen sollen«, nicht einmal, warum ihr Kind überhaupt einen solchen Aufwand an Hilfen und Unterstützungen brauche: »Der Junge sei halt unruhig, aber so seien nun mal Kinder in Italien, sie seien dort lebhafter.« Man habe die Eltern mehr oder weniger gezwungen, diese Hilfen anzunehmen, ja man habe ihnen die Hilfen aufgezwungen. In der Erinnerung der Beraterin ist gerade dieser Punkt sehr deutlich aufbewahrt: »Es gab bei den Eltern ein völliges Unverständnis diesen Hilfen, diesem Hilfeangebot und diesem Hilfesystem gegenüber; und dieses Unverständnis war verbunden mit einer ganz starken Abwehr gegen alle diese Hilfen.«
Weil die Migrationsproblematik systematisch ausgeblendet worden sei, so das Resümee der Caritas-Beraterin, habe sich im deutschen Hilfesystem kein angemessenes Fallverständnis in der Arbeit mit Cassimo und keine belastbare Arbeitsbeziehung zu Cassimos Eltern entwickeln können. Deshalb sei nur die verdeckte Botschaft der Hilfe- und Förderangebote bei den Eltern angekommen, deshalb habe »auf Seiten der Eltern, besonders auf der Seite der Mutter, eine total feindselige Einstellung der Schule gegenüber geherrscht – und eine eher ablehnende Haltung den verschiedenen Hilfemaßnahmen gegenüber«. Die Schule und die Lehrerinnen dort – so sei die Einstellung von Cassimos Mutter gewesen – haben Vorurteile gegen Cassimo, sie seien ausländerfeindlich, rassistisch: »Die wollen mein Kind nicht, sie akzeptieren es nicht.« Und

all die Maßnahmen, die runden Tische, die Gesprächskreise, zu denen sie hinzugezogen wurden: Natürlich seien sie pünktlich und ordentlich zu jedem Termin erschienen, haben zu allem »ja, ja« gesagt, aber verstanden hätten sie nichts.

Es gibt einen roten Faden, der sich durch sämtliche Gespräche mit den Professionellen hindurchzieht. Der Junge ist und bleibt ein Rätsel, so recht kann ihn keiner begreifen; er entzieht sich dem Verstehen. Deshalb muss stellvertretend für ihn überlegt und entschieden werden, was das Gute und Richtige für ihn ist – und das ist bei diesem Jungen offensichtlich eine ganz besonders günstige Voraussetzung für Fehlentscheidungen. Eine professionelle Diagnostik – verstanden als Prozess, in dessen Verlauf sich ein begründetes Fallverständnis bei den Fachleuten entwickeln kann – ist wahrscheinlich das wichtigste institutionelle Element der *vertikalen Integration* im Hilfeprozess. Denn ohne ein angemessenes Fallverständnis musste das Netzwerk an Hilfen, das die Grundschullehrerinnen innerhalb und außerhalb der Schule für Cassimo geknüpft hatten, den zentralen individuellen Störungen des Jungen ebenso äußerlich bleiben wie es den Eltern Cassimos fremd und feindselig blieb. Es wird als Übergriff erfahren und nicht als gutes Angebot der Hilfe. Die Notwendigkeit gerade bei diesen schwierigen Kindern und Jugendlichen, den Hilfeprozess an der Psychodynamik des Jugendlichen und seiner Familienbeziehungen auszurichten und Vernetzung und Kooperation im Hilfesystem gleichermaßen an den Erfordernissen des individuellen Hilfeprozesses zu orientieren, ist – das zeigt dieser Fall – nur die *eine* Seite eines adäquaten Fallverständnisses. Die *andere* Seite des Fallverstehens muss die spezifischen sozialen Zusammenhänge erfassen; und zwar sowohl jene, die das Hilfe- und Fördersystem selbst repräsentiert, als auch die, in die helfend und fördernd interveniert werden soll. Die Familie ist nun einmal bei Kindern der zentrale Ort ihres Lebens – neben der Schule. Deshalb müssen ein noch so maßgeschneiderter Hilfeprozess und ein noch so vernetztes Hilfesystem scheitern, wenn die Eltern nicht eingeschlossen sind in die Arbeit der Professionellen. Ein belastbares Arbeitsbündnis aber mit Cassimos Familie herzustellen hätte wahrscheinlich beide Seiten, Schule wie Jugendhilfe, überfordert; doch möglicherweise hätte die Caritas-Beratungsstelle hier helfen können – den deutschen Professionellen und den italienischen Eltern.

Drei Jahre an einer Gesamtschule: ein langes Scheitern

Nach Einschätzung der Grundschullehrerinnen hätte spätestens mit den Herbstferien des neuen Schuljahres geklärt sein müssen, ob Cassimo an der Gesamtschule gut aufgehoben ist. Das leuchtet ein, denn die Schwierigkeiten Cassimos in der weiterführenden Schule begannen unmittelbar mit dem Beginn des neuen Schuljahres. Die folgenden drei Jahre an dieser Schule lassen sich in zwei Phasen untergliedern: 1. In den ersten Monaten wurde auf Grund der Probleme Cassimos den Eltern nahegelegt, ihren Sohn besser an eine kleine Hauptschule zu geben. Da die Eltern ablehnten, wurde das örtliche Förder- und Beratungszentrum (BFZ) eingeschaltet und in den anschließenden 12 Monaten arbeitete ein Tandem aus Sonderschullehrerin und Sozialarbeiterin des BFZ mit Cassimo und seinen Eltern, musste aber aus personellen Gründen diese Arbeit vorzeitig abbrechen. 2. Im Jahr darauf eskalierten die Konflikte, und am Ende wird erneut die Hilfe des BFZ in Anspruch genommen. Im letzten Schulhalbjahr Cassimos an der Gesamtschule arbeitete die Gesamtschule systematisch auf den Schulverweis hin, um den Eltern jede Alternative zu nehmen; zugleich bemühte sich das BFZ um die Übernahme Cassimos in die Lernwerkstatt am BFZ, zu der die Zustimmung der Eltern Voraussetzung ist.

Kooperation zwischen der Gesamtschule und dem BFZ

Von Anfang an sind sich offensichtlich die Lehrer an der Gesamtschule darüber im Klaren, dass Cassimo hier falsch platziert ist – und von Anfang an ist das der Kern der Auseinandersetzungen zwischen Schule und Cassimos Eltern. Doch Cassimos Eltern akzeptieren den nahegelegten Schulwechsel nicht – eher solle der Junge zurück nach Italien geschickt werden. So kommt es zu einem Kompromiss: das örtliche Beratungs- und Förderzentrum (BFZ) soll eingeschaltet werden und die Arbeit der Gesamtschule unterstützen. Im gleichen Monat wird die Überprüfung auf besondere Fördermaßnahmen durch das BFZ beantragt.

Noch im November nehmen die Mitarbeiterinnen des BFZ ihre Arbeit auf. Sie versuchen, sich ein erstes Bild über die Schwierigkeiten Cassimos in der Gesamtschule zu machen, und führen ein ausführliches Gespräch mit den Grundschullehrerinnen des Jungen. Ein viertel Jahr später beginnt die dreimonatige Überprüfungs- und Diagnosephase durch das Tandem des BFZ. Dazu gehören eine Reihe von Unterrichtsbesuchen, Gespräche mit Cassimos Eltern und Beratungsgespräche mit seinen Lehrerinnen und Lehrern in der

Gesamtschule. Die Befunde und Empfehlungen aus dieser Überprüfung werden in einem Bericht zusammengefasst. Dort heißt es unter anderem:

»*Ergebnisse der Überprüfung – Eigene Beobachtungen im Unterricht:* Die Aussagen der Lehrerinnen wurden im Wesentlichen bestätigt. Cassimo ist seinen MitschülerInnen gegenüber aggressiv, besonders die Mädchen werden von ihm verbal und körperlich attackiert, wobei er sich einer außerordentlich negativen sexualisierten Sprache bedient. Motorisch ist er äußerst ungeschickt, seine Bewegungen sind unkoordiniert, sein Schriftbild ist unbeholfen und oft unleserlich. Er hat große Rechtschreibprobleme. Cassimos Verhalten im Unterricht ist wechselhaft. An manchen Tagen wirkt er völlig apathisch, unfähig sich am Unterrichtsgeschehen zu beteiligen, an anderen Tagen wiederum ist er überhaupt nicht zu bändigen, redet, schreit und albert rum und verausgabt sich dabei bis zur Erschöpfung. Er sucht den Anschluss an seine MitschülerInnen, bedient sich dabei aber unangemessener Formen der Kontaktaufnahme, ist ruppig und wenig rücksichtsvoll. Ihm ist nicht klar, wie sein Verhalten auf seine MitschülerInnen wirkt. Interessieren ihn gewisse unterrichtliche Themen, ist er ganz bei der Sache und beteiligt sich gut. Bei schriftlicher Fixierung eines Sachverhaltes lässt sein Interesse schnell nach. Auffällig ist seine gute Allgemeinbildung. Er ist interessiert am Weltgeschehen und an Geschichte, er sammelt Mineralien und liest Bücher über Archäologie. Über seine gute Allgemeinbildung erfährt er Anerkennung durch seine MitschülerInnen. Seine Phantasien kreisen zur Zeit um Themen wie Gewalt, Kriminalität und Sexualität.
Einschätzung der Situation und pädagogische Maßnahmen: Dass Cassimo ein der Schule nicht angemessenes Arbeits- und Sozialverhalten an den Tag legt, konnte von uns unmittelbar bestätigt werden. Die Ursachen dafür zu finden, gelang uns jedoch nicht ohne weiteres. Trotz einiger Gespräche mit den Eltern ... konnten von uns keine Rückschlüsse von der familiären Situation auf das Verhalten des Jungen gezogen werden. Die Eltern wirkten freundlich und interessiert, innerfamiliäre Spannungen, die sich unmittelbar auf das Verhalten Cassimos auswirken, waren nicht zu erkennen. Wir gelangten zu keiner tieferen Einsicht in die Ursachen von Cassimos Störungsbild als die Grundschule ... Eine weitere therapeutische Behandlung Cassimos erschien uns angesichts seiner Vorgeschichte nicht angezeigt. Der Schwerpunkt wurde von uns auf eine unmittelbare pädagogische Einwirkung in der Schule gelegt und zwar mit zwei Gewichtungen, die hintereinander zum Tragen kommen sollten. In einem ersten Abschnitt sollte mit Cassimo sein Sozialverhalten im Unterricht und gegenüber seinen MitschülerInnen bearbeitet werden. In der zweite Phase nach einer erhofften Verbesserung seines Sozialverhaltens sollte Cassimo arbeits- und leitungsfähiger gemacht werden. Er wird zu diesem Zweck mit vier Stunden wöchentlich von der Sonderschullehrerin des BFZ im Unterricht betreut. Parallel dazu finden regelmäßige Gespräche mit den Eltern und dem Lernhelfer statt, um die Anstrengungen um das gemeinsame Ziel, die Verbesserung von Cassimos Arbeits- und Sozialverhalten in der Schule, zu koordinieren.«

Das Tandem des BFZ versuchte, die unterschiedlichen Hilfen für Cassimo in Schule und Jugendhilfe aufeinander abzustimmen und eine gemeinsame Linie zu entwickeln – doch allein aus zeitlichen Gründen ohne allzu großen Erfolg. Denn schon drei Monate später zeichnet sich das vorzeitige Ende der Arbeit des Tandems mit Cassimo in der Gesamtschule ab wegen der anstehenden Versetzung einer der beiden Mitarbeiterinnen des BFZ. Der Klassenlehrer Cassimos wird frühzeitig informiert und akzeptiert diese Entscheidung unter Vorbehalt. Er könne sich vorstellen, dass das BFZ eine Zeit lang aussetzt und abwartet, wie Cassimo sich entwickelt. Wenn es ohne die Hilfe des BFZ nicht gehe, müsse das BFZ seine Arbeit wieder aufnehmen.

Eskalierende Konflikte, missglückte Maßnahmen, Ausschluss aus dem Regelschulsystem

Das Ende der Arbeit des Tandems in der Schule und mit Cassimo und seinen Eltern kam, wie gesagt, zu früh; und nicht fachliche, sondern personelle Gründe waren für den Zeitpunkt Ausschlag gebend; doch es kam vorbereitet. Schule, Eltern und Cassimo wussten seit einigen Monaten, dass das BFZ »sich langsam aus dem Fall zurückziehen« will oder muss. Die Sozialarbeiterin des BFZ, die sich bereit erklärt hatte, »weiterhin Kontakt zur Schule zu halten, um bei etwaigen Rückfällen Cassimos die notwendigen Schritte einzuleiten«, hörte im folgenden halben Jahr nichts von der Gesamtschule. Dort aber waren mittlerweile die Konflikte mit Cassimo so eskaliert, dass schließlich eine Klassenkonferenz angesetzt wurde, zu der auch die BFZ-Mitarbeiterin geladen wurde.

> Sie erfährt im Voraus, dass Cassimo inzwischen in allen Fächern den Unterricht sabotiere; nur in Kunst gehe es halbwegs; der Junge sei hektisch, zappelig und so schlimm wie noch nie zuvor. Er ärgere seine Klassenkameraden, schlage dabei auch zu. Und bei all dem gehe es ihm, so die Einschätzung des Klassenlehrers, sehr elend.

Auf der Klassenkonferenz wird angekündigt und beschlossen, was seit zwei Jahren allen involvierten Lehrerinnen und Lehrern der Gesamtschule zweifelsfrei geboten scheint: der Schulwechsel Cassimos. Der soll als Ordnungsmaßnahme durchgesetzt werden – wenn innerhalb der nächsten drei Monate keine Besserung im Verhalten Cassimos eintrete. Die Gesamtschule sei für Cassimo zu groß, weshalb eine kleine Hauptschule angeraten werde. Die Eltern werden aufgefordert, für ihren Jungen eine andere Schule zu finden, wobei die Gesamtschule ihre Hilfe bei der Suche anbietet. Und nun – endlich

– ist die Mutter Cassimos bereit, einem Wechsel ihres Sohnes auf eine kleine, überschaubare Hauptschule zuzustimmen.
Mehr als zwei Jahre sind mit dem Wissen der Fachleute, dass ein solcher Schulwechsel dringend nötig ist, vergangen. Mittlerweile jedoch hat sich der Zustand Cassimos derart verschlechtert, dass sich für diesen Jungen keine Hauptschule mehr finden lässt. Cassimo ist für das Regelschulsystem untragbar und unerträglich geworden. Damit steht für die Gesamtschule das weitere Vorgehen fest. Die nächste Klassenkonferenz soll den Ausschluss Cassimos aus der Schule beschließen. Da eine Regelschule für Cassimo nicht mehr in Betracht kommt, wird erneut das BFZ einbezogen. Das BFZ-Team soll den Übergang Cassimos in die Lernwerkstatt vorbereiten; der Schulverweis Cassimos soll gleichzeitig den Eltern des Jungen »die Möglichkeit eines Rückziehers bezüglich Lernwerkstatt unmöglich« zu machen. Eine letzte Klassenkonferenz findet statt – ohne Cassimos Eltern, die nach Auskunft des Klassenlehrers »nicht mehr mit der Schule reden wollen«. Noch einmal wird die Androhung des Schulverweises beschlossen – verbunden mit der klaren Ankündigung der Gesamtschule, im kommenden Schuljahr »Cassimo auf keinen Fall länger zu beschulen«.
Für die Mitarbeiter des BFZ ist die Konfliktsituation an der Gesamtschule hoffnungslos verfahren. Sie beschreiben den Mechanismus wechselseitiger Eskalation fast wie eine abgesprochene Komplizenschaft konkordanter Verweigerung:

> »Der Junge stört auf unerträgliche Weise; die Lehrer greifen immer häufiger zur Sanktion, den Jungen vom Unterricht auszuschließen. Die Androhung, bei regelverletzendem Verhalten vom Unterricht ausgeschlossen zu werden, könne für Cassimo bedeuten, dass er die Regeln verletzte, um vom Unterricht ausgeschlossen zu werden.«

Derart von allen Seiten gedrängt beantragen Cassimos Eltern schließlich für ihren Sohn die Aufnahme in die Lernwerkstatt.

Kommentar:
unsichere Maßnahmen – wenig Verstehen – unbewusste Komplizenschaften

Die drei Jahre Cassimos an der Gesamtschule erlauben es nicht, von einem auch nur irgendwie integrierten Hilfe- und Förderprozess zu sprechen. Der Gesamtschule geht es von Beginn an und zunehmend entschiedener darum, den schwierigen Schüler an eine andere Schule abzuschieben. Das hinzugezogene Tandem des BFZ ist eine »Lösung zweiter Wahl«; es konzentriert seine Arbeit auf Cassimo und seine Familie, die defizitären Kompetenzen und Ressourcen der Gesamtschule bleiben »außen vor«; schließlich bricht es vorzeitig seine Arbeit ab, so dass durchaus sich abzeichnende Entwicklungen bei Cassimo keine Chance haben, sich zu stabilisieren. Drei Themen drängen sich angesichts dieser seit drei Jahren eskalierenden Konflikte zwischen Cassimo und seiner Schule auf.

Maßnahmen der Hilfe und Förderung: unentschlossen, beliebig, unsicher

Erneut spielt das Elternrecht hier eine zentrale Rolle. Cassimos Mutter hatte schon – gegen den fachlichen, wenn auch nur halbherzigen Rat der Grundschullehrerinnen – den Übergang ihres Sohnes auf die Gesamtschule durchgesetzt. Als nach wenigen Wochen der neue Klassenlehrer zu dem Ergebnis kommt, dass die Empfehlung der Grundschule – eine »kleine Lerngruppe in einer kleinen Hauptschule« – für den Jungen offenkundig die einzig sinnvolle Lösung sei, entscheidet ein weiteres Mal der starke Wunsch vor allem der Mutter, ihr Sohn solle eine Gesamtschule mit der Chance des Realschul- oder gar Gymnasialschulabschlusses besuchen, über folgenschwere Weichenstellungen. Dem verdankt das BFZ überhaupt seinen Förderauftrag: Dass sich die Gesamtschule und das BFZ auf die »ambulante« besondere pädagogische Förderung durch ein Tandem des BFZ eingelassen haben, wird weniger mit fachlichen Argumenten, als vielmehr mit dem Widerstand der Eltern Cassimos gegen eine Umschulung ihres Sohnes in eine Haupt- oder Erziehungshilfeschule begründet. Zumindest der Verdacht drängt sich auf, dass der unglückliche und halbherzige Verlauf der Intervention durch das BFZ in der Folgezeit mit diesen Einstiegsbedingungen zu tun haben könnte. Mehr als ein Verdacht ist die Annahme, dass hinter der offenkundigen Unsicherheit und Unklarheit im Konfliktverhalten der Professionellen das schon mehrfach angesprochene fehlende Fallverständnis stehen mag. Dieser Junge ist »irgendwie« unbegreiflich, seine Störung bleibt auch erfahrener pädagogischer Intuition unzugänglich; und das lässt die Entschlossenheit und Klarheit fachlich begründeter Entscheidungen nicht mal im Ansatz aufkommen. Und so wiederholen sich in der Schulkarriere Cassimos Erfahrungen mit offensichtlich besonders problematischen Folgen für diesen Jungen: Wichtige Erwachsene des Hilfesystems brechen aus persönlichen Gründen ihre Arbeit ab – und die Art und Weise, wie Fragen der Nachfolge und einer verantwortungsvollen Übergabe behandelt, genauer, vernachlässigt werden, legen die Vermutung nahe, dass die beteiligten Professionellen kein Verständnis der Bedeutung ihrer Arbeit mit und ihrer Beziehung zu Cassimo hatten. Das Thema der *Trennung* zieht sich wie ein roter Faden durch die Konfliktgeschichte

Cassimos mit Familie, Schule und Jugendhilfe – aber es bleibt ein Untergrundthema. Jetzt ist es das BFZ, das seine Arbeit vorzeitig abbricht, weil die Sonderschullehrerin des Tandems wegzieht. Es liegt die Erklärung nahe, dass hier nicht verantwortungslos und gegen besseres professionelles Wissen gehandelt wurde. Eher wird es so gewesen sein, dass keiner der Professionellen wirklich so sicher und überzeugt von der Bedeutsamkeit der Arbeit des BFZ sein konnte. War doch schon die ursprüngliche Entscheidung, das BFZ hinzuzuziehen, ein – durch Cassimos Mutter – aufgezwungener Kompromiss. Und generell gilt: Wo Hilfe- und Förderentscheidungen ohne ein halbwegs begründetes und überzeugendes Fallverstehen getroffen werden (müssen), gibt es wenige Gründe dagegen, diese Entscheidungen auch ohne fachliche Begründung wieder aufzuheben. Es ist kennzeichnend für die Konfliktgeschichte Cassimos, dass genau dieser rote Faden von *Trennung und Vertreibung* in der sehr gründlichen diagnostischen Erhebungsphase des BFZ keine Rolle spielt. Das geradezu aufdringliche Gefühl von *Fremdheit* angesichts dieses Jungen und seiner Störung, von dem alle Professionellen berichten, bleibt unbegriffen und blind, weil dieser rote Faden de-thematisiert bleibt. Und hier deutet sich ein anderes Thema an, das sich später in den Vordergrund schieben wird: das einer latenten Komplizenschaft zwischen Cassimo und seinen Lehrern – gegen die Leistungsanforderungen der Mutter.

Nicht-Verstehen – Nicht-Merken – Nicht-Aufmerken

Dieses Thema zieht sich in vielfältigen Variationen durch die Konfliktgeschichte Cassimos. Dabei ist es besonders irritierend, dass zwar allen Beteiligten offensichtlich klar und bewusst ist, dass sie an diesem Jungen nichts begreifen und nichts verstehen; wirklich zu beunruhigen aber scheint das niemanden. An keiner Stelle der vieljährigen Konfliktgeschichte Cassimos mit Schule und Jugendhilfe werden ernsthafte Versuche unternommen, den Sinn des störenden und schwierigen Verhaltens dieses Jungen zu entschlüsseln und dafür kompetente Hilfe heranzuziehen. So recht begreift keiner, was da passiert, was da los ist, was da mit dem Jungen und in ihm vorgeht. Die Eltern begreifen nichts und »zeigten sich über Cassimos Verhalten sehr erstaunt«. Aber auch der Klassenlehrer beschreibt nur das Verhalten eines Störers, die Frage nach dessen Sinn stellt sich ihm nicht. Und der Junge selbst begreift offensichtlich auch nichts: »darauf angesprochen, gibt er an, dies nicht bemerkt zu haben«. Für die Fallverantwortliche beim ASD ist das *Nicht-Begreifen* der rote Faden ihrer Konfliktgeschichte mit diesem Jungen.

Immer wieder kommt sie im Gespräch darauf zurück, dass sie kein Verständnis für den Fall Cassimo habe entwickeln können – bis zum Schluss nicht.

> »Wenn ich ganz ehrlich bin, verstanden habe ich diesen Fall nicht wirklich; nicht die Probleme des Jungen; auch nicht seine Eltern. Häufig – in anderen Fällen – habe ich einfach ein gutes Gespür oder es fühlt sich so an, dass ich damit was anfangen kann, oder es tauchen wenigsten Phantasien auf. Aber bei Cassimo – da war ich immer ... irgendwie ... ratlos und hilflos. Oft saß ich mit den Mitarbeitern des BFZ zusammen und ... letztlich haben wir nie recht verstanden, was da mit dem Jungen und in ihm abläuft. ... Häufig hatte ich das Gefühl, dass die Hilfen und Maßnahmen, die ich bewilligt habe, bloß irgendwie aneinandergereiht wurden; man hat einfach den Anforderungen stattgegeben, weil ja offenkundig der Bedarf vorlag. Aber wirklich verstanden habe ich es nicht.«

Und rückblickend auf den sich über Jahre hinziehenden Hilfe- und Förderprozess konstatiert sie Ratlosigkeit: »Meine Güte, seit dem ersten Jahr ... nagt das deutsche Hilfesystem an diesem Jungen, und ich habe das Gefühl, irgendwie greift das alles nicht.«
Und hier gibt es eine erstaunliche Parallele zwischen dem Jungen und seinen Professionellen: Cassimo begreift auch nichts, merkt nichts. Irritiert reagiert er, wenn er auf sein »hyperaktives« und unruhiges Herumzappeln angesprochen wird. Davon hat er nichts mitbekommen. Er versucht, Kontakt zu seinen Mitschülern aufzunehmen, stößt sie dabei aber ab – und begreift einfach nicht, was er da falsch macht. Ist ihm ganz elend zumute und sinkt er apathisch über oder unter seinen Arbeitstisch – dann weiß er nicht, was mit ihm los ist. Und dreht er auf, rast im Klassenraum herum, zappelt und hippelt und kann sich nicht mehr bremsen – dann ist er sich ebenfalls ein Rätsel. Einmal ist er der unangenehme *Störer,* ist unruhig, laut, aggressiv, beschimpft und beleidigt seine Mitschülerinnen und Mitschüler. Und ein anderes Mal ist er ein *gestörter* unglücklicher Junge, völlig apathisch, elend, passiv, »wie sediert«. Und offensichtlich fehlt dem Jungen jegliches Verständnis dafür, wie sein Verhalten auf andere wirkt. Er scheint deprimiert darüber, dass er so abstoßend auf seine Klassenkameraden wirkt. Und zumindest auf die Fachfrauen vom BFZ machen Cassimos Störungen durchaus den Eindruck von einer Krankheit: Sie fragen bei den Eltern nach, wollen etwas erfahren, was diese »extremen Stimmungsschwankungen« Cassimos erklären könnte, fragen nach seinen Schlafzeiten, nach Drogen- oder Medikamentenkonsum und vermuten sogar eine mögliche Zuckerkrankheit. Der Vorsatz aber, eine »Untersuchung müsste angeregt werden«, bleibt ohne Folgen. Und wieder schiebt sich das Thema des *völligen Unverständnisses* in den Vordergrund. Dass Cassimo weder bei den Ursachen noch bei den Wirkungen seines Verhaltens

durchblickt, wird immer wieder erwähnt, als sei dies besonders erstaunlich. Dass die Eltern hier keine Erklärung haben, kam schon oben zur Sprache. Dass auch der Einzelfallhelfer »keine konkrete Vermutung« beisteuern kann, ist schon eher verwunderlich. Aber sogar das ausgebildete und erfahrene Tandem des BFZ bleibt hier relativ sprachlos. Über die möglichen Ursachen des unangemessenen Arbeits- und Sozialverhaltens Cassimos fällt den beiden Professionellen auch nach drei Monaten intensiver diagnostischer Arbeit mit dem Jungen und den Eltern in ihrem Bericht nichts ein. Insbesondere sehen sie keine Möglichkeit, »Rückschlüsse von der familiären Situation auf das Verhalten des Jungen« zu ziehen.
Cassimo leidet in doppeltem Sinn unter *Aufmerksamkeitsdefiziten*. Er selbst ist offensichtlich nicht in der Lage, die eigene Aufmerksamkeit an Dinge oder Personen zu binden, die ihn nicht unmittelbar interessieren. Und er ist offensichtlich auch unfähig, die Aufmerksamkeit der Eltern und Professionellen an das zu binden, was ihn angeht oder stört.

Unbewusste Bündnisse – latente Komplizenschaften?

Die letzten anderthalb Schuljahre Cassimos an der Gesamtschule erwecken den Eindruck einer – sicher unbewusst inszenierten – latenten Komplizenschaft zwischen Cassimo und seinen Lehrern. Im Zentrum von Cassimos Verhalten steht die entschiedene Verweigerung. Darum vor allem – so der intuitive Verdacht der Mitarbeiter des BFZ – geht es dem Jungen; deshalb inszeniert er eskalierende Konflikte mit seinen Lehrern und wird zum aggressiven Störer im Unterricht. Und im Zentrum der schulischen Interventionen steht, nachdem es der Klassenkonferenz klar war, dass dieser Junge auf eine kleine Hauptschule gehört, das Bemühen, diesen Schulwechsel gegen Cassimos Eltern, genauer, gegen Cassimos Mutter durchzusetzen. Im Wechselspiel von Unterrichtsstörungen durch Cassimo und Unterrichtsausschlüssen durch seine Lehrer lernt der Junge, so will es scheinen, die hierfür nötige Form des Verweigerns: Beide Seiten arbeiten die Gestalt der *Störung* heraus, die von der Schule benötigt wird, um die Sanktion des Schulausschlusses zu legitimieren. Cassimo wird zum sadistisch-aggressiven Störer in der Gesamtschule. Später, in der Lernwerkstatt, wird diese Maske überflüssig und von Cassimo wieder abgelegt.

Endlich angekommen: zwei Jahre als perfekter Verweigerer in der Lernwerkstatt

In der Lernwerkstatt des BFZ wird Cassimo zusammen mit fünf anderen Jugendlichen von einem pädagogischen Team betreut, das sich aus einer Sozialarbeiterin, einem Werkpädagogen und einem Sonderschullehrer zusammensetzt. Immer wieder betonen alle drei Gesprächspartner, dass Cassimo wenig aggressiv gewesen sei – »eher kindisch irgendwie«. Und der Junge habe es auch den Professionellen in der Lernwerkstatt recht schwer gemacht, selber aggressiv gegen ihn zu werden.

> Geradezu »schwierig« sei es gewesen, bei diesem Jungen »aus der Haut zu fahren«, weil er »in Dingen, die eben keine unterrichtlichen Anforderungen für ihn bedeuteten« sehr nett, sehr freundlich, sehr entgegenkommend und auch sehr hilfsbereit gewesen sei. »Man konnte auch nie sauer auf ihn sein; man konnte genervt von ihm sein, von dieser Verweigerungshaltung, aber er hatte diese nette, verbindliche, charmante Art, mit der er auch mich persönlich um den Finger gewickelt hat. Er war nie beleidigend. Gut, er war manchmal selbst genervt und gereizt, aber es war immer alles im Rahmen. Also man konnte nie sagen: ›Oh, das wird mir jetzt zu stressig‹ Oder: ›Das wird mir jetzt zuviel.‹ Er hat einen auflaufen lassen, schlicht und einfach auflaufen lassen.«

Gewiss, da war etwas sehr *Störendes* an Cassimos Verhalten, aber er war in der Lernwerkstatt nie ein aggressiver Störer, dem es darum ging, die Gruppe aufzumischen, die Erzieher zu spalten oder die ganze Einrichtung zum Tanzen zu bringen. Cassimo ist hier der *perfekte, angenehme Verweigerer*. Und in der Beschreibung seiner Verweigerungshaltung ist sich das Team ebenso einig wie in der kaum verhohlenen Bewunderung. Auf jede unangenehme, vor allem auf jede schulische Anforderung kennt Cassimo nur eine Antwort: *Null Bock*.

> »Und wir haben uns die Zähne an ihm ausgebissen, weil wir das nie geschafft haben, diese Null-Bock-Haltung in irgendeiner Weise zu ändern. ... Also es hat uns eigentlich noch nie einer so auflaufen lassen wie Cassimo. ... Ja, wir sind bei diesem Jungen immer wieder ins Leere gelaufen. ... Sowie eine Anforderung in irgend einem Zusammenhang oder irgend einer Verbindung mit Schule stand, hat er sich hier so verweigert wie kein anderer Jugendlicher, den ich hier kennen gelernt habe.

Cassimo ist zwar in Deutschland geboren, aber Sizilien ist seine Heimat. Und an einen sizilianischen Maulesel – unbegreiflich in seiner sturen Widerborstigkeit – erinnert der Junge seinen Lehrer. Cassimos perfekte Verweigerung hat sich mit einem Lebensentwurf verbunden, gegen den die deutschen Erzieher machtlos sind: Cassimo will zurück nach Sizilien gehen, und dort wird er alles das nicht brauchen und müssen, was das deutsche Schulsystem von ihm verlangt. Die *fremde Heimat* ist der äußere Ort seiner Autonomie, damit macht er sich unangreifbar und unbegreifbar.

> Sein Lehrer in der Lernwerkstatt: »Und dann hat er sich hingesetzt, hat einen Satz geschrieben am Computer, mittendrin aufgehört, Hände verkreuzt: Kein Bock! Und er hat lange Zeit, zumindest was das Schriftliche angeht oder was Deutsch angeht, immer als Begründung: Das brauche ich nicht, wenn ich 18 bin, gehe ich nach Sizilien zurück. Also das war immer so sein Rundumschlag: Was brauche ich Deutsch, was brauche ich Geschichte, was brauche ich Erdkunde, ich gehe nach Sizilien zurück und arbeite in der Firma von meinem Onkel.«

Der Lehrer versucht es eine Zeitlang mit gutem Zureden, dann gibt er es auf. Und Cassimo dankt es ihm; er wahrt – so weit wie unbedingt nötig – die Form, hält die Regeln ein. Der Junge ist »perfekt« und – so will es scheinen – er erzieht sich seine Erzieher.

> »Er ist der perfekteste Verweigerer, den wir je hatten. ... Also eine Verweigerung ... wie bei Cassimo habe ich noch nie erlebt, so konsequent, so folgerichtig, so gut. Er hat alle Gespräche – und er hat ja so viele Gespräche reingedrückt gekriegt, hier mit uns, alleine, zu dritt, mit dem Chef – mit stoischer Ruhe hingenommen; hat sich hingesetzt, sein Grinsen aufgesetzt, so nach dem Motto: ›Jetzt lasst mal wieder eure Kassette laufen, es geht hier rein und hier raus.‹ Er hat immer nette Versprechungen gemacht, gerade auch beim Chef: ›Ja, ja, ja, das mache ich jetzt alles! Ein Mann, ein Wort!‹ Und ist grinsend rausgetappt so nach dem Motto: ›Das habe ich jetzt auch überstanden.‹ Und nichts hat sich geändert.«

Cassimo hat mittlerweile eine Form von *Autonomie* gelernt, die ihn unabhängig zu machen scheint von mächtigen Erwachsenen. Dieser Junge ist weder zu überreden noch zu überzeugen, er beugt sich keiner Autorität, entzieht sich einfach ihrer Macht – und diese Verweigerung hat offensichtlich nichts Rebellisches:

> »Er hat sich nicht aggressiv verweigert, in keinem Fall. Wenn er im Unterricht nicht mehr wollte, ging er einfach. Das hat ihm auch nichts ausgemacht. Also wir hatten keine Macht mehr. Er hat einfach beschlossen, dann gehe ich weg. Erst mal hat er versucht, am Unterricht teilzunehmen; aber wenn es nicht ging, hat er nicht, wie manche andere, viel geredet, sondern ist einfach weggegangen. Und wir hatten das Gefühl – und das war das Niederschmetternde –, überhaupt keinen Zugriff mehr auf ihn zu haben. Nichts, null ... keine Macht! ... Der hat uns zur Verzweiflung gebracht ... Und das war nicht gut für uns; wir waren so machtlos wie sonst was ... Man konnte nicht mal appellieren an irgendwas.«

Mit seiner Verweigerungshaltung hat Cassimo offensichtlich einen Weg gefunden, der ihm Sicherheit gibt und – sogar von den verzweifelten Lehrern – eine gewisse Art von Anerkennung. Das macht ihn selbstbewusst. Er kann sogar großzügig sein:

> »Und wenn er dann mal mitgemacht hat, das kam dann bei mir oft so an wie so ein Stück Großzügigkeit von seiner Seite: ›So, jetzt lasse ich die arme Erzieherin mal wieder ein Erfolgserlebnis haben, jetzt mache ich halt ein bisschen was, damit sie auch mal wieder glücklich ist.‹«

Das Fallverständnis unter den Professionellen nach einem fast 10-jährigen Hilfeprozess kulminiert in einer Formulierung des Werkpädagogen: *Ich habe so was noch nie erlebt; da ist irgendwas, was ich nicht ...; ich habe das Gefühl, ich stehe im Regen, also einfach mit meinen Kenntnissen, was ich versucht habe zu erfahren von ihm.*
Und so verbringt Cassimo seine zwei Jahre in der Lernwerkstatt des BFZ. Ohne Hauptschulabschluss verlässt er diese Einrichtung. Einen anschließenden Versuch, über eine kombinierte Berufsbildungsmaßnahme den Hauptschulabschluss und den Einstieg in eine Berufsausbildung zu schaffen, bricht er nach kurzer Zeit ab.

Ein Rest, der sich der soziologischen Analyse entzieht

Viele Dimensionen des institutionellen und professionellen Konfliktverhaltens im Fall Cassimo sind regelmäßig in unseren Fallanalysen anzutreffen. Sie lassen sich hinreichend aus den institutionellen Rahmenbedingungen und den professionellen Arbeitsorientierungen verstehen. Dazu gehören die Defizite der vertikalen Integration von Hilfe- und Förderprozessen genauso wie die der horizontalen Integration des Hilfe- und Fördersystems. Dazu gehören weiter die mangelhaften Ressourcen und Kompetenzen auf Seiten von Schule und Jugendhilfe zur Entwicklung belastungsfähiger Arbeitsbündnisse mit den Eltern. Und dazu gehören nicht zuletzt die unterentwickelte Ausrichtung professioneller Aufmerksamkeit auf die einzelnen Jugendlichen und das fast chronische Fehlen der notwendigen institutionellen und qualifikatorischen Voraussetzungen für ein adäquates Fallverständnis.
Im Fall Cassimo aber gibt es eine sehr spezifische Dimension des institutionellen und professionellen Umgangs mit dem störenden Verhalten dieses Jungen, eine Dimension, die derart fallspezifisch ist, dass sie sich der soziologischen Analyse entzieht, gleichsam als offene Frage und Rest übrig bleibt:

Eine sehr spezifische Komplizenschaft zwischen Cassimo und seinen Professionellen?

Auf der Oberfläche aller professionellen Bemühungen um Cassimo geht es stets darum, diesem Jungen dabei zu helfen, in der Schule zurecht zu kommen, den dort üblichen Anforderungen an soziales Verhalten und schulische Leistungen zu genügen, kurz: das schulische Angebot für seine soziale und intellektuelle Entwicklung zu nutzen. Unterhalb dieser Oberfläche – und den Akteuren nicht bewusst – zeigt sich ein fast konträrer Prozess, nämlich eine latente Komplizenschaft der Professionellen mit Cassimos Verweigerung. Diese Komplizenschaft hat in all den Jahren auch einen mehr oder weniger geheimen Gegner: Cassimos Mutter mit ihren Leistungsanforderungen an ihren Sohn.

In der Grundschule gibt es eine ganze Reihe von Hinweisen auf diese Komplizenschaft der Professionellen mit Cassimos Verweigerung. So ist die latente Botschaft des frühen und umfangreichen Hilfenetzes zumindest für die ehrgeizige Mutter unüberhörbar: Dieser Junge ist nicht der begabte künftige Arzt oder Ingenieur, sondern ein in seiner Entwicklung zurückgebliebenes und gestörtes Kind. Dieses Kind hat einen besonderen Förderbedarf, und in diesem Punkt gibt es geradezu eine Interessenskoalition zwischen Cassimos Schwierigkeiten und denen der Klassenlehrerin, die noch mehr schwierige Kinder in ihrer Klasse hat und nur über einen anerkannten Förderbedarf Team-Teaching mit einer Sonderschullehrerin durchsetzen kann. Cassimos Mutter erlebt diese durchaus wichtige und verantwortungsbewusste Förderpolitik der Schule als feindseligen und kränkenden Akt, denn ihr Sohn wird in ihrer Wahrnehmung durch die Schule und das deutsche Hilfesystem für »gestört« und »behindert« erklärt.

In der Gesamtschule gewinnt diese unterschwellige Komplizenschaft weitere Konturen. Die schulischen Ordnungsmaßnahmen gegen Cassimo zielen recht bewusst darauf, seine Mutter zu zwingen, dem vorgeschlagenen Schulwechsel an eine kleine Hauptschule zuzustimmen. Und auch hier geht es auf der manifesten Ebene um Hilfe und Förderung für Cassimo. Und doch drängt sich das subversive Bild einer perfekten Zusammenarbeit auf. Cassimo wollte nie an diese Schule, wollte am liebsten in seiner behüteten Grundschule bleiben. Und er fühlt sich zutiefst unwohl und elend an der Gesamtschule. So wird er alles tun, um hier wieder wegzukommen, auch wenn das heißt, dass er seiner Verweigerung die Gestalt aggressiven Störens geben muss. Da passt er sich den »Anforderungen« der Gesamtschule an, die ein derartiges Störungsbild braucht, will sie diesen Jungen loswerden, genauer, will sie erfolg-

reich Cassimos Mutter zum Nachgeben zwingen. Überzeugend wird am Ende diese Komplizenschaft von den Mitarbeitern des BFZ notiert und besiegelt: »Die für alle Beteiligten – bis auf möglicherweise Cassimos Eltern – befriedigendste Perspektive« sei der Wechsel an die Erziehungshilfeeinrichtung Lernwerkstatt geworden. Alle Alternativen sind ausgeschlossen.
In der Lernwerkstatt schließlich wird die latente Komplizenschaft zwischen Cassimo und dem pädagogischen Team fast offenkundig. Seine Verweigerung wird hier perfektioniert, und das heißt nichts anderes, als von den Professionellen akzeptiert – nicht ohne sportlich-bewundernde Tönung. Die letzte Hoffnung seiner Mutter, dass ihr Sohn vielleicht auf diesem Umweg doch noch zu einem Hauptschulabschluss kommen möge und so sich und ihr die Chance zu Weiterungen lasse, wird »einträchtig« zunichte gemacht. Es drängt sich der Eindruck auf, dass die Professionellen ihre Hilfe für Cassimo zunehmend darin »begreifen«, diesen Jungen vor den Nachstellungen und Zumutungen einer harten und ehrgeizigen Mutter zu schützen.
Zu dieser Geschichte einer latenten Komplizenschaft zwischen den Professionellen und Cassimo – gegen die Eltern, besser, die Mutter dieses Jungen – gehört eine ebenfalls sehr spezifische Wahrnehmung des Jungen durch seine Professionellen. Cassimo ist ziemlich unerträglich, er zappelt herum, kann sich nicht konzentrieren, springt durch die Klasse und provoziert Mitschüler und Lehrer, kurz, er geht allen auf den Nerv. Aber seltsamerweise kommt es dabei nicht zu einer Eskalation von Wut und Aggressionen. Dieser Junge ist unerträglich, aber er ist nicht der bösartige, aggressive, gefährliche Störer. Im Gegenteil: Alle Professionellen sind in der Lage, hinter der dünnen Fassade des Störers den *Gestörten* zu vermuten, das Häufchen Elend zu sehen, den jämmerlichen Kleinen, den groß gewordenen kindischen Jugendlichen. Keiner versteht Cassimo; dieser Junge macht alle ratlos und hilflos, aber er weckt bei seinen Professionellen nicht aggressive Wut. Die richtet sich eher gegen die starke Mutter. Cassimo kann keine Sympathien wecken, kann keine Erwachsenen für sich gewinnen und auch keine Gleichaltrigen. Dazu fehlt ihm jegliche Kompetenz. Er nervt alle, weil er – so könnte man fortfahren – ein derart unerträgliches Häufchen Elend ist. Sein Klassenlehrer hat diese Wahrnehmung unmittelbar vor Cassimos Schulverweis recht deutlich demonstriert:

> Cassimo ist hektisch, zappelig, so schlimm wie noch nie zuvor. Er ärgert auch Klassenkameraden, schlägt zu. Bei all dem geht es ihm nach der Einschätzung seines Klassenlehrers sehr elend.

Die Vermutung drängt sich auf, dass es einen engen Zusammenhang gibt zwischen jener ungewöhnlichen Bereitschaft der Professionellen zu Komplizenschaften mit Cassimos Verweigerung einerseits und ihrer spezifischen Wahrnehmung dieses elenden Jungen, der sich nicht entwickeln kann.

Oder auch nur: Alternativen waren nicht möglich?

Die These einer – wenn auch den Akteuren nicht bewussten – Komplizenschaft zwischen Cassimos Verweigerung und den Konfliktstrategien seiner Professionellen ist natürlich recht gewagt. Näher liegt eine »weiche« These, der zufolge es zu dieser »Komplizenschaft« kam, weil Alternativen nicht zugänglich waren oder schienen. Schließlich blieb nichts anderes übrig, so könnte man diese »weiche« These formulieren, als sich mit Cassimos Verweigerung zu arrangieren. Aber blieb wirklich nichts anderes übrig?

Wie ein dünner, aber durchaus erkennbarer roter Faden zieht sich eine andere Seite durch die Konfliktgeschichte dieses schwierigen Jungen, eine Seite von Kompetenzen und Ressourcen, über die Cassimo verfügte und die nie systematisch von der Schule aufgegriffen und genutzt wurden.

Schon in der Grundschule erfahren wir, dass seine muttersprachliche Lehrerin ihn »als ein sehr phantasievolles Kind, das gut im Unterricht mitarbeite und kaum Schwierigkeiten mache«, schilderte. Auch sei Cassimo ein »normal intelligentes Kind«, das über »eine durchschnittliche bis hohe Intelligenz verfüge« und das »bei Themen, die ihn wirklich interessierten wie z. B. Tiere, innerlich stark beteiligt und wie ausgewechselt (wirke); es zeigten sich dann keine Sprachauffälligkeiten und Konzentrationsprobleme mehr«. Ein Jahr später heißt es, Cassimo habe »bei Themen, die ihn ansprechen, positive Erfolgserlebnisse«, sei »sehr empfindsam« und interessiere »sich sehr für Tiere und Umweltthemen«. Und rückerinnernd betont die Sonderschullehrerin aus der Grundschule:

> »Bei Cassimo gab es neben all den Schwierigkeiten auch offenkundige Bereiche, bei denen er ein hohes Maß an Begeisterung und Interesse entwickeln konnte, das galt vor allem für den Sachunterricht. Hier hat er über die schulischen Unterrichtsstunden und die geforderten Aufgaben hinaus Interessen entwickelt, hat Sachen zusammengesucht und mit in den Unterricht gebracht. Pflanzen und Tiere haben ihn ganz besonders interessiert, und hier gab es wohl auch eine enge Beziehung zum Vater, der mit dem Jungen wohl öfters solche kleinen Exkursionen gemacht hat.«

In der Gesamtschule werden derartige Hinweise spärlicher, fehlen aber nicht völlig. Die Mitarbeiterinnen des BFZ notieren immerhin, dass Cassimos »mündliche Leistungen zuweilen recht gut« seien, dass der Junge »an Naturkunde stark interessiert« sei. »Interessieren ihn gewisse unterrichtliche Themen, ist er ganz bei der Sache und beteiligt sich gut.« Im Einzelgespräch sei Cassimo »ein ruhiger, freundlicher Junge, der gerne erzählt«.

> »Auffällig ist seine gute Allgemeinbildung. Er ist interessiert am Weltgeschehen und an Geschichte, er sammelt Mineralien und liest Bücher über Archäologie. Über seine gute Allgemeinbildung erfährt er Anerkennung durch seine MitschülerInnen. Seine Phantasien kreisen zur Zeit um Themen wie Gewalt, Kriminalität und Sexualität.«

Und das Protokoll einer der letzten Klassenkonferenzen, auf der der Schulverweis Cassimos angedroht wurde, hält fest, der Junge habe »in Italienisch die beste Arbeit geschrieben, obwohl er pausenlos stört«; und im Museum für Vor- und Frühgeschichte habe er an einem Projekt über Wasser »super mitgearbeitet«.
In der Lernwerkstatt versucht das pädagogische Team, Cassimo über diese Fähigkeiten und Kompetenzen »zu erreichen«, gibt dann aber schnell auf.

> »Am Anfang waren wir noch optimistischer, da hatten wir das Gefühl, wenn es nicht um schulische Inhalte geht, dass er da zu erreichen ist. Er hat im ersten halben Jahr sehr viel mit dem Werkpädagogen zusammengearbeitet, hat so ein Modellflugzeug gebastelt, war auch teilweise im Unterricht ansprechbar – in Nebenfächern, wenn ihn was interessierte wie beispielsweise Geschichte. In Biologie hatte er ein großes Interesse am Aquarium. Und in solchen Bereichen war er auch absolut fit, da hat er auch sehr viel gewusst, also mehr als seine Klassenkameraden; so beispielsweise was Astronomie angeht, auch Wissen über Tiere und Pflanzen. ... Großes Interesse aber hat er für die Playstation aufgebracht – stundenlang, oder für Computer-Spiele. Und da war es dann auch nicht so, dass man sagen konnte, er kann sich nicht konzentrieren. Wenn ihn was interessiert hat, hat er sich konzentriert. Aber sowie es in irgendeinem Zusammenhang oder einer Verbindung mit Schule gestanden hat, hat er sich hier so verweigert wie kein anderer Jugendlicher, den ich hier kennen gelernt habe.«

Und das war dann auch schon das letzte Wort zu diesem Thema. In der 10-jährigen Schulgeschichte Cassimos ist es offensichtlich nie zu einem Arbeitsbündnis mit den Kompetenzen, Ressourcen und Möglichkeiten Cassimos gekommen. Es mag sein, dass dieser Junge jeden Versuch in diese Richtung durch seine Verweigerungshaltung sabotiert hätte; recht sicher jedoch lässt sich behaupten, dass die Schule ihrerseits einen derartigen Versuch nie wirklich und ernsthaft anging, und das heißt: professionell, mit langem Atem und mit der Bereitschaft, ihre Settingbedingungen einem solchen Versuch unterzuordnen. So blieb dann doch nur jene »Komplizenschaft« mit Cassimos

Verweigerung – als alternativlose Alternative. Und hier ist, wie auch sonst in unseren Fallberichten, die Rede von *struktureller Verantwortungslosigkeit* und *nicht* vom individuellen Versagen einzelner Lehrerinnen und Lehrer.

5.2 Der psychoanalytische Fallbericht

Der Kontakt mit Cassimo war über die Lernwerkstatt hergestellt worden. Dort hatte der Projektleiter bereits ein Gespräch mit dem Jugendlichen geführt und ihn zur Mitarbeit motivieren können.

Zwei Interviews mit dem Jugendlichen

Es war für den Interviewer zunächst schwierig, telefonisch einen Termin zu vereinbaren. Zunächst konnte er niemanden erreichen. Danach hatte er mehrmals die sechs Jahre jüngere Schwester am Telefon. Schließlich erreichte er Cassimo, der mitteilte, dass er ab nächster Woche einer Arbeit nachgehe und die Arbeitszeit noch nicht geklärt wäre. Also wird vereinbart, dass der Interviewer dann wieder anrufen werde. Beim nächsten Anruf kommt nur ein Gespräch mit der Mutter zustande, die offenkundig informiert ist, verbindlich wirkt und vorschlägt, der Interviewer solle am nächsten Tag wieder anrufen, da könne er Cassimo erreichen. Am nächsten Tag ist aber doch wieder nur die Mutter da, die ihren Sohn entschuldigt, weil er einen Termin habe. Er habe ihr aber aufgetragen, einen Termin auszumachen außer an den drei Tagen, an denen er arbeitet. Der Interviewer vereinbart einen Termin in seiner Praxis und kündigt an, dass er zwei Stunden vorher noch einmal einrufen werde, um zu hören, ob Cassimo den Termin einhalten könne.
Der Interviewer hält fest, dass die Telefongespräche in ihm »ein vertrautes Gefühl zu dieser Familie« haben entstehen lassen und das Gefühl einer Gewissheit, dass das Gespräch mit Cassimo, wenn auch nicht sofort im ersten Anlauf, irgendwann schon zustande kommen wird.
Tatsächlich erscheint dann pünktlich ein kräftiger, schlicht wirkender Junge mit kurz geschorenen Haaren, der wenig Worte macht. »Strohdumm!«, so der spontan ablehnende, sogleich schuldbewusst verbannte Gedanke des Interviewers, während der Junge ihm teilnahmslos gegenüber sitzt. Nach dem telefonischen Eindruck von der Familie im Vorfeld des Termins hatte er erwar-

tet, dass Cassimo gesprächiger und interessierter sein würde. Weil ihm das Schweigen unerträglich zu werden droht, kommt der Interviewer auf das Forschungsprojekt zu sprechen. Cassimo zuckt mit den Schultern und sagt, dass er eigentlich immer zur Schule gegangen ist und kein Problem damit habe. Der Interviewer ist irritiert, denkt, dass Cassimo vielleicht gar nicht der Richtige für das Forschungsprojekt ist und fragt nach. In mühsamem Frage- und Antwortspiel nennt Cassimo nun eine Reihe verschiedener namenloser Schulstationen, ohne dass daraus eine nachvollziehbare Chronologie würde. Es scheint, als sei der Junge immer irgendwo gewesen, ohne eigentlich zu wissen wo und warum. Dabei spricht er in leisen, oft im Nichts verlaufenden knappen Sätzen und erstickt damit die Hoffnung, mehr zu erfahren, immer schon im Keim. Klar wird lediglich, dass er keinen Hauptschulabschluss gemacht hat. Als Grund dafür gibt er an, er sei immer müde gewesen – und gähnt dabei. Der Interviewer nimmt nun den Bezug zur aktuellen Situation auf und sagt, es gehe Cassimo hier und jetzt wohl ähnlich. Cassimo stimmt einfach zu, begegnet aber der Frage, wie diese Müdigkeit wohl entstehe, wiederum mit müdem Achselzucken. Er gehe spät ins Bett ... Kapiere nicht, was der Lehrer sagt ... Streit mit Lehrern ... Keine Lust ... Schon in der Grundschule. In der Schule immer – nur draußen sei es anders!

Der Interviewer hat das dringende Gefühl, aktiv bleiben zu müssen, damit das Gespräch nicht versickert. Zeitweilig hat er regelrecht Angst, der Jugendliche könne einschlafen. In zähem Kampf gegen das Nichts bringt er dann doch Einiges in Erfahrung: Dass die Eltern immer Ärger wegen der Schule gemacht haben, die Mutter an allem herummeckert; dass die Schwester sechs Jahre jünger ist, also gerade geboren wurde, als Cassimo in die Schule kam; dass er seitdem sein Zimmer mit ihr teilen muss und vergeblich versucht, für sich einen eigenen Teil abzutrennen; dass der Vater nur drei Jahre zur Schule gegangen ist und als Gabelstapelfahrer bei der Post einen guten Job hat – würde er auch gerne machen, gehe aber auf Dauer nicht; der Vater sei in Ordnung; nur wenn er seinen Tick habe, dann müsse man machen, was er sagt. – Über das Thema Vater wird dem Interviewer unmittelbar ein einvernehmlicher Kontakt mit dem Jugendlichen möglich. Und das Thema Mutter lädt zur Verbrüderung gegen sie ein: Es sei ja schwer – so das geäußerte Verständnis des Interviewers –, Lust zu etwas zu haben, wenn die Mutter immer unzufrieden ist mit allem, was man tut. Allerdings nimmt der Interviewer in dem auf diese Intervention folgenden Schweigen eine depressive Stimmung wahr, bevor Cassimo wieder beginnt zu gähnen und alles Gesagte und Gespürte belanglos erscheinen.

Im Bemühen, das Lebendige zu erhalten und nach irgendeinem Lebenszeichen in dem Jungen zu suchen, landet das Gespräch wieder beim Vater: Cassimo geht öfter an einem nahe gelegenen Baggersee angeln; das hat er mal mit dem Vater in Sizilien gemacht. Am See könne man aber besser angeln als am Meer, wo man rausfahren müsse mit dem Boot. Plötzlich hat der Interviewer plastische Bilder vor sich vom Thunfischfang in Sizilien und von einem Meer voller Blut, während Cassimo sagt, er fange nur kleine Fische, die werfe er immer wieder rein; er möge keinen Fisch. In Sizilien werde doch bestimmt viel Fisch gegessen, meint der Interviewer. Ja schon, er esse auch welchen, möge ihn aber nicht richtig. Ob er eine andere Lieblingsspeise habe?, versucht der Interviewer. Cassimo zuckt mit den Schultern, weiß er nicht.
Der Interviewer fühlt sich allmählich erschöpft, kraftlos, auch depressiv. Er registriert, dass Cassimo zwischendurch seine auf dem Tisch liegende Hand zur Faust ballt, mag für sich aber nicht entscheiden, ob das eine Äußerung von Aggression ist oder lediglich der Arm eingeschlafen ist. Der Jugendliche macht am Ende der Stunde keinerlei Anstalten zu gehen.
Den einen Schlusspunkt setzenden Vorschlag eines zweiten Interviews nimmt er unentschieden lustlos an. Und auch der Interviewer reagiert entsprechend: Cassimo möge telefonisch absagen, wenn er es sich anders überlege.
Der Interviewer hält nach der Stunde fest, dass ihm Cassimo sympathischer war als Alberto, weil die narzisstisch-omnipotente Abwehr und damit die bedrohliche Destruktivität gefehlt hätten und sich der Jugendliche eher als desillusionierter, völlig depressiver Junge ohne Orientierung gezeigt habe. Im Anschluss sei ihm noch die Frage nachgegangen, was Cassimo wohl meint, wenn er sagt: »Draußen ist es anders.«

Das zweite Interview findet erst nach einem geplatzten Termin und weiteren Telefonanrufen des Interviewers statt. Diesmal bringt Cassimo einen jungen Schäferhund mit, den er vor einem Jahr während eines Urlaubs in Sizilien mit dem Moped beinahe überfahren hatte; winzig und in einem jämmerlichen Zustand sei er gewesen. Noch an der Tür – es ist Winter – verwickelt Cassimo den Interviewer in den Konflikt, ob er diesen Hund (den die Mutter zu Hause nicht duldet) draußen angebunden in der Kälte lässt oder ob er ihn aufnehmen und hereinlassen sollte. Er entscheidet sich für Letzteres, und es rührt ihn, wie der Jugendliche indirekt mit dem kleinen verwirrten, heimatlosen, bedrohten und bedürftigen Hund einen Teil von sich selbst zur Darstellung bringt. In Sizilien, sagt Cassimo sich von dort abgrenzend, werden Hunde wie Mäuse behandelt. Hier im Interview dagegen soll der Hund – wiewohl er viel Dreck macht und sehr unruhig ist – eine gute Verbindung begünstigen,

indem er auch Distanz sichert: Beide, Interviewer und Jugendlicher, können sich immer wieder mit dem Hund als Drittem beschäftigen; und es wird sogar möglich, über Bedeutung zu sprechen: dass der Hund dafür sorgt, dass nur ja nicht wieder Stille und Langeweile aufkommen, die Cassimo auch in der Schule nie aushalten konnte; dass der Hund unruhig ist wie Cassimo selbst, der immer etwas machen muss, rastlos ist und in seinem Inneren keine Heimat hat. Er jage seinen Schatten, er sei komisch, ein bisschen verrückt, erklärt Cassimo.
Der Interviewer knüpft an die letzte Stunde an: Was habe Cassimo gemeint mit »draußen ist alles anders«? Draußen, so antwortet Cassiomo konkretistisch auf die Frage des Interviewers, sei alles deswegen anders, weil da die Freunde seien und er tun könne, was er wolle, freier als in der Schule. Er erzählt, dass er in der Schule immer gestört hat und schon in der Grundschule ständig vor die Tür gesetzt wurde. Immer sei er an allem Schuld gewesen, beklagt er sich. Auf die Deutung des möglichen Zusammenhangs seiner Unruhe mit der Geburt der Schwester beklagt sich Cassimo zwar ausführlich über die Schwester, mit der er das Zimmer teilen muss, mildert aber ab, dass er schon davor unruhig gewesen sei: Er habe immer seine Autos kaputt gemacht und die kaputten Autos dann im Regal aufgereiht. Dies ist eingebettet in eine Gesprächsatmosphäre beinahe innigen dyadischen Einverständnisses zwischen Cassimo und dem Interviewer, das jedes aggressive Moment sogleich entschärft.

> Der Interviewer notiert: »Inzwischen ist Cassimos Hund etwas zur Ruhe gekommen, liegt auf dem Boden, hat mit seinen dreckigen Tatzen meinen Teppich ziemlich verdreckt. Ich sage, dass der Hund uns beide so beschäftigt, dass wir gar nicht so richtig zu einem Gespräch kommen. *Innerlich komme ich in einen Rollenkonflikt. Ich habe das Gefühl, Cassimo und Anton richten sich bei mir vertrauensvoll und häuslich ein. Die Atmosphäre ist insgesamt von einer angenehmen Dreisamkeit geprägt. Ich könnte mich weiter mit dem Hund als Selbstobjekt von Cassimo und seiner sensiblen schwachen Seite beschäftigen. Gleichzeitig denke ich, dass dies schließlich kein therapeutisches, sondern ein Forschungsinterview mit klarem Erkenntnisinteresse ist.*«

Wieder wird die Trennung am Ende der Stunde – diesmal auch im Erleben des Interviewers – zum Problem. Cassimo wird immer gesprächiger, sagt sogar, er glaube, dass das mit der Schule eine Krankheit von ihm sei, und erzählt, sein Traum sei, so stark zu werden wie Schwarzenegger, stärker als der Vater sei er jetzt schon; dann werde er Rausschmeißer in der Disco. Die erstaunte Bemerkung des Interviewers, dann müsse er brutal sein können, bestätigt er einfach, indem er erzählt, wie er einen, der ihn dumm angemacht hatte, kurz umgehauen habe, so dass der nicht mehr aufgestanden sei – habe viel Ärger gegeben! Und er beschwichtigt sogleich: Er wolle so stark trainieren, dass er jemanden, der stört, einfach hoch heben und vor die Tür stellen kann. Erst mit der abschließenden Deutung: Früher in der Schule sei *er* rausgeschmissen worden, und nun wolle *er* es sein, der *andere* rausschmeißen kann, die Cassimo einverständig schmunzelnd aufnimmt, kann der Interviewer sich endlich verabschieden – nicht ohne dem Jugendlichen alles Gute zu wünschen.

Das Gespräch mit den Eltern

Im Gespräch mit den Eltern herrscht eine bemüht harmonische Atmosphäre zunächst unter der Bedingung der Projektion aller Schuld auf die Schule. Einziger Fehler der Eltern, so der Vater, sei ihre Zustimmung gewesen, Cassimo nach den ersten Wochen in der ersten Klasse in die Vorklasse zurück zu stufen. Ab da seien nur noch Klagen gekommen und viele, viele Gesprächstermine, die die Eltern ganz deutlich als Vorladungen vor (feindliche) deutsche Institutionen erlebt haben, mit einer Unzahl nachfolgender Hilfemaßnahmen. In Italien, so der Vater, hätte man Cassimo nach der 2. Klasse sitzen bleiben lassen, basta. In Deutschland dagegen: »Großer Zirkus« und »zu viel Pädagogik«! Das sei der Fehler gewesen. – Es gelingt der Interviewerin aber doch, Vertrauen zu gewinnen, und so erfährt sie, was die Eltern zwar energisch zu verharmlosen versuchen, dennoch unter spürbar großem Druck ausführlich und plastisch schildern: Beide Eltern arbeiteten Schicht, als Cassimo geboren wurde, und sie gaben sich in der Folge abwechselnd das Kind mit der Tür in die Hand; Cassimo war mit drei Monaten abgestillt worden, weil er zu groß gewesen sei und die Mutter »nicht genug für ihn hatte«. Mit einem halben Jahr habe er plötzlich nicht mehr geschlafen und allnächtlich durchgeschrieen, bis er die Teeflasche bekam; und er habe sofort wieder zu schreien begonnen, wenn der Sauger aus dem Mund gerutscht war, weil die todmüde Mutter einschlief. Aus Erschöpfung haben die Eltern das Kind mit zwölf Monaten dann zu den mütterlichen Großeltern nach Sizilien gebracht. Dort sei es dem Großvater mit seinem energischen »Schluss-Basta« sofort gelungen, Cassimo die Teeflasche abzugewöhnen. Die Eltern kamen während des folgenden Jahres vier Mal zu Besuch nach Sizilien, und mit 24 Monaten nahmen sie das Kind wieder mit nach Deutschland. »Ab da alles normal«, sagen sie, »keine Probleme mehr!« Wenn dann nicht die Schule gekommen wäre.

Diskussion und Ergebnisse der Fallkonferenz

Im Lichte des Elterngesprächs scheint der Inszenierungsbogen im Verlauf der Interviews mit Cassimo die frühe von Destruktivität bedrohte Beziehungsdynamik abzubilden. Dass der Interviewer nach dem ersten Interview festgehalten hat, der Junge sei ihm sympathischer gewesen als ein anderer, kann man als eine unbewusste Abwehr der deutlich vorhandenen Hinweise auf Aggressivität und Destruktivität sehen: Im ersten Interview dominiert nämlich das Nicht-zusammen-Passen; Cassimo enttäuschte die Erwartungen und forderte mit seiner gleichgültigen Passivität alle Aktivität vom Interviewer, der ihn als für das Forschungsprojekt ungeeignet am liebsten wieder loswerden wollte. Die sich breitmachende depressive Passivität des Jungen – der lieber draußen wäre, wo alles anders sei – und der Sog in die dadurch entstehenden eigenen Ohnmachtsgefühle angesichts der immanent spürbaren, nicht objektgerichteten, bedrohlich ungreifbaren Aggressivität bewirkten dann als Gegenübertragungsreaktion spontan aufblitzende mörderische Phantasien vom blutgeröteten Meer und harpunierten Fischen. Sie richteten die Wahrnehmung am Ende der Stunde auch auf die geballte Faust, bei der der Interviewer aber nicht entscheiden mochte, ob sie Ausdruck von impulsiver Wut oder ein harmloser Hinweis auf den vielleicht eingeschlafenen Arm war. Die Phantasien mussten unspezifisch und der Objektbezug unklar bleiben. So wurde auch der geplatzte zweite Termin – sozusagen im Anschluss an die geballte Faust – gar nicht erst denkwürdig, sondern sofort vergessen. In der Beziehungsdynamik des durch quälendes Fordern und Gefordertsein geprägten Interviews erschien das Ineinandergreifen von Wegschickenwollen durch den Interviewer und passiver Verweigerung durch Cassimo unentwirrbar; eine Klärung und Differenzierung konnte nicht stattfinden. Unter der sedierenden Bedingung dieser Aggressionsabwehr entstand aber eine gewisse atmosphärisch gute Verbindung, die entgegen der manifesten Tendenz zum Kontaktabbruch das zweite Interview ermöglichte, weil der Interviewer es nicht aufgab und weil Cassimo wohl motiviert war zu testen, was das Objekt hält: Ob es – mit seinen unverständlichen Fragen – beim Überfordern bleibt oder ob es sich auf das, was der Junge selbst mitbringt, einlassen kann: den Hund, der für Cassimos Geschichte steht und ebenso nervös, nervend und unproduktiv seinen Schatten jagt.

Aggression und Dummheit sind die beiden Themen, die die Diskussion beherrschen, weil sie so schwer greifbar sind. Was hat den Jungen »dumm« gemacht? War es der traumatische Bruch durch das Weggegebenwerden nach Sizilien im Alter von einem Jahr oder war es (noch davor und generalisierter) das frühe Ersticken der als unerträglich erlebten fordernden Aktivität des Kindes durch die ständige Teeflasche, das – nicht zuletzt wegen der untergründigen aggressiven Strebungen – die Suche nach Bedeutung und Differenzierung blockiert und damit die kognitive Entwicklung grundlegend beeinträchtigt hat?

Unruhe und Schlafstörung des Kindes setzten in der Subphase der Differenzierung auf der Entwicklungslinie von Loslösung und Individuation ein. Wenn der stete Wechsel der versorgenden Objekte mit Hektik, Hast und einem permanenten Gefühl bei den Eltern: »Es ist alles zu viel!« verbunden war, muss sich beim Kind die äußere Unruhe mit dem konstanten Gefühl: »Es ist nicht genug da!« zu einem inneren Zustand von Verwirrung verdichtet haben. Die für die Entwicklung des Denkens so wichtige differenzierende Wahrnehmung: »Mama geht, aber Papa bleibt da, bis sie wieder kommt« könnte blockiert worden sein, weil sie durch die emotional stärkere Wahrnehmung: »Mama will weg!« unmittelbar ihre – potentiell beruhigende, Orientierung gebende – Bedeutung verlor.

Die in der reaktiven Schlafstörung eskalierende Trennungsangst konnte keinen Halt finden, weil sie die Überforderung der Eltern nur noch vergrößerte und schließlich zum Bruch führte, der ein Jahr später mit 24 Monaten dann noch einmal wiederholt wurde, als der Junge wiederum von den Großeltern in Sizilien weg zu den Eltern nach Deutschland zurückgenommen wurde. Trennung mit ihren bedrohlich ängstigenden und schmerzenden Folgen hat die Erfahrungen des Jungen von Geburt an beherrscht, sie durfte aber wegen des dominant aggressiven Aspekts keine Bedeutung bekommen; sie konnte folglich auch vom Kind nicht verarbeitet werden.

Als Abwehrmaßnahme gegen destruktives Selbst- und Objekterleben blieben ihm schließlich nur eine möglichst weitgehende Wendung von Aktivität in Passivität mit dem Erscheinungsbild eines sedierten Jungen mit depressiven Zügen. So ließe sich erklären, dass die Aggression im Material der Interviews zwar deutlich enthalten und sogar – wenn man die Stärke der Abwehr als Gradmesser nimmt – von erheblicher Bedrohung ist, jedoch keine Kontur bekommt; sie scheint zwischen den Polen der Dyade frei zu flottieren. Wer Rausschmeißer ist und wer rausgeschmissen wird, bleibt offen, die Brutalität dabei unbestimmt; beides kann nicht geklärt und ebenso wenig gedacht werden wie die Frage, was das Weggeben des Kindes im Alter von einem Jahr bedeutet.

Für die in der Fremde völlig überlastete Mutter war das Kind von Geburt an zu groß und zu viel, die beiden kamen einfach nicht genügend gut zusammen. Art und Weise des Rückgriffs auf die Teeflasche zur Ersatzbefriedigung lassen wenig Einfühlung in das aktiv protestierende Kind vermuten. Wenn aber Einfühlung in einen Säugling versperrt ist, bleibt die Aggression bedrohlich blank; bei Cassimos Eltern scheint sie nun durch den auf äußere Veränderung drängenden Erschöpfungszustand und durch das regressive Eingeständnis, nicht zurecht zu kommen, eingekleidet worden zu sein. Dabei mag tatsächlich das Weggeben des Kindes zu den eigenen Eltern in die eigene Heimat bei allen deutlich erkennbaren Schuldgefühlen den Charakter einer Rettungsaktion bekommen haben, weil der Hass, der entstanden sein muss, da die Mutter ihr Kind nicht zufriedenstellen konnte, gefährlich zu werden drohte. Diese Rettungsaktion, wie brutal auch immer sie im Erleben des Kindes gewesen sein mag, ermöglichte aber vermutlich im Ganzen das Überleben einer erträglichen Mutter-Kind-Beziehung: Die Mutter konnte sich vielleicht sagen, dass sie ihrem Kind nichts antut, sondern ihm schließlich die Heimat ermöglicht, die sie selbst schmerzlich vermissen müsse. Für das Kind ist in dieser Dynamik das liebevoll zugewandte Objekt von dem aggressiv verlassenden nicht zu unterscheiden; das gute Objekt kann wie das böse keine klare Kontur gewinnen und muss diffus bleiben. Es könnte die regressive Fixierung an diese Abwehrmaßnahme sein, die Cassimo ein »sympathisches« Selbst- und Objekterleben weiterhin ermöglicht. Etwas davon wird in der verständnisinnigen Stimmung des zweiten Interviews und auch im wohligen Milieu des Elterngesprächs spürbar.

So ließe sich erklären, dass Cassimo die Fremde – die Praxis des Interviewers – nicht fürchtet, sondern sie als potentiell freundlichen Ort alleine aufsuchen kann. Er muss also über ein gewisses grundlegendes inneres Sicherheitsgefühl verfügen. Dieses hatte ja – obwohl aufgrund der Erfahrungen in diesem Forschungsprojekt real begründete Zweifel nahe lagen – auch der Interviewer im Vorfeld der Telefonkontakte mit der Familie; er war sich vom ersten Kontakt an sicher, dass das Gespräch mit Cassimo irgendwann schon zustande kommen werde.

Auch Cassimos Fähigkeit zur szenischen Gestaltung seines zentralen psychischen Themas beeindruckt. Allerdings benötigt er dazu reale »Requisiten« wie den Hund als etwas Drittes, über das sich Gemeinsamkeit herstellen lässt und das gleichzeitig Distanz sichert.

Die Fallkonferenz vermutete, dass der Junge in der Schule nicht an zugespitzten Konflikten gescheitert ist, sondern am Nicht-zusammen-Passen von Objektforderungen und eigenen unruhig-diffusen Bedürfnissen und fehlenden Fähigkeiten. Letzteres kann allerdings bei allen Beteiligten intensive Wut und Ablehnung bewirken, die dann, weil sie kein konturiertes Objekt haben, »wild« agiert werden.

Zusammenfassung

Die Geschichte des Scheiterns von Cassimo an der Schule kann als wiederholte unbewusste Inszenierung seiner unbewältigten Konflikte und Ängste, insbesondere aber von deren Abwehr erkennbar werden, wobei die unbewusste Destruktivität in ihrem konkreten äußeren Erscheinungsbild durchweg zweierlei Züge trägt, die beide das Angebot der Schule angreifen: unerträglich unruhige Erregung mit aggressiven Durchbrüchen einerseits und unerreichbar passive Abwesenheit mit unspezifischer Verweigerung in quasisedierten Zuständen andererseits.

Wir können annehmen, dass Cassimo sich im Alter von sechs Jahren, zeitgleich mit dem Schuleintritt, durch die Geburt der Schwester zum zweiten Mal aus der Familie nach »draußen« vertrieben erlebt haben mag, ohne dass dies von seinen Eltern hätte eingefühlt werden und für Cassimo eine Bedeutung hätte bekommen können als Voraussetzungen für eine psychische Verarbeitung. Die Schule bot sich für Cassimo sozusagen an, zum bedrohlichen Ort erzwungener Trennung von allem Vertrauten zu werden, möglicherweise zu einem gefährlichen Sizilien, wo der Großvater-Lehrer »Basta« sagt und sich das Meer blutrot färbt und heimatlose Hunde wie Mäuse erschlagen werden. Und die Eltern, für die die Schule ihrerseits ein vielleicht idealisiertes, aber tendenziell feindliches Terrain mit fremden Maßstäben und unliebsamen Forderungen bedeutet haben mag, konnten ihm auch hier den Übergang nicht erleichtern, so wie sie seinerzeit nicht dafür hatten sorgen können, dass dem Einjährigen in Sizilien auch gegen das Basta des Großvaters seine Teeflasche als Übergangsobjekt erhalten blieb.

Cassimo inszeniert gemäß dem Wiederholungszwang das seiner inneren Objektbeziehung fest zugehörige unbewältigte Trennungsdrama und zeigt sich – auch in seinem eigenen retrospektiven Selbsterleben – als hyperaktiver, nicht zu haltender, störender Junge, der vor die Tür gesetzt werden muss. Dass seine kognitiven Ich-Fähigkeiten von früh an beeinträchtigt wurden, muss eine positive Besetzung der Schule noch weiter erschwert haben; die Erfahrung, dass es hilfreich sein kann, sich einen Reim auf die Dinge zu machen, und dass Anstrengung und Leistung gut tun, stand dem Kind, das immer nur gegen Überforderung hat kämpfen müssen und zum passiv-gleichgültigen Aufgeben seiner aktiven Impulse gezwungen wurde, nicht zur Verfügung. In der Konsequenz konnte er von vornherein weder die Lehrerin als unterstützendes Objekt noch die Schule insgesamt als fördernde Umwelt annehmen. Alle negativen Erfahrungen in der Folge werden die Wiederbelebung der frühen Traumatisierungen und den affektiv wirksamen Wiederholungszwang, den Rausschmiss zu inszenieren, verstärkt haben; auch wenn in diesem unkenntlich verborgen ein Funken Hoffnung gewesen sein mag, »draußen« ein gutes, symbiotisches Objekt wieder zu finden.

Auffällig ist, dass die Lehrer in Cassimos Erinnerung nicht unterschiedlich wahrgenommen, sondern als Ganzes zu einem undifferenzierten angreifenden Umweltobjekt werden. Vermutlich hat also die Schule insgesamt für Cassimo von Anfang an die unbewusste Bedeutung des traumatisierenden frühen Objekts angenommen, das den Jungen mit nicht erfüllbaren Leistungsansprüchen überfordert und in eine Kette von Frustrationserlebnissen zwingt, die das innere Bild eines unpassenden, zerstörerischen und unfähigen Selbst immer wieder reproduziert. So gesehen ist Cassimo aus psychischen Gründen wohl von Anfang an nicht »schulreif« gewesen.

5.3 Die interdisziplinäre Falldiskussion

Am Anfang des interdisziplinären Fallgesprächs stand – als Vorbemerkung und Einleitung – ein erster Versuch, die auffälligsten Parallelen zwischen individueller und institutioneller Konfliktdynamik vor dem Hintergrund der beiden Fallberichte anzusprechen. Schon an dieser Stelle ist von einem fallspezifischen – und ungewöhnlichen – Maß an *Konkordanz* zwischen Cassimo und seinen Professionellen die Rede:

> »Er ist orientierungslos – und sabotiert Orientierung, er ist teilnahmslos – und untergräbt Teilnahme, er ist ohne Neugier – und schläfert alle Neugier ein, er ist müde – und ermüdet, ihm ist seine Geschichte fragmentiert – und er vernebelt alle Zusammenhänge, er hat kein Interesse – und enttäuscht jegliches Interesse an ihm.«

Ein zentrales Thema des soziologischen Fallberichts: keine Diagnostik, kein Fallverstehen bei den Professionellen findet seine *konkordante* Parallele in der Psychodynamik dieses Jungen.

Auffällig wiederholt sich diese Parallelität in der Beurteilung des vieljährigen Hilfeprozesses und des komplexen Hilfesystems, mit dem Cassimo und seine Familie zu tun hatten:

> »Für den Vater – rückblickend – war das Ganze ein großer Zirkus: zu viele Orte, Personen, Institutionen; zu viele Briefe, Einladungen, Vorladungen; zu viele Termine, Gespräche; kurz: ein großes Drama, ein wild gewordenes Hilfesystem, das Cassimo mehr durcheinander gebracht als gefördert habe. Und die *eine* Hilfe am

richtigen Ort und zum richtigen Zeitpunkt, sei ausgeblieben. Deshalb lief alles schief von Anfang an. Der junge Baum sei schief eingepflanzt worden.«

Und in der Sache kommen die Professionellen zu einer sehr ähnlichen Einschätzung: kein Fallverständnis – Hilfen im Blindflug.
Das berührt ein zentrales Thema des psychoanalytischen Fallberichts: die spezifische Beziehung von *Aggression und Dummheit* bei diesem Jungen. Und auch die hat auf der Seite der Professionellen eine sichtbare konkordante Entsprechung gefunden: In den Konfliktbeziehungen zwischen Cassimo und den Professionellen gibt es so recht keine Aggression, aber eine beidseitige inszenierte »Dummheit«. Cassimo macht sich zahnlos, depressiv, sediert, lernt endlich, Ruhe zu geben; und die Professionellen beißen sich an diesem Jungen die Zähne aus, resignieren, ermüden und lernen endlich, Cassimo in Ruhe zu lassen. Schützt die eine Seite sich vor der Wut der Großen durch ansteckende Depressivität, Müdigkeit und Dummheit, so schützt die andere Seite sich vor der Destruktivität des Kleinen durch Konfliktvermeidung und die Rücknahme professioneller Anforderungen an die eigene Arbeit mit Cassimo. So entsteht das Bild einer wechselseitigen – negativen – Lerngeschichte: gelernte und angeeignete Dummheit als Schutz vor Anforderungen, die mit Scheitern und Versagen drohen. Dem Jungen scheint alles – Schule, Lehrer, Helfer – unklar, amorph, namenlos, gesichtslos, bedeutungslos, so wie die traumatische Trennung und Rettung von und vor der Mutter unklar, diffus und amorph geblieben ist. Und auf gleiche Weise bleibt bis zuletzt Cassimo den Professionellen kontur- und namenlos, verschlossen, ohne Sinn und Bedeutung, amorph und irgendwie »egal«. Die Konstitution des Ich durch Geschichte und ihre kommunikative Aneignung als sinnvolle und bedeutungsvolle, differenzierte und eigene Entwicklung missglücken auf beiden Seiten: bei Cassimo generell, was seine Lebensgeschichte anbelangt, bei seinen Professionellen partiell, bezogen auf die Geschichte eines Hilfe- und Förderprozesses.
Diese gemeinsame »Lerngeschichte« führt schließlich, so will es scheinen, in eine Komplizenschaft wechselseitiger Lernverweigerung: Auffallend ist die erfolgreich sedierte Wut bei Cassimo und den Professionellen. Er ist der »perfekte« Verweigerer – ohne Hass, Wut und Vorwürfe gegen irgendwen. Null-Bock, Langeweile, Desinteresse – aber auf keinen Fall Wut. Sogar Entgegenkommen in Setting-Fragen bringt er auf. Die andere Seite weiß es zu danken; sie gibt Ruhe, mehr noch, sie bewundert den genialen Verweigerer als fairen, würdigen Gegner. Das scheint der Endpunkt eines langen schulischen Lernprozesses zu sein, denn zunächst war Schule für Cassimo ein bedrohlicher Ort, die gefährliche Fremde. Erst die gelernte perfekte Verwei-

gerung hat diesen Ort kalkulierbar, vertraut und verläßlich gemacht, und damit: langweilig, »egal«!
So bietet sich schließlich aus beiden Fallberichten ein gemeinsames »generatives Thema« an, von dem aus sich die Konfliktgeschichte Cassimos mit Schule und Jugendhilfe entziffern ließe: wechselseitige Fremdheit, gegenseitiges Nichtverstehen, gemeinsam gelernte Dummheit – alles das könnte seine starke Quelle in der unterschlagenen und verleugneten Migrationsthematik haben. Da ist Cassimo, der wie sein Hund nach seinem Schatten jagt, keine Ruhe finden und keine Ruhe ertragen kann, nichts mehr als Langeweile fürchtet, Hektik verbreitet, keine innere Heimat hat – verstoßen deshalb als Kleinkind aus der Familie, dann als Schüler aus der Grund- und Gesamtschule. Und da ist die eine Hilfe, die Cassimo nicht angeboten wurde: Der gute heimatliche Ort, wo er seinen Schatten hätte finden und befestigen können, eine Schule, die sich hätte kümmern, die seine Neugier hätte halten, seine Rastlosigkeit hätte binden, seine Interessen hätte aufgreifen und seine Träume hätte anerkennen können. Und da ist das eine Thema, das im Untergrund bleiben muss, das nicht gesehen und verstanden werden darf und kann, weder von Cassimos italienischen Eltern noch von seinen deutschen Helferinnen und Helfern, das Thema von Migration, Heimatlosigkeit, Trennung und Fremdheit, in dessen Verleugnung und De-Thematisierung sich individuelle und institutionelle Konfliktdynamik verschränken.

Nicht-Verstehen – Fremdheit

Die erste Gesprächssequenz führt unmittelbar zum Thema der verleugneten Migrationserfahrungen. Irritierend sei, so wird angemerkt, »das ungewöhnlich hohe Ausmaß an Unwissen und Verständnislosigkeit der Professionellen diesem Jungen gegenüber«. Nirgends tauchten wichtige Mitteilungen über seine Biographie auf. Offensichtlich habe keiner etwas von der frühen Trennungsgeschichte des Jungen erfahren. Und auch die Eltern haben nur »fast zufällig und ganz nebenher« davon berichtet, so »als sei es nicht weiter bemerkenswert«. In Migrantenfamilien aber seien derartige Trennungen ganz grundlegende Erfahrungen, die meist in ihrer Bedeutung verharmlost oder ganz verleugnet werden (müssen). Die deutschen Professionellen aber »strikken an dieser Verleugnung mit, denn eigentlich müsste ihnen präsent sein, dass dieses Thema ein Basisthema aller Migranten ist«.
Eine erste Anmerkung über die spezifische Gestalt dieser professionellen »Verleugnung« folgt. Denn das Verleugnete ist gleichwohl stets präsent: im

offenen Eingeständnis, diesen Jungen einfach nicht zu verstehen. Doch aus diesem Eingeständnis entwickelt sich bei den Professionellen kein nachhaltiger Impuls, zu lernen, zu verstehen, was diesen Jungen treibt, was es mit seinen Schwierigkeiten auf sich hat. Statt dessen werden Zirkel der Aktivität installiert:

> »Einige Jahre später wäre bei diesem Jugendlichen die Diagnose klar gewesen – ohne dass mit ihr ein besseres Fallverständnis verbunden gewesen wäre: ADHS. Zumindest das institutionelle Konfliktverhalten wäre hiermit angemessen beschrieben – wenn auch nicht begriffen: als *institutionelles Aufmerksamkeits-Defizit-Hyperaktivitäts-Syndrom.*«

Schon in der Grundschule habe sich die Frage nach der Störung Cassimos nicht gestellt: »weil die Professionellen ständig was tun – und damit ja auch was bewirken. Man hat einen Plan, setzt ihn um, macht noch was und noch was ... – und solange das alles läuft, muss man sich die Frage auch nicht stellen: Was ist los mit dem Jungen, was braucht der?« Es gibt also eine Verwaltung des Nicht-Begreifens, einen aktiven Umgang mit dem Nicht-Verstehen. Und dem entspricht etwas auf der Seite Cassimos.

> Der Interviewer Cassimos: »Das war auch in den Interviews ein wichtiger Punkt, den ich festgehalten habe: *Ich bin ratlos, weshalb dieser mich anrührende große Junge sich selbst so schlecht findet und überall rausfliegt.* Das genau ist die Gegenübertragung – und ich vermute, dass dieses Nicht-Verstehen bei Cassimo selbst so tief eingraviert ist durch diese frühe Erfahrung, wo er plötzlich in Italien war und dort so alles ganz anders für ihn war. Dieses »Nicht-Verstehen« muss sich bei Cassimo so tief eingeprägt haben, dass es sich – per Gegenübertragung – bei den Professionellen im Umgang mit dem Jungen einstellt.«

Dieser Junge evoziere bei seinen Professionellen das Gefühl, ihn nicht zu verstehen. Überall gebe es in den Gesprächen jene seltsamen Parallelen: »Er ist orientierungslos – und er produziert bei seinem Gegenüber Desorientierung, er versteht nichts – und er bewirkt bei seinen Gegenübern Nicht-Verstehen.« ... »Und dieses depressive, resignierte Gefühl des Unverständnisses, das Cassimo bei den Professionellen hervorruft, bewirkt, dass sie in lauter helfende Aktivitäten verfallen.« Damit ist ein erster Gesprächsbogen vollzogen, beginnend mit dem verblüffend offen von den Professionellen eingestandenen Unverständnis dem Jungen und seiner Störung gegenüber, einer Deutung, die Gegenübertragung und frühe Trennungserfahrung Cassimos verknüpft, bis hin zu einer Erklärung jener Vielfalt von Hilfemaßnahmen für Cassimo bei gleichzeitig fehlendem Fallverstehen.

Kein Fallverstehen – keine Kooperation mit der Familie

Diese zweite Gesprächssequenz beginnt mit einem Hinweis auf ein Defizit unseres Forschungsdesigns. Auffällig sei an den soziologischen Fallberichten generell, besonders aber in diesem Fall, wie wenig der Bedeutung der Familie Rechnung getragen werde. Die sicher wichtige Rolle der Eltern in der Konfliktgeschichte Cassimos bleibe unklar. Gerade im Fall dieses Jungen sei doch besonders deutlich, dass das Nicht-Verstehen von Anfang an in der Eltern-Kind-Beziehung vorhanden war. Da aber die Familie in der soziologischen Fallanalyse nicht untersucht und deshalb ihr Anteil an der Konfliktgeschichte systematisch ausgespart werde, erlaube gleichsam das Projekt es den Eltern, sich aus der Verantwortung herauszustehlen.
Unser Scheinwerfer sei auf die Institutionen und die in ihnen arbeitenden Professionellen gerichtet. Deren Schweinwerfer dagegen beleuchte Cassimos Familie – und lasse die institutionellen Anteile an der Konfliktgeschichte im Dunkeln. Das eigene Nicht-Verstehen wird gleichsam weitergereicht, denn bei allen Professionellen gebe es das gleiche Bild von Cassimos Eltern: Die verstehen nichts! Dabei ist die mangelhafte sprachliche »Kompetenz« der Eltern gemeint, mehr aber nicht nur die: Die verstehen einfach nicht, was man ihnen sagt, was man von ihnen verlangt; und natürlich meint das auch das mangelnde Einfühlungsvermögen gegenüber ihrem Sohn. Schon in den ersten Wochen und Monaten habe die Mutter ihr Kind nicht verstanden, und letztlich bedeute Verständnislosigkeit auch Lieblosigkeit: Diese Mutter hat ihren Sohn wohl nicht recht gemocht, hatte nie Verständnis für seine Interessen und Wünsche, der Hund wird abgelehnt, das Aquarium gerade mal geduldet und Cassimos technisch-wissenschaftliche Interessen finden keine Anerkennung.
Und dieses Bild der Professionellen von Cassimos Eltern hat massive Auswirkungen auf das Verhalten der Gesamtschule gehabt: »Die eskalierenden Aktionen dort gegen den Jungen zielten in der Hauptsache auf die Eltern: ihnen die Einsicht aufzunötigen, dass dieser Junge diese Schule verlassen muss.«

> »Die Schule erklärte explizit ihr Verhalten Cassimo gegenüber damit: Den Eltern soll jede Ausweichmöglichkeit genommen werden! Die Schule kämpft hier gegen die Macht der Eltern – aufgrund des Elternrechts –, und Cassimo ist der, auf dessen Kosten dieser Konflikt ausgetragen wird.«

Eine ganz wichtige und nicht selten verleugnete Dimension der Beziehung zwischen den schwierigen Schülern und ihren Lehrern wird angesprochen: Hinter diesen Schülern stehen schwierige Eltern, schlechte Eltern, lieblose

Eltern, verständnislose Eltern, die den Bildungs- und Erziehungsauftrag der Schule sabotieren. Es gibt – hinter dem Konflikt zwischen Lehrern und Störern – einen Konflikt zwischen den primären und den sekundären Erziehern. Erziehungsbedürftig sind eigentlich die Eltern, weshalb ein Arbeitsbündnis mit ihnen zum Guten der Kinder unmöglich scheint. Und wieder, wie in der ersten Gesprächsphase, taucht »am Rande« das Migrationsthema auf: Schon sprachlich gibt es kaum eine Verständigung zwischen Lehrern und Eltern, über die Erziehungsanforderungen (der Schule) an die Eltern noch weniger. Ein Verständnis der Probleme Cassimos – und damit auch der Probleme der Eltern mit ihrem Kind – ist bei diesen Eltern überhaupt nicht zu erwarten.
Unabhängig vom Realitätsgehalt dieser Wahrnehmung der Eltern durch die Professionellen – als bestimmendes Element in der Eltern-Lehrer-Beziehung bringt sie in die Fremdheitsbeziehung einen feindseligen Unterton: Hier also gibt es ein Verhältnis der Missachtung.

> »Und es gibt da noch ein zweites Missachtungsverhältnis: Die Lehrer der Grundschule mit ihrer fachlichen Kompetenz werden von den weiterführenden Schulen gar nicht wahrgenommen – die Hierarchisierung von Missverstehen und Missachtung, die in der Eltern-Lehrer-Beziehung ihre untere Schicht hat, verlängert sich nach oben in den Beziehungen zwischen abgebender und aufnehmender Schule. Ich habe noch nie gehört, dass ein Lehrer einer weiterführenden Schule in die Grundschule gegangen ist und dort hospitiert hat.«

Und diese Kette von Missverstehen und Missachtung des Anderen und des Fremden führt zurück in früheste Erfahrungen Cassimos. Es wiederholen sich frühe Konflikt- und Trennungsmuster zwischen Mutter und Kleinkind: Der Säugling schreit jede Nacht – er will die Flasche oder die Zuwendung der Mutter. Und die berufstätige, erschöpfte Mutter muss Nacht für Nacht aufstehen und ihn still stellen. Sie begreift ihr Baby nicht, kann seine Lebhaftigkeit so wenig verstehen wie seine Trennungsprobleme. Doch es muss etwas geschehen! Und so reagiert sie auf das unbegriffene Trennungsproblem durch und durch paradox: Sie trennt Cassimo von seinen Eltern zu Hause und schickt ihn nach Hause zu Mama und Papa in Sizilien. In dieser Handlung verschränken sich Trennung und Heimkehr, Wegschicken und Nachhause-Schicken zur völligen Verwirrung aller Beteiligten, vor allem aber des Kindes. Für Cassimo muss unklar bleiben, was ist der gute, was der böse Ort, wer das gute, wer das böse Objekt.
Das Nicht-Begreifen hat bei Cassimo und bei allen seinen Professionellen viel mit Desorientierung zu tun. Und zumindest diesen zentralen Punkt des Unverständnisses teilen die Professionellen: die Blindheit dem Thema »Trennung« gegenüber.

Destruktivität – wechselseitig abgewehrt

Nach einer kurzen nachdenklichen Pause wird das Thema von Trennung und Heimat neu aufgegriffen: Es gibt eine Stelle in der Konfliktgeschichte Cassimos mit der Gesamtschule, wo die Eltern ganz klar sagen: »Ob es nicht vielleicht besser ist, wenn der Junge wieder nach Italien zurückgeht.« Symptomatisch daran ist, dass es unklar bleibt, was für Cassimo der gute Ort ist: drinnen oder draußen, bei den Eltern zu Hause oder bei den Großeltern daheim.
Und diese biographischen Belastungen und Traumatisierungen wiederholen sich dann in den Institutionen. Die nicht begriffenen und betreuten Übergänge von einem Ort zum anderen Ort – die ungeklärte Vermischung von Trennung und Heimkehr, von Vertreibung und Errettung, von guter Aufnahme und aufgenötigter Unterwerfung – das sind die Problemfelder dieser Familie, die sich in den Erfahrungen Cassimos mit Schule und Jugendhilfe wiederholen. Und Cassimo reagiert mit dem ihm zur Verfügung stehenden »passiv-depressiven Modell der Verarbeitung«. Er wehrt bedrohliche Anforderungen auf seine Weise ab: Er macht sich dumm.

> »Nur *strohdumm* kann er sich den Anforderungen von Mutter und Lehrern entziehen. Wenn immer er einen Funken von Intelligenz zeigt, fallen sie mit ihren Erwartungen über ihn her.«

Mit dieser aggressionslosen Verweigerung durch Dummheit kann Cassimo der Lernwerkstatt eine akzeptable Komplizenschaft anbieten: ein Bündnis gegen die »maßlosen« und »maßlos bedrohlichen« Anforderungen der Mutter. Ganz offensichtlich gab es schon in den Grundschuljahren ein vergleichbares Arrangement. Die Schule wird zum Gegen-Ort, zum Schutzraum vor der fordernden Mutter. Cassimo erhält zusammen mit einem Lernhilfe-Schüler zusätzliche Betreuung. Ein Hilfesystem wird um die Familie wie ein Netz gespannt – als müsse der Einfluss der Eltern auf Cassimo begrenzt, eingezäunt werden. Doch ein Arrangement ist noch keine Heimat, und feste Wurzeln kann der Junge dort nicht schlagen. Aus der gemeinsamen Abwehr gegen eine überfordernde Mutter entwickelt sich kein nachhaltiges Arbeitsbündnis, dafür sorgt allein schon die Grenze der Grundschule nach der vierten Klasse. So ist das Arrangement in der Grundschule dann doch eher eine Komplizenschaft, in der die beiden Lehrerinnen und der schwierige Schüler »Hand in Hand« arbeiten.

> »Die Lern- und Entwicklungsverweigerung Cassimos war Chance und Voraussetzung zum gewünschten Team-Teaching der Lehrerinnen.«

In den weiterführenden Regelschulen aber sind solche »Komplizenschaften« unmöglich: Auch »depressiv-passive« Formen der Lern- und Entwicklungsverweigerung können dort nicht geduldet werden. So eskalieren – auf wenig dramatische Weise natürlich – die Verweigerungskonflikte. Und erst in der Lernwerkstatt findet Cassimo wieder einen Ort, an dem seine Verweigerung akzeptiert wird und erwachsene Professionelle, die bereit sind, sein Koexistenz-Angebot anzunehmen. Der Gewinn aus dieser – unbewussten – Komplizenschaft: Beide Seiten schützen ihre Abwehr.

> »Ich denke, dass es dem Jungen immer wieder darum geht, seine passive Abwehr stabil zu halten. Sein Hass und seine Aggression sind diffus und bleiben so unter der Decke; sie haben kein Objekt. Das ist das Destruktive. Die Erzieher bewundern diesen *perfekten Verweigerer* und seine ungeheuere Unabhängigkeit. Doch hinter dessen Verweigerung verbirgt sich – mühsam abgewehrt – das namenlose Grauen des Kleinkindes vor dem Nichts, die sprachlose archaische Angst des Säuglings vor der Trennung. Und so kaschiert wohl die Bewunderung der Professionellen ihre eigene Weigerung, in diesen Abgrund zu blicken, sich mit der Destruktivität Cassimos zu konfrontieren. Übersehen wird: Dieser Junge ist hoch gefährdet – er zerstört ja im Moment sein Leben.«

Komplizenschaft oder Pädagogik an ihren Grenzen?

Von geheimer oder unbewusster Komplizenschaft zu reden, klingt hart und unfair und ist es sicher auch. Ist es nicht auch ein Ausdruck von Verständnis für die Schwierigkeiten eines Jungen wie Cassimo, wenn die Erzieher der Lernwerkstatt seine entschiedene Verweigerung akzeptieren, wenn sie einen sinnlosen, für alle Seiten nur quälenden Kampf gegen Cassimos Abwehr nicht aufnehmen, wenn sie bescheiden sich darauf beschränken, diesem Jungen einen halbwegs guten Raum anzubieten – und immer wieder Möglichkeiten, sich zu beteiligen?!

In der abschließenden Gesprächssequenz werden aus beiden Fallgeschichten die positiven Ansätze und Möglichkeiten Cassimos zusammengestellt. Gab es nicht doch ernsthafte Chancen der Schule, die verpasst wurden?

Da ist zum einen die Fähigkeit Cassimos, einen guten Raum zu besetzen, in ihm ganz eigene Interessen zu entwickeln: das Aquarium in der Lernwerkstatt, die Klassenfahrt nach Italien in der Grundschule, sein Hund aus Italien, den er trotz Schwierigkeiten versorgt, seine technisch-naturwissenschaftlichen Hobbys. Wie hätte Schule aussehen müssen, die hier nicht auf Stundentafel, Klassenstruktur, Lehrplan und Fächerkanon beharrt, sondern aufgreift, was Cassimo kann und anbietet?

Waren aber wirklich diese »Angebote« durch Schule zu nutzen, hätte Cassimo es wirklich zugelassen, dass Schule an seine Ressourcen und Kompetenzen, Interessen und Fertigkeiten anknüpft? Ist es nicht ein Strukturmerkmal der Psychodynamik dieses Jungen, jedes »Anknüpfen« und »Aufgreifen« zu verweigern, weil es immer auch ein »Einbinden« bedeutet hätte?
In der interdisziplinären Falldiskussion kommt es hier nicht zu einer Klärung. Zu machtvoll erscheint die Abwehr Cassimos, und zu lange wohl wurde diese Abwehr »gespeist und befestigt« in den Jahren der Konfliktgeschichte Cassimos mit Schule und Jugendhilfe. Es ist eine Geschichte verleugneter Trennungen und nicht verstandener und betreuter Übergänge.

»Die traumatische Trennung des Jungen von den Eltern im Alter von zwölf Monaten war in Cassimos Familie kein Thema, auch nicht die folgende Trennung von den Großeltern in Sizilien. Die Trennungen, Brüche und Übergänge in Cassimos Schulzeit können deshalb nicht verstanden werden; sie bleiben als Wiederholungserfahrungen undurchschaut – und werden von Cassimo lediglich als schwere, krisenhafte Überforderung erlebt, die die tiefe frühe Desorientierung des Kleinkindes reaktiviert.«
»Wenn Trennung einfühlsam nachvollzogen werden kann, entwickelt sich Individuation. Wo sie in ihrer krisenhaften Gewalt de-thematisiert bleibt, überwältigt sie und verhindert Individuation. Bei Cassimo wurde Trennung verleugnet: Der Junge kommt ja nach Sizilien, also nach Hause in die Heimat! Das ist keine Trennung. Zu fremden Leuten hätte die Mutter ihren Sohn nie gegeben«.
»Dieser individuellen und zugleich kollektiven Verleugnung und De-Thematisierung von Trennung durch Migration entspricht eine komplementäre gesellschaftliche und institutionelle: Das deutsche Schulsystem hat sich nie auf die Migration eingestellt. Die Wander- und Trennungsbewegungen von Kindern – hin und her und wieder hin und wieder her – waren ein Dauerproblem in diesen Familien – und wo haben die Schulen darauf systematisch reagiert? Hier gibt es eine strukturelle Verantwortungslosigkeit im Immigrationssystem.«
»Und der Bogen der Trennungsthematik geht wieder zurück zu den Anfängen der Konfliktgeschichte Cassimos, denn Trennung fing schon vor dem Weggeben an die Großeltern in Sizilien an: Die Mutter ist überfordert, weil ein Kleinkind sich nicht in die Arbeitsabläufe der berufstätigen Eltern einpassen lässt; sie kann es sich unter diesen Bedingungen möglicherweise gar nicht leisten, sich in das Kind einzufühlen. Vielleicht ist sie selber innerlich hin- und hergerissen. Wer hat sich je dafür interessiert, was die Auswanderung aus Sizilien für die Mutter bedeutete!? Rückblickend sehen wir nur das Ergebnis, dass das alles keine Bedeutung bekommen durfte.«
»Dem nächtlich schreienden Säugling kann die Mutter nicht geborgene, verstehende, sorgende Heimat sein – die Arbeitsanforderungen und die Liebesanforderungen kann sie nicht vereinbaren. Und so wird der Junge für sie zur Quelle von Not und

Verzweiflung. Dabei hatte doch dieser Säugling ihr, der Mutter, die Heimat ersetzen sollen. Aus tiefstem Herzen hat sie gesagt: Ich hatte ja niemanden! Und gleich anschließend: Meine Mutter war so weit weg.«

Das interdisziplinäre Gespräch endet mit kleinen Überlegungen darüber, was Cassimo brauchte:

»Eine Mutter, die auch mal Ruhe kriegt. Die Eltern haben sich die Türklinke in die Hand gegeben. Die Mutter hat nie Ruhe gekriegt, hat sich nie von ihm ausruhen, von ihm trennen können, um sich – gut angefüllt – ihm wieder zuwenden zu können.« ... »Er hat keine Mutter, die Ruhe findet und Ruhe gibt, und keinen Vater der *basta!* sagt.«

»Eine *Umweltmutter*, in der sich dann ein gutes Objekt herausbilden kann. ... Das hieße, für so einen Jungen müsste quasi eine *Institutionsmutter* konstituiert werden, die seine Geschichte kennt und versteht, die ihn von einem Ort zum anderen Ort begleitet, die nicht so fragmentiert arbeitet ... Und diese *Umweltmutter* muss Raum haben, um Ambivalenz zuzulassen. Und gut ausgebildete und gut bezahlte Sozialpädagogen, die in der Lage sind, die destruktive Verwiegerung Cassimos auszuhalten – ohne Verleugnung oder Verharmlosung. Und nicht zuletzt eine verlässliche interdisziplinäre Kooperation an den Grenzen pädagogischer Interventionen.«

Kapitel VI
Aus dem Auge – aus dem Sinn! Der Fall Dalina

Thomas von Freyberg/Angelika Wolff

Als Dalina ihrer Teilnahme an unserem Projekt zustimmte, war sie fast 19 Jahre alt. Ihre Mutter lebt in recht wechselvoller Lebensgemeinschaft mit Dalinas Vater, dessen Nachname Dalina trägt. Sie hat noch eine ältere, attraktive Schwester, zu der sie keine gute Beziehung hat und die zeitweise in einer Diskothek arbeitet. Beide Eltern sind Deutsche, mehr oder weniger häufig arbeitslos und mehr oder weniger häufig zusammen oder getrennt lebend. Der Vater hatte zumindest eine Zeit lang schwere Alkoholprobleme, die Mutter bezog über einen gewissen Zeitraum hinweg Sozialhilfe. Deshalb auch ist die Familie in der Sozialstation bekannt, gehört aber nicht zu den »festen und problematischen Fällen« des Allgemeinen Sozialen Dienstes (ASD). Als die psychoanalytische Forschergruppe ihre Erhebungsarbeit begann, befand Dalina sich in einer krisenhaften Umbruchphase: Mehr als ein Jahr zuvor hatte sie in einer Lernwerkstatt des örtlichen Beratungs- und Förderzentrums (BFZ) ihren Hauptschulabschluss geschafft und war zu Hause aus- und mit einem Freund zusammengezogen. Doch an der Berufsfachschule, die sie im Anschluss an die Lernwerkstatt besucht hatte, war sie rasch gescheitert. Und schließlich hatte sie auch noch die Wohn- und Lebensgemeinschaft mit ihrem Freund aufgegeben. Nun lebte sie wieder bei ihrer Mutter.

6.1 Der soziologische Fallbericht

Die Interviews mit den ehemaligen Lehrern und Lehrerinnen Dalinas waren ungewöhnlich arm an Erinnerungen und Bildern – mit einer Ausnahme: Das Team der Lernwerkstatt hat sich sehr intensiv um dieses Mädchen gekümmert und konnte auch Wichtiges erinnern.

Das Gruppengespräch mit dem Team fand im Februar 2001 statt. Im März konnte ich (Th. v. F.) mich über die Schulakte Dalinas informieren, und im Mai und Juni fanden Gespräche mit den ehemaligen Lehrerinnen und Lehrern Dalinas an der Hauptschule, der Gesamtschule und der Berufs- und Berufsfachschule statt. Im September und Oktober kamen noch zwei abschließende Gespräche zustande, eins mit der Sozialarbeiterin der Lernwerkstatt und ein weiteres mit der zuständigen ASD-Mitarbeiterin. In den Jahren ihrer Regelschulzeit erlebte Dalina offensichtlich nur zwei Schuljahre, in denen Schule für sie ein »guter Ort« sein konnte: die Jahre in der Förderstufe an einer Grundschule. Ein Gespräch mit ihrer damaligen Klassenlehrerin fand im November 2001 statt.

Erst nach Abschluss der Erhebungsarbeiten versuchte ich, Dalina auch persönlich kennenzulernen. Ich schrieb ihr einen Brief, in dem ich mich bei ihr für die Erlaubnis bedankte, ihre schwierige Geschichte mit der Schule in unsere Untersuchung einzubeziehen. Ich bot ihr ein Gespräch an, falls sie daran Interesse habe, mehr über unser Forschungsprojekt zu erfahren, vielleicht auch darüber, was für uns an ihrer Schulgeschichte wichtig geworden ist. Dann machte ich ihr einen Vorschlag: Ich hatte von verschiedenen Seiten gehört, dass Dalina gut und gewandt schreiben könne. Darauf berief ich mich und fragte sie, ob sie sich vorstellen könne, ihre Schulgeschichte selbst einmal aufzuschreiben.

Als ich schon nicht mehr mit einer Antwort rechnete, rief Dalina an. Mit klarer, selbstbewusster Stimme äußerte sie ihr Interesse und fragte mich, wie ich meinen Vorschlag gemeint habe. Sie war damit einverstanden, sich mit mir in meinem Büro zu treffen, und wir einigten uns rasch auf einen Termin. An dem saß ich dann, wartend und skeptisch, bis nach etwa einer Stunde Dalina mich anrief und sich wegen Krankheit entschuldigte. Ich wollte nicht gleich einen zweiten Termin ausmachen und bat sie, wenn sie wieder gesund sei, mich doch anzurufen. Als etwa zehn Tage später ihr Anruf kam, hatte ich sie und die Absprache längst vergessen und war entsprechend überrascht. Wir legten einen zweiten Termin fest – und der verstrich dann sang- und klanglos. Kurz vor den Weihnachtsfeiertagen schrieb ich noch einen kleinen Brief. Sie solle sich durch die beiden Fehlversuche nicht entmutigen lassen; ich könne mir gut vorstellen, dass sie durchaus widersprüchliche Gefühle mit meinem Vorschlag verbinde; wenn sie noch immer Interesse an einem Gespräch mit mir habe, könne sie sich jederzeit an mich wenden. Das war der letzte Kontakt zwischen Dalina und mir.

Fünf Monate später schickte mir die für Dalina zuständige ASD-Mitarbeiterin eine E-Mail und bat mich um ein Gespräch. Seit einigen Wochen habe sie wieder sehr viel mit Dalina zu tun. Dalina mache leider gar nichts: keine

Therapie, keine Schule, keine Ausbildung, keine Wohnung. Die Gespräche drehten sich im Kreis, und sie frage sich, wie man Dalina adäquate Hilfe zukommen lassen könne. Zu diesem Zeitpunkt stand Dalina kurz vor ihrem 20. Geburtstag.

Vier Jahre Grundschule – ein begabtes und unscheinbares Mädchen mit Schwierigkeiten wird übersehen

In ihren vier Grundschuljahren erweist sich Dalina als eine durchschnittlich begabte Schülerin, die offenkundig Schwierigkeiten mit den Ordnungsanforderungen der Schule und im sozialen Umgang mit den Mitschülern hat. Häufige Klagen der Klassenlehrerin über fehlende – vergessene – Hausaufgaben und mangelhafte Ordnung in der Schultasche lassen vermuten, dass diesem Mädchen von Anfang an die entsprechende Unterstützung durch die Eltern fehlt. Dalinas Eltern werden in die Sprechstunde gebeten, doch eine Besserung folgt nicht. Dafür ein erster Brief der Schule an die Eltern:

> »Sehr geehrte Frau D., sehr geehrter Herr D., ich teile Ihnen mit, dass sich Dalinas Arbeitsverhalten seit unserem diesbezüglichen Gespräch ... nicht verbessert hat. Sie vergisst weiterhin regelmäßig Hausaufgaben und bringt geforderte Arbeitsmaterialien nicht mit in die Schule. ... Ich fordere Sie hiermit noch mal auf, Dalinas Arbeitsverhalten besser zu kontrollieren.«

Dalinas erstes Schulzeugnis am Ende der 1. Klasse stimmt alle problematischen Themen der folgenden Schuljahre an: Dalina »sollte sich um mehr Ordnung in ihrer Arbeitsausführung bemühen. Während des Jahres hat sie regelmäßig Hausaufgaben und Arbeitsmaterialien vergessen. Dalina ist immer freundlich. Sie verhält sich zurückhaltend und hat zögernd Kontakt zu einzelnen Kindern gefunden. Versäumnisse: 15 Tage, 14 davon entschuldigt.« Nach der 2. Klasse hat sich die Zahl der versäumten Tage auf 23 erhöht, davon 21 entschuldigt. Und wieder heißt es: »Dalina hat während des Jahres ständig Hausaufgaben vergessen, und benötigtes Unterrichtsmaterial war nicht verfügbar.« Und dabei bleibt es bis zur 4. Klasse. Die jährlichen »Versäumnisse« sind inzwischen auf 28 Tage angestiegen – ein Kommentar dazu findet sich in der Schulakte nicht.
Als Dalinas Eltern die Entscheidung über die weiterführende Schule treffen müssen, wählen sie die Förderstufe der Grundschule in einem benachbarten Stadtteil. Die Klassenkonferenz befürwortet diese Entscheidung über den weiteren Bildungsweg Dalinas.

Das letzte Schulhalbjahr in der Grundschule zeigt einen deutlichen Abfall in den schulischen Leistungen Dalinas. Das Abgangszeugnis ist um einiges schlechter als das Halbjahreszeugnis, und die 16 versäumten Schultage lassen die Annahme zu, dass das Fernbleiben von der Schule für Dalina mittlerweile eine eingeübte Verhaltensweise ist.

Kommentar:
Keine Aufmerksamkeit für den einzelnen Fall – keine Fragen – kein Verstehen

Die Konfliktgeschichte zwischen Dalina und Schule ist eine Geschichte der Verweigerung und Vermeidung von Konflikten auf beiden Seiten. Dass die Untersuchung individueller und institutioneller Konfliktvermeidungsstrategien eine wichtige Variante in unserer Untersuchung ist, dass hier – durchaus vergleichbar mit den Fällen offen eskalierender Konfliktgeschichten – ein problematisches Zusammenspiel von individueller und institutioneller Konfliktdynamik zu beobachten und zu analysieren ist, belegt die Fallgeschichte Dalinas.
Schon die Grundschuljahre erwecken den Eindruck: Diese Schülerin wird einfach übersehen, die Schule hat nicht viel für sie übrig, schenkt ihr und ihren offenkundigen Schwierigkeiten keine Aufmerksamkeit. Unübersehbar die Parallele: Wie Dalina mit zunehmender Konsequenz Schule und Unterricht verweigert, so verweigert – nicht weniger konsequent – die Regelschule vom ersten Tag an dieser Schülerin das Maß an Aufmerksamkeit, das sie mit ihren Schwierigkeiten und Problemen benötigt hätte.
Das Leitthema der Konfliktgeschichte dieses Mädchens mit Schule und Jugendhilfe drängt sich geradezu auf: *institutionelles Aufmerksamkeits-Defizit-Syndrom.*
Keine Aufmerksamkeit für den einzelnen Fall – keine Fragen – kein Verstehen, das meint zunächst ganz schlicht, dass Dalina als schwierige und konfliktbeladene Person von Schule und Lehrern nicht wahrgenommen wird. Dalina ist introvertiert, still und zurückgezogen, ein mageres, unscheinbares und unauffälliges Mädchen. Sie zieht die Aufmerksamkeit der Klassenlehrerin in der Grundschule nicht auf sich, sie kann offensichtlich deren Interesse oder auch Sorge nicht wecken. Auch dort nicht, wo sie »auffällig« wird, wo sie nicht recht »funktioniert«. Vom ersten Schultag an demonstriert Dalina, dass da was nicht in Ordnung ist mit ihr und mit ihren Schulsachen. Sie kann von Anfang an nicht Ordnung halten. Also gibt es verärgerte Briefe an Dalinas Mutter, die von der Grundschullehrerin dringlich und wiederholt aufgefordert wird, »Dalinas Arbeitsverhalten besser zu kontrollieren«. Vier Jahre

lang wird dieses Problem durch die Grundschule geschleppt. Vier Jahre lang vergisst diese Schülerin »regelmäßig Hausaufgaben und bringt geforderte Arbeitsmaterialien nicht mit in die Schule«, und ebenfalls vier Jahre lang weicht sie durch häufiges Fehlen den schulischen Anforderungen aus – in der Regel »wegen Krankheit« und von der Mutter »entschuldigt«. Dass sich hinter Dalinas Symptomatik eine schwere Störung verbergen könnte, ist – so scheint es – in diesen vier Schuljahren nicht einmal als Frage aufgetaucht. Dass dieses Mädchen durchaus und kontinuierlich Anlässe gab, sich Sorgen zu machen, sich zu beunruhigen und sich zu kümmern, auch weil es offenkundig war, dass hier die Eltern versagten, ist rückblickend kaum zu übersehen, entging aber damals der Aufmerksamkeit der Grundschullehrerin. Verständlich, denn bei all dem blieb diese Schülerin »immer freundlich«, und ihre fachlichen Leistungen lagen im unauffälligen Durchschnitt der Klasse. Und so entging der Schule der Beginn einer Schulschwänzerkarriere.

Dieser so harmlos erscheinende Anfang einer schließlich scheiternden Schulkarriere eines relativ begabten und schwer gestörten Mädchens verweist auf ein strukturelles Defizit des Schulsystems: Die präventive Verantwortung der Schule ist offensichtlich institutionell überhaupt nicht abgesichert. Dalina ist ja kein Einzelfall, es gibt viele solche Einzelfälle wie Dalina; und im Einzelfall wird das *institutionelle Aufmerksamkeits-Defizit-Syndrom* von Schule eklatant. Ihr fehlen die wichtigsten Voraussetzungen dafür, ihrer präventiven Verantwortung nachzukommen: der kompetente Blick auf Dalina als Einzelfall, die professionell geschulte Aufmerksamkeit, die die beunruhigenden Symptome der Störung Dalinas wahr- und ernstnimmt, ein zugängliches System von externen Maßnahmen und Angeboten, die es der Schule leicht machen, Hilfe und Unterstützung aus dritter Hand zu organisieren. So drängt sich ein fataler Zirkel auf, durchaus bekannt auch aus anderen schwierigen und konflikthaften Schülerkarrieren: Weil die Professionellen nicht über die angemessenen institutionellen Rahmenbedingungen verantwortlichen Handelns – hier: sorgfältiger Aufmerksamkeit und rechtzeitigen Sich-Kümmerns – verfügen, bleibt ihnen nicht viel anderes übrig als wegzusehen, nicht aufzumerken, zu vergessen und zu verharmlosen; vorausgesetzt die Symptomatik der Störung erlaubt es ihnen. Und Dalina hat es ihren Lehrerinnen und Lehrern überaus leicht gemacht, wenn nicht gar nahegelegt.

Zwei Jahre Förderstufe – Dalina findet in der Schule Aufmerksamkeit und einen guten Raum

Im Anschluss an die Grundschule besuchte Dalina für zwei Jahre die Förderstufe einer Grundschule. In diesen beiden Jahren erlebt sie das einzige Mal in ihrer Schulkarriere eine Regelschule, in der sie erfolgreich ist und Anerkennung findet. Von Halbjahr zu Halbjahr werden ihre Zeugnisnoten besser, und die Zahl der versäumten Schultage geht schlagartig zurück. Das Zeugnis nach dem ersten Schuljahr – Dalinas 5. Klasse – belegt eindrücklich, dass dieser Schulübergang für Dalina ein guter Wechsel gewesen sein muss. Ihre schulischen Leistungen haben sich enorm verbessert. Sie werden durchweg mit »gut« und zweimal mit »befriedigend« bewertet – und ihre Probleme mit der Ordnung werden nicht nur von der Lehrerin neu definiert, sondern offensichtlich von Dalina besser beherrscht.

> Ihr Zeugnis bemerkt: »Dalina konnte ihre Arbeit im zweiten Halbjahr wesentlich besser organisieren und somit ihre Leistungen in fast allen Fächern wesentlich steigern.« Das folgende Zeugnis belegt Dalinas spezifische Begabungen: Eine »sehr gut« in Musik und die Bemerkung: »Dalina ist im schriftlichen Umgang mit der deutschen Sprache stilistisch sehr gewandt. Sie sollte diese Fähigkeiten auch im mündlichen Bereich einsetzen. 2 Tage versäumt.«

Ganz offensichtlich ist Dalina hier auf eine Lehrerin gestoßen, die sie wahrnehmen konnte. Die Schule wurde so für sie zu einem Raum, vor dem sie nicht fliehen musste. Die Lehrerin hat sehr schnell gemerkt, wo Dalinas Schwächen liegen. Sie erinnert sich: Die Arbeitsorganisation dieser Schülerin sei eine pure Katastrophe gewesen, Arbeitsblätter habe man ihr nie mit nach Hause geben dürfen, »denn entweder gingen sie dort verloren oder kamen in einem völlig verdreckten Zustand zurück«. Einmal sei Dalinas Schultasche verschwunden gewesen und nach einer Woche Suchen und Rätselraten sei sie dann unverhofft wieder aufgetaucht – die Mutter hatte sie in ihrem Auto gefunden. Die Lehrerin hat dann Dalinas Mutter bei einem Elterngespräch kennengelernt und dabei sehr schnell »die große Ähnlichkeit von Mutter und Tochter« festgestellt. Die Mutter sei genauso chaotisch wie ihre Tochter, wirke »äußerlich genauso verhärmt und schlecht versorgt, sehr mager und sehr blass« – wie Dalina. Und der Klassenlehrerin ist »unmittelbar klar geworden«, was sie in den knapp zwei Jahren Förderstufe bei dieser Schülerin erreichen kann – und was nicht. Sie konzentriert sich auf die Stärken und Fähigkeiten Dalinas im schulischen Raum und Rahmen. Denn im Unterricht habe Dalina »ernsthaft und konzentriert gearbeitet«, eine gute Schülerin sei sie gewesen und vor allem »wunderbare Texte« habe sie geschrieben«.

> »Ich habe gewusst, wo ich sie in den zwei Jahren nicht ändern werde, und an den Stellen habe ich sie dann auch in Ruhe gelassen: also bei der Frage ihrer Arbeitsorganisation, ihrer Unordnung. Hier habe ich dann auch keine Anforderungen mehr an sie gestellt.« Arbeitsblätter, die unbedingt in der Schule gebraucht wurden, seien halt dort deponiert worden und – noch mal: in allen schriftlichen Arbeiten sei Dalina einfach überzeugend und gut gewesen; so gut, dass fast jedesmal ihre Nacherzählungen oder Aufsätze vor der Klasse vorgelesen wurden. »Sie war eine gründliche und ausgesprochen fleißige, stille Arbeiterin im Unterricht, und sie war überhaupt nicht auffällig.« Sie habe nicht viele enge Kontakte in der Klasse gehabt, außer der Beziehung zu ihrer Nachbarin eigentlich kaum noch welche. Aber als Außenseiter sei sie auch nicht aufgefallen.

Am Ende der zwei Förderjahre sollte Dalina auf den Realschulzweig einer Gesamtschule wechseln. Das war der Wunsch der Eltern, aber auch Dalina wollte an diese Schule, »weil ihre einzige Freundin dorthin wechselte«. Die Klassenlehrerin widersprach dem nicht »aufgrund des durchschnittlich befriedigenden Leistungsverhaltens« dieser Schülerin.

Kommentar: ein guter Ort – doch ohne Nachhaltigkeit

Es sind wohl einige für Dalina sehr günstige Punkte zusammengetroffen, die es dieser Schülerin möglich gemacht haben, Schule auszuhalten, mehr noch: sie als guten Ort zu erleben. Dalina stieß auf eine junge Klassenlehrerin, die Sympathie für sie hatte, die sehr schnell ihre besonderen Fähigkeiten entdeckte und anerkannte und die ihre Schwächen auf sich beruhen ließ. Hinzu kam eine relativ ruhige und tolerante Gesamtatmosphäre in Dalinas Klasse trotz einiger sehr störender und auffälliger Jungen. Die Mädchengruppe aber war stark und konnte es offensichtlich zulassen, daß Dalina und ihre Freundin abseits blieben. Weder die Lehrerin noch die Klasse trieben Dalina mit Anforderungen in die Enge, denen sie nicht genügen konnte; das ist wahrscheinlich das kleine und recht banale Geheimnis dieser zwei guten Jahre Dalinas, ihrer einzigen zwei guten Jahre im Regelschulsystem.

Mag sein, dass auf lange Sicht und mit langem Atem Schule für Dalina zur Chance hätte werden können, auch die blockierten Lebensbereiche nachholend zu entwickeln; mag sein, dass mit langer Sicht und langem Atem jene Lehrerin hätte feststellen können, dass diese Schülerin Hilfe aus dritter Hand braucht und Schule auch mit ihren besten pädagogischen Mitteln hier überfordert ist; doch der Blick auf Dalina war zwangsweise verkürzt, von langem

Atem konnte von Anfang an nicht die Rede sein, und eine Chance der verantwortlichen Aufmerksamkeit für die individuelle Entwicklung dieser begabten und gestörten Schülerin gab es objektiv nicht.

Im Gespräch erinnert die Lehrerin ihr damaliges Unbehagen an dieser verkürzten Perspektive, die ihr durch die Förderstufe aufgenötigt war: Zwei Jahre seien einfach zu kurz, um die Entwicklung der eigenen Schülerinnen und Schüler zu verstehen, zu begleiten und die Bedeutung der eigenen Arbeit für diese Entwicklung zu reflektieren. Deshalb auch habe sie sich an ihre jetzige Schule beworben, wo sie die Möglichkeit habe, ihre Klasse über vier Jahre hinweg zu führen.

So verweisen diese beiden Jahre Förderstufe auf ein weiteres strukturelles Defizit von Schule: Die kontinuierliche Verantwortung für die Entwicklungsprozesse der Kinder und Jugendlichen ist institutionell nicht abgesichert, mehr noch, sie wird institutionell systematisch erschwert. Die vertikale Segmentierung des Schulsystems produziert geradezu zwingend eine entsprechende Fragmentierung des Blicks, der Perspektive und des Verständnisses für die Entwicklungsprobleme der Schülerinnen und Schüler. Bei allen unseren Analysen der Konfliktgeschichten von nicht beschulbaren Kindern und Jugendlichen mit Schule und Jugendhilfe ist das die bedrückendste Einsicht: Es gibt bei den verantwortlichen Professionellen kein Verständnis für die individuelle Geschichte, für die Dynamik der Konfliktentwicklung; und angesichts der Segmentierung kann ein solches Verständnis auch gar nicht entstehen.
Es ist also auch hier die Rede von *struktureller Verantwortungslosigkeit*, angesichts der die Frage nach individueller persönlicher Verantwortung der einzelnen Lehrer fast belanglos ist. Das Beste, was unter solchen Bedingungen Dalina passieren konnte, ist eben jene junge Lehrerin gewesen, die bewusst und systematisch ihren Blick auf diese Schülerin verengte, die ein schulisches Setting zustande brachte, das es dieser Schülerin erlaubt, *mit* ihren schweren Konflikten und Störungen in der Schule einen guten Ort zu finden, und die vielleicht die Hoffnung haben konnte, dieser Schülerin Erfahrungen zu vermitteln, die sie später nutzen kann.

Zwei Jahre Gesamtschule und Hauptschule – wechselseitige Verweigerung und Missachtung

Die beiden folgenden Schuljahre wurden für Dalina zum Desaster. Sie kommt in eine 7. Klasse des Realschulzweigs einer Gesamtschule, und dort tauchen rasch Dalinas bekannte Schwierigkeiten auf.

> Ihr damaliger Klassenlehrer teilte mir bei der ersten telefonischen Kontaktaufnahme mit, er könne eigentlich gar nichts über Dalina sagen, habe auch kein rechtes Bild von ihr. Sie sei ja praktisch nicht im Unterricht erschienen. 87 Tage habe sie im Schulhalbjahr gefehlt. Schlagartig – so könnte es scheinen, wären da nicht die regelmäßigen hohen Versäumnisse schon in der Grundschule gewesen – ist Dalina zur Schulschwänzerin geworden.

Sie bleibt in ihrer neuen Klasse sozial isoliert, die Beziehung zu ihrer Freundin aus der Förderstufe zerbricht; und Dalinas Unfähigkeit, ihre Arbeitsmaterialien zu organisieren, führt zu Konflikten mit den Fachlehrern: Es kommt zu ersten Eintragungen in die Schulakte. Dalinas Mutter wird schriftlich ermahnt: Wie solle denn ein sinnvoller Unterricht stattfinden, wenn ihre Tochter die entsprechenden Arbeitsmaterialien wie Hefte oder Bücher nicht mitbringe?! Das erste Halbjahreszeugnis bestätigt die zuvor der Mutter schon schriftlich mitgeteilte »gefährdete Versetzung«. Immer häufiger bleibt Dalina von der Schule fern. Der erste Bußgeldbescheid wird angekündigt. Das macht die Sache nicht besser. Zum Schuljahresende haben sich drei Bußgeldbescheide angesammelt. Dalina ist inzwischen eine durchgängig schlechte Schülerin und chronische Schulschwänzerin geworden. Sie wird nicht versetzt. »Versäumnisse 45 Tage, davon 33 unentschuldigt« hält ihr Zeugnis fest.

Ihr damaliger Klassenlehrer erinnert sich vage an dieses »stille, schüchterne, dünne Mädchen«: Sie habe keinen Kontakt zu ihren Mitschülerinnen und Mitschülern gefunden; und weil sie »verschlossen war und sich abgesondert« habe, sei sie auch »häufig von ihren Mitschülern geärgert und gehänselt« worden. Aber so recht habe er sich um Dalina nicht kümmern können. Unauffällig sei dieses Mädchen gewesen und einfach nicht in den Blick des Klassenlehrers geraten. Das dürfe nicht wundern, denn es sei damals eine außergewöhnlich schwierige Klasse gewesen mit mindestens fünf bis sechs schweren Problemfällen, die die Aufmerksamkeit des Lehrers völlig in Anspruch genommen hätten.

> Diese 7. und 8. Klassen an der Gesamtschule seien generell ein schwieriges Feld. In der 7. Klasse werden die Klassen neu zusammengestellt und bis weit in die 8. Klasse hinein steht das Thema der Disziplinierung und des Zusammenwachsens im Mittelpunkt. Diese 7. Klasse, in die Dalina gekommen war, sei aber eine extrem schwierige Klasse geblieben.

Dalina muss die 7. Klasse wiederholen, und das tut sie in jeder Hinsicht. In den ersten knapp sechs Wochen kommt sie auf 19 Fehltage. Der obligatorische Brief an die Mutter und eine weitere Ordnungswidrigkeitsanzeige sind die Folge. Danach bleibt Dalina noch konsequenter der Schule fern – 21 Fehltage in den anschließenden sechs Wochen. Das wiederholt sich dann noch einmal, bis es zum ersten Gespräch der Klassenlehrerin mit Dalinas Mutter kommt, ein Gespräch, in dem die Lehrerin kaum mehr erfahren hat, als dass die Mutter keine Möglichkeit sieht, ihre Tochter zu einem regelmäßigen Schulbesuch zu bewegen. Das Halbjahreszeugnis ist katastrophal in den Noten, listet 55 unentschuldigte Fehltage auf und bemerkt, dass die Versetzung Dalinas erneut gefährdet sei und Dalina in diesem Fall den Realschulzweig verlassen müsse.

In diesem Wiederholungs-Schulhalbjahr hatte die neue Klassenlehrerin offensichtlich keine Gelegenheit, Dalina überhaupt kennenzulernen. Immerhin hat sie eine vage Erinnerung daran, wo Dalina sich während der Schulzeit aufhielt: Sie sei nicht in der Innenstadt gewesen, habe sich auch nicht an den einschlägigen Plätzen dort herumgetrieben. Sie sei eher alleine in der Gegend herumgelaufen, beim Pferdehof am Wald zum Beispiel. Die Lehrerin erzählt, dass sie hin und wieder Dalina getroffen und angesprochen habe. Die habe dann jedesmal versichert, jetzt würde sie kommen, würde wieder regelmäßig zur Schule kommen. Aber mehr, als dass sie vielleicht am folgenden Tag erschien, sei dabei nicht heraus gekommen. Und irgendwann, wenn es klar sei, dass sie ständig fehlt, dann werde nicht einmal mehr ihr Fehlen ins Klassenbuch eingetragen. Die Klasse wisse, das ist die »Klassenschwänzerin« – und die Lehrer wissen es auch. Das sei im ersten Realschuljahr so gewesen und das habe sich im Prinzip auch in der Wiederholungsklasse nicht geändert. Die Lehrerin erklärt, weshalb diese Schülerin nicht mehr an Aufmerksamkeit und verantwortlicher Zuwendung durch die Schule erfahren habe: Dalina sei beide Male in ganz besonders schwierige Klassen mit vielen sehr verhaltensauffälligen, sehr störenden und alles dominierenden Schülern aufgenommen worden. Sie selber aber habe zu den Unauffälligen in der Klasse gehört, und durch ihr Schuleschwänzen sei sie eher noch unauffälliger geworden. Bei solchen schwierigen Klassen »rutscht so ein Mädchen dann durch das soziale Gitter der Schule«.

Anderthalb Jahre hatte an dieser Gesamtschule niemand hinreichend Zeit, Geduld und Interesse, sich um dieses unscheinbare Mädchen zu kümmern. Am Ende erscheint es dann auch den Lehrern besser, diese Schülerin an eine andere Schule zu vermitteln. Man hätte Dalina natürlich auch an der Gesamtschule halten können, sogar eine Versetzung – bei Wechsel in den Hauptschulzweig – wäre denkbar gewesen. Aber das Problem des Schulschwänzens wäre so nicht gelöst worden, zumindest in diesem Punkt muss man den Professionellen an der Schule recht geben. So wechselt Dalina mitten im

Schuljahr auf eine benachbarte Hauptschule. Alle Beteiligten, so wird mir berichtet, haben diesen Wechsel für sinnvoll erachtet. Dalinas Meinung dazu wurde schnell deutlich. Sie kam zu Beginn des zweiten Schulhalbjahres an die neue Schule, begleitet von ihrer Mutter. Ob ihr neuer Klassenlehrer von Dalinas eigensinnigem Schulverhalten vorher informiert worden war, kann er im Gespräch mit mir nicht mehr genau erinnern. Vielleicht wurde es vergessen. Er weiß nur: Dalina kam zwei oder drei Tage in den Unterricht – und blieb dann fort. Er habe dann Kontakt zur Mutter gesucht und von ihr erfahren, dass Dalina morgens von zu Hause weggehe, aber offensichtlich nicht in der Schule ankomme. Nach einigem Zuwarten habe er sich mit der zuständigen Sozialstation in Verbindung gesetzt, und dort sei es dann auch zu einem Gespräch gekommen, an dem Dalina und ihre Mutter, er selber und die ASD-Mitarbeiterin teilnahmen. Von diesem Gespräch sei ihm vor allem in Erinnerung geblieben, dass Dalina ihr Schulschwänzen überhaupt nicht habe begründen können.

Der Lehrer hat ein nur vages Bild von dieser Schülerin. Rückblickend vermutet er, dass bei Dalina eine unterdurchschnittliche Lernbegabung vorgelegen habe und dass die Frustration über die schulischen Misserfolge die Ursache ihres Schulschwänzens waren. Warum Dalina mitten im Schuljahr an die Hauptschule wechseln musste, weiß er nicht (mehr). Er nimmt an, dass schon an der vorherigen Schule das chronische Schulschwänzen Dalinas auffällig und nicht akzeptabel war. Aber genau könne er sich nicht erinnern, ob bei dem Vorstellungsgespräch an der Hauptschule das Thema des Schulschwänzens zur Sprache gekommen sei. Um Dalina habe er sich nicht intensiver kümmern können, sie sei ja nie in der Schule gewesen. So habe sich seine Aufgabe weitgehend darauf beschränkt, zu schauen, dass über das Sozialamt eine andere Einrichtung für Dalina gefunden wird. Mehr könne generell an der Schule für Schulschwänzer nicht getan werden.

> »Die Lehrer selbst können sich um die Einzelfälle kaum kümmern, dafür haben sie nicht die Zeit. Sie haben es mit einer Schulklasse zu tun. Und vor allem die Schüler, die im Unterricht gar nicht da sind, die durch Fehlen und Schulschwänzen *auffallen*, können im Rahmen des normalen schulischen Betriebes durch die Lehrer nicht betreut und versorgt werden.«

Es kommt zum ersten Mal in der Schulgeschichte Dalinas zur Kooperation von Schule, Jugendhilfe und Familie. Die beschränkte sich auf die Beendigung der Karriere dieses begabten Mädchens in der Regelschule und sorgte für Eingliederung Dalinas in eine Lernwerkstatt des örtlichen Beratungs- und Förderzentrums (BFZ). Bis zu diesem Zeitpunkt haben sich Bußgeldbescheide in Höhe von fast 1.000 € angesammelt.

Kommentar: institutionelles Aufmerksamkeits-Defizit-Syndrom

Selbstverständlich setzen die Fachlehrer der Gesamtschule jene Kompetenzen und Fertigkeiten voraus, über die diese Schülerin noch nie verfügte: sich in das soziale Gefüge der Klasse einzufügen *und* ihre Hausaufgaben und Arbeitsmaterialien ordentlich zu führen. Und genauso selbstverständlich haben die Lehrer keine Lust, sich um die Probleme Dalinas intensivere Gedanken zu machen: Klagen, Vorwürfe und Forderungen an die Adresse der Eltern, erzieherisch auf ihre Tochter einzuwirken – zu mehr reicht es nicht. Denn die Lehrer haben alle Hände voll zu tun, um die lautstarke und undisziplinierte Klasse in den Griff zu bekommen. Dalina baut ihre Erfahrungen aus der Grundschule aus. Das systematische Schuleschwänzen beginnt und hat den wohl doppelten Sinn: Dalina vermeidet die kränkenden, missachtenden und beängstigenden Erfahrungen in der Klasse und zwingt die Erwachsenen, sie – wenigstens als Abwesende – wahrzunehmen. Doch sie kann kaum mehr als administrative Aufmerksamkeit erregen. Es kommt zu den – an der Schule – obligatorischen Ordnungswidrigkeitsanzeigen. Dalina wird nicht versetzt, kommt ein weiteres Mal in eine 7. Klasse, die ebenfalls neu zusammengesetzt und besonders schwierig ist, und bleibt nun endgültig von der Schule fern. Und wieder geschieht – abgesehen von weiteren Ordnungswidrigkeitsanzeigen – nichts; nicht einmal das zuständige Jugendamt wird informiert, obwohl die neue Klassenlehrerin immerhin erfährt, dass Dalina sich während der Schulzeit »am Fluss im Grünen« herumtreibt. Keiner der beiden Klassenlehrer in der Gesamtschule hat Dalina überhaupt kennengelernt, keiner hat sich jemals Gedanken über sie gemacht, keiner hat sich bemüht, ihr chronisches Schulevermeiden zu verstehen. Dafür gab es einfach keine Zeit und Gelegenheit. So bleibt nur noch die »Mechanik« der Selektion: Dalina wird auf eine benachbarte Hauptschule verwiesen, zu der die Gesamtschule gute kollegiale Kontakte pflegt; womit eine weitere drohende Nichtversetzung vermieden wird. Doch dort geht es nicht viel anders zu als an der Gesamtschule. Eine einzige Erinnerung an Dalina hat ihr Klassenlehrer aus der Hauptschule, eine Erinnerung aus dem Gespräch im Büro des ASD, dass »Dalina ihr Schulschwänzen überhaupt nicht begründen konnte«.

Diese beiden letzten Jahre Dalinas im Regelschulsystem verweisen auf ein weiteres strukturelles Defizit: Eine nachgehende Verantwortung für Schüler, die sich der Schule entziehen, ist institutionell nicht abgesichert; mehr noch, die realen Arbeitsbedingungen an Gesamt- und Hauptschulen verhindern offensichtlich eine solche Verantwortung. Für ängstliche, stille und introvertierte Schüler reicht die Aufmerksamkeit der Lehrer im alltäglichen Klassenkampf nicht. Und spezifische Ressourcen an Zeit und Personal stehen für jene, die vielleicht Probleme haben, aber keine machen, nicht zur Verfügung. Man ist ausgelastet mit den Schwierigkeiten, die sich aufdrängen und lautstark nach Lösungen rufen, mit den Störungen, die unüberhörbar und unübersehbar Schule an ihrem eigentlichen Auftrag hindern: zu unterrichten. Insbesondere in den 7. und 8. Klassen brauchen die Lehrer alle Kraft, überhaupt erst die sozialen Bedingungen für einen geregelten Unterricht herzustellen, für Disziplin zu sorgen und dafür, dass die Klasse »zusammenwächst«. Unmöglich, dass Dalina mit ihren Störungen die Aufmerksamkeit ihrer Lehrer finden kann, unmöglich auch, dass sie bei ihnen Schutz findet. Irgendwie hat der Klassenlehrer sicher mitbekommen – denn es gehört zu dem Wenigen, woran er sich erinnern kann –, dass diese Schülerin keinen Anschluss an die Klassengemeinschaft fand, dass sie sich absonderte, verschlossen war und »häufig von Mitschülern geärgert und gehänselt« wurde. Aber so ist das Leben. Dalina »war extrem introvertiert und dieses Verhalten wurde von den Klassenkameradinnen und Klassenkameraden dann auch entsprechend sanktioniert«. Und als dann Dalina sich diesen für sie unerträglichen Belastungen entzog, der Schule fernblieb, war sie für ihre Lehrer endgültig »aus dem Auge, aus dem Sinn«.

Zwei Jahre Lernwerkstatt – Hauptschulabschluss und weiteres Scheitern

In den beiden folgenden Schuljahren ist Dalina Schülerin in der Lernwerkstatt, einer Erziehungshilfeeinrichtung, die von Schulamt und Jugendamt gemeinsam getragen wird. Hier gibt es zwei Lerngruppen mit jeweils sechs Schülern. Dalinas Lerngruppe wird von einem pädagogischen Team betreut, das sich aus einem Lehrer, einem Werkpädagogen und einer Sozialarbeiterin zusammensetzt. Es gibt noch eine weitere Schülerin in dieser Lerngruppe, und zwischen ihr und Dalina entstand rasch, so berichtet der Lehrer Dalinas, eine freundschaftliche Beziehung. In der *Sonderpädagogischen Förderempfehlung* durch den zuständigen Lehrer der Lernwerkstatt – geschrieben vier Monate nach Eintritt Dalinas in die Lernwerkstatt – heißt es: Zu den Jungen der Lerngruppe verhalte sich Dalina sehr distanziert; »deren Umgangston und Benehmen schrecken Dalina ab«. Anfänglich habe sich Dalina, wenn es einmal zu ernsteren Auseinandersetzungen gekommen sei, »ohne etwas zu sagen still in eine ruhige Ecke zurückgezogen«. Mittlerweile traue sie sich »je nach ihrer Tagesform« auch zu, »Widerworte zu geben«. Gelinge es ihr, sich zu wehren, dann geschehe dies in einer angemessenen Art und Weise. Dies sei jedoch ein Grund dafür, dass sie von den Jungen kaum ernstgenommen werde. Weil ihre Mitarbeit im Unterricht tadellos sei und sie auch dementsprechend Erfolge erziele, werde sie als Streberin angesehen. Doch das lasse sie »von sich abprallen«. Allein wegen der Art, wie Dalina sich selbst beschäftigen könne, erfahre sie eine Abwertung durch die Jungen. Morgens in der Freizeit vor dem Unterricht lese sie gerne Zeitung, schreibe Kurzgeschichten und Gedichte – alles Dinge, für die sie von den Jungen keine Anerkennung bekomme. Darunter leide sie ein wenig, da sie gerne einen Freund hätte. Dalinas Arbeits- und Lernverhalten wird in diesem Gutachten fast vorbehaltlos gelobt und anerkannt.

> Arbeiten und Lernen sei für sie eine Selbstverständlichkeit, kein antrainiertes Verhalten, sondern ein echtes Bedürfnis. An Themen, die ihr besonders liegen, könne sie über mehrere Stunden hinweg selbständig arbeiten und nur ungern lasse sie sich dann unterbrechen. Im Ganzen sei ihre Arbeitsweise genau und ordentlich. Am schulischen Leistungsstand könne Dalinas Scheitern in der Regelschule nicht gelegen haben: »Von ihrer Begabung her halte ich aus heutiger Sicht die einstmals erfolgte Einstufung in die Realschule für richtig. Was Dalinas Schullaufbahn zum Scheitern brachte, sind ihre emotionalen Schwierigkeiten, wenn sie sich unter vielen Menschen befindet. Dem Trubel und der Lautstärke einer Regelschule ist Dalina nicht gewachsen.« Trotz einiger Wissenslücken infolge ihrer hohen Fehlzeiten könne Dalinas »allgemeiner Leistungsstand mit dem einer guten Schülerin in der 7. Klasse der Hauptschule verglichen werden. Ihre Rechtschreibung und schriftliche Ausdrucksfähigkeit entspricht sogar eher der 8. und 9. Klasse.«

Die Prognose des Lehrers ist optimistisch. Dalina sei sich ihrer Probleme im Umgang mit anderen Menschen, vor allem mit Jungen, bewusst und wolle entsprechende Hilfe. Da sie sich auf das Betreuerteam der Lernwerkstatt eingelassen habe und bereit sei, deren Unterstützung anzunehmen, gelinge es ihr auch, die Absprachen und Regeln recht zuverlässig einzuhalten. Mit der Lernwerkstatt sei offensichtlich eine Umgebung gefunden worden, die es ihr möglich macht, jeden Tag zu erscheinen und auch aktiv am Unterricht teilzunehmen. Die Lernwerkstatt biete Dalina die Chance, dass die vorliegenden Probleme erfolgreich angegangen werden.

Die schulischen Leistungen Dalinas sind in diesen beiden Jahren an der Lernwerkstatt überdurchschnittlich gut und mit dem Abschlusszeugnis erhält Dalina den Hauptschulabschluss.

Es gab zwei kurze Phasen, in denen Dalina von der Lernwerkstatt fernblieb und ihr Verhalten der Schulverweigerung wieder aufnahm. Beide Male hat das pädagogische Team sofort reagiert und durch intensives, tägliches Sich-Kümmern – Anrufe, Hausbesuche, Abholen – diese Krisen überbrückt. Rückblickend vermitteln alle drei Mitglieder des pädagogischen Teams ein Bild von zwei relativ konflikt- und krisenarmen Jahren. Dalina habe sich in der Lernwerkstatt wohlgefühlt. Verglichen mit den anderen in der Lerngruppe sei sie eine unproblematische Schülerin gewesen, die wenig Ärger und Sorgen gemacht und die es geschafft habe, beide Erzieher für sich einzunehmen.

> Der Lehrer war regelrecht begeistert von dieser begabten und interessierten Schülerin, die morgens mit der Zeitung ankam und schon damit – auch den Mitschülern – signalisierte, dass sie etwas Besonderes war. Der normale Unterricht konnte diesem Mädchen wenig Neues bieten – aber der Lehrer gab ihr Anregungen, Bücher zum Lesen und die Möglichkeit, sich selbst zu beschäftigen. Und auch mit dem Werkpädagogen entwickelte sich eine enge, fast intime persönliche Beziehung. Seine Zusatzausbildung als Familientherapeut motivierte ihn, den Zugang zu Dalinas Störungen zu suchen. Er erlebt die panischen Ängste dieser Schülerin, wenn die Lerngruppe den geschützten Raum der Lernwerkstatt verlässt und die Innenstadt aufsucht. Er sucht mit der Schülerin das Gespräch über diese Ängste und macht mit ihr *Angsttraining*. Und er versucht, ihr »angegriffenes Selbstbild zu festigen«. Er vermutet Dalina »am Rande der Magersucht« und geht auch dieses Problem an. Er spricht von »Bulimie verbunden mit Erbrechen« und davon, dass Dalina dies anfangs »ganz bewusst gemacht« habe, denn sie wollte ja Jockey werden, musste also mager sein. Bei allen Widerständen dieser Schülerin habe er es »hingekriegt«, dass dieses Mädchen »nachher relativ normal gegessen hat«.

Noch heute, mehr als zwei Jahre, nachdem Dalina die Lernwerkstatt verlassen hat, hält sie Kontakt zu den Erziehern, lässt sich regelmäßig blicken und erzählt von ihren anhaltenden Schwierigkeiten. Für ihren Lehrer ist sie immer noch die große Ausnahme. Vielleicht sei sie, was die schulischen Anforderungen anbelangt, in der Lernwerkstatt fehl am Platz gewesen, in anderer Hinsicht aber habe sie hier viel lernen können: Sie habe ihr Lachen wiedergefunden und habe verbalisieren können, was ihr die Lernwerkstatt bedeutet – über einen tollen Sprachstil habe sie verfügt. Das pädagogische Team der Lernwerkstatt ist – auch rückblickend – mit seiner Arbeit alles in allem zufrieden. Dalina habe in den zwei Jahren hier wichtige Entwicklungsschritte nachholen können, und eigentlich hätte sie es »draußen packen« müssen – bei all der Zuwendung und all dem Verständnis seitens des pädagogischen Teams. Und zunächst sieht es ja auch danach aus. Dalina beschließt nach dem »mittleren Hauptschulabschluss« den Wechsel an die benachbarte Berufsfachschule für Büroverwaltung. Das pädagogische Team der Lernwerkstatt betreut ihren Übergang und erfährt dabei, dass Dalina dort »einen sehr guten Start gehabt« habe.

Doch im Gespräch mit der verantwortlichen Lehrerin an der Berufsfachschule erfahre ich, dass Dalina – wohl auf Grund ihrer bisherigen Schullaufbahn – nicht in eine reguläre Klasse der Berufsfachschule, sondern nur in eine Klasse des Berufsgrundbildungsjahrs (BGJ) aufgenommen worden war.

> Sie habe einen durchaus positiven Eindruck von dieser Schülerin gewonnen, ein liebes, interessiertes und sympathisches Mädchen – und eine angenehme Überraschung angesichts der vielen eher lauten, auffälligen und den Unterricht ständig störenden Mitschüler. Von Dalinas Problemen der Schulverweigerung habe sie zunächst nichts erfahren. So habe sie erst einmal auch gar nicht auf Dalinas Fehlen in der Schule reagiert. Nach etwa drei Wochen dann habe sie Kontakt mit Dalinas Mutter gesucht und dabei erfahren, dass Dalina auch früher schon häufig der Schule ferngeblieben sei. Sie habe dann die Schulakte sich angeschaut und das Gespräch mit dem Lehrer der Lernwerkstatt gesucht und so erfahren, dass Dalina schon eine lange Geschichte der Schulverweigerung hinter sich habe.

Hatte Dalina im 1. Schulhalbjahr noch 26 im Zeugnis ausgewiesene Fehltage, so waren es im 2. Schulhalbjahr 24, ehe sie – noch im laufenden Schuljahr – ihre Schulkarriere endgültig beendet. Der abschließende Kommentar der letzten Lehrerin Dalinas ist nachdenklich und traurig und gleicht – fast stereotyp – inhaltlich denen aus Gesamtschule und Hauptschule einige Jahre zuvor: Fehlzeiten gebe es bei sehr vielen Schülern, chronische Schwänzer aber seien eher selten. Aber was die Lehrerinnen und Lehrer beschäftige, was ihre Aufmerksamkeit fessele, seien eben nicht die Schulschwänzer, denn das »sind häufig liebe, relativ stille und harmlose« Schülerinnen und Schüler. »Die aggressiven Störer dagegen, die mit gestörtem Verhalten die Klasse, den Unterricht durcheinanderwirbeln, die ziehen die Aufmerksamkeit der Lehrer auf sich.«

Kommentar: aus dem Auge, aus dem Sinn

Das gegliederte Schulsystem wird ganz besonders an seinen organisierten Brüchen und Übergängen für viele – insbesondere für unsere nicht beschulbaren – Kinder und Jugendliche regelmäßig zur Quelle regressiver Krisen. Lehrerinnen und Lehrer wissen das und haben oft ein ziemlich genaues Gespür dafür, welche ihrer Schüler sich schwer tun, welche wahrscheinlich überfordert sein werden. Doch dieses durch zahllose Erfahrungen gespeiste Wissen bleibt sehr häufig ohne Konsequenzen. Eine verantwortliche Betreuung der Übergänge wenigstens für die schwierigen Schülerinnen und Schüler ist immer noch eher die Ausnahme. In der Konfliktgeschichte Dalinas gab es drei derartige krisenhafte Übergänge.

Einmal der von der Förderstufe zur Gesamtschule: Die engagierte junge Lehrerin der Förderstufe kann nach den zwei Jahren ihre Schüler nur ab- und weitergeben. Mehr ist nicht vorgesehen – und wahrscheinlich sah sie bei Dalina auch nicht die Notwendigkeit einer spezifischen Aufmerksamkeit. Dabei mag Dalinas schulische Begabung geholfen haben. Die schwere soziale Störung dieser Schülerin war erfolgreich in der Förderstufe »befriedet« worden; links liegen gelassen musste niemand mehr sie im Auge behalte. So gab es dann nach den so erfolgreichen zwei Förderstufenjahren auch wenig Grund, den Übergang in den Realschulzweig der Gesamtschule zu betreuen. Dass Dalina den Leistungsanforderungen dort gewachsen sein dürfte, war »offenkundig«, und darauf kommt es schließlich im Schulsystem an.
Zum anderen die Übergänge in der Gesamtschule und von ihr zur Hauptschule: Das Verhalten von Lehrern und Schulen in den folgenden zwei Schuljahren Dalinas ist vielleicht für Außenstehende schwer nachzuvollziehen. Unübersehbar aber ist die verblüffende Parallelität: Die Schule schaut nicht auf diese Schülerin und ihre Probleme *und* Dalina verschwindet aus der Schule und macht sich vollends unsichtbar; die Schule verweigert sich den Anforderungen dieser schwierigen Schülerin *und* Dalina verweigert sich den Anforderungen der Schule. Abseits dieser aufdringlichen Parallelität finden eigentümliche monologische Handlungen statt. Das Mädchen verlässt pünktlich und regelmäßig ihr Zuhause und treibt sich »irgendwie und irgendwo« am nahegelegenen Fluss im Grünen herum. Und die Schule spult ihr Arsenal an Ordnungsmaßnahmen ab: Dalina kommt nicht mehr in die Schule, also wird sie nicht versetzt. Sie kommt in eine neue Klasse, besucht aber auch diese nicht, also wird sie an eine andere Schule abgeschoben. Dort erscheint sie auch nicht, also wird sie aus dem Regelschulsystem entfernt. Und immer wieder: Ordnungswidrigkeitsanzeigen. Keine dieser Maßnahmen hat noch irgend einen nachvollziehbaren Bezug zu den Problemen dieser Schülerin. Die Schule hat jegliche besondere Aufmerksamkeit Dalina gegenüber eingestellt und agiert nach dem blanken Schema von Selektion auf der Grundlage erbrachter, in diesem Fall, nicht erbrachter schulischer Leistungen. Die Frage also nach einer verantwortlichen Betreuung der Übergänge – beim Zurückstufen in die Klasse 7 oder beim Schulwechsel – stellte sich zu diesem Zeitpunkt schon nicht mehr.
Zum dritten der Übergang von der Lernwerkstatt in die Berufsfachschule: Ein letztes Mal wiederholte sich in der Schulkarriere Dalinas dieses Muster institutioneller Verantwortungslosigkeit gegenüber den krisenhaften Risiken von Übergängen und Brüchen. Nach zwei recht erfolgreichen Jahren in der Lernwerkstatt hat Dalina ihren Hauptschulabschluss geschafft. Mit den be-

sten Prognosen – was ihre schulischen Leistungsfähigkeiten anbelangt – ausgestattet, versucht sie ihr Glück an einer Berufsfachschule. Doch sie hat schlechte Karten, schließlich kommt sie aus einer Einrichtung der Erziehungshilfe, und das entwertet ihr gutes Abschlusszeugnis. Also wird sie in eine GBJ-Klasse eingestuft – und alles weitere war vorhersehbar. Für Dalina wiederholt sich »Bekanntes«, und sie reagiert auf ihre »vertraute« Weise. So wenig, wie sie die guten Erfahrungen aus den beiden Jahren der *Förderstufe* in den Realschulzweig der Gesamtschule übertragen konnte, so wenig kann sie nun ihre Erfahrungen aus der Lernwerkstatt in der Berufsfachschule nutzen. Und auch darin erlebt sie Wiederholung: So sorgfältig und aufmerksam das pädagogische Team der Lernwerkstatt sich in den zurückliegenden zwei Jahren ihr gegenüber verhalten hatte, die absurde Einstufung in eine der berüchtigten GBJ-Klassen wird nicht verhindert *und* der Übergang in die neue Schule bleibt ohne Betreuung. Und wieder erfährt sie: aus dem Auge, aus dem Sinn.

Kommentar: Einzelkämpfer und Einzelgänger

Eindruckvoll zieht sich das Thema der Isolation durch die Konfliktgeschichte Dalinas: Diese Jugendliche ist entweder allein oder in seltsam verqueren Zweierbeziehungen verstrickt. Sie ist eine Einzelgängerin, und wenn sie sich überhaupt auf Beziehungen mit Professionellen einlässt, dann unter Ausschluss von Dritten.

> Das wird gerade in der Lernwerkstatt eklatant manifest, wo dieser Jugendlichen eigentlich ein pädagogisches *Team* gegenübersteht. Doch Dalina erlaubt nur Zweierbeziehungen; was sie dem Lehrer mitteilt, »muss unter uns bleiben«; und dem Werkpädagogen öffnet sie sich nur unter der Zusicherung von Vertraulichkeit. So war mein Gespräch mit dem pädagogischen Team – lange nach dem Ausscheiden Dalinas aus der Lernwerkstatt – die erste Gelegenheit wechselseitiger Information über die jeweils eigenen Erfahrungen der Teammitglieder mit dieser Jugendlichen.

In der Konfliktgeschichte zwischen Dalina und ihren Professionellen haben immer *Einzelkämpfer und Einzelgänger* miteinander zu tun. Dies ist die eine Seite des Themas *Isolation*. Die andere Seite hat etwas mit Dalinas Kampf um Kontrolle und Autonomie zu tun. Sie definiert die Spielregeln, nach denen sie diese isolierten dyadischen Beziehungen zulässt oder abbricht: Ist die Gegenseite nicht bereit, diese Regeln zu akzeptieren, oder stellt sie gar eigene, für Dalina nicht akzeptable Regeln auf, weicht diese Jugendliche aus. Wer Zugang zu Dalina finden und halten will, muss Konflikte mit ihr vermeiden, muss ungewünschte Forderungen an sie unterlassen – und macht sich so zum Komplizen der Abwehr und Vermeidung Dalinas. Dieses Verhaltensmuster Dalinas stößt auf Seiten der Schule auf durchaus vergleichbare Strukturen. Das soll an vier Facetten kurz skizziert werden:

Erstens: Von Anfang an war es der Schule bekannt, dass Dalina von Seiten ihrer Eltern nicht die notwendige Unterstützung erhalten wird, um den schulischen Anforderungen gerecht zu werden und sich ihrem Alter und ihren Fähigkeiten gemäß zu entwickeln. Doch es gibt in der mehr als zehnjährigen Konfliktgeschichte Dalinas mit der Schule keinen Hinweis darauf, dass von Seiten der Schule auf verantwortliche Weise das Gespräch mit Dalinas Eltern gesucht worden wäre. Weder die Notwendigkeit noch die Möglichkeit eines Arbeitsbündnisses von Schule und Familie wurde getestet. Dafür ist Schule wohl auch nicht zuständig – für eine verantwortliche Arbeit mit Dalina aber wäre ein solches Arbeitsbündnis sicher notwendig gewesen.

Zweitens: Es hätte keines besonders scharfen und geschulten Blicks bedurft, um frühzeitig festzustellen, dass Dalina unter schweren Störungen leidet. Die offenkundigen, auch der Schule nie verborgenen Schwierigkeiten dieser Schülerin im Umgang mit Gleichaltrigen und im Umgang mit den »Schulsachen« an der Schnittstelle von Schule und Elternhaus hätten gewiss hinreichend Grund dafür hergegeben, kompetente Hilfe von dritter Stelle anzufordern. Dass hier ein Mädchen mit Essstörungen und einer möglichen Magersuchterkrankung Hilfe braucht, hätte zumindest als naheliegender Verdacht dem einen oder anderen Professionellen kommen können. Doch keinem der zuständigen Professionellen ist je eingefallen, den schulpsychologischen Dienst hinzuzuziehen, keinem kam die Idee, dass hier medizinische, psychiatrische, psychotherapeutische oder psychosoziale Hilfen gegebenenfalls nachgefragt werden müssten.

Drittens: Dass die Regelschule mit diesen schwierigen Kindern und Jugendlichen überfordert ist, liegt auf der Hand. Das entlastet sie jedoch nicht von ihrer Verantwortung, sich um Hilfe aus dritter Hand zu kümmern, wenn die eigenen Möglichkeiten zu gering sind oder versagen. Doch von den Zuständigkeiten und Möglichkeiten des Jugendamts »weiß der Lehrer nichts oder will er nichts wissen«, so die zuständige ASD-Mitarbeiterin, die viel Verständnis für die Schwierigkeiten der Schule in der Zusammenarbeit mit der zuständigen Sozialstation aufbringt: Beide Seiten seien schließlich mit Arbeit überlastet und es gebe wenig Motivation, sowohl bei den Lehrern als auch bei den Sozialarbeitern, diese Arbeit noch zu vermehren. »Probleme müssen kommen, müssen sich aufdrängen, es gibt eigentlich keine Zeit, den Problemen nachzugehen.«

Das gelte für Schule und Jugendhilfe – natürlich zum Nachteil all derer, die nicht fähig sind, ihre Probleme expressiv, aktiv in die Waagschale zu werfen, den Unterricht zu stören oder ins Sozialrathaus zu kommen und dort Hilfe zu fordern. Wenn es dann doch – wie im Fall Dalina – dazu komme, dass Schule und Jugendhilfe sich zusammensetzen, dann gebe es ganz bestimmte gegenseitige Erwartungen, die wenig Raum für eine gemeinsame Arbeit an den anstehenden Problemen und Schwierigkeiten lassen. Gehe die Initiative von der Schule aus, in Kontakt mit dem ASD oder dem Jugendamt zu treten, dann häufig mit der Haltung: ›Wir sind am Ende mit unserem Latein – jetzt macht ihr mal das Problem möglichst schnell und möglichst gründlich weg!‹ Nur in Ausnahmefällen treffe der ASD bei den Lehrern auf eine Haltung, die Hilfe und Rat in der Zusammenarbeit mit dem ASD sucht. Und der damalige Klassenlehrer Dalinas ergänzt gleichsam: Nicht interdisziplinäre Kooperation, sondern Arbeitsteilung bestimme das Verhältnis von Schule und Jugendhilfe. Und die Aufgabe des ASD scheint ihm dabei recht klar: Lehrer verfügten bei diesen schwierigen Klassen und bei der großen Zahl sehr schwieriger oder verhaltensauffälliger Kinder nur über wenig Spielraum, einzelnen Kindern mit ihren Problemen nachzugehen. Deshalb sei der ASD dann für Dalina zuständig, wenn angenommen werden muss, dass hinter dem schulvermeidenden Verhalten Dalinas schwere familiäre soziale Probleme stehen. Und selbstverständlich lande die Verantwortung für Dalina auch dann beim ASD, wenn die Schule ihre Zuständigkeit abgibt und diese Schülerin aus dem Regelschulsystem entlässt.

Viertens: Das pädagogische Team der Lernwerkstatt lässt sich ohne Widerstand in lauter Einzelarbeiter aufspalten. Der Lehrer ist begeistert, endlich einmal eine begabte und interessierte Schülerin betreuen zu können; der Werkmeister mit therapeutischer Zusatzausbildung bearbeitet intensiv Dalinas Ängste und wagt sich sogar an ihre Essstörungen. Jeder aber agiert für sich und dies – scheinbar – auch recht erfolgreich: gemeinsame *kollegiale Fallberatungen* erscheinen bei dieser pflegeleichten Jugendlichen ebenso überflüssig wie *fallbezogene Supervision*. Vielleicht würde sie sogar stören?

Ein ungeklärter Rest der soziologischen Fallanalyse

Diese sich durchziehende Blindheit gegenüber der Möglichkeit und der Notwendigkeit interdisziplinärer Zusammenarbeit ist sicher zum großen Teil institutionell bedingt und abgesichert. Sie ist den beteiligten Professionellen so alltäglich und so selbstverständlich, dass häufig schon allein die Rede von einem Defizit auf sie irritierend wirkt. Meine umgangssprachliche Wendung vom *Aus dem Auge – aus dem Sinn* signalisiert jedoch einen Überschuss, ein Ausmaß an *Aufmerksamkeits-Defiziten* in *diesem* Fall, sodass eine zusätzliche

Erklärung notwendig erscheint. Ich will sagen: Die institutionell aufgenötigte Unaufmerksamkeit ist im Fall Dalina auf eine derart ungewöhnlich konforme Weise durch die Professionellen »subjektiv« nachvollzogen und angeeignet worden, dass die soziologische Analyse an dieser Stelle einen ungeklärten, nicht hinreichend verstandenen Rest konstatieren muss.

Dazu einige kurze Erläuterungen: Im Fall dieser Schülerin stand nicht zufällig das auffallende *Aufmerksamkeits-Defizit* der Professionellen im Zentrum der soziologischen Falldarstellung. So plausibel und eindrucksvoll die Parallelität professionellen Handelns und institutioneller Rahmung auch sich darstellt, es gibt in dieser Fallgeschichte eine spezifische Tönung des professionellen Verhaltens dieser Schülerin gegenüber, gleichsam ein affektives Vorzeichen, das sehr fallspezifisch *und* dennoch kollektiv zu sein scheint: In allen unseren Fällen nicht beschulbarer Kinder und Jugendlicher zeigen sich gravierende Defizite im professionellen Fallverständnis, in der verantwortlichen Betreuung von Übergängen und Brüchen und in der fachlichen Kooperation an den Schnittstellen von Schule, Jugendhilfe und Elternhaus; aber nur in diesem spezifischen Fall entwickelten die Professionellen – und zwar durchgängig – eine affektive Beziehung zu ihrer Schülerin, die nur beschrieben werden kann in den alltagssprachlichen Begriffen von *übersehen, vergessen, aus dem Auge verlieren*; wie ein roter Faden zieht sich durch das professionelle Verhalten Dalina gegenüber eine Haltung, die – in dieser Ausprägung – eher untypisch und deshalb erklärungsbedürftig ist.

Das *institutionelle Aufmerksamkeits-Defizit-Syndrom* hat – das wurde schon ausgeführt – viel mit den Arbeitsbedingungen zu tun, unter denen Lehrer ihre Aufmerksamkeit auf ihre Schüler verteilen müssen. Und die Art und Weise, wie die befragten Lehrerinnen und Lehrer ihr Verhalten, richtiger, ihr Nicht-Verhalten dieser Schülerin gegenüber begründeten, zeigt deutlich, dass *in dieser Hinsicht* Dalina kein Einzelfall ist. In der Regelschule fühlen sich Lehrerinnen und Lehrer offensichtlich nicht dafür zuständig, einzelnen Schülern, die vom Unterricht fernbleiben, systematisch *nachzugehen,* ihrem Verhalten professionell *Aufmerksamkeit* zu schenken, sich um ein angemessenes *Fallverstehen* zu bemühen und so die Problematik dieser Schüler *zu bearbeiten.* Dafür gibt es keine Zeit, keine Räume, keine institutionellen Hilfen und keine professionellen Kompetenzen und Ressourcen. Das scheint im Regelschulsystem noch immer *die Regel* zu sein. Aber es gibt hier eine ganz spezifische, fallbezogene Seite. Denn Dalina ist keine »typische Schulschwänzerin«, was immer die befragten Lehrer damit meinten. Sie ist eine extreme und ungewöhnliche Ausnahme, ein Fall, wie er auch einem altgedienten und erfahrenen Hauptschullehrer »noch nicht begegnet ist«. Und als solche – fast

exotische – Ausnahme hätte Dalina einfach das Interesse und die Aufmerksamkeit ihrer Lehrer erregen *müssen*. Doch das Gegenteil ist der Fall: Sie wird übersehen, vergessen; und niemand ist beunruhigt, niemand macht sich Sorgen niemand wirft ein Auge auf sie, niemand geht ihr nach. Dalinas Durchsichtigkeit, Unscheinbarkeit, Unauffälligkeit – wenn sie anwesend ist, vollends wenn sie wegbleibt – provozierten offensichtlich auf der Seite der Professionellen ein extremes und ungewöhnliches Maß an Unaufmerksamkeit und Achtlosigkeit.
Im Realschulzweig der Gesamtschule wurde Dalina in kürzester Zeit zur chronischen Schulschwänzerin. Sie muss die Klasse wiederholen, sie muss die Schule wechseln, sie wird aus dem Regelschulsystem ausgeschlossen – und es sammeln sich sinnlose Ordnungswidrigkeitsanzeigen im Staatlichen Schulamt an. Ein solches institutionelles Konfliktverhalten ist in dieser Konzentration ungewöhnlich, es sprengt einfach den üblichen Rahmen *institutioneller Verantwortungslosigkeit.*

In meinen Gesprächen mit Dalinas Lehrerinnen und Lehrern war deutlich beides zu spüren: sie waren irritiert über ihr desinteressiertes Verhalten dieser Schülerin gegenüber – und sie blieben trotz dieser Irritation affektiv unbeteiligt und distanziert.

Dalina wird – es lässt sich einfach nicht anders charakterisieren – abgeschoben, nach unten durchgereicht: aus dem Auge – aus dem Sinn. Wie ein verantwortungsbewusster Lehrer eine chronische Schulschwänzerin einfach an eine Kollegin weiterreichen kann, ohne dass es zu irgend einem Versuch kollegialer Beratung kommt; wie eben jene Kollegin dann ihrerseits diese chronische Schulschwänzerin an eine befreundete Hauptschule abschieben kann, wiederum ohne dass eine professionelle Betreuung des Übergangs auch nur versucht wird, das überschreitet mit Sicherheit das normale Maß *defizitärer Aufmerksamkeit* – und ist nicht mehr hinreichend mit den institutionellen Rahmenbedingungen schulischer Arbeit und der üblichen Fixierung von Schule an ihre selektive und auslesende Funktion zu erklären.
Dies wird noch augenfälliger in den beiden folgenden Jahren Dalinas in der Lernwerkstatt. Das pädagogische Team der Lernwerkstatt hatte sich intensiv mit Dalinas Ängsten und Schwierigkeiten auseinandergesetzt; es war ihm gelungen, ein Arbeitsbündnis mit Dalina herzustellen, das halbwegs belastbar war; eine einseitige Fixierung auf schulische Leistung und Hauptschulabschluss kann dem Team nicht unterstellt werden; und zum ersten Mal hat sich im Fall Dalina die Lernwerkstatt darum bemüht, den Übergang dieser Schülerin an die Berufs- und Berufsfachschule vorzubereiten und zu begleiten. Und dennoch wiederholt sich – wie einem dunklen Zwang folgend – jenes

fatale Muster: Der Übergang wird zum Bruch, die neue Lehrerin von Dalina erfährt nichts von den zurückliegenden und zu erwartenden Problemen dieser Schülerin, ein fachlicher kollegialer Beratungs- und Betreuungsprozess wird nicht einmal versucht. Da gab es ein relativ hohes Engagement, es gab ernste Vorsätze, und irgendwie war alles dann doch vergessen worden: kaum aus dem Auge – schon aus dem Sinn.

Und ein letztes Mal tauchte jener irritierende Rest auf: im Gespräch mit der zuständigen ASD-Mitarbeiterin. Sie hatte Dalina in die Lernwerkstatt vermittelt. In dieser Einrichtung arbeiten Lehrer und Sozialarbeiter in gemeinsamen pädagogischen Teams, und es gibt regelmäßig alle sechs Monate einen *Runden Tisch*, an dem fallspezifisch das verantwortliche pädagogische Team, der Leiter der Lernwerkstatt, die Eltern und die zuständige ASD-Mitarbeiterin sich zu einer gemeinsamen *Hilfeplanbesprechung* zusammensetzen. Dabei habe – so erinnert sich die ASD-Mitarbeiterin – Dalina alles in allem einen guten Eindruck bei ihr hinterlassen. Sie sei in die Lernwerkstatt »hineingewachsen« und auch Dalinas Eltern seien an diesen Terminen immer zuverlässig anwesend gewesen. Um so größer sei jetzt ihre Enttäuschung, von mir zu erfahren, dass nach den zwei Jahren Lernwerkstatt die alten Probleme Dalinas unverändert wieder aufgetreten seien. Und ich frage mich, wie es möglich ist dass nach dieser Vorgeschichte, die ASD-Mitarbeiterin erst im Gespräch mit mir – also mit mehr als einem Jahr Verzögerung und obendrein »zufällig« – von Dalinas neuerlichem Scheitern in der Berufsfachschule erfährt.

Gewiss, auch dafür gibt es zahlreiche institutionelle Gründe. Die Arbeitsweise des ASD ist parzelliert; man reagiert immer nur dann, wenn dies angefordert wird; man kann den Problemen nicht nachgehen, ist hinreichend mit jenen beschäftigt, die sich aufdrängen; man hat zwar die Fallverantwortung, aber irgendwie hat man die auch an den Maßnahmeträger abgegeben; und letztlich bedeutet ja *Hilfe zur Erziehung* die Unterstützung der Eltern durch den ASD, wenn die Eltern es wünschen. Gleichwohl, es bleibt dieser unbehagliche *Rest*, und er bleibt gerade deshalb in diesem Fall, weil die ASD-Mitarbeiterin einen durchaus engagierten, verantwortungsbewussten und reflektierten Eindruck auf mich machte.

Am Ende des Gesprächs bat ich sie um ihr Fallverständnis. Ihre Antwort ist auch ein Hinweis auf jenen ungeklärten Rest: »Sie alle, Dalina und ihre ganze Familie, sind so entsetzlich bedürftig.«

6.2 Der psychoanalytische Fallbericht

Dalina war im Rahmen unseres Projekts die erste weibliche Jugendliche. Zuvor hatte es eine Reihe aufwändiger und schließlich doch gescheiterter Versuche gegeben, mit Mädchen zu einem Interview zu kommen. Was die innere Einstimmung der Untersucher bei der Kontaktaufnahme betrifft, so war Dalina also einerseits besonders begehrt, andererseits lag angesichts der Vorerfahrungen auch ein Gefühl der Vergeblichkeit und Resignation bereit, deren aggressive Aspekte – wie zu sehen sein wird – in eine Bereitschaft zu besonders großem Entgegenkommen einflossen und verwandelt wurden. Diese innere Einstellung im Vorfeld war zunächst nicht durch die Jugendliche selbst verursacht, »passte« dann jedoch hervorragend zu dem Folgenden.

Das Interview mit Dalina

Erster Kontakt – Terminvereinbarung

Gleich unter der ersten der beiden angegebenen Telefonnummern erreicht die Interviewerin zu ihrer Überraschung direkt jemanden, den Freund von Dalina, der ihr freundlich, gewandt und auf Hochdeutsch erklärt, Dalina sei gerade nicht da, komme aber in einer halben Stunde wieder. Tatsächlich ist Dalina dann am Telefon, und die Terminvereinbarung – 10.00 Uhr an einem Tag kurz vor Weihnachten in der Praxis der Interviewerin – ist angenehm einfach. Wohl motiviert durch die kindliche Stimme von Dalina will die Interviewerin den Weg zur Praxis genau erklären, aber Dalina kommt ihr gleich entgegen: In der Gegend kenne sie sich aus, da habe ihr Freund gewohnt. Die Interviewerin ist gespannt.

Vorspiel

Um vier Minuten vor 10.00 Uhr klingelt das Telefon und eine höflich-erschrockene Dalina erklärt, sie habe leider verschlafen, ob ein anderer Termin möglich sei. Die Interviewerin hat das Gefühl, »dranbleiben« zu müssen, verzichtet gegen alle Gewohnheit auf ihre Mittagspause und bietet am gleichen Tag um 13.00 Uhr einen neuen Termin an, den Dalina auch wahrnehmen will.

Das Interview

Mit sieben Minuten Verspätung ist Dalina da. Ihr Anblick ist eine Überraschung: Vorneweg kommt ein Schäferhund an der Leine, hinterher ein kleines, sehr schmales, sehr kindlich und schlecht versorgt aussehendes Mädchen. Sie als verwahrlost zu beschreiben, wäre zu hart, aber das blasse Gesicht mit unreinen Hautstellen, einem leicht schielenden Auge und sehr schiefen Zähnen lassen die Interviewerin unweigerlich in diese Richtung denken. Verstärkt wird dies durch einen penetranten Geruch nach schlechtem Bratfett, den wahrzunehmen und später sogar zur Sprache zu bringen der Interviewerin peinlich ist.[22]

Als gehe es darum, all die negativen Affekte aufzufangen, die sie in der Interviewerin ausgelöst hat, ist Dalina im Umgang nun so schüchtern, willig und entgegenkommend, dass sich bei der Interviewerin freundlich-beschützende Neigungen durchsetzen, bis in Stimme und Wortwahl hinein, fast übertrieben, wie die Interviewerin selbst bemerkt. Es ist keine Frage, dass sie den Hund – eine junge Hündin – mit ins Zimmer lassen muss; das Tier hat zum Glück überhaupt nichts Bedrohliches. Die Interviewerin ist etwas besorgt wegen ihres lediglich mit einer Jalousie unterteilten Raumes und bittet Dalina darum, die Hündin festzuhalten, damit sie dahinter nicht auf Entdeckungsreise geht. Das gelingt ohne weiteres, sie bleibt an der Leine, beschnüffelt und bewedelt ihre Herrin, will gekrault werden und nimmt erst einmal die gesamte Aufmerksamkeit gefangen.

Nach einer Weile sagt die Interviewerin dann, Dalina wisse ja vom Anliegen des Forschungsprojekts und dass die Interviewerin sie gerne kennen lernen möchte. Das bewirkt eine Unterbrechung in der bis dahin fließend wirkenden Kommunikation, und Dalina weiß nicht, was sie sagen soll. Nach einigen Fragen und Hilfen erklärt sie, sie sei halt schüchtern; sie würde lieber schreiben als reden. Dies könnte ein Anknüpfungspunkt sein: Was sie denn schreiben würde? – Alles Mögliche, Gedichte, Geschichten, Romane. – Ob sie einen Roman über sich schreiben und der Interviewerin dann vorlesen würde? – Beide lachen an-

[22] Schlechte Körpergerüche sind besonders peinlich. Auch der, der sie riecht, wird peinlich davon berührt. Sie werden normalerweise nicht zur Sprache gebracht und nach außen hin verleugnet; die unangenehme Wahrnehmung aber verstärkt sich dadurch in der Regel noch mehr und bekommt leicht etwas Verfolgendes, das nicht abzuschütteln ist. Es könnte sein, dass der unangenehme Geruch von Dalina, der konventionell eigentlich zu verschweigen gewesen wäre, den die Psychoanalytiker aber gerade deshalb besonders aufmerksam beachten, eine »penetrant« erscheinende Bedeutung bekommt und in seiner Aufdringlichkeit auch dem Leser unangenehm wird.

gesichts des Versuchs spielerischer Phantasie, aber das Eis bricht nicht. Das Interview bleibt gut Zweidrittel der Zeit ein Frage-Antwort-Spiel mit äußerst knappen Sätzen auf Seiten Dalinas.
Immerhin kann die Interviewerin als Lebensgeschichten-Gerüst Folgendes zusammentragen: Dalina war fast überhaupt nicht im Kindergarten, weil da die Mutter ja noch zu Hause war. Sie sei damals schon so schüchtern gewesen und nicht gerne aus dem Haus gegangen. In der Grundschule ging es dann, sie fand auch eine Freundin, die aber leider nach zwei Jahren in eine andere Stadt zog. Nochmals schloss sie sich einer Freundin an, aber die verlor sie beim Übergang in die Förderstufe. Nach der Förderstufe kam sie in den Realschulzweig einer Gesamtschule, und da habe sie dann zu schwänzen begonnen, weil sie so viel gehänselt wurde. Über den Inhalt der Hänseleien kann Dalina wenig sagen. Das Schwänzen jedenfalls scheint sich über eine lange Zeit hingezogen haben. Danach – es müssen einige Jahre ins Land gegangen sein – kam sie in eine Lernwerkstatt. Dass ihr das gut getan hat, kann sie nun ganz lebendig darstellen und dabei zeigen, dass sie sprachlich durchaus gewandt ist. Sie habe dort gelernt, Kontakte zu knüpfen, habe den Hauptschulabschluss gemacht und sei dann in eine berufsbildende weiterführende Schule gegangen. Aber dort habe sie dann sehr rasch wieder angefangen zu schwänzen und es schließlich hingeschmissen. Derzeit mache sie ein Fernstudium mit dem Ziel Abitur. Sie lebt seit zwei Monaten mit ihrem drei Jahre älteren Freund zusammen, der eine Art Ausbildung in der Computer-Branche macht und offenbar genug für sich und Dalina verdient. Sie mache den Haushalt und bestätigt auf Nachfrage, dass das auch klappen würde, was die Interviewerin sich durchaus vorstellen kann. Zu Hause habe sie keinen so guten Kontakt mit dem Vater, verstehe sich aber gut mit der Mutter und der fünf Jahre älteren Halbschwester aus einer früheren Verbindung der Mutter.
Diese Passage der Stunde erlebt die Interviewerin als mühsam: Sie hat das Gefühl, Dalina die Würmer aus der Nase zu ziehen. Andererseits aber kann sie auch nicht davon lassen, weil sie glaubt, das dann auftauchende Schweigen Dalina nicht zumuten zu können. Diesen Gedanken, Dalina könnte ein Schweigen der Interviewerin als Hängengelassen-Werden erleben, versucht sie nun, mit den biografischen Informationen zu verbinden. Schließlich sagt sie: »Das 12-jährige Mädchen damals, das so lange nicht in die Schule ging und immer alleine war – das muss sich eigentlich ziemlich scheußlich gefühlt haben.« Dalina wehrt zunächst ab: sie sei viel lieber allein als unter Menschen. Als die Interviewerin das dann als eine Schutzbewegung beschreibt, um schmerzlichen Gefühlen zu entgehen, fällt Dalina eine erste Überlegung zur eigenen Fehlentwicklung ein: Vielleicht sei das alles ja auch gekommen,

weil sie in dem Alter eine erwachsene Freundin verloren habe, an der sie hing; die sei nach USA ausgewandert. Kennen gelernt habe sie sie auf einem Bauernhof, wo sie gerne reiten gelernt hätte, aber kein Geld dafür hatte; wenigstens bei der Pflege der Pferde habe sie dann helfen dürfen.

Als die Interviewerin nun nochmals auf das wohl unglückliche und einsame Mädchen von damals zu sprechen kommt, kann Dalina ihr etwas erzählen, das sie offenbar sehr beschämt: Der Vater habe einige Jahre getrunken. Auf Nachfrage stellt sich heraus, dass das in eben der Zeit war, als sie so exzessiv schwänzte. Er sei oft ausgerastet und sehr aggressiv zur Mutter geworden – allerdings nie zu ihr. Im Gegenteil, die Interviewerin solle nicht denken, er sei ihr zu nah gekommen! Er habe dann eine stationäre Therapie gemacht. Die Mutter habe gehofft, dass es danach wieder so wie früher werden würde. Aber er sei seitdem völlig zurückgezogen und still, außerdem sei er arbeitslos.

Jetzt will Dalina von der Interviewerin wissen, was mit dem Forschungsprojekt für Ziele verfolgt werden. Die Interviewerin sagt ihr, dass man oft so gar nicht wisse, warum manche Jugendliche in der Schule scheitern und deshalb auch gar keine Hilfen anbieten könne. Sie hätte vielleicht damals mit 12, 13 Jahren Hilfe gebraucht.

Diese letzte Sequenz hat die Interviewerin als gefühlsmäßig nah und intensiv erlebt; und nun ist die Zeit um. Sie bittet Dalina, den Bogen für das Forschungsprojekt auszufüllen, was diese rasch und sicher tut, und womit sie uns erlaubt, mit den Eltern, mit ihren Lehrern und Sozialarbeitern Kontakt aufzunehmen.

Es ist der Interviewerin ganz selbstverständlich, dass dieses Gespräch fortgeführt werden soll. Sie will einen neuen Termin für ein zweites Gespräch nach der Weihnachtszeit vereinbaren und bietet 13.00 Uhr an. Dalina fragt, ob es nicht vormittags gehe. Die Interviewerin verweist auf die Schwierigkeit am heutigen Morgen, woraufhin Dalina sagt, sie sei sonst nicht so, eigentlich sei ihr morgens lieber – aber 13.00 Uhr sei schon ok.

Nachdem Dalina gegangen ist, lüftet die Interviewerin erst einmal tief aufatmend und lange, um den schweren Dunst von schlechtem Fett und großem Hund zu vertreiben. Danach geht ihr das Schreiben leicht von der Hand; beim Nachdenken über sie rührt Dalina sie an und stößt sie auch ab. Und es drängt sich ihr irritierenderweise ein Gedanke auf, den zu verwerfen ihr nicht leicht fällt: Dalina habe ihr womöglich einen Roman aufgetischt.

Nachspiel

Zum vereinbarten Termin nach einer allerdings relativ langen Zeit von drei Wochen erscheint Dalina nicht und lässt auch nichts von sich hören. Die Interviewerin ist nicht besonders überrascht, und ihr fällt auf, dass Dalina nach dem ersten Interview, von dem sie zunächst emotional berührt und angetan gewesen war, sehr rasch und vollkommen sang- und klanglos aus ihren Gedanken verschwunden ist, und sie sich erst durch ihren Terminkalender wieder an sie erinnert.

In der Folge versucht sie etwa 20 Mal innerhalb von 10 Tagen, Dalina unter einer der beiden angegebenen Telefon-Nummern zu erreichen. Erst ist immer besetzt, zuletzt erfährt sie durch eine Telefonansage, dass diese Nummern vorübergehend nicht erreichbar seien.

Schließlich erfährt sie durch den Interviewer, der zur gleichen Zeit versucht, wegen eines Elterngesprächs Kontakt mit der Mutter aufzunehmen, dass das auch dort schwierig ist, aber dass er bei seinen Versuchen einmal Dalina selbst am Telefon hatte, sie also vielleicht über das Telefon der Mutter erreicht werden könne. So ruft sie dort an und hat tatsächlich Dalina am Telefon. Mit kleinem Stimmchen erklärt sie ihr, dass sie den Termin leider vergessen habe und dass sie jetzt wieder bei der Mutter wohne. Leider hätte sie auch den Fragebogen verloren. Die Interviewerin sagt, den könne sie beim nächsten Termin nochmals bekommen oder sie könnten ihn auch zusammen ausfüllen. Sie vereinbaren diesmal einen Termin um 10.00 Uhr.

Die Interviewerin ist gespannt, ob Dalina kommt, hat aber große Zweifel. Als sie nicht kommt, ruft sie um 10.15 Uhr an. Dalina ist da, wird von einer Frau – vermutlich der Mutter – ans Telefon gerufen und sagt, dass sie nicht kann. Auf Nachfrage erklärt sie, sie müsse ihrem Freund den Hund bringen. Die Interviewerin drängt ein wenig: Ob sie nicht auf dem Weg bei ihr vorbeikommen könnte, sie hätte heute auch später Zeit. Dalina sagt zögerlich zu, um dann nicht zu kommen.

Die Interviewerin entschließt sich aufzugeben. Weitere Schritte erscheinen ihr als zu eindringend. Sie bemerkt für sich, dass diese Entscheidung aber zugleich etwas von Fallenlassen und von Verlorengehen an sich hat, was ihr bereits vertraut ist. Offenbar, so hält sie fest, wurde das verlorengegangene Objekt zuvor nicht besonders hoch besetzt.

Nachdem später in der Fallkonferenz sich ähnlich resignativ-destruktive Tendenzen, Dalina aufzugeben, zeigen verbunden mit Bemühungen der Gruppe, dem entgegenzusteuern, wird die Interviewerin motiviert, noch einmal schriftlich Kontakt mit Dalina aufzunehmen und ihr den Fragebogen zu schicken.

Dies verbindet sie mit der Hoffnung, dass Dalina vielleicht ihre Schreibfähigkeiten zu einer neuerlichen Kontaktaufnahme nutzen könne. Doch auf das Schreiben erfolgt keine Reaktion.

Vergebliche Mühe um ein Elterngespräch

In sechs Telefonanrufen im Zeitraum von drei Wochen bemüht sich der Interviewer zu einem Gespräch mit den Eltern zu kommen. Dabei hat er überwiegend die Mutter, zweimal auch Dalina am Telefon. Im Laufe der Telefonate entsteht in seiner Wahrnehmung das Bild einer alleinerziehenden Mutter aus der Unterschicht mit mindestens zwei Töchtern, die immer an der Grenze der Belastbarkeit lebt und keine Kapazität für die Beschäftigung mit Dalinas Problemen hat. Ein Vater scheint demnach nicht zu existieren.
Von Anfang an stößt der Interviewer bei der Mutter auf mehr oder weniger deutlichen Unwillen zum Gespräch, wird aber vor allem von Dalina immer wieder vertröstet und dazu gebracht, ein weiteres Mal zu einem vielleicht passenderen Termin anzurufen. Aber auch ein Entgegenkommen des Interviewers in Bezug auf Ort und Zeit eines Elterngesprächs führt nicht weiter. Obwohl der Interviewer von Anfang an am Erfolg seiner Bemühung zweifelt und innerlich schon bald aufgegeben hat, bleibt er über Gebühr beharrlich, ja fast verfolgend; er will die Mutter aus ihrer Verantwortung für die Verweigerung eines Gesprächs über die Probleme ihrer Tochter nicht entlassen. Beim letzten Telefonanruf äußerst sie sich dann unmissverständlich und abschließend: Sie könne nur immer wieder betonen, dass sie nicht interessiert sei.

Diskussion und Ergebnisse

Dalina scheint zu versuchen, nicht zu viel Raum einzunehmen und sich bei geringster Belastung zum Verschwinden zu bringen. Bei der Kontaktaufnahme zu Beginn des Interviews schiebt sie die Hündin vor, und als die Interviewerin die latent virulente, offenbar mit Angst belegte aktuelle Realität offen ausspricht – das Forschungsmotiv des Gesprächs und das Interesse an Dalina und ihren Problemen mit der Schule –, droht der Kontakt abzureißen. Allerdings hat dieses schmächtige Mädchen, das mit aller Anstrengung der Interviewerin bei der Stange gehalten werden und am Verschwinden gehindert werden muss, gleichzeitig etwas äußerst Präsentes, das den Raum unangenehm usurpiert und gar nicht leicht zu vertreiben ist: den penetranten Gestank nach Armut und Bedürftigkeit. Rein körperlich also will man sie radikal vertreiben und los sein, und nicht nur das: Nach kurzer Zeit der gedanklichen Beschäftigung mit den abstoßenden und anziehenden Seiten von Dalina verflüchtigt sich auch die Erinnerung an die anrührenden, positiv erlebten Teile des Interviews, die immerhin zu einem zweiten Gespräch motiviert hatten; und Dalina ist vollständig aus den Gedanken der Interviewerin verschwunden. Unbemerkt hat also ein effektiver destruktiver Prozess von Fallenlassen stattgefunden, der der Interviewerin erst anhand ihres Kalenders wieder bewusst wird. Das anschließende Gegensteuern mit den wiederholten, zunehmend »penetranten« Versuchen, doch noch zu einem zweiten Interview zu kommen, stößt auf sanfte Hartnäckigkeit bei der Verweigerung Dalinas, die mit ihrem »kleinen Stimmchen« die darin enthaltene erhebliche Aggression zudeckt. Auch die Interviewerin nimmt lange Zeit keine Aggression bei sich wahr. Dabei liegt eigentlich auf der Hand, dass die Interviewerin selbst, nachdem sie die Praxis gelüftet hat und darüber hinaus Dalina aus ihren Gedanken vertrieben hat, keine wirkliche Neigung spürt, ein weiteres Gespräch mit dieser verwahrlost wirkenden, unmotivierten jungen Frau zu führen.

Erst das Drängende bei ihren vergeblichen Versuchen, Dalina doch noch zum ursprünglich vereinbarten zweiten Interview zu bringen, nimmt die Interviewerin bei sich selbst als aggressiv eindringenden Akt und unerlaubten Übergriff wahr. Dies führt unmittelbar dazu, jeden weiteren Versuch zu unterlassen, entlässt die Interviewerin aber dennoch nicht aus ihren Schuldgefühlen. Eigentlich hätte sie der Entschluss, Dalina nicht weiter zu bedrängen, erleichtern müssen, zumal sie sich sagen konnte, dass sie nur so zu ihrer professionellen analytischen Distanz zurückfinden konnte. Als ihr jedoch der Gedanke an die verborgene Motivation für den auf den ersten Blick guten Entschluss einfällt, nämlich, Dalina los sein zu wollen und fallengelassen zu haben, sind die Schuldgefühle wieder da.

Diese Dynamik als Übertragungsfigur deutend, gelangt man zu folgender Hypothese: Dalina mag von Beginn ihres Lebens an von der Mutter nicht wirklich gut libidinös besetzt gewesen sein und findet deshalb auch keinen Halt bei anderen Objekten, die sie nun ihrerseits nicht besetzen kann. So wie sie selbst möglicherweise in früher Zeit emotional fallengelassen wurde und verloren ging, so inszeniert sie nun gemäß einem inneren Wiederholungszwang mit neuen Interaktionspartnern immer wieder das Finden und Verlorengehen. Bei erwachsenen Bezugspersonen löst dies unbewusst Schuldgefühle aus. Diese führen dann kompromisshaft zu bedrängenden ambivalent-vermeidenden Bindungsversuchen, die leicht Züge von gewaltsamem Eindringen annehmen. Dalina könnte demnach in der frühen Kindheit Beziehungserfahrungen von schwacher libidinöser Besetzung und großer Ambivalenz gemacht haben, die einerseits übergriffige eigennützige Versuche der primären Objekte, das Kind an sich zu binden, enthielten, zum andern aber dadurch gekennzeichnet waren, dass das Kind, wenn es sich – verweigernd – zu separieren begann, emotional vertrieben wurde und verloren ging.

Die vergeblichen Versuche des für das Elterngespräch zuständigen Interviewers, eine Verbindlichkeit mit der Mutter herzustellen – in deutlicher Übereinstimmung mit der Unmöglichkeit, einen haltenden Kontakt mit Dalina herzustellen –, bekräftigen diese Hypothese. Zudem zeigen sie, dass ein Dritter, gar ein an Dalina interessierter Dritter keinen Zugang haben darf. Mutter und Tochter sind sich letztlich einig dabei, einem Forscher keinen näheren Zugang zu ihrem (interpersonellen und intrapsychischen) Leben zu ermöglichen. Die interessierte Außenwelt – der väterliche Dritte – wird nicht als erweiternd, bereichernd und hilfreich, sondern als eindringend, aufdekkend und verfolgend erlebt. Dies legt rein äußerlich den Verdacht auf zu verbergende Familiengeheimnisse nahe. Hierauf gibt die Scham über den Alkoholmissbrauch des Vaters, der mit dem Schulschwänzen von Dalina in zeitlichen Zusammenhang gebracht wird, einen Hinweis; aber auch Dalinas sofortiges Abweisen der gar nicht geäußerten Vermutung, der Vater könnte nicht nur der Mutter, sondern auch ihr zu nahe gekommen sein, nährt einen Verdacht, es könnte tatsächlich »penetrierende« aggressive oder auch sexuelle Übergriffe durch den Vater gegeben haben, die den Kontakt zur Außenwelt haben vermeiden lassen und schließlich auch zur Schulabsenz führten.

Die Fallkonferenz verfügte lediglich über eine schmale Datenbasis: das Interview mit Dalina und die vergeblichen telefonischen Versuche, zu einem Elterngespräch zu kommen; anamnestische Daten lagen kaum vor. Dies erschwerte die Begründung einer Diagnose erheblich. Die Diskussion ging in zwei Richtungen: Die eine – optimistischere – nahm an, dass primär in der frühen Kindheit auf der Basis einer eher konfliktbedingt ambivalenten Mutter-Kind-Beziehung doch hinreichend gute Erfahrungen gemacht wurden, sodass ein gewisses Maß guter Objekterfahrung verinnerlicht werden konnte, und dass es erst sekundär durch die Alkoholerkrankung des Vaters und durch dessen Triebdurchbrüche zu einem Zusammenbruch des familiären Gleichgewichts und zur Scham der ganzen Familie gekommen ist. Die andere – pessimistischere – ging davon aus, dass die familiäre Umgebung von Dalina von Anfang an durch ein verwahrlostes Milieu gekennzeichnet war, in dem das Kind konstant unterversorgt war und durch die kumulativ traumatisierende Beziehungserfahrung, verlorenzugehen, geprägt wurde. Für die erstgenannte Richtung sprach beispielsweise die Information, dass Dalina offenbar die intensive Zuwendung in der Lernwerkstatt für sich hat nutzen können. Demnach müsste es eine verinnerlichte gute Erfahrung geben, an die sie hat anknüpfen können.

Die zweite Richtung wurde durch die Dynamik der Fallkonferenz selbst bestärkt: Am Anfang herrschte in der Gruppe ein langes Schweigen mit einer deprimierenden, hoffnungslosen Stimmung; und insgesamt war dann der Gesprächsverlauf durch eine alles beherrschende Tendenz zur Hoffnungslosigkeit und Ungültigkeit gekennzeichnet, die sich einerseits in immer neuen, hilflos anmutenden und rasch angezweifelten oder gar für ungültig erklärten Versuchen zeigte, auf der Basis nur eines Gesprächs und ohne Kenntnis der Kindheitsgeschichte psychodynamische Gedanken formulieren zu sollen, und die sich andererseits am Ende des Gesprächs in einer beinahe lapidar formulierten Phantasie ausdrückte: Dalina sei »so eine, die man irgendwann irgendwo auffindet – tot«.

Wenn man wiederum den Gesprächsverlauf der Gruppe als Gegenübertragungsreaktion auf den Fall interpretiert, so imponiert auch hier vorrangig, dass es schwer ist, überhaupt eine klare, festhaltende und Halt gebende Hypothese zu finden. Gedanken tauchen auf und gehen verloren. Es konstelliert sich nur wenig Greifbares, das stehen bleiben kann. Am Ende steht ein geschichtsloses Nichts – ein Opfer ohne Täter. Vor diesem Hintergrund erscheint Dalina als eine Person, deren Selbst sich nicht in Bezug zu oder in Abgrenzung von anderen Objekten konturiert; sie wirkt willig entgegenkommend und dabei zum Umfallen schwach. Und sie kann ihre Intelligenz und sprachlichen Fähigkeiten letztlich nicht nutzen, weil es kein konturiertes Ich gibt, das wirklich in Beziehung tritt, das sprechen will, das Wünsche und Unwillen äußern und Erfahrungen formulieren könnte.

Dies führt – bei aller gebotenen Vorsicht – zu folgenden Annahmen über die Psychodynamik der Schulvermeidung: Es ist zu vermuten, dass primäre narzisstische Scham im Mittelpunkt steht und das Selbstgefühl und die Ausstrahlung von Dalina prägt. Sie wirkt unansehnlich, vernachlässigt und abstoßend durch ihren Geruch, der sich dem Objekt subtil und unausweichlich aufdrängt. Schon ihre körperliche Erscheinung zeichnet das Bild eines Kindes, das – vielleicht bereits mit schwachem Tonus geboren – wenig narzisstische Besetzung und Belebung durch die Mutter erfahren hat. Ist auf der einen Seite der auf mangelnde Mutterliebe deutende Körper mögliche Ursache der Tendenz von Dalina, sich schamvoll zurückzuziehen, so gewinnt auf der anderen Seite die Frage nach dem Vater und der Beziehung zu ihm an Bedeutung. In ihrem Bericht über die Alkoholkrankheit des Vaters, die Konflikte zwischen den Eltern und die vergebliche Hoffnung der Mutter, der Vater werde nach dem Entzug wieder so ihr zugewandt wie früher, deutet Dalina eine gewisse Nähe zu ihrem Vater an. Diese müsste sie möglicherweise wegen des Ambivalenzkonfliktes mit der Mutter und wegen der Abhängigkeit von deren ohnehin ungewissen Liebe geheim und für sich behalten. Hier könnten eine unbewusste Identifizierung der Tochter mit ihrem schamvoll zurückgezogenen (weil triebhaften) Vater vorliegen – zur Lösung der Ambivalenz, der Mutter endlich entkommen zu wollen und doch auch zugleich sie nicht verlieren zu dürfen, sie also für sich gewinnen zu müssen. Dem folgend könnte der Versuch und das Scheitern Dalinas, mit einem Freund zusammenzuleben, als Re-Inszenierung im Sinne des Wiederholungszwangs gesehen werden (und nicht etwa als Hinweis auf eine verinnerlichte ödipale Beziehung zum Vater). Die Rückkehr zur Mutter, die ihrerseits kein größeres Interesse an ihr bekundet, demonstriert in ambivalenter Weise, dass Dalina die Mutter braucht und sich ihr als unterentwickeltes, zur ödipalen Loslösung und zum selbständigen Leben unfähiges Mädchen penetrant aufdrängen muss. Im Muster der inneren Objektbeziehung wird dabei vermutlich das »schlechte Körperselbst« und die Unfähigkeit oder Unlust zu heterosexueller Beziehung in latenter Aggressivität mit einem ewigen Vorwurf an die vernachlässigende, anhaltend begehrte Mutter verbunden. Dies hält den Wiederholungszwang des zirkulären Beziehungsmusters von Finden und Verlorengehen aufrecht, das sich auch in den Berichten über die verlorenen Freundinnen zeigt.

Die in der Diskussion immer wieder erwogene Annahme, dass es bei aller Ambivalenz doch hinreichend gute Erfahrungen in der frühen Beziehung zur Mutter gegeben haben könnte, die erst sekundär angegriffen wurden, wäre geeignet, eine Hoffnung in Bezug auf zukünftige Veränderungs- und Entwicklungsmöglichkeiten Dalinas zu begründen: Die Suche des Mädchens nach einem nährenden, aktiv belebenden und Halt gebenden Objekt scheint noch nicht vollständig aufgegeben. Die prognostischen Phantasien der Fallkonferenz weisen allerdings in die gegenteilige Richtung: Demnach wäre das Gute von Grund auf nicht konturiert und kann deshalb innerlich auch nicht gehalten werden; dies droht letztlich zur Aufgabe des Selbst und damit zum Verlorengehen zu führen.

Zusammenfassende Hypothesen zur Fragestellung des Projekts

Das Auftauchen und Verschwinden, ohne affektiv besetzte Erinnerungsspuren zu hinterlassen, ist als zentrales Beziehungsmuster von Dalina zu sehen.

Die narzisstische Besetzung des Selbst ist äußerst schwach; damit zusammenhängend ist sowohl die libidinöse als auch die aggressive Besetzung der Objekte flach. Es herrscht eine massive Tendenz zum Rückzug von den Objekten vor; die passive Willfährigkeit Dalinas ermöglicht lediglich Beziehungen nach dem Anlehnungstypus. Auf diese Weise geht sie verloren, ohne dass es bemerkt werden muss, geschweige denn, dass sich jemand ernsthaft Sorgen um sie macht.
Dieses deprimierende Fazit stellt die Grundlage für die hypothetische Vorstellung dar, wie die Schulsituation von Dalina ausgesehen haben mag. Möglicherweise waren die schulischen Leistungen in der Grundschule ausreichend gut, aber Dalina ist trotzdem immer häufiger der Schule ferngeblieben, weil sie von den Mitschülern wegen ihrer lieblosen Ausstrahlung gehänselt wurde und sich dagegen nicht zur Wehr setzen konnte, weil sie eben nicht auf genügend sichere gute innere Mutter- und Vaterrepräsentanzen zurückgreifen kann – ein Circulus vitiosus. Das innere Defizit in der Selbst- und Objektkonstituierung und in den Beziehungserfahrungen des Ich, etwas bewirken zu wollen und zu können, wurde durch den Weggang der wenigen gefundenen freundschaftlichen Beziehungen noch bekräftigt. Im Alter von 12 Jahren führten dann die Scham und die Angst wegen der Alkoholkrankheit des Vaters und deren Folgen (aggressive Übergriffe auf die Mutter, fragliche Übergriffe auf Dalina) zum weiteren Rückzug von der Schule.
Haben sich die Lehrer anfangs vielleicht aus Gründen der gesetzlichen Bestimmungen noch bemüht, das Kind in die Schule zurückzuholen, so werden sie sie wohl mit der Zeit fallen gelassen haben. Es ist zu vermuten, dass weder Mitschülern noch Lehrern etwas gefehlt hat, wenn Dalina nicht da war. Mehr noch: Unbewusst werden sie erleichtert gewesen sein, sie mit ihrer stinkenden äußeren und inneren Bedürftigkeit los zu sein. – Positive Erlebnisse konnte Dalina vielleicht dann bei Lehrern und Mitschülern haben, wenn diese um sie warben, sich kümmerten, nicht so leicht aufgaben und gleichzeitig nichts von ihr forderten. Aber da Dalina weder das Gute noch das Böse in sich festhalten und zurückgeben kann, erlahmte wahrscheinlich auch das Interesse der wohlmeinenden Lehrer und Schüler mit der Zeit.

6.3 Die interdisziplinäre Falldiskussion

Symptomatisch für die meisten unserer interdisziplinären Falldiskussionen – insbesondere jedoch für diese – war eine sich spiralförmig entwickelnde Pendelbewegung zwischen den beiden professionellen Perspektiven innerhalb der Forschergruppe: Konzentrierten sich die Überlegungen auf die Defizite von Schule und Jugendhilfe und auf die Unzulänglichkeiten professioneller Arbeit, so gerieten die schweren seelischen Störungen Dalinas fast »unter der Hand« aus dem Blick; und deutliche Tendenzen kamen zum Zug, die Probleme und Schwierigkeiten dieser Schülerin und ihrer Familie zu verharmlosen. Doch gleichsam im Gegenzug schwenkte die Perspektive zurück auf die Psychodynamik der individuellen Störung Dalinas. Und mit dieser Gegenbewegung verloren die institutionellen Störungen ihr Gewicht, relativierten sich angesichts der unendlichen Bedürftigkeit dieser Jugendlichen und ihrer kaum angreifbaren Abwehrhaltung. Dabei wurde deutlich, wie schwer es auszuhalten ist, beide Perspektiven ohne Verharmlosungen und ohne Ausblendungen aufrechtzuerhalten; wie verführerisch die Möglichkeit ist, einer der beteiligten Seiten die Schuld oder die Verantwortung zuzuschieben.
Da in dieser interdisziplinären Falldiskussion die Pendelbewegung ganz besonders deutlich ausgeprägt war, kam es immer wieder – parallel zur Reflexion über Dalinas Konfliktgeschichte – zu gemeinsamen Überlegungen über die Bedingungen, Möglichkeiten und Schwierigkeiten interdisziplinärer Arbeit: im Forschungsprojekt *und* im Forschungsfeld.
Ihren Ausgang nahm die interdisziplinäre Fallreflexion bei den offenkundigen Parallelen zwischen der individuellen und der institutionellen Konfliktdynamik in dieser Konfliktgeschichte. Die fanden ihre Zusammenfassung in einem Verständnis der Konfliktgeschichte Dalinas mit Schule und Jugendhilfe als einer Geschichte wechselseitiger Vermeidung und Abwehr. Schule und Jugendhilfe wehren dieses Mädchen und seine schweren Störungen ab – durch Übersehen, Nichtbeachten, Vergessen oder Verharmlosen. Und Dalina wehrt Schule und Jugendhilfe mit ihren Anforderungen an sie ab – durch Manipulieren, Spalten oder Ausweichen und Vermeiden. Beide Seiten schützen sich dabei vor Anforderungen, denen sie sich nicht gewachsen glauben – und damit vor befürchteten Erfahrungen des Scheiterns und Versagens. Diese Zirkel wechselseitiger Abwehr und Verweigerung zu durchbrechen – das müsste interdisziplinäre Kooperation möglich machen.
Es gab eine Grundstimmung ganz eigener, fallspezifischer Art in der interdisziplinären Fallberatung: Die Konfliktgeschichte Dalinas mit Schule und Ju-

gendhilfe erlaubte kaum feste Anhaltpunkte, stabile Arbeitshypothesen, konturierte Strukturannahmen. Zweifel, Unsicherheit, Hilflosigkeit und ein ständiges Schwanken zwischen alternativen und extremen Sichtweisen prägten das Fallgespräch. Gleich zu Beginn tauchte ein Thema auf und zog sich dann durch das gesamte Gespräch – eine Frage eher als eine These: Welchen Sinn kann in der Arbeit mit solchen schwierigen Fällen wie Dalina die interdisziplinäre Kooperation und Reflexion haben, wenn so wenig klare, handlungs- und entscheidungsleitende Befunde erarbeitet werden können? Und vielleicht ist die bescheidene Antwort auf diese Frage dann doch ein wichtiger »Befund«, der auf die Arbeit überhaupt mit schwierigen Jugendlichen übertragen werden kann: Viel wäre schon gewonnen, wenn Professionelle in Schule und Jugendhilfe einen alternativen Umgang mit Problemen und Schwierigkeiten, Störern und Gestörten fänden; wie der aussehen könnte, dazu hätte interdisziplinäre Fallberatung und Fallbearbeitung dann doch einiges Wichtige beizutragen.

Ein guter pädagogischer Ort – mit trauriger Bilanz

Spontan wendet sich das Gespräch den zwei Jahren Dalinas in der Lernwerkstatt zu. Waren es zwei gute Jahre für diese Jugendliche, war die Lernwerkstatt für Dalina ein guter Ort? Und wie ist zu verstehen, dass nach diesen zwei Jahren »das Symptom wieder durchschlägt«, als wäre einfach nichts geschehen? Ist in der Lernwerkstatt etwas wirklich schief gelaufen, oder war nur die Zeit zu kurz? Ist also die institutionelle Vorgabe einer zweijährigen Maßnahme die Ursache des Scheiterns? Solange das interdisziplinäre Forscherteam sich an der Frage orientiert, was Dalina hätte helfen können, bleiben die Antworten extrem widersprüchlich und unsicher.

> »Hatte Dalina in der Lernwerkstatt wirklich eine gute Zeit, oder gab es auch hier etwas, das zum Scheitern aktiv beitrug? Zumindest am Ende dieser zwei Jahre fand offenkundig Verleugnung und Verharmlosung bei dem pädagogischen Team statt, als hätten sie es geschafft: Hauptschulabschluss erreicht – Problem gelöst. Mehr noch. Von Anbeginn habe es höchst Fragwürdiges in der Lernwerkstatt gegeben: Unkontrollierte Größenphantasien beim Werkpädagogen, der sich für kompetent hält, Dalinas schwere Störungen zu bearbeiten und schließlich auch noch davon überzeugt ist, erfolgreich dies geleistet zu haben; unkontrollierter narzisstischer Gewinn beim Lehrer, der geradezu begeistert ist von dieser begabten und interessierten Schülerin und der Chance, die diese Schülerin ihm bietet, endlich als Lehrer arbeiten zu können. Selbstanmaßung, Übergriffe und Missbrauch – so weit gehen die Phantasien in der Diskussion. Doch stets interveniert die Gegenposition«.

»Sicher habe es Verleugnung und Verharmlosung auch in der Lernwerkstatt gegeben. doch wahrscheinlich könne man gegen eine solche schwierige Problematik gar nicht arbeiten, ohne die eigenen Möglichkeiten überzubewerten. Erst in der Lernwerkstatt habe Dalina Konturen bekommen. Dort habe sie Beziehung erlebt, dort habe man sie wahrgenommen und auch gehalten. Sicher sei dies nur über die narzisstische Besetzung dieser Schülerin durch die Erzieher möglich gewesen. Doch unübersehbar sei, dass die Lernwerkstatt ein Ort war, wo ihr geholfen wurde. Im Rahmen des Möglichen – mehr an Hilfe sei unter diesen Bedingungen und in dieser kurzen Zeit nicht denkbar gewesen. Von Selbstanmaßung, Übergriffen und Missbrauch könne insofern nicht die Rede sein«.

Das Forscherteam bleibt unsicher: Richtet sich die Perspektive auf die durchaus vorhandenen Mängel und Defizite der Arbeit in der Lernwerkstatt, dann tauchen recht optimistische Prognosen auf, was Dalina wirklich hätte helfen können. Wendet sich der Blick zurück auf die schwere seelische Störung dieser Jugendlichen, dann relativiert sich – angesichts mangelnder Alternativen – die Kritik an der Lernwerkstatt. Die Form der Abwehr Dalinas hätte wahrscheinlich jede gute sozialpädagogische Intervention ins Leere laufen lassen. Psychotherapeutische Hilfe aber wäre – nicht minder wahrscheinlich – an eben dieser Abwehr desgleichen gescheitert, weil gar nicht erst angenommen worden. Jede Profession für sich und in ihrem Setting musste – sehr wahrscheinlich – an den Problemen dieser schwierigen Jugendlichen versagen. Zwei Annahmen wurden am Ende dieser ersten Gesprächssequenz festgehalten: Kinder und Jugendliche mit derart tiefen seelischen Störungen brauchen Hilfe in großem, verlässlichen *zeitlichen* Rahmen, und diese Hilfe muss eingebettet sein in qualitativ anspruchsvolle und verlässliche *interdisziplinäre* Arbeitszusammenhänge. Beides war im Fall Dalina nicht gegeben.

»Sicher war zu Beginn der Arbeit der Lernwerkstatt mit Dalina ein therapeutisches Angebot nicht sinnvoll, weil für die Jugendliche nicht annehmbar. Doch später ist Kontinuität entstanden und Dalina war in der Lernwerkstatt eingebunden. Da setzte die Verleugnung bei den Erziehern ein; da kamen deren Omnipotenzwünsche zum Zug; und da hätte das Interdisziplinäre dazu beitragen können, dass das Problematische der Arbeit in der Lernwerkstatt gesehen, dass die Notwendigkeit einer psychoanalytischen Therapie begriffen worden wäre – einer Therapie im stützenden Rahmen der Lernwerkstatt.« »Das aber hätte einen anderen Rahmen erfordert als wir ihn kennen, denn Dalina geht nicht in die Lernwerkstatt und außerdem und nebenher für Jahre in eine therapeutische Behandlung. Das hätte schon vorausgesetzt, dass die Lernwerkstatt diese enge Verbindung von pädagogischer Arbeit und therapeutischer Arbeit zur Aufnahmebedingung gemacht und sichergestellt hätte. Denn das Problem Dalinas ist gravierend, es ist schon kein Symptom mehr, es ist eine psychische Struktur, ist Teil ihrer Persönlichkeit! Ich habe mich gefragt, wie geht es mit ihr weiter? Und die Antwort war: Irgendwann wird die einfach verschwinden, ganz unspektakulär!«

Vielleicht war Scheitern nicht zu vermeiden – doch man kann auch erfolgreich scheitern

Die Lernwerkstatt ist an Dalinas Problemen gescheitert. Doch das pädagogische Team ist mit seiner Arbeit zufrieden. Diese Seite der Verleugnung und Verharmlosung blockiert gemeinsames Lernen und notwendige Veränderungen. Die Ablehnung interdisziplinärer Fallreflexion durch das Team der Lernwerkstatt ist vielleicht nicht die Ursache seines Scheiterns, wohl aber die Ursache dafür, dass aus dem Scheitern nichts zu lernen war. Dalina ist »pflegeleicht«, sie macht der Lernwerkstatt und dem pädagogischen Team wenig Probleme. Also können auch ihre Probleme nicht wirklich ernster Natur sein. In den zwei Jahren Arbeit mit Dalina sah das Team zu keinem Zeitpunkt die Notwendigkeit zu einer fallbezogenen Supervision.

> »Die Verleugnung war von Anfang an vorhanden! Bei Dalina braucht das Team keine Fallsupervision, sie macht ja keine Probleme! Und hier unterscheidet sich die Lernwerkstatt gar nicht so sehr von der Regelschule. Dalinas Probleme werden nicht ernst genommen – immer geht es nur um die Probleme, die die Professionellen mit Dalina haben. Und in der Lernwerkstatt sah das so aus: Statt Dalinas Probleme wirklich ernst zu nehmen, macht der Werkpädagoge sie zur Spielwiese seiner therapeutischen Ambitionen, macht der Lehrer sie zur Spielwiese seiner professionellen Ambitionen«.

Und das muss als Zeichen einer sehr weitgehenden Verstrickung zwischen dem Team und dieser Jugendlichen verstanden werden. Genau die aber ist unvermeidlich bei jeder Arbeit mit diesen schwierigen Jugendlichen und macht Fallsupervision unabdingbar. Dalina hat im Umgang mit dem Team der Lernwerkstatt eine durchaus starke und aktive Rolle gespielt. Es ist ihr gelungen, das Team systematisch zu spalten, und das so »unscheinbar«, dass die beiden Erzieher erst im Gespräch mit dem Soziologen voneinander erfuhren, dass Dalina sie gegeneinander ausgespielt hatte. Unter dem Siegel der Verschwiegenheit hatte sie dem einen dies, dem anderen jenes mitgeteilt – und auf diese Weise erfolgreich beide »verführt«. Der stillschweigende und selbstverständliche Verzicht des Teams auf Fallsupervision hat hier seinen dunklen Hintergrund. Das Nachdenken über die aktive – unbewusste – Konflikt- und Beziehungsgestaltung durch Dalina bringt das Thema von Verführung und Missbrauch ins Spiel. Das war im psychoanalytischen Fallbericht unterschwellig durchaus präsent, gewinnt aber durch das Material des soziologischen Fallberichts deutlich an Gewicht: Dalina konstituiert aktiv und wiederholt Missbrauchs- und Verführungsszenen – und nicht zuletzt liegt hierin ihre Gefährdung. Das pädagogische Team der Lernwerkstatt wurde »Opfer« dieser Seite von Dalinas Psychodynamik. Weil es aber nur »Opfer« war, entgegenkommendes »Opfer« obendrein, konnte die Entwicklungschance, die in dieser Verführungs- und Missbrauchsbeziehung durchaus liegt, nicht genutzt werden. Aufmerksamkeit herzustellen für die Problematik und Chance dieser »Verstrickung« zwischen den Professionellen und Dalina – das wäre eine erste wichtige Aufgabe psychoanalytischer Fallsupervision gewesen. Da die auch gegen die Abwehr der Professionellen zu arbeiten hätte, wird einsichtig, dass interdisziplinäre Kooperation hier ganz wesentlich auf der wechselseitigen Unabhängigkeit der Disziplinen beruhen muss.

> »Wir haben – für unser Forschungsprojekt – gesagt: interdisziplinäre Arbeit kann dann fruchtbar werden, wenn die Disziplinen zunächst unabhängige Wege gehen. Hier sehen wir, es muss dann wieder die Arbeit zusammengebunden werden. Auf die Lernwerkstatt übertragen hieße dies, dass es dort eine Struktur geben müsste, die es erlaubt, dass ein Therapeut dort hingeht, weil die Jugendlichen nicht kommen können. Wie ein Spiegel unserer Arbeit: es muss ein klares, unabhängiges Setting mit klaren, unterschiedlichen Aufgaben geben *und* zugleich muss die Arbeit wieder zusammengebunden werden können«.

Durch die Konfliktgeschichte Dalinas zieht sich wie ein roter Faden eine fast konkordante Komplizenschaft zwischen dieser Jugendlichen und ihren Professionellen: Sie macht sich verschwinden – und jene vergessen, übersehen, schenken keine Beachtung. Den starken Anteilen auf der Seite Dalinas korrespondieren nicht minder starke Anteile auf der Seite von Schule und Jugendhilfe: Es muss, auch wenn es nie wirklich bewiesen werden kann, davon ausgegangen werden, dass vor allem die Regelschule ganz entscheidend die »Lerngeschichte« Dalinas geprägt hat. Dem aktiven »Sich-Unsichtbar-Machen« Dalinas entspricht das aktive und entschiedene »Wegschauen« und »Übersehen« durch die Schule. Wo die interdisziplinäre Zusammenarbeit nicht zustande kommt oder gar vermieden wird, setzen sich – unbewusst – Komplizenschaften zwischen den Professionellen und ihren schwierigen Jugendlichen durch. An dieser Stelle des Gesprächs wurde die andere »gute Phase« in Dalinas Schulgeschichte wichtig: die zwei Jahre Förderstufe.

Gute und erfolgreiche Arbeit oder unterlassene Hilfe: die Förderstufe

Die zwei mal zwei Jahre in Dalinas Konfliktgeschichte, in denen Schule – einmal die Förderstufe, das andere Mal die Lernwerkstatt – für Dalina zum guten, haltenden Ort wurde, hatten in der interdisziplinären Falldiskussion ganz zentrale strategische Bedeutung. Sind sie ein Beleg dafür, was Schule könnte, wenn sie besser ausgestattet wäre, über adäquate Ressourcen und Kompetenzen verfügte, und wenn hinreichende zeitliche und personelle Kontinuität im Hilfe- und Förderprozess gesichert wäre? Oder müssen sie eher als Hinweise auf die prinzipiellen Grenzen auch guter und sorgfältiger pädagogischer Interventionen verstanden werden?

Und wieder bewegen sich die Interpretationen zwischen den Extremen. Die Lehrerin der Förderstufe habe ein gutes Gespür gehabt, wo sie Dalina nicht beschämen darf, auch dafür, wo sie den Konflikt mit Dalinas Mutter nicht aufnehmen darf. Sie müsse wohl geahnt haben, »dass Dalina mit dem mütterlichen Chaos und mit der mütterlichen Verwahrlosung identifiziert ist, dass sie als Lehrerin hier nur scheitern kann«. Statt dessen habe die Lehrerin etwas Neues gemacht: »Dalina hat das Schreiben lernen können, hat Sprache als Container, als heilendes Objekt kennen gelernt«. Nur jene zwei Jahre seien einfach zu kurz gewesen. Dies war die eine Seite.

Dalina habe in den Jahren der Förderstufe ihre Probleme und Schwierigkeiten nicht nur »konservieren« können, sie habe sie sogar ausgebaut. Denn »Verschwinden« heiße ja für sie »Verschwinden aus der Beziehung – ob sie von zu Hause in die Schule verschwindet oder von zu Hause an die Flusswiesen!« Auch sei in diesen beiden Jahren »etwas« abgespalten worden: »Die Lehrerin wird zum absolut guten Objekt – und alles andere wird ausgeblendet!« Das sei für den Lehrer natürlich ein Weg und sicher nicht der schlechteste Weg, mit Dalinas Problem umzugehen; aber »es ist auch das Defizit«. Die Parallele zur Lernwerkstatt drängt sich auf: In den zwei »guten« Jahren der Förderstufe habe sich ein ähnlicher Mechanismus wie später in der Lernwerkstatt gezeigt: »Die Lehrerin kann dieser Schülerin nur dadurch etwas Gutes geben, dass sie die andere Realität ausblendet. So imponierend es scheint, dass sie den Konflikt mit der Mutter nicht aufnimmt – sie verweigert dadurch zugleich dem Mädchen ein Stück Einfühlung darin, wie es ihr wohl mit der Mutter gehen muss. Damit verleugnet sie (vor sich), dass Dalina und die Lehrerin der professionellen Hilfe bedürfen«.

Die beiden konträren Perspektiven können Bestand haben, müssen nicht aneinander angepasst oder aufeinander abgestimmt werden, wenn der Gedanke der interdisziplinären Kooperation hinzukommt. »Gut ist, dass diese Lehrerin ihre Grenzen erkannt hat. Aber sie hat sich nicht darum gekümmert, dass jenseits ihrer Grenzen Hilfe für Dalina gesucht und bereit gestellt wird.« Das gilt für die Förderstufe wie für die Lernwerkstatt, und deshalb bleibe es – zumindest rückblickend – bei dem Befund: »wirklich geholfen hat das nicht, und die Störungen der Jugendlichen sind geblieben, wenn nicht gar schlimmer geworden«.

Eine Zusammenfassung

Wie ein roter Faden zieht sich durch die Konfliktgeschichte Dalinas mit Schule und Jugendhilfe das Thema fehlender professioneller Aufmerksamkeit. In den Erklärungen und Begründungen der Professionellen finden sich zahlreiche Hinweise auf den Zusammenhang jenes *institutionellen Aufmerksamkeits-Defizit-Syndroms* und dem Kern der Psychodynamik Dalinas: ihre archaische und unerträgliche Bedürftigkeit. Verbindendes Glied zwischen institutioneller und individueller Konfliktdynamik ist die Macht der Gegenübertragung. Sie alle – Dalinas Professionelle – sind derart bedürftig, haben derart viel zu tun mit den Schwierigkeiten und Problemen, die auf sie einstürzen, dass sie für ein Mädchen wie Dalina nicht viel übrig haben können: ›Bedürftig sind wir selbst – wir können es uns nicht leisten, einem solchen Problem auch noch nachzugehen‹. An Dalinas bodenloser Bedürftigkeit können Lehrer nur scheitern. »Und das wollen sie nicht sehen! Das Scheitern wird ausgeblendet. Man scheitert ja ständig als Lehrer – und wird dabei immer bedürftiger«. Und Dalina helfe hier, kooperiere mit der Schule, wie jene mit ihr – beide Seiten unbewusst. Denn Dalina werde nicht einfach übersehen – sie mache sich verschwinden. Das sei ein aktives und offensichtlich entschiedenes Verhalten. Und viel spreche dafür, dass es ein erlerntes Verhalten ist. »Dalina hat keine Objektkonstanz, sie hat keine Vorstellung davon, dass es einen Menschen geben könnte, der sie aufnehmen kann, sich kümmert, bei ihr bleibt – und dies induziert sie auch so«. Für Dalina und ihre Objektbeziehungen gilt: »wenn überhaupt, dann gehen sie immer nur solange gut, als das Objekt in der Nähe bleibt«. Sie selbst inszeniere machtvoll im Umgang mit anderen das *Aus dem Auge – aus dem Sinn*. Und sie stoße mit ihren Inszenierungen in der Regelschule auf das passende Gegenüber. So sei nicht auszuschließen: »Die Schule hat mit ihrem Konfliktverhalten aktiv und nachhaltig dazu beigetragen, dass Dalina diesen Entwicklungspfad wählte; und wenn nicht wählte, so doch lernte und ausbaute: ihre Fähigkeit, sich unsichtbar zu machen«.

Vor dem Hintergrund der psychoanalytischen Diagnostik drängt sich die Frage nach der Notwendigkeit und den Bedingungen externer Hilfe und interdisziplinärer Kooperation auf. Dieser Schülerin fehle nicht einfach nur ein wenig Zuwendung und Anerkennung. Dalina ist schwer gefährdet. Gerade die »guten« Erfahrungen Dalinas in der Förderstufe und in der Lernwerkstatt müssen als Hinweis auf die Grenzen guter pädagogischer Interventionen gelesen werden. Bei allen unseren Fällen von Kindern und Jugendlichen mit schweren seelischen Störungen stößt auch gute, professionelle pädagogische Arbeit an ihre Grenzen. Die Lehrerin der Förderstufe hat ihre Grenzen gewahrt mit gutem Gespür für Dalina; aber sie hat sich nicht darum gekümmert, dass jenseits ihrer Grenzen Hilfe für Dalina gesucht und bereitgestellt wird. Das pädagogische Team der Lernwerkstatt hat seine professionellen Grenzen sehr viel weiter gezogen und intervenierte tief in die seelische Problematik Dalinas. Doch in hoffnungsloser Selbstüberschätzung kam es zu einem vergleichbaren Ergebnis: Die angemessene und notwendige Hilfe für diese Schülerin wurde ebenfalls weder gesucht noch bereitgestellt. Hier wie dort wurden das Maß der Gefährdung und die Tiefe der Störung dieser Schülerin übersehen. Das hat etwas mit den institutionellen Bedingungen von Schule und Lehrerausbildung zu tun – aber auch mit der spezifischen Psychodynamik dieser Schülerin. Dalina strahlt offensichtlich eine derart unerträgliche Bedürftigkeit aus, dass alle Professionellen unmittelbar spüren, »dass hier mit ein bisschen Zuwendung, Aufmerksamkeit und Anerkennung im Rahmen des schulisch Möglichen es nicht getan ist«. Das ist die Quelle von Verleugnung bei den einen und Verharmlosung bei den anderen. Und hier treffen sich beide Seiten, Dalina und ihre Professionellen, im konkordanten Bemühen, die dramatische Gefährdung und Störung zu verleugnen und mit ihr die Notwendigkeit, kompetente Hilfe von dritter Seite zu suchen. Der entschiedenen Verweigerung jeglicher therapeutischer Hilfe durch Dalina korrespondiere auf der Seite der Erwachsenen eine nicht minder entschlossene Blindheit, eine solche Hilfe könnte dringend geboten sein.

Wenn der Fokus der Konfliktgeschichte Dalinas mit Schule und Jugendhilfe mit *wechselseitiger Abwehr* begriffen werden kann, dann wäre der Bann dieser zwanghaften Konfliktdynamik nur zu durchbrechen durch systematisches und bewusstes Hinschauen. Die Störung und das Störende müssen zum bevorzugten Objekt von professioneller Aufmerksamkeit und fachlicher Reflexion gemacht werden. Damit werden die Probleme noch nicht gelöst, aber der Umgang mit ihnen kann sich radikal und produktiv ändern.

Soziologisches Fallverstehen entziffert die institutionellen Störungen, die mangelhaften, fehlenden oder falschen Ressourcen und Kompetenzen und

untersucht deren Anteil an der Konfliktgeschichte und -dynamik. Ein erster Ort für »soziologische Fantasie« könnte »exemplarisches Lernen« in kollegialen – möglichst interdisziplinären – Fallberatungen sein, die systematisch die Reflexion auf die institutionellen Bedingungen der Arbeit mit schwierigen Jugendlichen konzentriert. Dabei wären die *schwierigsten* Jugendlichen die *besten* Fälle, denn die sind hervorragend geeignet, die Schwächen und Defizite der Institution und ihrer Professionellen ans Licht zu bringen: die institutionellen Quellen von Angst und Gewalt, von Diskriminierung und Missachtung, von Destruktion und Aggression.
Psychoanalytisches Fallverstehen entziffert die individuellen Störungen und die machtvoll von diesen Jugendlichen inszenierten Beziehungskonflikte; es kann über das Verständnis der individuellen Psychodynamik die Mechanismen und die Dynamik von Übertragung und Gegenübertragung entschlüsseln – und so die Voraussetzung bereitstellen, dass der Bann wechselseitiger Abwehr seine Macht einbüßen kann. Ein wichtiger Ort für »psychoanalytische Fantasie« könnte »exemplarisches Lernen« in regelmäßiger fallbezogener Supervision sein. Dabei sind die kommunikativen Störungen, die Verstrikkungen, die nicht durchschauten Übertragungs- und Gegenübertragungszwänge und die Varianten von Abwehr und Gegenabwehr in den Beziehungen der Professionellen zu gerade den schwierigsten Jugendlichen die wichtigsten Lernfelder.
Interdisziplinäres Fallverstehen versucht die Zusammenhänge von individuellen und institutionellen Störungen in den Konfliktgeschichten aufzuklären. Eine dynamisch aufrechterhaltene Pendelbewegung professioneller Reflexion beider Seiten – der institutionellen und der individuellen Konfliktdynamik – wird Lernprozesse in Gang setzen, die mit großer Wahrscheinlichkeit auf eine doppelte Öffnung von Schule drängen werden. *Zum einen* einer Öffnung nach außen, die auf Veränderung der Rahmenbedingungen professioneller Arbeit und auf neue Formen institutionsübergreifender und interdisziplinärer Kooperation zielt; *zum anderen* einer Öffnung nach innen, die neue Beziehungs- und Arbeitsformen unter den Professionellen wie unter den Jugendlichen und zwischen ihnen zulässt und fördert.
Auch dann wird es Scheitern und Versagen geben; auch dann werden Schulen und Kollegien an ihre Grenzen stoßen. Aber sie werden diese Erfahrungen – und die schwierigen Jugendlichen, denen sie diese Erfahrungen zu verdanken haben – nicht mehr abwehren müssen. Sie könnten sie als Anstoß zum gemeinsamen Lernen und zur Veränderung der Lernbedingungen nehmen. Ein Fall wie die Konfliktgeschichte Dalinas könnte dann durchaus dazu anregen, nachhaltige und belastbare Kooperationsformen zu entwickeln, in

denen pädagogische und therapeutische Hilfen eigenständig und doch koordiniert bereitgestellt sind.

Schlussbemerkungen der Herausgeber

Qualifizierte professionelle Arbeit mit schwierigen, nicht beschulbaren Jugendlichen wird – das haben unsere Falluntersuchungen wohl gezeigt – von zwei Seiten erschwert, behindert, im Extremfall verunmöglicht.
Auf der einen Seite stehen die Jugendlichen mit ihren häufig sehr destruktiven – und unbewusst selbstdestruktiven – Konfliktstrategien gegenüber Schule und Jugendhilfe, mit ihren mehr oder weniger aggressiven Verweigerungshaltungen gegenüber den Regeln und Anforderungen dieser Institutionen, mit ihren rigiden und pseudoautonomen Formen der Abwehr archaischer und unerträglicher Affekte der Angst, Hilflosigkeit und Bedrohung. Diese Jugendlichen scheitern nicht einfach an Schule und Jugendhilfe, weil ihnen die eine oder andere Kompetenz mangelt, weil sie unter diesen oder jenen Defiziten leiden; sie scheitern machtvoll und elend zugleich. Die Jugendlichen weisen schwere, meist aus früher Kindheit stammende seelische Störungen auf. Sie sind nicht fähig und nicht bereit, die schulischen Angebote für ihre Entwicklung zu nutzen und die Maßnahmen und Einrichtungen der Jugendhilfe anzunehmen. Sie inszenieren immer wieder frühe Beziehungs- und Konflikterfahrungen und sind unfähig, ihre starren Muster der Abwehr und des Selbstschutzes aufzugeben. Sie erleben »Fördern und Fordern« als existentielle Bedrohung und nicht selten wenden sie ihre aggressiven und destruktiven Impulse ausgerechnet gegen jene Professionellen, die sich einfühlsam und engagiert um sie kümmern. Die Forschergruppe der analytischen Kinder- und Jugendlichen- Psychotherapeuten identifizierte in beträchtlichem Ausmaß bei allen unseren Untersuchungsfällen derartige destruktive Kräfte in der individuellen Psychodynamik.
Auf der anderen Seite stehen Schule und Jugendhilfe mit ihren qualifikatorischen und organisatorischen Voraussetzungen und Bedingungen professioneller Arbeit, mit ihren Defiziten und Schwächen und den in vieler Hinsicht mangelnden und mangelhaften Kompetenzen und Ressourcen – unter dem Begriff der *strukturellen Verantwortungslosigkeit* wurden diese Rahmenbedingungen beruflicher Arbeit analysiert. Und auch hier gilt: Schule und Jugendhilfe scheitern nicht einfach, weil es diese oder jene Defizite und Mängel gibt, weil es den hier arbeitenden Professionellen an der einen oder anderen Kompetenz oder Ressource fehlt; Schule und Jugendhilfe scheitern machtvoll und elend zugleich. Sie verfügen nicht über die notwendigen Vor-

aussetzungen für ein verantwortliches »Fördern und Fordern« dieser schwierigen Jugendlichen und ihrer Familien. Weder die Hilfeprozesse noch die Hilfesysteme sind integriert; fachliche und interdisziplinäre Kooperation fehlt oder hat keine zeitliche Kontinuität; professionelle Verfahren kollegialer und interdisziplinärer Falldiskussion sind unbekannt oder werden nicht genutzt. Die Professionellen in Schule und Jugendhilfe sind deshalb regelmäßig überfordert, wollen sie verantwortlich sich dieser Jugendlichen annehmen. Versuchen sie es dennoch, stoßen sie rasch auf individuelle und institutionelle Grenzen. So bleibt am Ende meist nur der Rückgriff auf die Instrumente und Regeln, die die Institution bereitstellt, um sich und ihre Mitarbeiter vor der Erfahrung des Scheiterns zu schützen: Sanktion und Selektion. Genau dieser destruktive »Rückgriff« wird institutionell angeboten, nahegelegt, im Extremfall aufgenötigt. Die soziologische Analyse der Konfliktgeschichten nicht beschulbarer Jugendlicher ist immer wieder auf die institutionelle Macht des Destruktiven gestoßen, auf die machtvolle Abwehr der Erfahrung von Scheitern und Versagen, auf die institutionelle Absicherung und Befestigung struktureller Verantwortungslosigkeit.
Wie wir bei der einen Seite akzeptieren müssen, dass diese besonders schwierigen Jugendlichen die Katastrophe aktiv herbeiführen, dass also das Scheitern – unbewusst und nicht intentional – »gewollt« ist; so müssen wir bei der anderen Seite damit rechnen, dass auch hier – objektiv und nicht intentional – »gewollt« ist, was geschieht. Die Vermutung liegt durchaus nahe, dass *strukturelle Verantwortungslosigkeit* in Schule und Jugendhilfe zumindest billigend in Kauf genommen wird – und mit ihre deren gesellschaftspolitische Folgen: soziale Spaltung und Diskriminierung.
Vor dem Hintergrund unserer Analysen der Konfliktgeschichten nicht beschulbarer Jugendlicher mit Schule und Jugendhilfe deuten sich Alternativen an – und zwar auf zwei Ebenen: auf der von Veränderung und Entwicklung *des* Regelschulsystems (1.) und auf der von Gestaltung vorhandener Spielräume und Reformmöglichkeiten *im* Regelschulsystem (2.)

1. Das deutsche Regelschulsystem ist wesentlich geprägt durch seine Funktion der Auslese und Selektion. Das dreigliedrige – nimmt man die Sonderschulen hinzu: viergliedrige – differenzierte deutsche Schulsystem orientiert sich zentral an der Frage der angemessenen Platzierung von Kindern und Jugendlichen *im* vorhandenen Schulsystem. Scheitern Schüler in und an ihrer Schule, so gibt es stets nur eine Ursache dafür: sie haben versagt, sie waren also falsch platziert. Schul- und Lernverweigerung sind immer nur Indizien für Defizite auf Seiten der Schüler – und nötigen immer nur zu Überlegun-

gen, welcher Schultyp der in diesem Fall angemessene sein dürfte. Das gegliederte deutsche Regelschulsystem entwickelte sich nicht, indem es sich an den besonderen Problemen und Defiziten oder an den spezifischen Kompetenzen und Ressourcen der einzelnen Schüler orientierte. Seine Strukturen verdankt es dem vordemokratischen Auftrag, unterschiedlichen sozialen Schichten unterschiedliche Bildungsangebote zu machen. Deshalb hat die Familie bei der Bereitstellung von Schulreife, Schulfähigkeit und Beschulbarkeit in Deutschland noch immer eine derart hegemoniale Bedeutung für die Bildungskarriere; und deshalb ist in Deutschland – wie in kaum einem anderen hochentwickelten Land – der Zusammenhang von sozialer Herkunft und Bildungserfolg derart eng.

Die von uns untersuchten nicht beschulbaren Jugendlichen werden nun deshalb zur Krise der Regelschule, weil das hochdifferenzierte und selektive deutsche Schulsystem für diese Gruppe von Schülern kein »Fach« hat, in das sie sortiert werden könnten. Das offenbart sich häufig beim Übergang von der Grundschule zur weiterführenden Schule – ein Übergang, der für beide Seiten krisenhaft ist. Die quälenden eskalierenden Konfliktgeschichten dieser Jugendlichen mit und in der Regelschule »zerren« – einem Katalysator vergleichbar – die strukturellen Defizite dieses Schulsystems ans Licht. Denn im Normalfall kommt die Regelschule – wie schlecht auch immer – aus, ohne sich um die einzelnen Schüler und ihre Probleme kümmern zu müssen. Wer nicht »passt«, wird aussortiert und umplatziert. Bei unseren nicht beschulbaren Jugendlichen aber führt dieses Regelverfahren jeweils in Sackgassen – und offenkundig wird, dass weder die Schule noch die in ihr arbeitenden Professionellen über die notwendigen Kompetenzen und Ressourcen für verantwortliches Handeln verfügen.

Die strukturelle Schattenseite des gegliederten Schulsystems wird in unseren Fallanalysen überdeutlich sichtbar: Dieses Schulsystem kennt keine dominante Orientierung an den einzelnen Schülern – und die institutionellen und organisatorischen Bedingungen professioneller Arbeit stehen einer solchen Einzelfallorientierung systematisch im Weg. Nur sehr begrenzt – das heißt weder professionell eingeübt noch institutionell abgesichert – können einzelne Lehrer oder auch Kollegien dieses strukturelle Defizit ausgleichen. Die Konsequenz wird in unseren Fallanalysen ebenfalls eklatant sichtbar: Dieses Schulsystem ist in hohem Maß lernresistent und »schüleraversiv«, wenn es mit Kindern und Jugendlichen konfrontiert wird, die »nicht passen«, also »stören«. In den analysierten Konfliktgeschichten gibt es immer nur eine Seite, die sich verändern und entwickeln, also etwas lernen muss; wie es schließlich auch immer nur eine Seite gibt, die scheitert, wenn nichts mehr

hilft: die nicht beschulbaren Jugendlichen und ihre Familien. Die Schule dagegen fordert Schulfähigkeit und Beschulbarkeit ein, sortiert und selektiert – und reicht Jugendliche, die diesen gegebenen schulischen Anforderungen nicht genügen, »nach unten« durch. Die Hauptschule wird zur »Restschule« – und die Erklärung der ruhenden Schulpflicht zu der »Weisheit letztem Schluss«.
Die Alternative wäre ein Schulsystem, in dem Schulen sich für alle ihre Schüler verantwortlich wissen, weil sie – ganztags und auf lange Sicht – zuständig sind und keine Chance haben, »unpassende« Schüler abzuschieben; wäre ein Schulsystem, dessen Professionelle hinreichend qualifiziert sind und über die notwendigen Kompetenzen und Ressourcen verfügen, um an ihren »Störern« zu lernen, wie Schule sich entwickeln und verändern muss.

2. Im Rahmen des gegliederten Regelschulsystems sind die Spielräume für Alternativen recht eng. In diesem Rahmen aber arbeiten Lehrer und Sozialarbeiter mit schwierigen Jugendlichen und erfahren dabei, dass individuelle Lösungsstrategien – noch mehr Engagement, noch mehr Aktivitäten und Maßnahmen, noch mehr Zuwendung und Sich-Kümmern – nur wenig und bestenfalls kurzfristig helfen. Vielleicht wäre Einiges schon gewonnen, würde der Anteil von Schule und Jugendhilfe an den eskalierenden Konflikten systematisch reflektiert und immer wieder deutlich benannt werden. Möglicherweise wäre das Scheitern an den Problemen dieser Jugendlichen weniger destruktiv und entmutigend, wäre es eingebettet in gesicherte Formen kollegialen und interdisziplinären Arbeitens. Und es mag sein, dass andere Konfliktgeschichten geschrieben werden können, wenn Schulen oder Einrichtungen der Jugendhilfe den Bedingungen *struktureller Verantwortungslosigkeit* mehr Widerstand entgegensetzen: Konfliktgeschichten als Lernprozesse engagierter Kollegien oder Teams – in der Arbeit mit schwierigen Jugendlichen und in der Auseinandersetzung mit Politik und Verwaltung.
Auch wenn wir im Verlauf unserer Untersuchung in zahlreichen Gesprächen und Diskussionen mit Lehrern und Sozialarbeitern erfahren haben, dass unser »Blick von außen« auf die Konfliktgeschichten mit ihren Jugendlichen durchaus erhellend sein konnte; deutlich wurde, dass es in diesem Arbeitsfeld nicht in erster Linie an Aufklärung und gutem Wissen mangelt: es gibt viele überzeugende Reformkonzepte und zahlreiche gute Modelle. Und überall trifft man auf engagierte Professionelle, die wissen, was nötig wäre und nur zu gern es erproben würden. Diese Gesellschaft leidet nicht Mangel an besserem Wissen, lohnenden Konzepten und moralischen Ressourcen, beides auch einzusetzen. Diese Gesellschaft hat vor allem ein Umsetzungsproblem, ihr fehlt der politische Wille zu Reformen, die diesen Namen verdienen.

So bleibt zur Zeit nur, die Spielräume zu sehen und zu nutzen, die es noch gibt. In unserem Band II von *Störer und Gestörte* wird – neben weiteren themenbezogenen Überlegungen – auch davon die Rede sein: von Bedingungen und Möglichkeiten, die eskalierenden Konfliktgeschichten mit ihren *Macht-Ohnmacht-Spiralen* zu unterbrechen. Mag sein, dass in dem einen oder anderen Fall auch *Scheitern* vermieden werden kann, doch vor allem käme es darauf an, gemeinsam lernend mit *Störern und Störungen* umzugehen.